普通高等教育土木与交通类“十二五”规划教材

现代汽车电子控制技术

主　编　张彦会　伍　松

副主编　金晓萍　张　露　姜　峰

张成涛　叶燕帅

中国水利水电出版社

www.waterpub.com.cn

内 容 简 介

本书以现代汽车电子控制技术为主要内容，系统地介绍了各种与现代汽车相关的电子技术、控制技术以及网络技术。全书共3篇分为10章，包括：绪论，汽油机电子控制系统，柴油机电子控制系统，电控自动变速器，汽车防滑与安全性控制系统，电控悬架系统，电控动力转向系统，汽车巡航控制与无人驾驶，车联网及汽车导航定位系统，汽车总线系统。

本书可作为高等院校汽车类专业（车辆工程、汽车运用工程、交通运输、交通工程、汽车服务工程等专业）的教材，同时也可作为汽车电子技术维修、应用与研究的工程技术人员的参考书。

图书在版编目（CIP）数据

现代汽车电子控制技术 / 张彦会，伍松主编. -- 北京：中国水利水电出版社，2013.2
普通高等教育土木与交通类“十二五”规划教材
ISBN 978-7-5170-0655-8

Ⅰ. ①现… Ⅱ. ①张… ②伍… Ⅲ. ①汽车－电子控制－高等学校－教材 Ⅳ. ①U463.6

中国版本图书馆CIP数据核字(2013)第032037号

书　　名	普通高等教育土木与交通类“十二五”规划教材 **现代汽车电子控制技术**
作　　者	主编　张彦会　伍松
出版发行	中国水利水电出版社 （北京市海淀区玉渊潭南路1号D座　100038） 网址：www.waterpub.com.cn E-mail：sales@waterpub.com.cn 电话：(010) 68367658（发行部）
经　　售	北京科水图书销售中心（零售） 电话：(010) 88383994、63202643、68545874 全国各地新华书店和相关出版物销售网点
排　　版	中国水利水电出版社微机排版中心
印　　刷	北京市北中印刷厂
规　　格	184mm×260mm　16开本　17印张　403千字
版　　次	2013年2月第1版　2013年2月第1次印刷
印　　数	0001—3000册
定　　价	**32.00**元

前言

汽车电子控制技术是汽车技术和电子技术相结合的产物，随着计算机技术、电子技术和信息技术的快速发展，汽车上的电子新技术也不断涌现。当前，某些汽车上安装的ECU处理器达30多个，汽车电子在中高档汽车中占整车成本达到30%～40%，因此现代的汽车已经进入电子控制时代。汽车电子控制技术是现代汽车技术发展的重要趋势与标志，也是衡量汽车性能以及汽车产业、制造水平的重要指标。

编者经过多年的教学和科研实践，对汽车电子控制技术有了更深入的了解，在此基础上编写本书。在编写过程中，参阅了大量文献、资料和专著，并结合多年教学和科研经验及教训，力求整体、全面、系统地介绍现代汽车电子控制技术的基本原理、基本组成、基本方法和工作过程以及相关的结构与配置，力求符合当前相关技术及发展趋势。

本书主要分三大篇对现代汽车电子控制技术进行介绍。第一篇为动力总成控制部分：汽油机电子控制系统（包括燃油喷射电子控制、点火系统电子控制、发动机辅助控制），柴油机电子控制系统（包括电子控制直列泵喷射系统、电子控制分配泵喷射系统、电子控制泵喷嘴系统等）和电控自动变速器。第二篇为汽车底盘控制部分：汽车防滑与安全性控制系统（包括制动防抱死系统、驱动防滑转控制系统、电控汽车稳定行驶系统、电控制动力分配系统、汽车安全气囊与防撞预警系统），电控悬架系统和电控动力转向系统（包括电动式EPS、四轮转向系统）。第三篇为智能驾驶与车联网总线部分：汽车巡航控制与无人驾驶（包括汽车巡航控制系统、无人驾驶汽车），车联网及汽车导航定位系统（包括汽车全球定位系统、车联网与智能交通），汽车总线系统（包括CAN、FlexRay总线）。本书在内容安排上追求风格一致，这样易于理解和掌握，因此使教学或自学相对容易一些。

本书由广西科技大学汽车与交通学院的张彦会主编并统稿，广西科技大学汽车与交通学院的伍松作为主编参与了部分章节的编著，中国农业大学工学院汽车系的金晓萍，内蒙古大学交通学院汽车工程系的张露，广西科技大学汽车与交通学院的姜峰、张成涛、叶燕帅作为副主编参与了部分章节的编著。此外，研究生曹强荣、杨丹丹、张斌、史维玮、何维也为本书做了大量的工作。在本书的编写过程中，编者参考了大量国内外的论文及论著的研究内容，在此对这些论文及论著的作者表示衷心的感谢。

鉴于现代汽车电子控制技术的飞速发展，不断有新的理论和技术诞生，加之编者掌握的资料不足及水平有限，书中内容难免有疏漏和不足之处，欢迎读者提出宝贵意见和建议，以便丰富、完善和补充本书。

编者

2012年10月

目录

第二篇 汽车底盘控制部分

第三篇　智能驾驶与车联网总线部分

第一章　绪　　论

1.1　汽车电子技术的发展过程

现代汽车电子技术是一个多学科多领域的综合性技术。现代的汽车已经不仅仅是一个热能转换机构以及相应传动与操纵装置的简单合成，而是充分运用现代高新技术最新成果综合合成的集中控制系统。

汽车技术的进步得益于汽车系统控制技术的飞速发展，特别是随着电子技术的不断进步汽车控制技术也逐渐由机械控制技术发展到电子集中控制技术。其历程大致可分为三个阶段，如图1-1所示各个阶段电子技术在汽车上的应用。

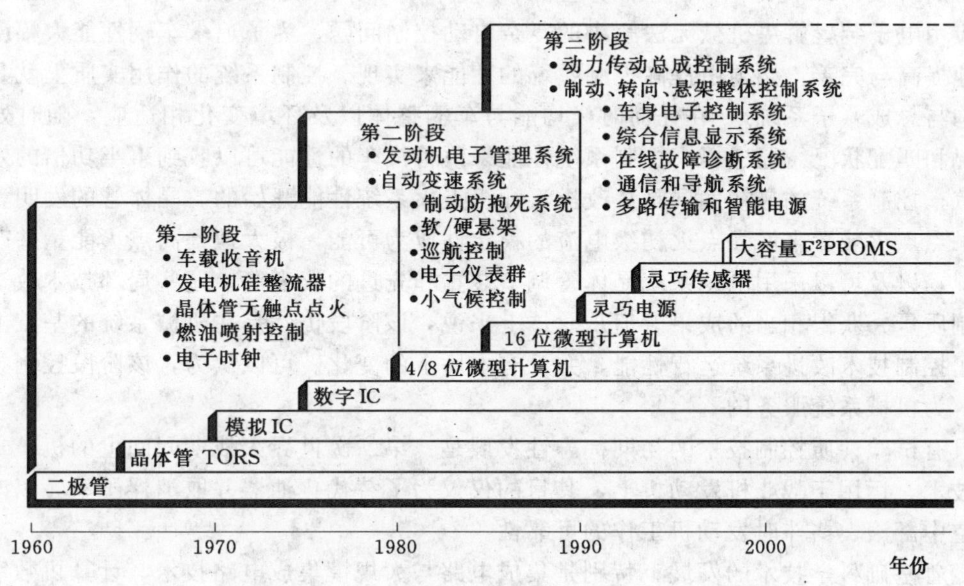

图1-1　各个阶段电子技术在汽车上的应用

1.1.1　简单电气控制阶段

早期阶段：20世纪60年代中期至70年代末期——应用电子装置改善部分机械装置的性能。由于汽车产品处于不断完善和成熟的阶段，可挖掘的潜力很大，因此该阶段汽车产业追求的是产品数量和质量的不断提高，以及汽车性能的逐步完善。此时的汽车控制技术仅仅建立在简单机械控制（例如化油器各个系统随发动机工况的自动调节与运行，车辆转向轮定位系统对车辆转向性能的控制等）和简单电气系统控制（例如发电机输出电压的调节和蓄电池充电电流的调节等）的基础上，控制的目的仅仅是实现不同工作状况和环境条件下发动机的正常、稳定工作和性能的基本发挥。

产业的发展使汽车产品质量和数量日益提高，成本日益降低。千百万辆汽车进入家庭，使之成为一种大众化消费品。现代社会汽车产品大众化后所面临的重大问题是：高速、安全、可靠、舒适和防污染。经过多年的发展，传统机械装置，如曲柄连杆机构、定轴轮传动机构等，其功能已经相当完善，性能成熟，潜力基本挖尽。如果不在原理和结构上产生根本性的重大变化，仅仅在提高机械系统性能上做文章则已经走到尽头。特别是对于某些装置而言，如触点式点火机构、触点式发电机电压调节装置和机械式仪表显示装置等，由于原理和结构的限制，性能已不可能获得根本的改善，在现有基础上挖潜力只能是事倍功半。如果选择大规模地从根本上改变机械系统传统结构，将会造成车辆结构复杂化以及可靠性降低，使得调整与维护困难。旋转活塞发动机发展多年，至今仍未能代替往复式活塞发动机，以及机械式汽油喷射系统的探索过程等，都充分证明了这一点。另外，对于某些特殊要求与性能来说，诸如减少车辆有害物质排放，提高安全性能，提高乘坐舒适性和操作方便性，节约燃料以及采用新型燃料等，仅靠机械系统控制是无法实现的。

1.1.2　机电结合控制阶段

中期阶段：20 世纪 70 年代末期至 90 年代中期——重视“机电一体化”的思想与技术，应用电子装置解决机械无法解决的复杂自动控制问题。为了追求车辆性能大幅度、突破性地提高与完善，必须由提高控制系统的性能来实现。控制系统的作用实质上就是使各个机构与总成（子系统），在任何时候均能与车辆整体以及环境变化相适应，随时处于最佳工况和匹配状况。通过提高控制系统性能来改善汽车的性能可以收到事半功倍的效果。

汽车控制系统的最初发展是从改进汽油机点火系统性能开始的。晶体管的发明，使采用无触点点火装置来增强点火初级电流的稳定性成为可能，极大地提高点火能量并改善燃烧状况，以及可以采用电源系统晶体管调节装置和先进的仪表等。这些局部技术改进可提高控制质量并获得相当的成果。但从总体上来说，该阶段仍然是在机械系统的基础上，采用电子控制技术改进系统运行性能，并没有本质上的变化。可以认为，该阶段控制技术仍然是“为机械系统服务的”。

具有试验性质控制技术的初期标志性发展是：第二次世界大战期间问世的机械式汽油喷射技术，运用于战斗机发动机上，其目的仅仅为了替代化油器并取消浮子室，以改善战斗机空中翻滚、格斗时发动机工作的可靠性。

随着基础科学技术的发展，特别是集成电路与大规模集成电路技术、计算机数字化技术的运用，以及基础控制学理论和方法的发展，汽车电子控制技术取得一系列突破性的进展。如电子汽油喷射控制（EFI）、制动防抱死控制、怠速控制、自动变速器控制以及排气污染物吸附与消除控制等。现在 EFI 技术的发展已日臻成熟，该技术使汽油机由传统的量调节工作状态变为部分质调节，从根本上改变了燃烧的品质，使发动机动力性、经济性和排放特性大大提高。就燃料供给系统本身而言，基本达到理想的工作状态。

该阶段面临的问题是：如何使汽车各个子系统的工作均衡和协调。在采用晶体管技术改造点火系统的早期，曾发生过：由于点火系统性能的改进，使发动机功率提高而各个机械部分所受到的负荷也随之增大，于是造成原有结构零部件磨损强度增大，子系统的工作匹配出现不协调现象，并最终导致发动机的可靠性、维修性以及使用寿命的下降。另外，子系统实施互相独立的所谓“并行”控制方式，必然造成部分功能的重复，从而引起资源

的浪费和系统的日益复杂化。

随着技术发展与性能提高的需要，过去认为是高档设备与装置现已成为普通的标准配备，并不断出新。如果仍然延续传统的控制方式，将导致车辆系统的日益复杂化。主要弊病表现为：分系统各自配备独立硬件组成和控制通道，形成对独立目标的“一对一”约束；20世纪70～80年代生产的某些车辆上竟然装有30多个ECU处理器，传感器和执行器数量也不断增加，控制功能的重复与叠加导致系统干涉现象的产生，功能扩展余度狭窄，过程繁杂；软、硬件等系统资源利用效率下降；复杂性增加，可靠性下降，成本增加。

1.1.3　集中系统控制阶段

现代阶段：从20世纪90年代中期至今——汽车电子控制技术逐渐成熟，形成汽车电子控制技术群，并导致“汽车电子学”集机电一体化、多学科综合、特色鲜明的新兴学科的诞生。传统的汽车控制技术是对每个局部系统进行独立控制，使其本身工作性能达到理想状况。但对于整车而言，现代汽车追求的目的并不是简单控制单个因素，或若干因素控制的简单叠加就可以实现的。例如：排放控制就涉及到空气供给、燃料供给、点火系统，并影响车辆的动力性、经济性；传动系统控制则直接涉及到发动机的工作状况，辅助系统工作状况以及环境和车辆操纵目的等。显然，局部或个体最佳并不能获得整体最佳的效果，片面追求某些局部功能（比如排放控制），势必引起其他功能（比如发动机动力性、经济性）的下降。

系统控制工程、人机工程学等基础理论的发展，以及计算机中央处理技术、网络技术与新材料、新能源的发展与运用，为汽车控制技术集成化提供了雄厚的技术基础，现代汽车集中控制技术在此基础上应运而生。

所谓现代汽车集中控制系统，就是采用信息—系统—控制模式，将整体系统的多个控制功能集中由一个功能强大的ECU实行控制，将局部最佳转化为系统最佳，使车辆系统响应随动于外界环境的变化，寻求系统整体的最佳对外反映以及系统资源的最佳利用效率。

车辆集中控制系统在设计阶段，就严格按照人、车、环境整体最佳效应的原则与目标进行整体规划与设计，运用系统—信息—控制模式，按照整体性、动态性和开放性的控制原则，并采用计算机网络信息技术，实现控制的集成化。

传统汽车是一个实现热能转换的机械系统。传统控制技术和装置则是“添加式”的，仅为了提高某些局部性能，比如促进完全燃烧，自动变换传动比，单独控制排放和提高制动性能等，而在此基础上采用控制手段。从系统工程的观点出发，可以将现代汽车看作是一个典型意义上的智能化、信息化和具备良好的人—机—环境效应的大系统。该系统由信息传感、信息处理、执行和数据传输等分系统组成，形成以中央信息处理为核心的、由网络和总线技术提供信息传输的、资源共享、互为冗余的有机整体。该系统首先监控并搜集车辆所处的环境变化、车辆本身状况和驾驶员的操纵意志等信息，并通过网络数据总线传递至计算机处理系统，按照预编程序进行处理，再由计算机发出控制指令并传递至执行系统实现预期的功能。对于功能与要求相同或相近的控制功能，例如发动机与传动系统，点火与怠速系统，驱动与制动系统以及各种辅助系统与总系统等，实现集中控制，使系统更为简化与集中，可靠性也大大提高。从这种意义上说：现代车辆本身是一个控制系统、传统的曲柄连杆机构、燃料供给系统、点火系统、配气机构、传动机构、制动装置、制动系统、操纵系统和悬挂系统等，都可看做是为了完成中央计算机发出的指令，而实现预定的终端功能的执行机构。

现代车辆集中控制系统与传统控制系统的最大区别在于：集中控制系统不再是仅仅为了提高机械系统的功能而“添加”、设置的；而是以控制系统为主，通过信息与指令的传感与传输，通过执行机构（传统机械装置）而实现预期功能的智能化、网络化信息系统。

汽车技术的每一个跨越式发展均与社会经济和技术的发展同步实现。评价汽车性能的一个重要参数就是：控制系统消耗的资源在整车成本中所占比例，该数据在20世纪末达到20%～30%，今后还将进一步提高。相信随着高技术的进一步发展与普及，各种科技发展的最新成果也会日益增多地运用于汽车控制系统中。

1.1.4 发动机电控技术发展过程

由于发动机电子控制技术是汽车最复杂最具代表性的技术，很有必要了解发动机的电子控制系统发展过程，发动机发动机的电子控制系统又包括汽油机电子控制系统和柴油机电子控制系统。

1. 汽油机电子控制技术发展过程

为适应降低汽油机燃油消耗和有害物排放量的要求，汽油机燃油供给技术经历了从机械控制汽油喷射到现在的发动机集中管理系统，以及目前正在迅猛发展的缸内直喷技术。

1934年，德国怀特（Wright）兄弟发明了向发动机进气管内连续喷射汽油来配制混合气的技术。

1952年，德国Bosch（博世）公司研制成功了第一台机械控制缸内喷射汽油机。

1953年，美国本迪克斯公司（Bendix）开始研制由真空管电子控制系统控制的汽油喷射装置，并在1957年研制成功。

1958年，Bosch公司研制成功了机械控制进气管喷射汽油机。

1967年，德国博世（Bosch）公司根据美国本迪克斯公司的专利技术，开始批量生产利用进气歧管绝对压力信号和模拟式计算机来控制发动机空燃比A/F的D型燃油喷射系统（D-Jetronic）。

1973年，德国Bosch公司在D型燃油喷射系统（D-Jetronic）的基础上，改进发展成为L型燃油喷射系统（L-Jetronic）。

1973～1974年，美国通用（General）汽车公司生产的汽车装上了集成电路IC点火控制器。

1976年，美国克莱斯勒（Chrysler）汽车公司研制成功微机控制点火系统，取名为“电子式稀混合气燃烧系统ELBS”。

1977年，美国通用汽车公司研制成功了数字式点火控制系统。

1979年，德国Bosch公司开发出了M-Motronic系统，即发动机集中管理系统。

1979年，日本日产（Nissan）汽车公司研制成功了集点火时刻控制、空燃比控制、废气再循环控制和怠速转速控制与一体的发动机集中控制系统ECCS。

1980年，日本丰田（TOYOTA）公司开发出了具有汽油喷射控制、点火控制、怠速转速和故障自诊断功能的丰田计算机控制系统TCCS。

1981年，Bosch公司开发出了LH-Jetronic系统。

1987～1989年，Bosch公司开发出电控单点汽油喷射系统。

1994年，上海大众推出采用D-Jetronic电控汽油喷射系统的桑塔纳2000型轿车。

1995年，日本三菱（MITSUBISHl）汽车公司公布了电控缸内直喷汽油机（即GDI系统）。

2000年，我国政府规定：5人座以下的化油器式发动机汽车自2001年1月1日起停止生产。

2001年，Volkswagen/Audi集团研制出独有的FSI（Fuel Stratified Injection）缸内直喷系统。

2. 柴油机电子控制技术发展历史

20世纪70年代典型的产品有德国Bosch公司电控VE分配泵，日本Zexel公司的电控系统。20世纪80年代基于时间控制方式的新型电控喷油泵和高压喷射系统的开发取得了巨大成功。典型产品有第二代电控VE分配泵的ECD-Ⅱ；德国Bosch公司可变预行程直列柱塞式电控喷油泵。

1.2 现代汽车电子控制技术简介

目前汽车电子系统由多种传感器、ECU处理器、执行机构、显示器、数据总线和相应软件集合而成。系统采用复杂的多元过程控制，使车辆系统工作于适时的最佳状况。典型的汽车控制系统，如图1-2所示。

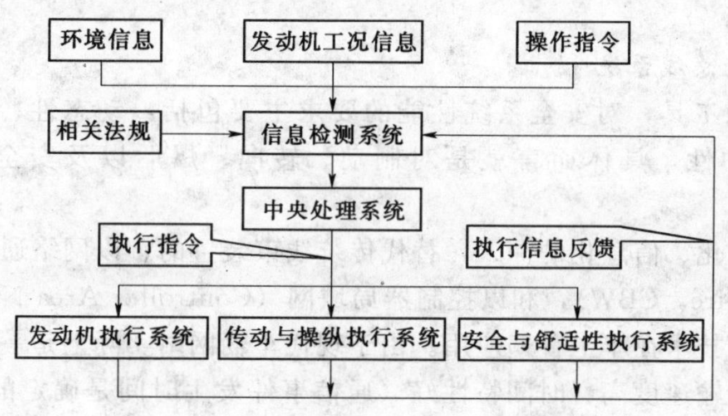

图1-2 汽车电子集中控制系统的组成

现代汽车发动机的运动分别受到驾驶员的操纵意图、发动机的适时工况和环境变化等因素的制约。发动机实际工况，驾驶员操纵指令和环境状况及其变化等因素由多种传感器将有关信息传输至ECU为其识别，强大的中央处理系统通过数据处理得出最佳控制指令，并将其传输给诸如燃料供给装置、点火装置等执行机构，使发动机内的燃料得以正常燃烧，如冷启动或怠速等特殊工况的需求得以满足。

1.2.1 现代汽车电子控制技术的内容

1. 发动机电子控制系统

发动机电子控制系统是通过对发动机点火、喷油、空气与燃油的比率、排放废气等进行电子控制，使发动机在最佳工况状态下工作，以达到提高其整车性能、节约能源、降低废气排放的目的。

最佳点火提前角控制：使发动机在不同转速，进气量等因素下实现最佳点火提前角，使发动机能发出最大功率或转矩，而油耗和排放量降到最低程度。

最佳空燃比控制：有效控制可燃混合气空燃比，使发动机在各种工况及有关因素影响下，空燃比达到最佳值。

废气再循环：将一部分排气废气引入到进气侧的新鲜混合气中，以抑制发动机有害气体生成。

怠速控制：根据发动机冷却水温及其他有关参数，使发动机怠速转速处于最佳状态。

2. 底盘的电子控制系统

制动防抱死系统：在各种路面上防止汽车制动导致的车辆抱死。

电控自动变速器：根据发动机节气门开度和车速等行驶条件，按照换挡特性，精确地控制变速比，使汽车处于最佳档位。

电控动力转向：根据驾驶工况，调整转向角的大小，达到提高转向特性和转向响应性，以及改善高速行驶稳定性的目的。

电控悬架系统：根据不同路面状况和驾驶工况，控制车辆高度，调整悬架的阻尼特性及弹性刚度，改善车辆行驶的稳定性，操纵性和乘坐的舒适性。

巡航控制系统：恒速行驶系统。根据行车阻力自动增减节气门开度，使汽车行驶速度保持一致。

3. 汽车安全及总线系统

作为高速交通工具，对安全系统性能的要求主要包括：动态性、敏捷性、快速性、可靠性和有效保护性，具体而言就是对制动、转向、爆胎以及安全防撞系统的自动控制。

随着汽车电子化、信息化的深入，替代传统线束装置的、以网络通信为基础的线控技术（Control By Wire，CBW），和以控制器局域网（Controller Area Network）为标志的车辆线控网络通信技术在车上普遍应用。由于现代车辆网络实际上是一个车载信息传输系统。由于其数据传输速度高、时间特性好（通信事件发生时间是确定的）、高容量、高可靠性和高冗余度等优良特性，使得车辆控制系统集成功能日益强大，结构日益简化，控制速度、精度和可靠性明显提高，并具备足够的功能扩展余地，为车辆性能和功能的不断扩展和完善提供了广阔的发展空间。

现代汽车电子技术将汽车、人与环境融合为一体，随动于环境的变化，始终使三者处于最佳匹配。汽车不仅在高速公路上行驶，而且也奔驰在信息高速公路上：各种全球定位与地理信息系统将车辆的适时位置清楚地显示出来；各种传感装置将环境与系统信息输入车内处理系统；高速处理计算机对瞬间环境状况与车辆状况进行适时对比并给出调节指令；数据链与数据总线将各种信息、指令及时传递；传统的机械装置在高技术信息系统的支撑下随时以最佳状况运行；驾驶员可以通过网络随时掌握所需的信息并依此给出操纵指令。先进的科学技术将人、车和环境集成为一个完美、和谐的整体。

1.2.2 现代汽车电子控制的关键技术

1. 新能源汽车电控技术

(1) 电动汽车技术是指以车载电源为动力，用电机驱动车轮行驶，符合道路交通、安全法规各项要求的电动汽车控制技术。

(2) 醇类燃料汽车技术利用甲醇（CH_3OH）和乙醇（C_2H_5OH）等醇类燃料做能源驱动的技术。以甲醇为燃料的汽车称为甲醇汽车，以乙醇为燃料的汽车称为乙醇汽车。

(3) 燃料电池汽车技术是电池的能量通过氢气和氧气的化学作用，而不是经过燃烧，直接变成电能，然后再把电能转换为汽车的动能。甲醇、天然气和汽油也可以替代氢，从这些物质里间接地提取氢。燃料电池的化学反应过程不会产生有害产物，因此燃料电池车辆是无污染汽车。

(4) 混合动力汽车亦称复合动力汽车是指车上装有两个以上动力源：蓄电池、燃料电池、太阳能电池、内燃机车的发电机组。使用其中一种或多种动力源提供部分或者全部动力的车辆。目前混合动力汽车多半采用传统的内燃机和电动机作为动力源，通过混合使用热能和电力两套系统驱动汽车。

2. 发动机电控关键技术

(1) 可变气门结构也叫连续可变气门正时系统，当今高性能发动机普遍配备该系统。该系统通过配备的控制及执行系统，对发动机凸轮的相位或者气门升程进行调节，从而达到优化发动机配气过程的目的。

(2) 发动机稀燃技术是指通过把燃油直接喷射到汽缸中，从而避免微小的油颗粒吸附在管道壁上，使汽油与空气之比可达 1∶25 以上的发动机。

(3) 汽油机的气波充气和可变进气管道系统：汽油机的气波充气是指由于各缸进气过程具有间歇性和周期性，导致进气管内产生一定幅度的气流压力波动，这个压力波会沿着进气管以音速传播，并在管内往复反射，而进气管的形状有利于这一压力波的反射并产生一定的共振，利用共振后的压力波从而提高了进气量，利用这一原理在系统中设置一个或一组阀片，该阀片可将动力腔隔成两个部分，当阀片开启或关闭时，可使动力腔的两个部分相通或隔开，从而改变了动力腔的形状或者改变了进气管的长度，使进气管有两种不同的空气动力效应。

(4) 增压和可变压缩比是指随着负荷的变化连续调节压缩比，以便能够从低负荷到高负荷的整个工况范围内提高热效率，从而达到提高增压发动机的燃油经济性的目的。

3. 汽车安全与智能驾驶技术

(1) 主动防撞技术是指车辆在发生碰撞之前便做出动作，通过降低车速、减少发动机喷油量、紧急制动或者不喷油使发动机熄火来降低相对速度，减少能量以避免或减小汽车碰撞程度的技术。

(2) 智能安全气囊技术就是在普通型的安全气囊上增加传感器，以探测出座椅上的乘员是儿童还是成年人，他们所处的位置是怎样的高度，通过采集这些数据，由电子计算机软件分析和处理控制安全气囊的膨胀，使其发挥最佳作用，避免安全气囊出现无必要的膨胀，从而极大地提高其安全作用的技术。

(3) 无人驾驶技术是指利用自动控制、体系结构、人工智能、视觉计算等理论实现无人驾驶的技术。

第一篇　动力总成控制部分

第二章　汽油机电子控制系统

2.1　汽油机电子控制系统概述

2.1.1　燃油喷射系统的概念和分类

1. 燃油喷射的概念

发动机正常运转时，需要提供连续的可燃混合气。通过直接或间接测量进入发动机的空气量，并按规定的空燃比计量燃油的供给量，该过程称为燃油配制。燃油配制方式见图2-1。化油器式燃油供给系统是利用空气流经节气门上方喉管处产生的真空度，将燃油从浮子室中连续吸出且进行混合后被吸入气缸；电子燃油喷射（Electronic Fuel Injection，EFI）式供油系统是根据直接或间接测量的空气进气量，确定燃烧所需的燃油量，再通过控制喷油器喷油时间精确配制，使一定量的燃油以一定压力通过喷油器喷射到发动机的进气道或气缸内与相应空气形成可燃混合气。

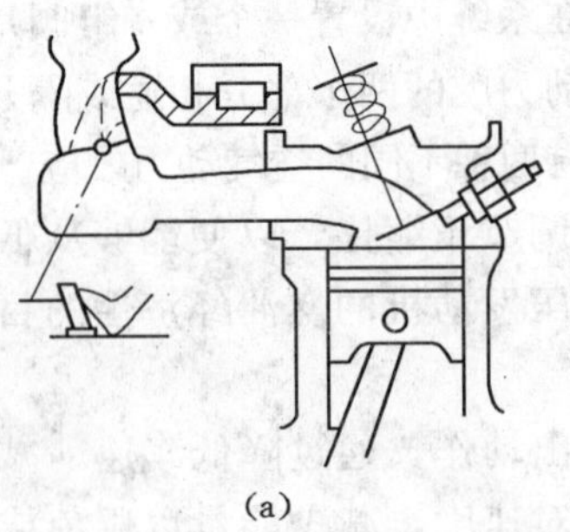

(a)

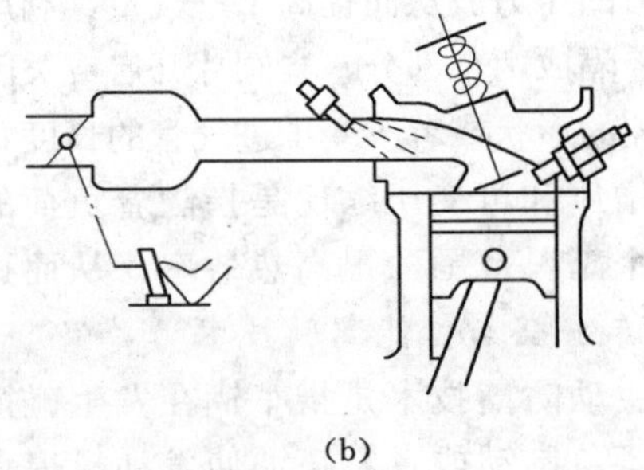

(b)

图2-1　燃油配置方式

(a) 化油器供油；(b) 电子燃油喷射供油

电子燃油喷射系统采用多种传感器检测发动机工作状态，经过ECU计算处理，使发动机在各种工况下均能获得最佳的空燃比，可有效地提高和改善发动机的动力性、经济性，达到排气净化的目的。电子控制式燃油喷射系统是由ECU直接控制燃油喷射，见图2-2。

2. 燃油喷射系统的分类

(1) 按喷油器数量分类。

按喷油器数量的不同，燃油喷射系统可分为单点燃油喷射系统和多点燃油喷射系统。

1) 单点燃油喷射（Single Point Injection，SPI）系统。在多缸发动机节气门体前方，安装一只或两只喷油器同时喷油，见图 2-3 (a)，又称为节流阀体喷射系统（TBI）或集中喷射系统（CFI）。在发动机每个气缸进气行程开始之前喷油一次，由于喷油器距离进气门较远，喷入进气管的燃油有足够的时间与进气气流混合形成均匀的可燃混合气，因此对燃油雾化质量要求不高，可以采用较低的喷油压力（一般为 100kPa，多点喷射则要在 350kPa 时才工作），以降低对电动汽油泵、汽油滤清器等供油系统零部件的设计要求，从而降低系统的制造成本。

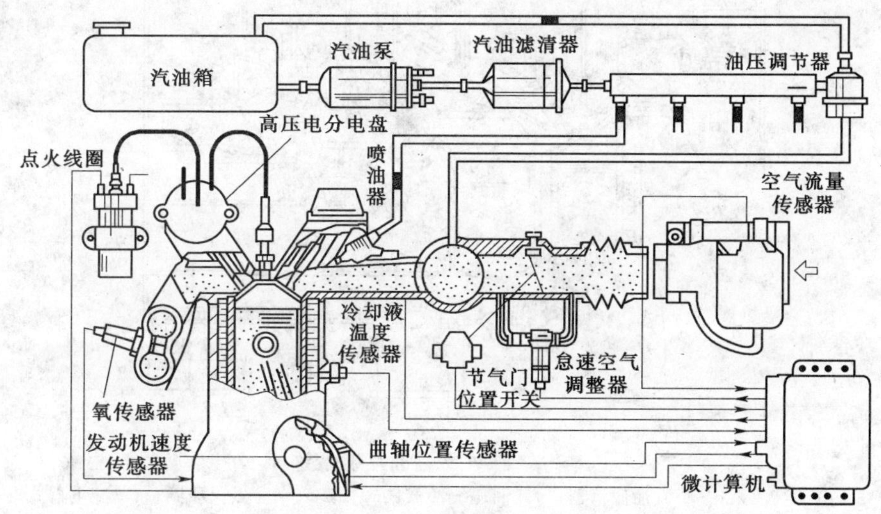

图 2-2　电子控制式燃油喷射系统

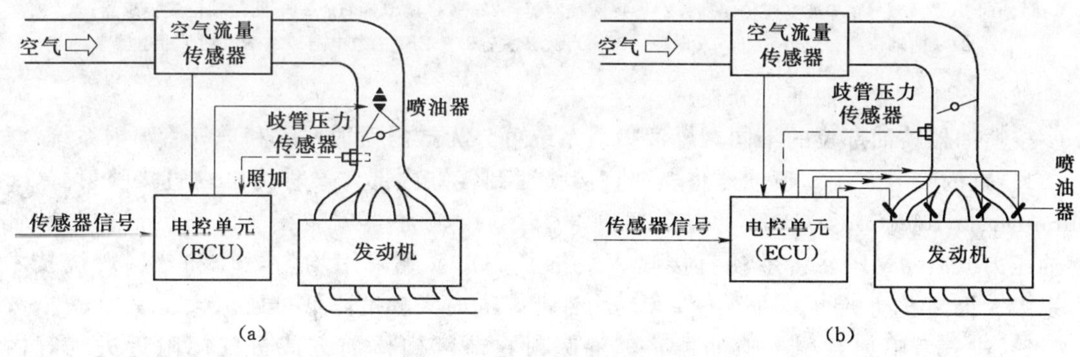

图 2-3　喷油器安装位置

(a) 单点喷射；(b) 多点喷射

2) 多点燃油喷射（Mutiport Point Injection，MPI）系统。在发动机每个气缸进气门前方的进气歧管上均安装一只喷油器，见图 2-3 (b)。发动机工作时，燃油适时喷在进气门附近的进气歧管内，空气与燃油在进气门附近形成混合气，从而保证各缸得到均匀的混合气。

对于 MPI 系统，博世（Bosch）公司研制出 D 型、L 型、LH 型和 M 型燃油喷射系统分别代表不同年代燃油喷射系统的设计思路和技术水平，LH 型和 M 型是在 L 型基础上改进而成的，M 型燃油喷射系统是将微机控制点火系统与燃油喷射系统组合在一起的综合控制系统，见图 2-4。

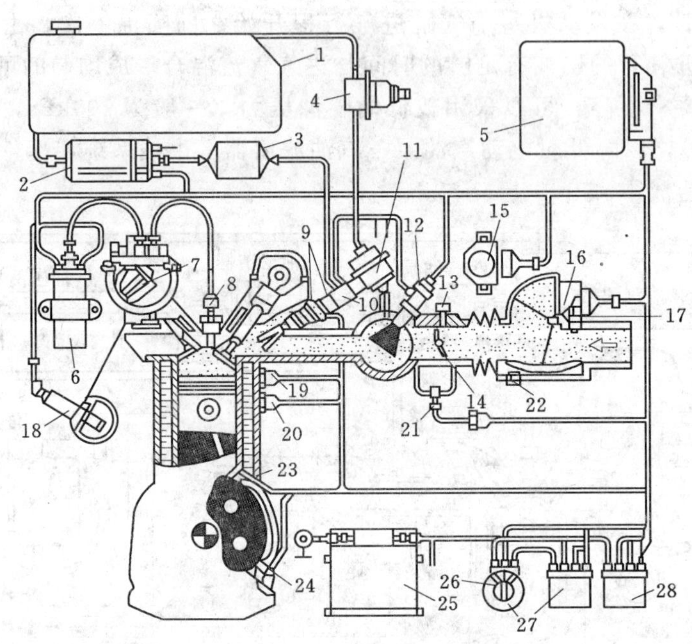

图 2-4 M 型燃油喷射系统

1—油箱；2—电动汽油泵；3—汽油滤清器；4—油压缓冲器；5—ECU；6—点火线圈；7—配电器；8—火花塞；9—喷油器；10—燃油分配管；11—油压调节器；12—冷启动喷油器；13—怠速调节螺钉；14—节气门；15—节气门位置传感器；16—空气流量传感器；17—进气温度传感器；18—氧传感器；19—冷启动限时开关；20—冷却液温度传感器；21—怠速控制器；22—CO 调节螺钉；23—凸轮轴位置传感器；24—曲轴位置传感器；25—蓄电池；26—点火开关；27—EFI 主继电器；28—汽油泵继电器

(2) 按喷油器喷油部位分类。

按喷油器喷油部位的不同，燃油喷射系统可分为缸内喷射系统和进气管喷射系统。

1) 缸内喷射系统。喷油器将燃油直接喷射到气缸内部，又称为缸内直接喷射（Gasoline Direct Injection，GDI）系统，见图 2-5 (a)。喷油器安装在气缸盖上，并以较高的燃油压力（3～4MPa）将燃油直接喷入气缸。GDI 系统采用均匀燃烧和分层燃烧技术，可以大大提高发动机的燃油经济性和动力性能，同时大幅度降低排放。

2) 进气管喷射系统。喷油器将燃油喷射在节气门体前方或进气门附近进气管内，又称为缸外喷射系统，见图 2-5 (b)。目前，汽车燃油喷射系统大都采用进气管喷射系统。与缸内喷射相比，进气管喷射系统对发动机机体的设计改动量较小，喷油器不受燃烧高温、高压的直接影响，设计喷油器时受到的制约较少，且喷油器工作条件大大改善。

(3) 按空气量的检测方式分类。

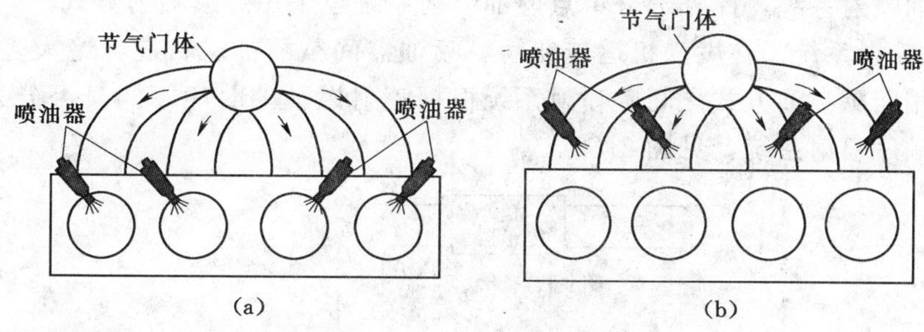

图 2-5　喷油器喷油位置

(a) 缸内喷油；(b) 进气管喷油

按空气量检测方式的不同，燃油喷射系统可分为直接检测式和间接检测式。直接检测式称为质量—流量（Mass-Flow）方式，间接检测式又可分为速度—密度（Speed-Density）方式和节气门—速度（Throttle-Speed）方式。

速度—密度方式根据进气管绝对压力和发动机转速计量发动机每循环的进气量，而节气门—速度方式则根据节气门开度和发动机转速计量发动机每循环的进气量，从而计算所需的喷池量。控制系统见图 2-6。其中，质量—流量方式和速度—密度方式比较常用。

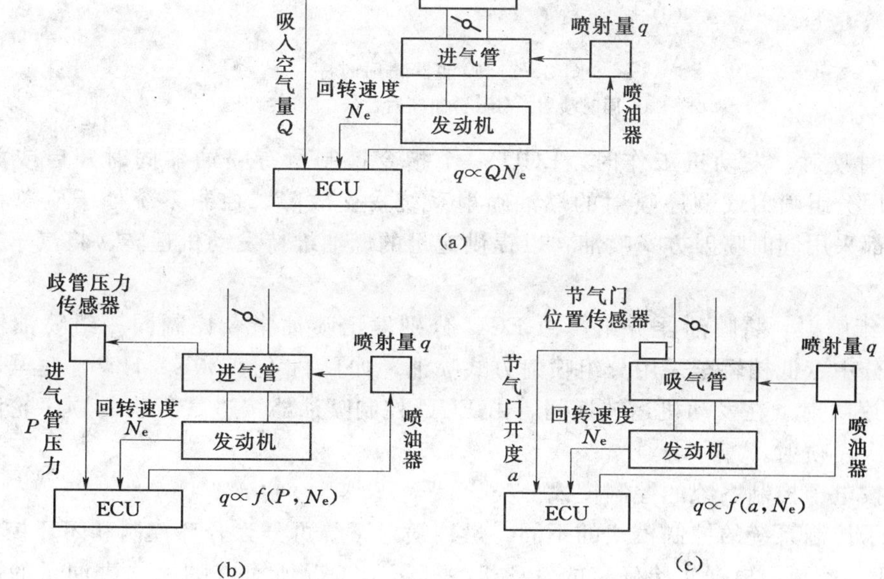

图 2-6　三种控制系统比较

(a) 质量—流量方式；(b) 速度—密度方式；(c) 节气门—速度方式

(4) 按喷油器喷油方式分类。

按喷油器喷油方式的不同，燃油喷射系统可分为连续喷射系统和间歇喷射系统。

1) 连续喷射系统。在发动机运转期间，喷油器连续喷油。主要用于机械控制式或机电结合式燃油喷射系统，此外部分单点燃油喷射系统也采用连续喷射方式。

2）间歇喷射系统。在发动机运转期间，喷油器间歇喷油。目前，绝大多数电控燃油喷射系统采用间歇喷油方式。间歇喷射系统根据喷射燃油的时序不同又可分为同时喷射、分组喷射和顺序喷射系统，见图 2-7。

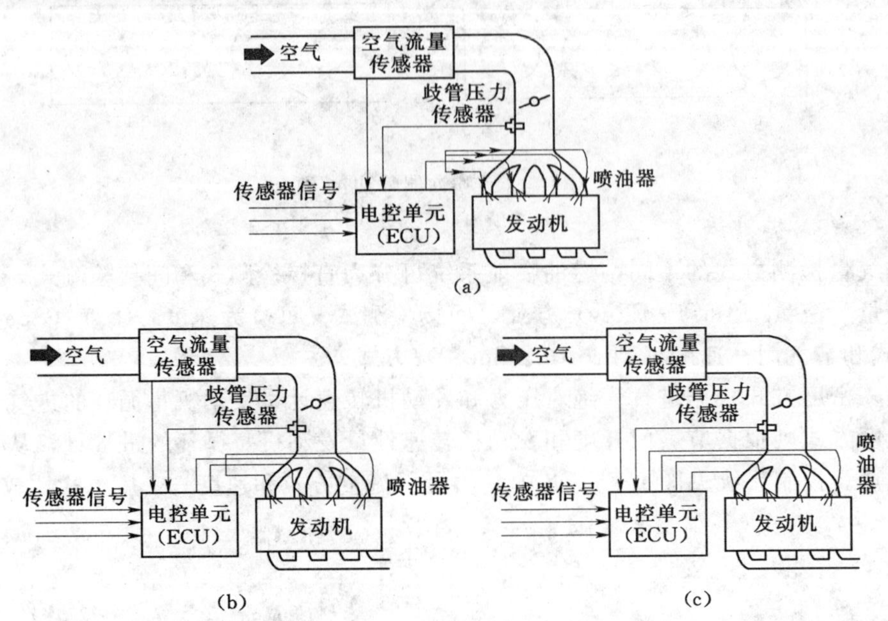

图 2-7　喷油器喷射时序

(a) 同时喷射；(b) 分组喷射；(c) 顺序喷射

a. 同时喷射。发动机工作时，ECU 一个指令控制所有喷油器同时开启或关闭。此外，当采用分组喷射或顺序喷射的燃油喷射系统发生故障、控制系统处于应急状态运行时，一般都采用同时喷射方式喷油，以提供充足的燃油维持发动机运转，将汽车行驶到维修厂修理。

b. 分组喷射。将喷油器分组，由 ECU 分别发出喷油指令控制同一组喷油器同时喷油。大部分中、低档轿车采用分组喷射方式喷油，如夏利 TJ7130E、日产千里马等轿车。

c. 顺序喷射。在发动机运转期间，由 ECU 控制喷油器按进气行程的顺序轮流喷射燃油，又称次序喷射。

(5) 按电子控制系统的控制模式分类。

按电子控制系统的控制模式的不同，燃油喷射系统可分为开环控制和闭环控制。

1）开环控制。根据实验确定的发动机各种运行工况所对应的最佳供油量的数据预先存入 ECU 中，发动机在实际运行过程中，主要根据传感器输入的信号，判断发动机所处的运行工况，再找出最佳供油量，并发出控制信号驱动喷油器动作，以此精确地控制混合气的空燃比。

开环控制简单易行，但对发动机及控制系统的各个组成部分的精度要求高，系统本身抗干扰能力较差，当使用工况超出预定范围时，不能实现最佳控制。

2）闭环控制。在排气管上加装氧传感器，根据排气中含氧量的变化，测出发动机燃

烧室内混合气的空燃比，并将其输入到 ECU 与设定的目标空燃比进行比较，通过控制喷油器喷油，使空燃比保持在设定目标值附近。因此，闭环控制可提高空燃比的控制精度，消除因产品差异和磨损等引起的性能变化对空燃比的影响，工作稳定性好，抗干扰能力强。

此外，燃油喷射系统采用闭环控制后，可保证发动机运行在理论空燃比 14.7 附近很窄的范围内，使三元催化装置对排气净化处理达到最佳效果。

由于发动机某些工况（如启动、暖机、加速、怠速、满负荷）需要控制系统提供较浓的混合气来保证其性能，因此发动机电控系统通常采用开环与闭环相结合的控制方式。

3. 汽油发动机对可燃混合气的要求

（1）空燃比对发动机性能的影响。

将进入发动机的空气质量与燃油质量之比称为空燃比，用 A/F 表示。1kg 汽油完全燃烧所需要的空气量约为 14.7kg，当 A/F 为 14.7 时，称为理论空燃比。发动机实际工作过程中，燃烧 1kg 燃油所消耗的空气不一定是理论所需求的空气量，与发动机的结构和使用工况有关。此外，通常把实际空气量与理论空气量的比值称为过量空气系数 λ，当 $\lambda=1$ 时，即为理论混合气；$\lambda>1$ 时，称为稀混合气；$\lambda<1$ 时，称为浓混合气。

空燃比对发动机性能的影响见图 2-8。当 A/F 为 16 时，混合气较稀，有利于汽油完全燃烧，可降低发动机的油耗，此时发动机的经济性最好，称其为经济空燃比；当 A/F 约为 12.5 时，其燃烧速度最快，发动机所产生的转矩最大，发动机的动力性最好，称其为功率空燃比。

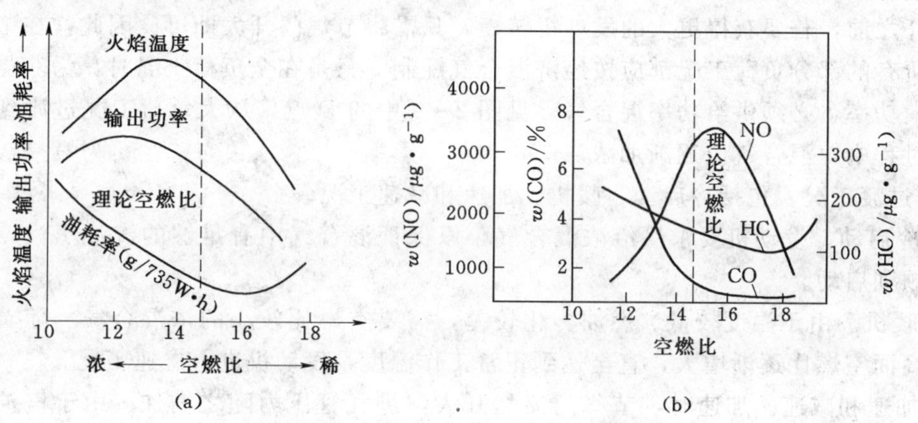

图 2-8　空燃比对发动机性能的影响

(a) 动力性、经济性影响；(b) 排放性能影响

发动机的性能与空燃比有着密切的关系，但影响的程度和变化规律各不相同。精确控制混合气的空燃比，是提高发动机性能的重要途径。

（2）发动机各种工况对混合气的要求。

发动机运行过程中，其工况不断变化，且对混合气空燃比的要求也不同。

1）稳定工况。发动机稳定工况是指发动机已经完全预热，正常运转，且在一定时间内转速和负荷没有突然变化的情况。稳定工况包括怠速和小负荷、中等负荷、大负荷和全

负荷。

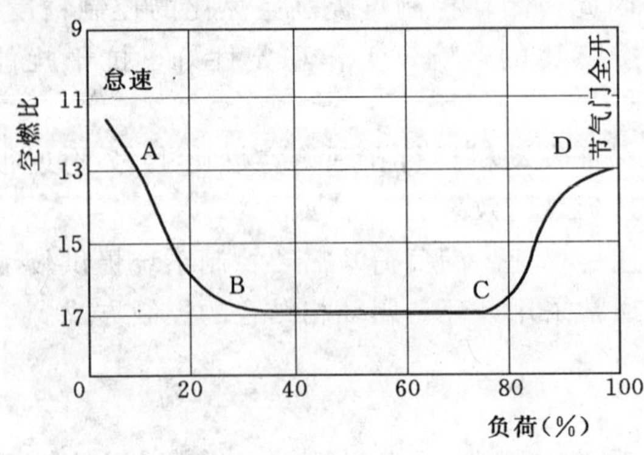

图 2-9 汽油机负荷变化时需要的混合气空燃比

a. 怠速和小负荷工况。怠速工况下节气门处于关闭状态，此时吸入气缸内的可燃混合气不仅数量极少，而且汽油雾化蒸发也不良，进气管中的真空度很高，当进气门开启时，缸内压力仍高于进气管压力，使得缸内混合气中的废气率较大。此时，为保证混合气能正常燃烧，必须提高其浓度，见图 2-9 中的 A 点。随着负荷的增加和节气门稍微开大而转入小负荷工况时，吸入混合气的品质逐渐改善，因此在小负荷工况时，发动机对混合气成分的要求见图 2-9 中的 AB 段。即发动机在小负荷运行时，供给混合气也应加浓，但加浓的程度随负荷的增加而减小。

b. 中等负荷工况。发动机大部分时间处于中等负荷状态工作，此时节气门有足够大的开度，上述影响因素已不存在，可供给稀混合气，以获得最佳的燃油经济性，见图 2-9 中的 BC 段，A/F 约为 16～17。

c. 大负荷和全负荷工况。在大负荷时，节气门开度已超过 75%，此时应随节气门开度开大而逐渐加浓混合气，以满足发动机功率的要求，见图 2-9 中的 CD 段。在节气门尚未全开之前，若要获得更大的发动机转矩，只需将节气门开大即可。因此，在节气门全开之前所有的部分负荷工况都应按经济混合气配制。只是在全负荷工况时，为获得该工况下的最大功率，必须供给功率混合气，见图 2-9 中的 D 点。从大负荷工况过渡到全负荷工况的过程中，混合气应逐渐加浓。

2）过渡工况。包括冷启动、暖机、加速和减速工况。

a. 冷启动。发动机要求供给浓混合气，以保证混合气中有足够的汽油蒸汽，使发动机能够顺利启动。

b. 暖机。由于温度较低、燃油雾化较差，需要空燃比较小的浓混合气。随着发动机温度升高而空燃比逐渐增大，直至达到正常工作温度，发动机进入怠速工况。

c. 加速和减速。加速时，节气门突然开大，进气管压力随之增加，由于汽油的流动惯性和进气管压力增大后汽油蒸发量的减少，大量的汽油颗粒被沉积在进气管壁面上，形成较厚油膜，而进入气缸内的实际混合气则瞬时被稀释，严重时会出现过稀，使发动机转速下降。为此，应向进气管喷入一些附加汽油，以获得良好的加速性能。减速时，节气门突然关闭，由于惯性作用发动机仍保持很高的转速，因此进气管真空度急剧增高，促使附着在进气管壁面上的汽油蒸发汽化，并在空气量不足的情况下进入气缸，造成混合气过浓，严重时甚至熄灭，应供给较稀的混合气。

4. 电控燃油喷射系统的优点

（1）可直接或间接地测量发动机的空气进气量，进而精确计量出发动机燃烧所需的燃油量，并同时根据发动机负荷、温度等参数进行适时修正，能精确控制发动机各种工况下

的空燃比，实现发动机的最优控制，有效地提高其动力性、经济性和排放性能。

(2) 采用电控方式，其动态性能较好。故汽车加速行驶时，由于空燃比控制系统能迅速响应，消除了汽车变工况时燃油供给的迟滞现象，有利于提高发动机的加速性能。

(3) 可提高燃油的雾化质量，故无须采用进气管预热，有利于进气管的设计和布置。由于气缸内吸入较冷的混合气，因此可提高发动机的充气效率。同时也有利于提高发动机的抗爆性，发动机可采用较大点火提前角和较高的压缩比，以提高发动机的动力性。

(4) 发动机可在较稀的混合气条件下运行，能减少废气中有害排放物，节省能源。此外，利用发动机的断油技术，可消除发动机急减速时所产生的污染，有利于提高发动机燃油经济性。

(5) 采用进气谐振控制技术，根据发动机转速选择进气管的有效长度，利用进气谐振增压效应，进一步提高发动机的充气效率。

(6) 可使发动机的每个气缸获得均匀的混合气，提高发动机的燃烧质量和稳定性，提高发动机排气净化程度。

(7) 进气管无需喉管节流，流通阻力减少；可采用较大气门重叠角，有利于废气排出，从而提高发动机的充气效率。

(8) 燃油是在一定压力下以雾状喷出，基本不影响发动机冷启动时混合气的形成质量，发动机低温启动性能好。

(9) 在反馈控制基础上，增加了学习控制功能，且与三元催化装置配合使用，可有效地提高发动机的排放性能。

2.1.2　燃油喷射系统的组成

发动机燃油喷射系统主要由空气供给系统、燃油供给系统和电子控制系统组成，见图 2-10 和图 2-11。

1. 空气供给系统

空气供给系统用于发动机提供新鲜空气，并测量进入气缸的空气量。按怠速进气量的控制方式不同，空气供给系统分为旁通空气式和直接供气式，见图 2-12。

(1) 旁通空气式空气供给系统。

旁通空气式空气供给系统主要由空气滤清器、空气流量传感器、进气软管、旁通空气道、怠速控制阀、进气歧管、动力腔、节气门位置传感器和进气温度传感器等组成。

1) 发动机正常工作时，空气流通路线：进气口—空气滤清器—空气流量传感器—进气管—节气门—动力

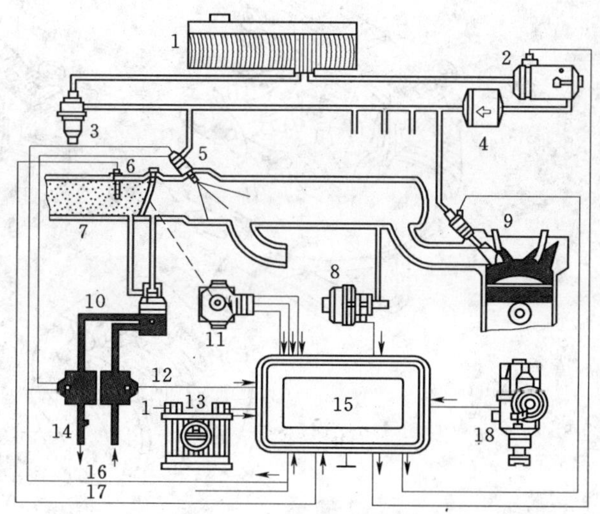

图 2-10　D 型燃油喷射系统

1—油箱；2—电动汽油泵；3—油压调节器；4—汽油滤清器；5—冷启动喷油器；6—温度传感器；7—进气管；8—歧管压力传感器；9—喷油器；10—辅助空气阀；11—节气门位置传感器；12—冷却液温度传感器；13—蓄电池；14—热时间开关；15—ECU；16—冷却水道；17—来自点火开关的信号；18—分电器

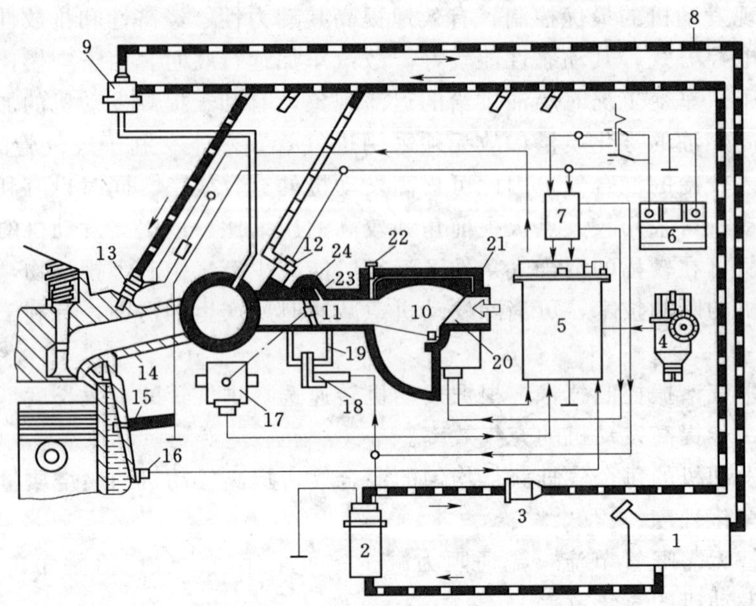

图 2-11　L 型燃油喷射系统

1—油箱；2—电动汽油泵；3—汽油滤清器；4—分电器；5—ECU；6—蓄电池；7—继电器；8—回油管；9—油压调节器；10—空气流量传感器；11—节气门；12—冷启动喷油器；13—喷油器；14—进气管；15—热时间开关；16—冷却液温度传感器；17—节气门位置传感器；18—辅助空气阀；19—辅助空气管；20—进气温度传感器；21、23—旁通道；22、24—调节螺钉

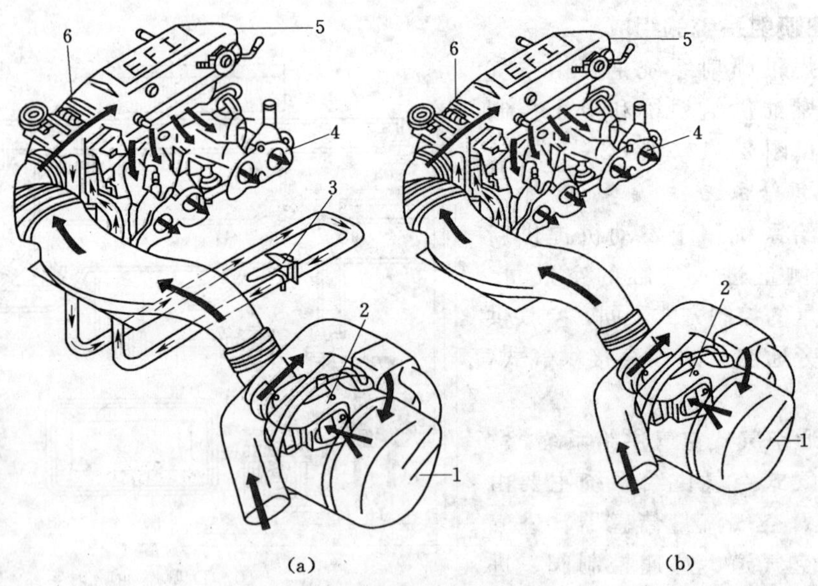

图 2-12　空气供给系统

(a) 旁通空气式；(b) 直接供气式

1—空气滤清器；2—空气流量传感器；3—怠速控制器；4—进气歧管；5—动力腔；6—节气门体

腔—进气歧管—进气门—气缸。

2）发动机怠速运转时，空气流通路线：进气口—空气滤清器—空气流量传感器—进气管—节气门前端的旁通空气道入口—怠速控制阀—节气门后端的旁通空气道出口—动力腔—进气歧管—进气门—气缸。

（2）直接供气式空气供给系统。

怠速转速采用节气门直接控制的发动机控制系统，没有设置旁通空气道。直接供气式空气供给系统主要由空气滤清器、空气流量传感器、进气软管、进气歧管、动力腔、节气门位置传感器和进气温度传感器等组成。

发动机正常工作和怠速运转时的空气流通路线完全相同：进气口—空气滤清器—空气流量传感器—进气软管—节气门体—动力腔—进气歧管—进气门—气缸。空气经滤清器滤清后，经节气门体流入动力腔，再分配给各缸进气歧管。进入气缸的空气量多少，由 ECU 根据安装在进气道上的空气流量传感器检测的进气量信号确定。

（3）空气供给系统的结构特点。

发动机空气供给系统的进气道较长且设有动力腔，以充分利用进气管内的空气动力效应，增大各种工作境况下的进气量，提高发动机的动力性。

气流惯性效应是指在进气管内高速流动的气流在活塞到达进气行程的下止点后，仍可利用进气气流的惯性继续充气一段时间，从而增加充气量。因为适当增加进气管的长度，能充分利用气流的惯性效应来增加充气量，所以燃油喷射式发动机都采用了较长的进气管，并将进气歧管制成较大弧度，以便充分利用气流的惯性效应来提高充气量。

气流压力波动效应是指各个气缸周期性、间歇性的进气，导致进气管内产生一定幅度的气流压力波动。气流压力波动会沿着进气管以音速传播并往复反射。如果进气管的形状有利于压力波反射并产生一定的共振，就能利用共振后的压力波提高充气量。为了利用气流压力波动效应，大多数燃油喷射式发动机在进气管中部设置有一个动力腔或在进气管的旁边设置有一个与进气管相通的谐振腔，以利于进气管内压力波的共振来提高充气量。

2. 燃油供给系统

燃油供给系统向发动机提供混合气形成所需的燃油，见图 2-13，主要由油箱、电动汽油泵、输油管、汽油滤清器、油压调节气、燃油分配管、喷油器和输油管等组成。

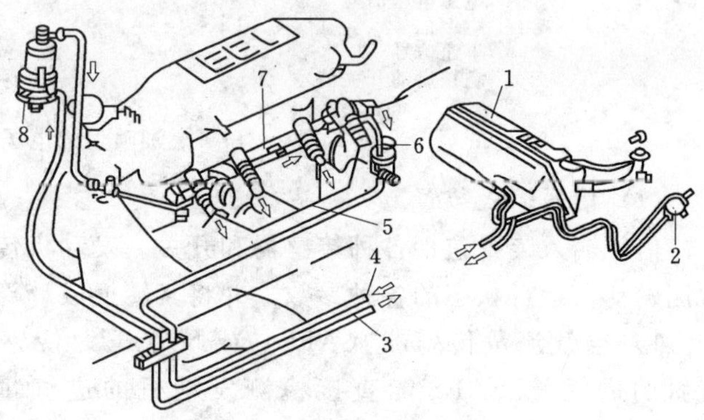

图 2-13 燃油供给系统

1—油箱；2—电动汽油泵；3—输油管；4—回油管；5—喷油管；6—油压调节器；7—燃油分配管；8—汽油滤清器

发动机工作时，电动汽油泵将燃油从油箱里泵出，先经汽油滤清器过滤，再经油压调节器调节油压，使油路中的油压高于进气管压力 300kPa 左右，最后经燃油分配管分配到各缸喷油器。油压调节器可将喷油器前后压力差始终保持恒定，使喷油器的喷油量只取决于喷油时间。当喷油器接收到ECU发出的喷油指令时，再将燃油喷射在进气门附近，并与空气供给系统提供的空气混合形成雾化良好的可燃混合气。当进气门打开时，混合气被吸入气缸燃烧做功。

进入气缸的燃油流经路线：油箱—汽油泵—输油管—汽油滤清器—燃油分配管—喷油器。当汽油泵泵入供油系统的燃油增多、油路中的油压升高时，油压调节器将自动调节燃油压力，保证供给喷油器的油压基本不变。供油系统过剩的燃油由回油管流回油箱，回油路线：油箱—汽油泵—输油管—汽油滤清器—燃油分配管—油压调节器—回油管—油箱。

3. 电子控制系统

发动机燃油喷射的电子控制系统由信号输入装置、ECU和执行器组成，以桑塔纳2000GSi型轿车为例，见图2-14。

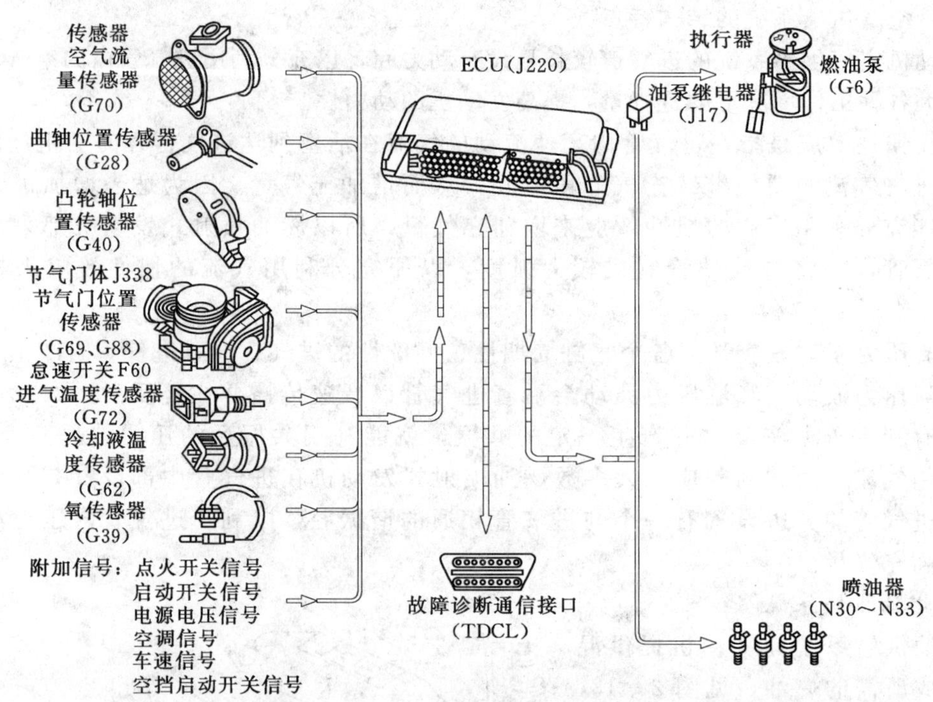

图2-14　燃油喷射的电子控制系统

(1) 信号输入装置。

信号输入装置包括各种传感器和开关。发动机传感器安装在发动机的不同部位，用于检测发动机运行状态的各种参数，并将其转换成计算机能够识别的电信号输入ECU。

1) 空气流量传感器（AFS）或歧管压力传感器（MAP）：用于检测吸入发动机气缸的进气量。AFS能直接检测发动机的进气量，MAP只能间接测量发动机的进气量。

2) 节气门位置传感器（TPS）：用于检测节气门开度大小，如节气门关闭、部分开启和全开等。此外，ECU通过计算节气门位置传感器信号的变化率，可得到汽车加速或减

速信号。

3）曲轴位置传感器（CPS）：用于检测发动机曲轴的转速和转角，控制喷油提前角和点火提前角。

4）凸轮轴位置传感器（CPS）：用于检测活塞上止点位置，控制开始喷油时刻和开始点火时刻，故又称为气缸识别传感器（CIS）。部分汽车发动机电子控制系统中，曲轴位置传感器与凸轮轴位置传感器制成一体，统称为曲轴位置传感器，也用 CPS 表示。

5）冷却液温度传感器（CTS）：又称水温传感器，用于检测发动机冷却液温度。

6）进气温度传感器（IATS）：用于检测吸入发动机气缸空气的温度。

7）车速传感器（VSS）：用于检测汽车行驶速度。

8）空挡启动开关（NSW）：在选装自动变速器的汽车上，用于检测自动变速器的挡位选择开关是否处于空挡位置。

9）氧传感器或 O_2 传感器（EGO）：用于检测排气管排出废气中氧的含量，来反映可燃混合气的空燃比。

10）电源（UBAT）：向 ECU 提供蓄电池端电压信号。

11）点火开关（IGN）：当点火开关接通“点火（IG）”挡位时，向 ECU 输入一个高电平信号。

12）启动开关（STA）：当点火开关接通“启动（ST）”挡位时，向 ECU 输入一个高电平信号。

13）空调开关（A/C）：当空调开关接通时，向 ECU 提供接通空调信号。

（2）ECU。

ECU 用于接收各种传感器和控制开关输入的发动机工况信号，根据 ECU 内部预先编制的控制程序和存储的试验数据，通过数学计算和逻辑判断确定适应发动机工作境况的喷油时间和点火提前角等参数，并将这些参数转换为电信号控制执行器动作，使发动机保持最佳运行状态。

ECU 还具有故障自诊断功能和应急处理功能（后备功能）。ECU 对发动机运行状态进行控制的同时，还对传感器传输的信号进行监测与鉴别，当发现某传感器传输的信号参数超出规定值范围或没有传输信号时，ECU 将判定该传感器或相关线路发生故障，并将故障信息编成代码储存在存储器中，以便维修时调用，与此同时，立即启用后备功能，使发动机进入故障应急状态运行。

（3）执行器。

执行器用于接收 ECU 的指令，完成相关控制。发动机燃油喷射电控系统常用的执行器主要有以下几种：

1）喷油器：接收 ECU 发出的喷油脉冲信号，并计量燃油喷射量。

2）电动汽油泵：给发动机电控系统提供规定压力的燃油。

3）油泵继电器：控制电动汽油泵电路的接通与切断。

4）怠速控制阀或步进电动机：用于调节发动机的怠速转速。

5）活性炭罐电磁阀：接收 ECU 的控制指令，控制汽油蒸汽回收管路的打开与关闭，回收燃油蒸汽，减少 HC 的排放量。

6）EGO 加热器：加热 EGO 的检测部件，使传感器尽快进入工作状态。

在汽车电控系统中，还设有一个故障诊断插座（故障诊断通信接口）。当控制系统发生故障或需要了解控制系统的工况参数时，利用测试仪通过故障诊断插座可以调取所需信息和参数。

2.1.3　燃油喷射控制系统的主要元件及其工作原理

1. 进气歧管绝对压力传感器

进气歧管绝对压力传感器可用来测量发动机的进气量，简称歧管压力传感器（MAP）。MAP 与 AFS 不同的是采用间接测量方式来测量空气的进气量，即依据发动机的负荷变化测出进气歧管内绝对压力的相应值，进而计算发动机的进气量。

MAP 按其信号产生的原理可分为电容式、半导体压敏电阻式、表面弹性波式和膜盒传动的可变电感式等。其中电容式和半导体压敏电阻式 MAP 在 D 型燃油喷射系统中应用广泛。

（1）电容式 MAP。

电容式 MAP 利用传感器的电容效应测量进气歧管绝对压力，主要由氧化铝膜片及厚膜电极等构成，见图 2－15。

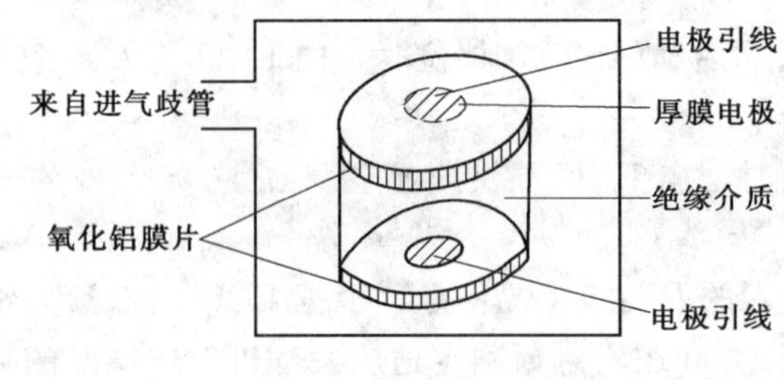

图 2－15　电容式 MAP

压力转换元件由可产生电容效应的厚膜电极构成，电极被附在氧化铝膜片上。当发动机进气歧管绝对压力变化时，可使氧化铝膜片产生变形，导致传感器电极的电容产生相应变化，引起与其相关的振荡电路的振荡频率发生相应变化。ECU 根据传感器输出信号的频率测量进气歧管的绝对压力。其信号频率和进气歧管绝对压力值成正比，该频率大约在 80～120Hz 范围内变化。

（2）半导体压敏电阻式 MAP。

半导体压敏电阻式 MAP 利用半导体的压阻效应测量进气歧管的绝对压力，它由压力转换元件和将转换元件输出信号进行放大的混合集成电路等构成，见图 2－16。

压力转换元件是利用半导体的压阻效应制成的硅膜片。硅膜片为约 $3mm^2$ 的正方形，其一面是真空室，而另一面则导入进气歧管压力，见图 2－17。其中部经光刻，腐蚀形成直径约 2mm、厚约 50mm 的薄膜，薄膜周围安置有 4 个应变电阻，且以惠斯顿电桥方式连接而成。

当硅膜片受力变形时，其中应变电阻 R_2 和 R_4 受拉，其电阻值随应力增加而增加；而应变电阻 R_1 和 R_3 受压，电阻随应力增加而减小，使惠斯顿电桥失去平衡，有信号输出；此外，进气歧管绝对压力越大，硅膜片受力变形越大，输出的信号越大。

由于输出信号较弱，需用混合集成电路进行放大后再输出。该类传感器具有尺寸小、精度高、成本低、响应性好、通用性强和测量范围广等优点，是目前歧管压力传感器中最先进的一种，应用广泛。

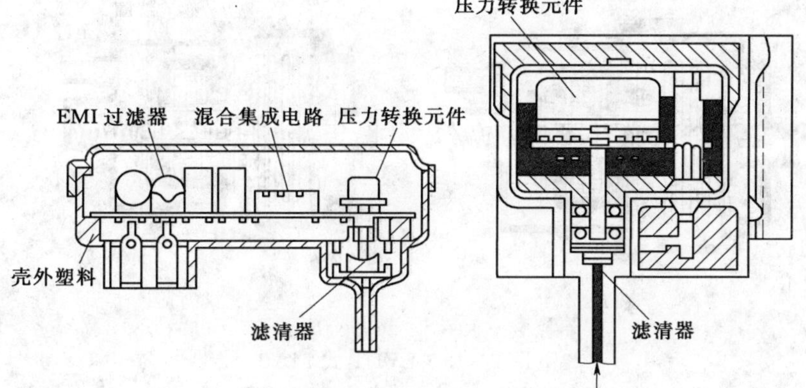

图 2-16　半导体压敏电阻式 MAP

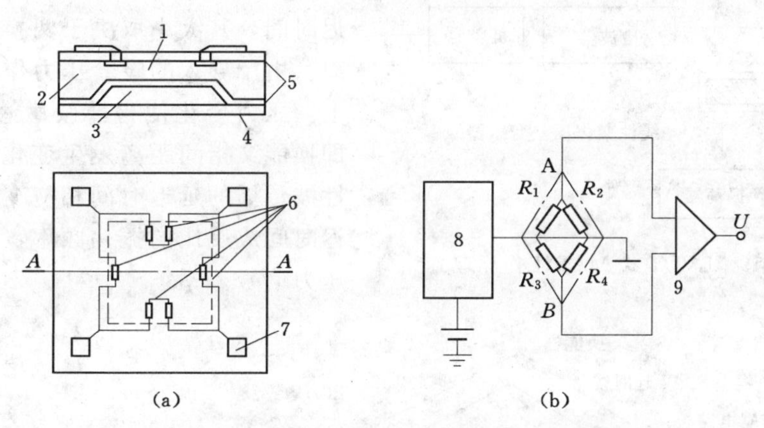

图 2-17　半导体压敏电阻式 MAP 工作原理

(a) 硅钢片；(b) 控制电路

1—硅片；2—硅；3—真空管；4—硼硅酸玻璃片；5—二氧化硅膜；6—应变电阻；7—金属片；8—稳压电源；9—差动放大器

(3) 膜盒传动的可变电感（LYDT）式 MAP。

LVDT 式 MAP 主要由膜盒、铁心、感应线圈和电子电路等组成，见图 2-18。膜盒是由薄金属片焊接而成，其内部被抽成真空，外部与进气歧管相通，膜盒外表压力变化将使其产生膨胀和收缩。置于感应线圈内部的铁心与膜盒联动。感应线圈由两个绕组构成，见图 2-19，一个与振荡电路相连，产生交流电压，在线圈周围产生磁场；另一个为感应绕组，用于产生信号电压。当进气歧管压力变化时，膜盒带动铁心在磁场中移动，使感应线圈产生的信号电压随之变化，再将该信号送到电子电路，后经检波、整形和放大后，作为传感器的输出信号送至 ECU。

(4) 表面弹性波（SAW）式 MAP。

在一块压电基片上用超声波加工出一薄膜敏感区，上面刻制换能器（压敏 SAW 延时线），换能器与电路组合成振荡器，见图 2-20。为了提高测量精度，补偿温度对基片的影响，在薄膜敏感区边缘设置一只性能相同的换能器（温基 SAW 延时线）。SAW 在两个

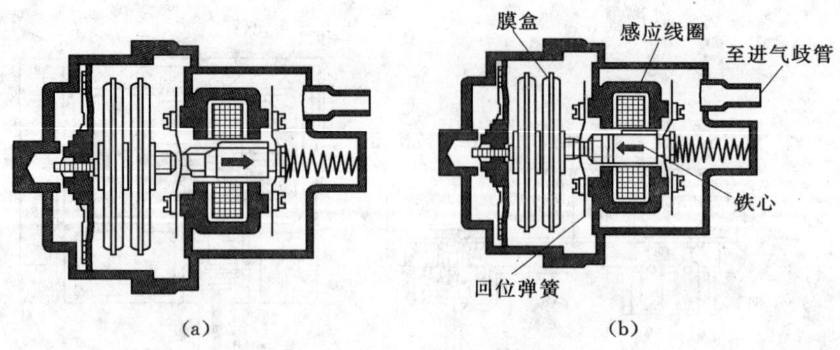

图 2-18　LVDT 式 MAP
(a) 进气歧管绝对压力小；(b) 进气歧管绝对压力大

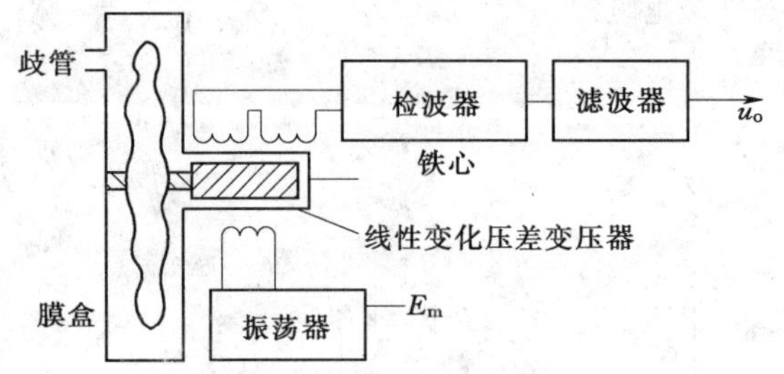

图 2-19　LVDT 式 MAP 工作原理

换能叉指之间的传播时间即是所获得的延迟时间，其大小取决于两换能叉指间的距离。由于导入的歧管压力作用于压电基片上，压力变化使得薄膜敏感区产生应变，即换能叉指间距离发生变化，引起表面弹性波传播的延迟时间相应变化，根据与延迟时间成反比的振荡频率，即可输出绝对压力信号。

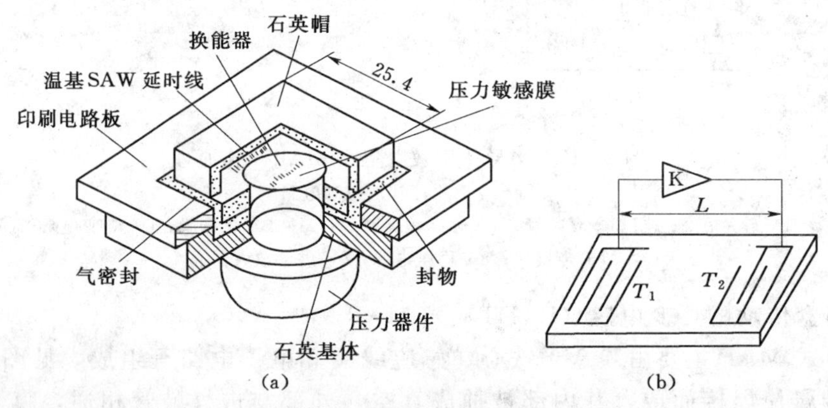

图 2-20　SAW 式 MAP
(a) 传感器；(b) 换能器

2. 空气流量传感器

(1) 功用。

空气流量传感器（AFS）又称为空气流量计（AFM），用于检测发动机的进气量，并将此信息转换成电信号输入 ECU，以供 ECU 计算确定喷油时间（即喷油量）和点火时间，是发动机 ECU 计算喷油时间和点火时间的主要依据。

(2) 类型。

AFS 主要有翼片式、卡门旋涡式、热线式和热膜式 4 种。

1）翼片式 AFS。

a. 结构。翼片式空气流量传感器由测量板（叶片）、缓冲板、阻尼室、旁通气道、怠速调整螺钉、回位弹簧等组成，此外内部还有电动汽油泵开关及进气温度传感器等，见图 2－21。当点火开关接通而不启动发动机时，电动汽油泵开关断开，电动汽油泵不工作。一旦翼片式 AFS 中有空气流过时，此开关闭合，电动汽油泵开始工作。

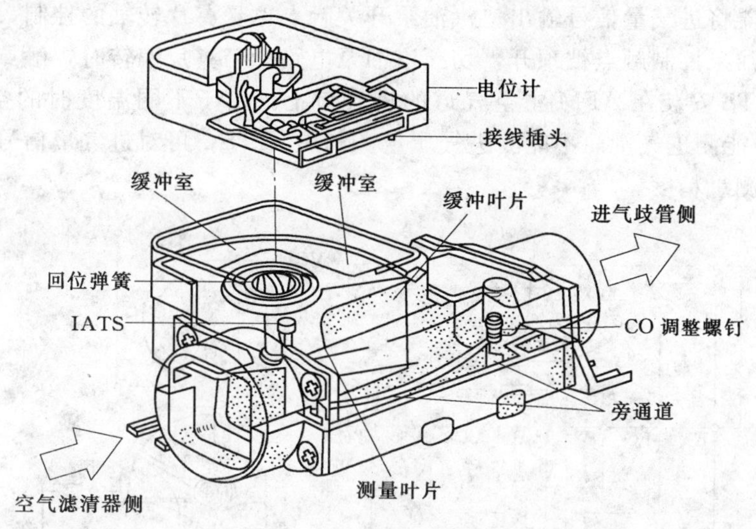

图 2－21　翼片式 AFS

翼片由测量叶片和缓冲叶片组成，两者铸成一体，见图 2－22。叶片转轴安装在壳体上，转轴一端装有螺旋回位弹簧。当回位弹簧的弹力与吸入空气气流对测量叶片的推力平衡时，叶片即处于稳定位置。测量叶片随进气量的变化在空气主通道内发生偏转，缓冲叶片在缓冲室内与其同步偏转，缓冲室对叶片起阻尼作用。当发动机吸入空气量急剧变化和气流脉动时减小翼片的脉动，使翼片平稳运转。

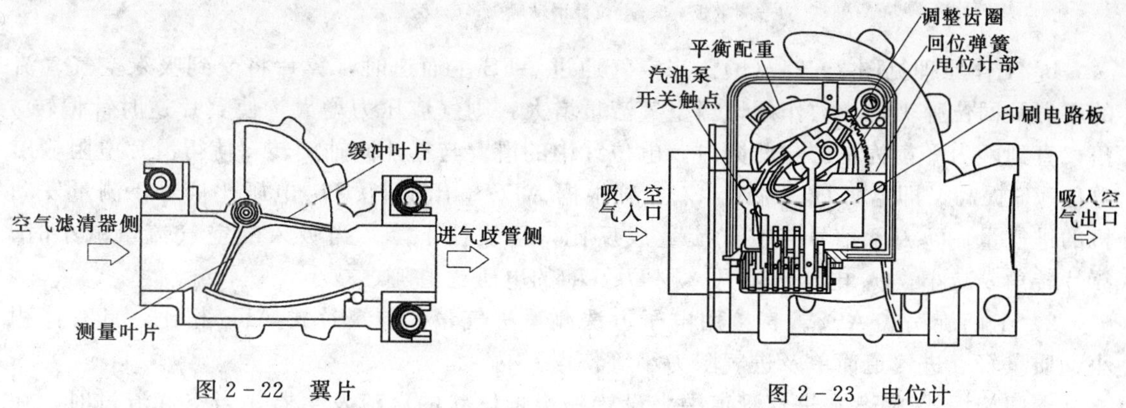

图 2－22　翼片

图 2－23　电位计

AFS 主空气道的下方设有旁通空气道，在旁通空气道的一侧安置了 CO 调整螺钉，用于调整空气流量传感器的输出特性。

电位计安装在 AFS 壳体上方，内装有平衡配重、滑臂、回位弹簧、调整齿圈和印刷电路板等，见图 2-23。螺旋回位弹簧的一端固定在翼片转轴上，另一端固定在调整齿圈上。调整齿圈用卡簧定位，其上有刻度标记。改变调整齿圈的固定位置，可调整回位弹簧的预紧力，使用中用以调整 AFS 的输出特性。翼片转轴上端固装着平衡配重和滑臂，随翼片一起动作，滑臂与印刷电路板上的镀膜电阻接触，并在其上滑动。

印刷电路板电路见图 2-24（a），可变电阻的中央抽头是与翼片转轴连动的滑臂，且通过接线连接器将进气量信号输出。汽油泵开关触点也受翼片转轴的控制，当翼片处于静止位置时，汽油泵控制触点被顶开，切断汽油泵电路；当翼片偏转时，触点闭合，接通汽油泵电路。IATS 安装在 AFM 主空气道的进气口上。由于不同温度时的空气密度不同，翼片式 AFS 只能测进气量而不能测进气质量。利用 IATS，可对进气量信号进行修正，以提高进气量的测量精度。

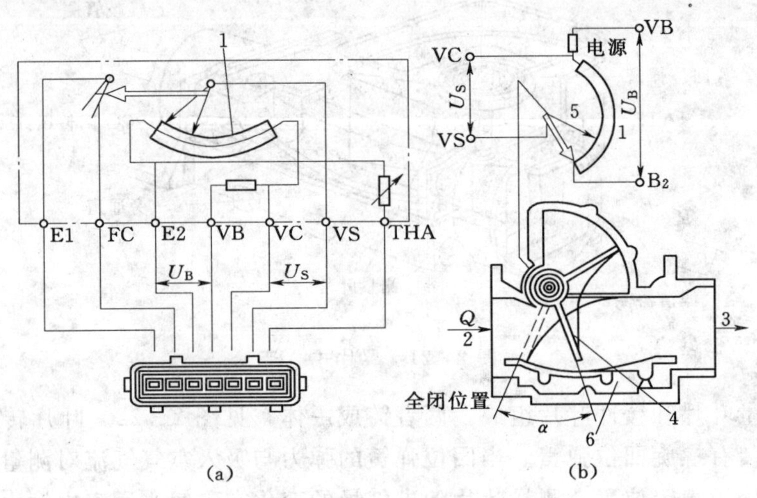

图 2-24　AFS

（a）电位计内部电路；（b）工作原理

1—电位计；2—来自空气滤清器的空气；3—到发动机的空气；

4—测量板；5—电位计滑动触头；6—旁通空气

b. 工作原理见图 2-24（b）。当空气通过 AFS 主通道时，翼片将受到吸入空气气流的压力及回位弹簧的弹力作用，当空气流量增大，则气流压力增大，使翼片逆时针偏转 α 角，直到两力平衡为止。与此同时，电位计中的滑臂与翼片同轴旋转，使得滑片电阻输出电位 VS 提高，即电压 U_S 减小。ECU 则根据 AFS 输出的 U_S/U_B 电压比信号，测量发动机的进气量。U_S/U_B 信号与空气流量成反比，且线性下降。当吸入的空气流量减小时，翼片转角 α 减小，U_S 电压值上升，则 U_S/U_B 的电压比值随之减小。

2）卡门旋涡式 AFS。直接用电子方法测量进气量，与翼片式 AFS 相比，具有体积小、质量轻、进气道简单及进气阻力小等特点。

卡门旋涡式 AFS 在进气管道中央设置一个锥体状的涡流发生器，当空气流过时，在涡流发生器的后部将会不断产生称之为卡门旋涡的涡流串，若测出卡门涡流的频率便可测量进气量。按照旋涡数的检测方式不同，卡门旋涡式 AFS 有超声波检测方式和反光镜检测方式两种。

a. 超声波检测式卡门涡旋式AFS，见图2-25。利用卡门涡旋引起的空气疏密度变化进行测量，用接收器接收连续发射的超声波信号，因接收到的信号空气疏密度的变化而变化，由此即可测得涡旋频率，从而测得空气流量。

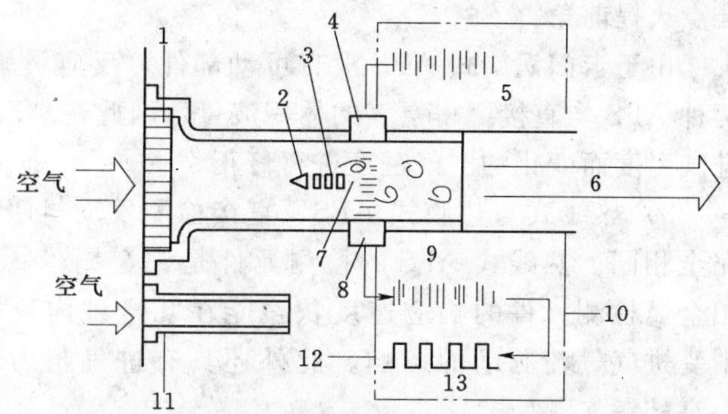

图2-25　超声波检测式卡门涡旋式AFS

1—整流栅；2—涡旋发生体；3—涡旋稳定板；4—信号发生器（超声波发射头）；5—超声波发生器；6—通往发动机；7—卡门涡旋；8—超声波接收器；9—与涡旋数对应的疏密声波；10—整形放大电路；11—旁通通路；12—通往ECU；13—整形成矩形波（脉冲）

在卡门涡旋发生区空气通道的两侧分别装有超声波发生器和超声波接收器，超声波发射头沿涡旋的垂直方向发射超声波，由于涡旋使超声波的传播速度发生变化，超声波受到周期性的调制，使其振幅、相位、频率发生变化。此信号被超声波接收器接收后，变换成相应的电压，再经整形、放大电路，形成与涡旋数目相应的矩形脉冲信号，然后送入发动机ECU作为空气流量信号。

b. 反光镜检测式卡门涡旋式AFS，见图2-26。将卡门涡旋发生器两侧的压力变化通过导压孔引向薄金属制成的反光镜表面，使反光镜产生振动，反光镜一边振动，一边将发光二极管射来的光反射给光电晶体管，涡旋的频率在压力作用下转换成镜面的振动频率，再通过光电耦合器转换成脉冲信号。进气量愈大，脉冲信号频率愈高；反之，脉冲信号频率愈低。ECU根据该脉冲信号的频率检测进气量（同时要经过进气温度修正）和基

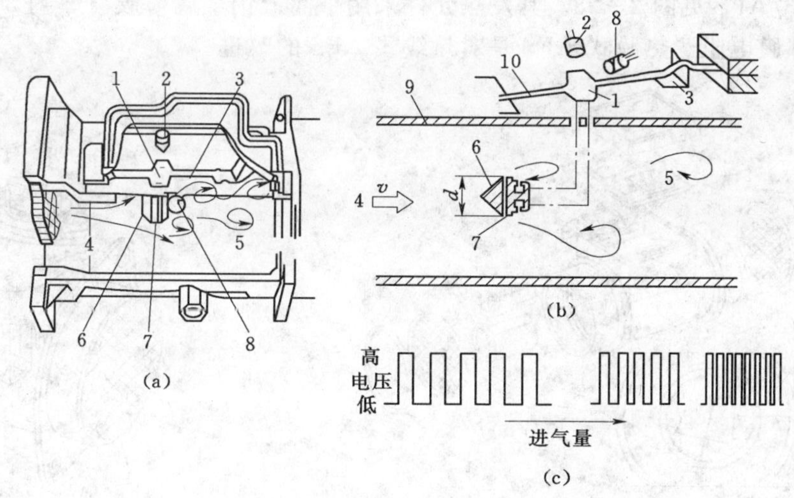

图2-26　反光镜检测式卡门涡旋式AFS

(a) 结构；(b) 原理；(c) 输出信号波形

1—反光镜；2—发光二极管；3—钢板弹簧；4—空气流；5—卡门涡旋；6—涡旋发生体；7—压力导向孔；8—光电晶体管；9—进气管路；10—支承板

准点火提前角。

由于卡门涡旋式 AFS 没有可动部件，反应灵敏，测量精度高，因而应用广泛。上述两种 AFS 均直接测得空气的体积流量，因此在 AFS 内均装有进气温度传感器，以便对随进气温度而变化的空气密度进行修正。

3）热线式与热膜式 AFS。直接检测发动机吸入空气的质量和流量，二者检测原理完全相同。热线式 AFS 的检测元件是铂金属丝；热膜式 AFS 的检测元件是铂金属膜。铂金属检测元件的响应速度快，能在几毫秒内反映出空气流量的变化，因此测量精度不受进气气流脉动的影响。此外还具有进气阻力小、无磨损部件等优点，广泛应用于中高档轿车。

热线式与热膜式 AFS 主要由发热元件（热线或热膜）、温度补偿电阻（冷丝或冷膜）、信号取样电阻和控制电路等组成。

a. 热线式 AFS 见图 2-27。传感器壳体两端设置有与进气道相连接的圆形连接接头，空气入口和出口都设有防止传感器受到机械损伤的防护网。传感器入口与空气滤清器一端的进气管连接，出口与节气门体一端的进气管连接。

传感器内部套装有一个取样管，管中设有一根直径很小（约 70μm）的铂金属丝作为发热元件，称为热线，并制作成门形张紧在取样管内。

由于进气温度变化会使热线的温度发生变化而影响进气量的测量精度，因此在热线附近的气流上游设有一只温度补偿电阻，其电阻值随进气温度的变化而变化。当进气温度降低（或升高）使发热元件的电阻值减小（或增大）时，温度补偿电阻的阻值也会减小（或增大）。该温度补偿电阻的温度作为参考基准，控制电路提供的电流将使温度补偿电阻的温度始终低于发热元件的温度 120℃，使进气温度的变化不至于影响发热元件（热线）测量进气量的精度。

b. 热膜式 AFS 见图 2-28。其发热元件采用平面形铂金属薄膜（厚约 200mm）电阻器，故称为热膜电阻。热膜式 AFS 是对热线式 AFS 的改进。

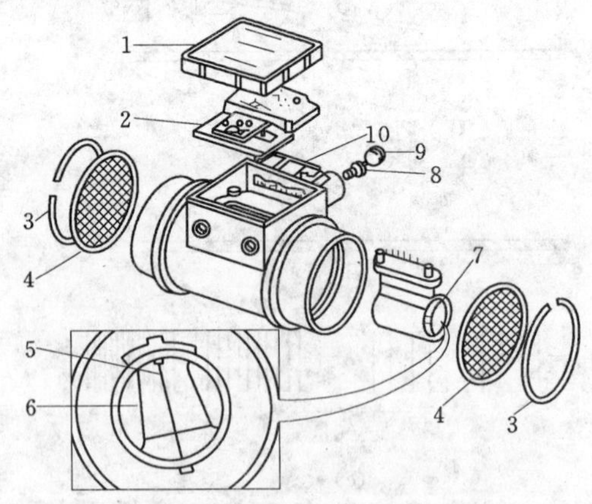

图 2-27　热线式 AFS

1—传感器密封盖；2—印刷控制电路板；3—卡环；4—防护网；5—温度补偿电阻丝（冷丝）；6—铂金丝（热线）；7—取样管；8—CO 调节螺钉；9—防护塞；10—接线插座

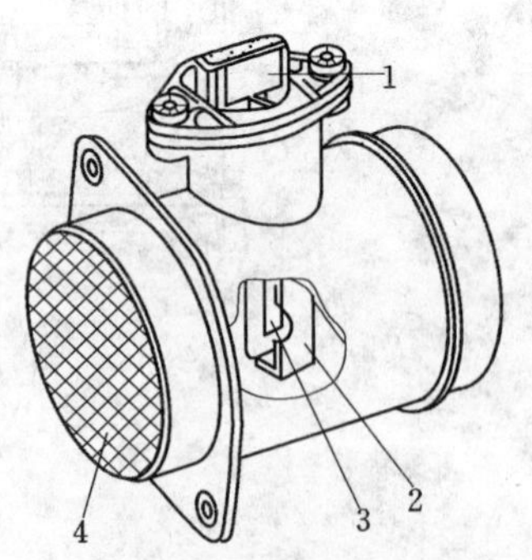

图 2-28　热膜式 AFS

1—接线插座；2—护套；3—铂金属膜；4—防护网

传感器内部的进气通道上设有一个矩形护套（相当于取样管），热膜电阻设在护套内。为了防止污物沉积到热膜电阻上影响测量精度，在护套的空气入口侧设有空气过滤层，用于过滤空气中的污物。为了防止进气温度变化而使测量精度受到影响，在热膜电阻附近的气流上游设有铂金属膜式温度补偿电阻，见图 2-29。温度补偿电阻和热膜电阻与传感器内部控制电路连接，控制电路与线束连接器插座连接，线束插座设在传感器壳体中部。

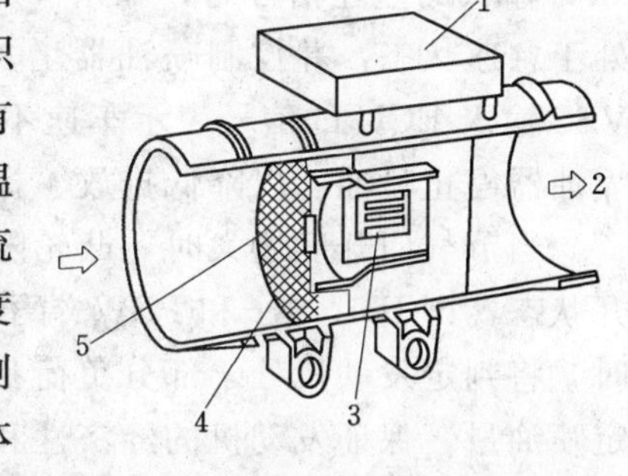

图 2-29　热膜式 AFS 内部元件

1—控制回路；2—通往发动机；3—热膜；4—进气温度传感器；5—金属网

热膜式 AFS 与热线式 AFS 相比，因为热膜电阻的电阻值较大，所以消耗电流较小，使用寿命较长。但其发热元件表面制作有一层绝缘保护膜，存在辐射热传导作用，因此响应特性略低于热线式 AFS。

3. 节气门位置传感器

发动机工况不同，对混合气浓度的要求不同。节气门位置传感器（TPS）将节气门开度（即发动机负荷）转变为电信号输入发动机 ECU，以便确定空燃比的大小。在装备电子控制自动变速器的汽车上，TPS 信号还要输入变速器 ECU，作为确定变速器换挡时机和变矩器锁止时机的主要信号。

（1）分类。

TPS 安装在节气门体上节气门轴的一端，按结构的不同可分为触点式、可变电阻式、触点与可变电阻组合式；按输出信号类型的不同可分为开关量输出型和线性输出型。

（2）开关量输出型 TPS。

1）结构特点。开关量输出型 TPS 主要由节气门轴、大负荷触点（又称为功率触点）、凸轮、怠速触点和接线插座等组成，见图 2-30（a）、（b）。凸轮随节气门轴转动，节气门轴随节气门开度（发动机负荷）大小的变化而变化。

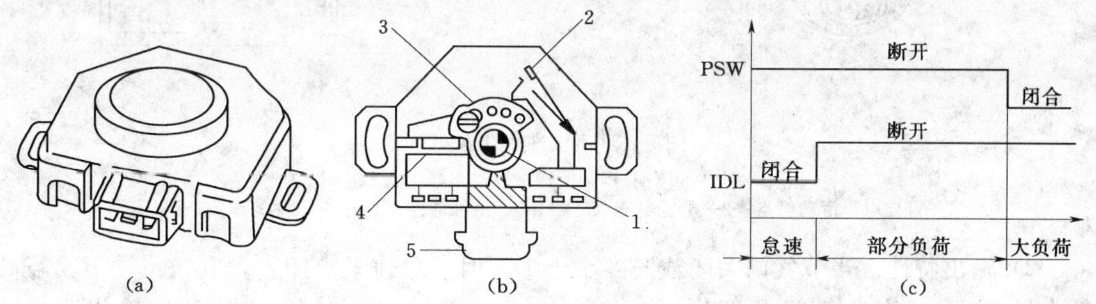

图 2-30　开关量输出型 TPS

（a）外形；（b）内部结构；（c）输出特征

1—节气门轴；2—功率触点（PSW）；3—凸轮；4—怠速触点（IDL）；5—接线插座

2）输出特性见图 2-30（c）。当节气门关闭时，怠速触点闭合、功率触点断开，怠速触点端子输出的信号为低电平“0”，PSW 端子输出的信号为高电平“1”。ECU 接收到

TPS 输入的上述信号时，如果 VSS 输入 ECU 的信号表示车速为零，则 ECU 判定发动机处于怠速状态，并控制喷油器增加喷油量，保证发动机怠速转速稳定而不致熄火；如果 VSS 输入 ECU 的信号表示车速不为零，则 ECU 判定发动机处于减速状态运行，并控制喷油器停止喷油，以降低排放、提高经济性。

当节气门开度增大时，凸轮随节气门轴转动并将怠速触点顶开，如果功率触点保持断开状态，则 IDL 端子和 PSW 端子都将输出高电平“1”。ECU 接收到这两个高电平信号时，将判定发动机处于部分负荷状态，此时 ECU 将根据 AFS 信号和曲轴转速信号计算确定喷油量，保证发动机的经济性和排放性能。

当节气门接近全部开启（80％以上）时，凸轮转动使 PSW 闭合，PSW 端子输出低电平“0”，IDL 端子保持断开而输出高电平“1”。ECU 接收到这两个信号时，判定发动机处于大负荷运行状态，并控制喷油器增加喷油量，保证发动机输出足够的功率，故大负荷触点称为功率触点。此状态下，控制系统进入开环控制模式。如果此时空调系统仍在工作，则 ECU 将中断空调主继电器信号约 15 s，切断空调电磁离合器线圈电流，使空调压缩机停止工作，增大发动机的输出功率，提高汽车的动力性。

（3）线性输出型 TPS。

1）结构特点。线性输出型 TPS 主要由可变电阻滑动触点、节气门轴、怠速触点和壳体组成，见图 2－31。可变电阻为镀膜电阻，制作在传感器底板上，可变电阻的滑臂随节气门轴一同转动，滑臂与输出端子 VTA 连接。

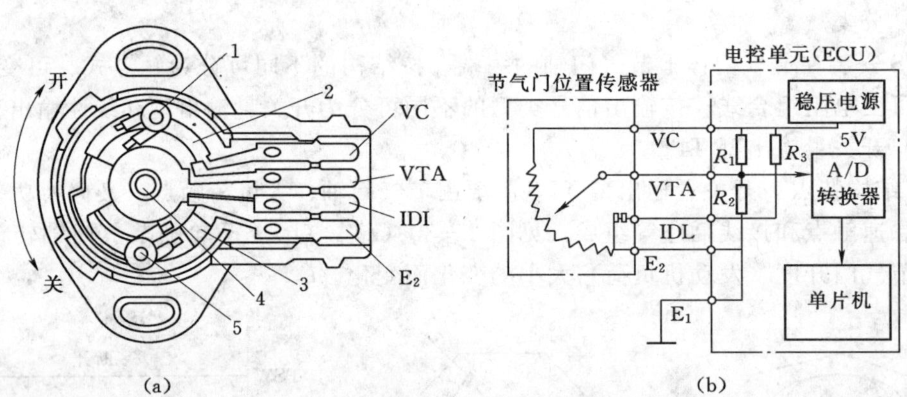

图 2－31　线性输出型 TPS

（a）内部结构；（b）电路

1—可变电阻滑动触点；2—电源电压（5 V）；3—绝缘部件；4—F 气门轴；5—怠速触点

2）输出特性。当节气门关闭或开度小于 1.2°时，怠速触点闭合，其输出端 IDL 输出低电平（0V）；当节气门开度大于 1.2°时，怠速触点断开，输出端 IDL 输出高电平（5V），见图 2－32（a）。当节气门开度变化时，可变电阻的滑臂随节气门轴转动，滑臂上的触点在镀膜电阻上滑动，传感器的输出端子 VTA 与 E_2 之间的信号电压随之发生变化，见图 2－32（b），节气门开度越大，输出电压越高。传感器输出的线性信号经过 A/D 转换器转换成数字信号后输入 ECU。

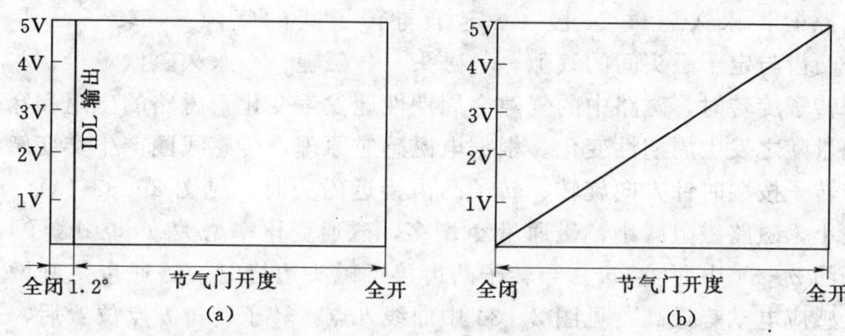

图 2-32　线性输出型 TPS 的输出特性

(a) 怠速触点输出信号；(b) 滑动触点输出信号

4. 曲轴与凸轮轴位置传感器

曲轴位置传感器（CPS）又称为发动机转速与曲轴转角传感器，凸轮轴位置传感器又称为气缸识别传感器（CIS）。

（1）功用。

CPS 采集发动机曲轴转速与转角信号并输入 ECU，以便计算确定并控制喷油提前角与点火提前角；CIS 采集配气凸轮轴的位置信号并输入 ECU，以便确定活塞处于压缩（或排气）行程上止点的位置。

（2）分类。

曲轴与凸轮轴位置传感器分为磁感应式、霍耳式和光电式。丰田系列轿车采用磁感应式曲轴与凸轮轴位置传感器；捷达 AT、GTX 型，桑塔纳 2000GSi 型，奥迪 200 型轿车采用磁感应式 CPS 和霍尔式 CIS；红旗 CA7220E 型轿车采用霍耳式曲轴与凸轮轴位置传感器，且 CIS 为差动霍耳式传感器；长丰猎豹吉普车采用光电式曲轴与凸轮轴位置传感器。大多数汽车将曲轴与凸轮轴位置传感器制成一体，统称为曲轴位置传感器（CPS）且同类型传感器的工作原理完全相同。

（3）磁感应式 CPS。

1）结构原理。磁感应式传感器主要由信号转子、传感线圈、永久磁铁和磁轭组成，见图 2-33。

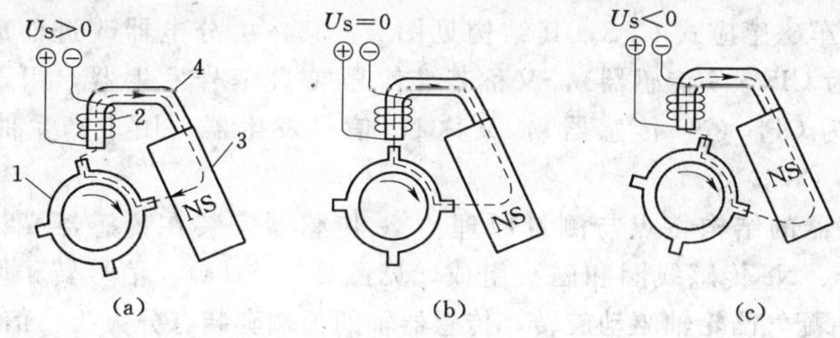

图 2-33　磁感应式 CPS

(a) 接近；(b) 对正；(c) 离开

1—信号转子；2—传感线圈；3—永久磁铁；4—磁轭

磁力线路径：永久磁铁N极——定子与转子间的气隙——转子凸齿——信号转子——转子凸齿与定子磁头间的气隙——磁头——磁轭——永久磁铁S极。

当信号转子旋转时，磁路中的气隙会周期性地发生变化，磁路的磁阻和穿过信号线圈磁头的磁通量随之发生周期性变化。根据电磁感应原理，传感线圈产生交变感应电动势。

当信号转子按顺时针方向旋转、转子凸齿接近磁头时，见图2-33(a)，凸齿与磁头间的气隙减小，磁路磁阻减小，磁通量Φ增多，磁通变化率增大（$d\Phi/dt \geq 0$），感应电动势为正，见图2-34中曲线*abc*。当转子凸齿接近磁头边缘时，磁通量急剧增多，磁通变化率最大，感应电动势最高，见图2-34中曲线*b*点。转子转过*b*点位置后，虽然磁通量仍在增多，但磁通变化率减小，因此感应电动势降低。

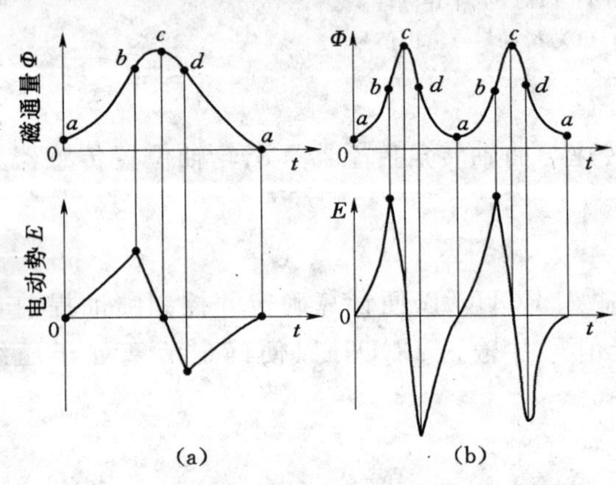

图2-34　传感线圈中的磁通和电动势波形
(a)低速时；(b)高速时

当转子旋转到凸齿的中心线与磁头的中心线对正时，见图2-33(b)，虽然转子凸齿与磁头间的气隙最小，磁路的磁阻最小，磁通量最大，但由于磁通量不能继续增加，磁通变化率为零，因此感应电动势为零，见图2-34中曲线*c*点。

当转子沿顺时针方向继续旋转，凸齿离开磁头时，见图2-33(c)，凸齿与磁头间的气隙增大，磁路磁阻增大，磁通量减少，所以感应电动势为负值，见图2-34中曲线*cda*。当凸齿转到将要离开磁头边缘时，磁通量急剧减少，磁通变化率达到负向最大值，感应电动势也达到负向最大值，见图2-34中曲线上*d*点。

由此可见，信号转子每转过一个凸齿，传感线圈中便产生一个周期的交变电动势，即电动势出现一次最大值和一次最小值，传感线圈相应地输出一个交变电压信号。

由于转子凸齿与磁头间的气隙直接影响磁路的磁阻和传感线圈输出电压的高低，因此使用时，转子凸齿与磁头间的气隙不能随意变动。气隙如有变化，必须按规定进行调整，气隙大小一般为0.2～0.4mm。

2）丰田汽车磁感应式CPS。其结构见图2-35，由分电器改进而成，分上、下两部分。上部分为CIS（G传感器），又称基准信号或G信号发生器，用于产生气缸识别信号。下部分为CPS（Ne传感器），又称Ne信号发生器，用于产生曲轴转速与转角信号。

a. Ne传感器的结构特点与测量原理。Ne传感器安装在传感器壳体下部，主要由NO.2信号转子、Ne传感线圈和磁头组成，见图2-36(a)。信号转子固定在传感器轴上，传感器轴由配气凸轮轴驱动旋转，传感器轴的顶端套装有分火头。信号转子外缘设置有24个凸齿，传感线圈及磁头固定在传感器壳体内。

曲轴旋转时带动配气凸轮轴驱动传感器信号转子旋转，转子凸齿与磁头间的气隙交替发生变化，传感线圈的磁通随之交替发生变化，在传感线圈中就会感应产生交变电动势。

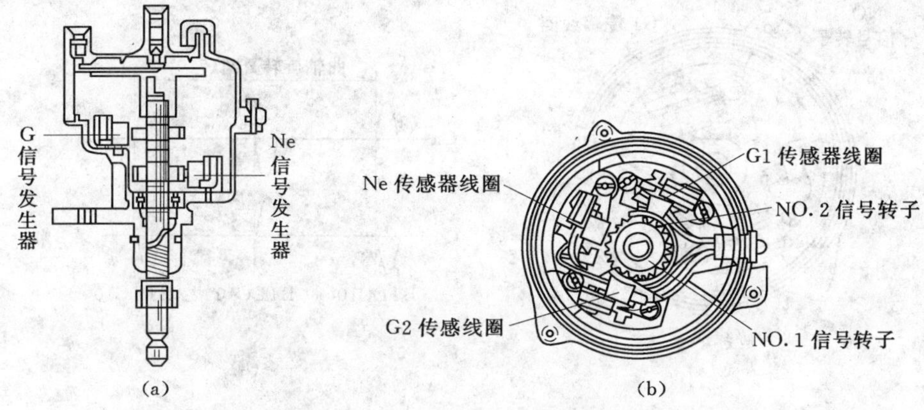

图 2-35　丰田汽车的磁感应式 CPS

(a) 主视图；(b) 俯视图

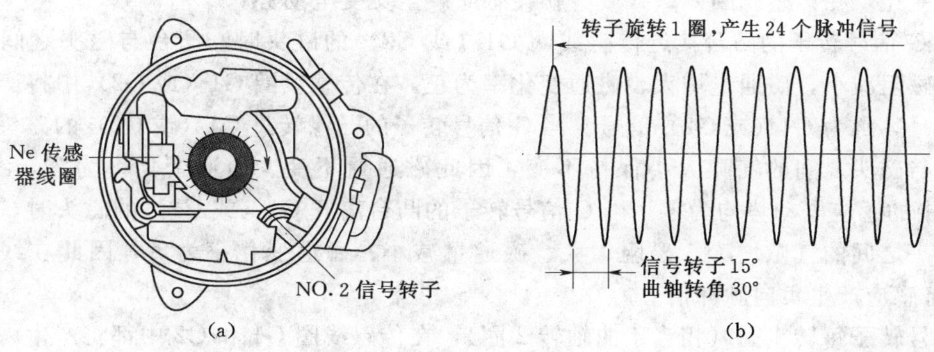

图 2-36　Ne 传感器

(a) 结构；(b) 波形

信号电压的波形见图 2-36（b），信号转子有 24 个凸齿，转子旋转一圈，传感线圈产生 24 个交变信号。传感器轴每转一圈相当于发动机曲轴转两圈，所以一个交变信号（即一个信号周期）相当于曲轴转 30°（720°÷24=30°），相当于信号转子转 15°（30°÷2 =15°）。ECU 每接收 Ne 信号发生器 24 个信号，即可确定曲轴转 2 圈、信号转子转 1 圈。ECU 根据 Ne 信号周期占用的时间计算发动机曲轴转速。为了将点火提前角和喷油提前角的控制精度控制在 1°，还需要 ECU 内部的分频电路将每个 Ne 信号（曲轴转角 30°）等分成 30 个脉冲信号，每个脉冲信号相当于 1°曲轴转角。

b. G 传感器的结构特点与测量原理。G 传感器由 NO.1 信号转子、传感线圈 G1、G2 和磁头等组成，见图 2-37（a）。信号转子固定在传感器轴上，其径向尺寸设计成两个半径不同、弧度各占 180°的圆弧，从而形成两个凸台和一个弧度为 180°的凸缘。传感线圈 G1、G2 相隔 180°安装，G1 线圈产生的信号对应于发动机第 6 缸活塞压缩上止点前 10°、G2 线圈产生的信号对应于第 1 缸活塞上止点前 10°。

G 传感器的工作原理与 Ne 传感器产生信号的原理相同。当 G 传感器轴旋转时，G 信号（NO.1 信号转子）的凸台便交替经过传感线圈的磁头。转子凸台与磁头之间的气隙交

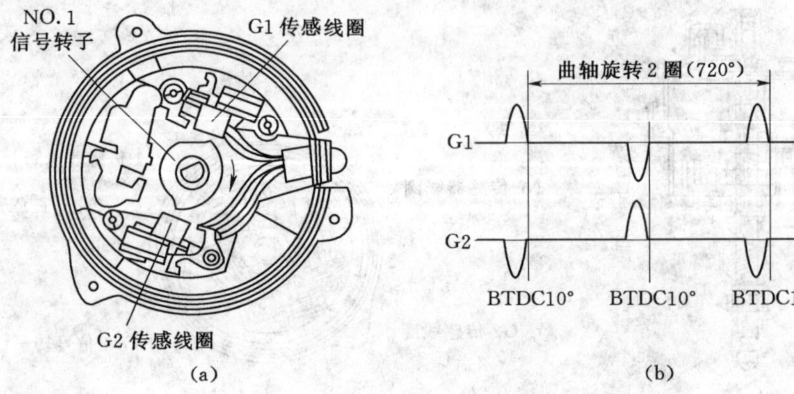

图 2-37　G 传感器

(a) 结构；(b) 波形

替发生变化，在传感线圈 G1、G2 中就会感应产生交变电动势。

当 G 信号转子的凸台接近传感线圈 G1（或 G2）的磁头时，凸台与磁头之间的气隙减小、磁阻减小，磁通量增大、磁通变化率为正，在传感线圈 G1（或 G2）中将产生正向脉冲信号，称为 G1（或 G2）信号。当 G 信号转子的凸缘转过 G1（或 G2）的磁头时，由于凸缘与磁头之间的气隙大小保持不变，因此磁通量不变、磁通变化率为零，线圈 G1（G2）中的感应电动势均为零。当 G 信号转子的凸台离开 G1（或 G2）的磁头时，由于凸台与磁头之间的气隙增大、磁阻增大、磁通量减小、磁通变化率为负，因此在线圈 G1、G2 中将感应产生负向脉冲信号。

信号转子每转 1 圈（相当于曲轴转 2 圈），在传感线圈 G1 和 G2 中都将产生一个交变电压信号，信号波形及相位见图 2-37（b）。G1 信号的正向脉冲下降到零时，对应于第 6 缸活塞压缩行程上止点前 10°位置，G2 信号的正向脉冲下降到零时，对应于第 1 缸活塞压缩行程上止点前 10°位置。

当 ECU 接收到 Gl 信号发生器输入的正向脉冲下降沿时，便可判定第 1 缸活塞处于压缩行程上止点前 10°位置；当接收到 G2 信号发生器输入的正向脉冲下降沿时，便可判定第 6 缸活塞处于压缩行程上止点前 100 位置，再根据 Ne 传感器信号和点火顺序，即可将喷油提前角和点火提前角控制为计算确定的角度。

(4) 霍耳式 CPS。

1) 霍耳效应。霍耳式和差动霍耳式传感器都是根据霍耳效应制成。将一个通有电流，的长方体形白金导体垂直于磁力线放入磁感应强度为 B 的磁场中时，在白金导体的两个横向侧面上会产生一个垂直于电流方向和磁场方向的电压 U_H，当撤除磁场时电压立即消失。该电压称为霍耳电压，U_H 与通过白金导体的电流 I 和磁感应强度 B 成正比，即式 (2-1)：

$$U_H = R_H/d(I \cdot B) \tag{2-1}$$

式中　R_H——霍耳系数；

d——白金导体的厚度。

利用霍耳效应制成的元件称为霍耳元件，利用霍耳元件制成的传感器称为霍耳效应式传感器，简称霍耳式传感器或霍耳传感器。

2）霍耳式传感器的结构原理。霍耳式传感器主要由触发叶轮、霍耳集成电路、导磁钢片（磁轭）与永久磁铁等组成，见图2-38。触发叶轮安装在转子轴上，叶轮上制有叶片。霍耳集成电路由霍耳元件、放大电路、稳压电路、温度补偿电路、信号变换电路和输出电路等组成。

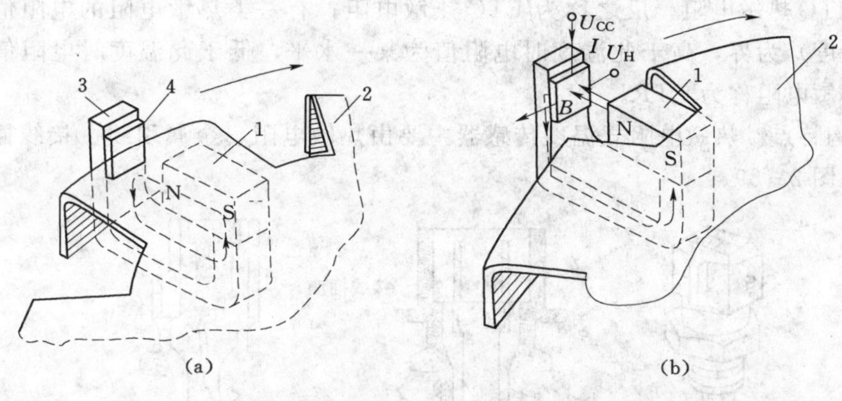

图2-38　霍耳式传感器

(a) 叶片进入气隙，磁场被旁路；(b) 叶片离开气隙，磁场饱和

1—永久磁铁；2—触发叶轮；3—磁轭；4—霍耳集成电路

当触发叶轮随转子轴一同转动时，叶片便在霍耳集成电路与永久磁铁之间转动，霍耳式集成电路中的磁场发生变化，霍耳元件中产生霍耳电压，经过信号处理电路处理后，即可输出方波信号。

当传感器轴转动时，触发叶轮的叶片便从霍耳集成电路与永久磁铁之间的气隙中转过。当叶片进入气隙时，霍耳集成电路中的磁场被叶片旁路，见图2-38(a)，霍耳电压U_H为零，集成电路输出级的互极管截止，传感器输出的信号电压U_0为高电平（当电源电压U_{CC}为14.4V时，信号电压U_0为9.8V；当电源电压U_{CC}为5V时，信号电压U_0为4.8V）。

当叶片离开气隙时，永久磁铁的磁通便经霍耳集成电路和导磁钢片构成回路，见图2-38(b)，此时霍耳元件产生电压（U_H为1.9～2.0V），霍耳集成电路输出级的三极管导通，传感器输出的信号电压U_0为低电平（当电源电压U_{CC}为14.4V或U_{CC}为5V时，信号电压U_0为0.1～0.3V）。

5．温度传感器

(1) 功用。

将被测对象的温度信号转变为电信号输入ECU，用于ECU修正控制参数或判断检测对象的热负荷状态。

(2) 分类。

1）按检测对象的不同可分为CTS、IATS、排气温度传感器、燃油温度传感器、空调温度传感器（或空调温控开关）等。

2）按结构与物理性能的不同可分为热敏电阻式、热敏铁氧体式、双金属片式、石蜡式等。双金属片式和石蜡式温度传感器属于结构型传感器，热敏电阻式和热敏铁氧体式温度传感器属于物理型传感器，现代汽车广泛采用物理型热敏电阻式温度传感器。

（3）热敏电阻式温度传感器。

1）热敏电阻的特性。根据热敏电阻的特性不同，可分为负温度系数（NTC）热敏电阻、正温度系数（FTC）热敏电阻和临界温度热敏电阻（CTR）。电阻值随温度升高而减小的称为NTC热敏电阻，反之称为FTC热敏电阻；有一类热敏电阻的电阻值以某一温度（临界温度）为界，高于此温度时电阻值为某一水平，低于此温度时电阻值为另一水平，这类热敏电阻称为CTR。

2）结构特点。热敏电阻式温度传感器主要由热敏电阻、金属引线、接线插座和壳体等组成，见图2-39。

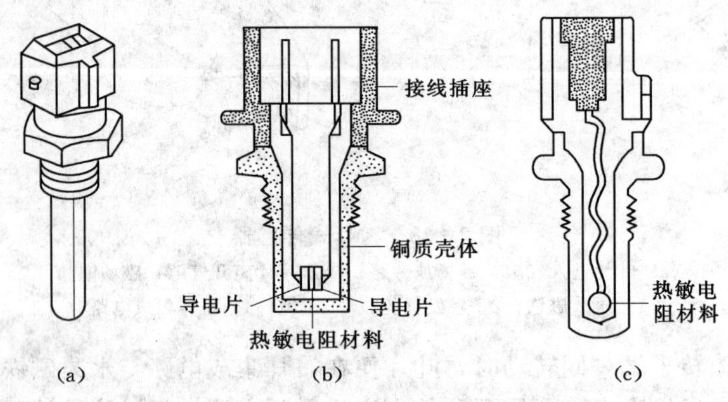

图2-39　热敏电阻式温度传感器

(a) 外形；(b) 两端子式；(c) 单端子式

热敏电阻是温度传感器的敏感元件，其外形制成珍珠形、圆盘形（药片形）、垫圈形、梳状芯片形、厚膜形等，放置在传感器的金属管壳内。在热敏电阻的两个端面各引出一个电极并连接到传感器插座上。

传感器壳体上制有螺纹，便于拆装。接线插座分为单端子式和两端子式，中高档轿车燃油喷射系统一般采用两端子式温度传感器，低档轿车燃油喷射系统以及汽车仪表一般采用单端子式温度传感器。如传感器插座上只有一个接线端子，则壳体为传感器的一个电极。目前电控系统使用的温度传感器插座大多数都有两个接线端子，分别与ECU插座上的相应端子连接，以便可靠传递信号。

3）车用温度传感器特性与测量电路。NTC热敏电阻式温度传感器，如CTS、IATS、燃油温度传感器、排气温度传感器等应用广泛。

NTC型热敏电阻式温度传感器的阻值与温度之间呈明显的非线性关系，见图2-40。

温度传感器的工作电路见图2-41，ECU内部串联一只分压电阻，ECU向热敏电阻和分压电阻组成的分压电路提供一个稳定的电压（一般为5V），传感器输入ECU的信号电压等于热敏电阻上的分压值。

当被测对象的温度升高时，传感器电阻减小，热敏电阻上的分压值降低；反之，当被

测对象的温度降低时，传感器电阻增大，热敏电阻上的分压值升高。ECU 根据接收到的信号电压，便可计算求得对应的温度值。

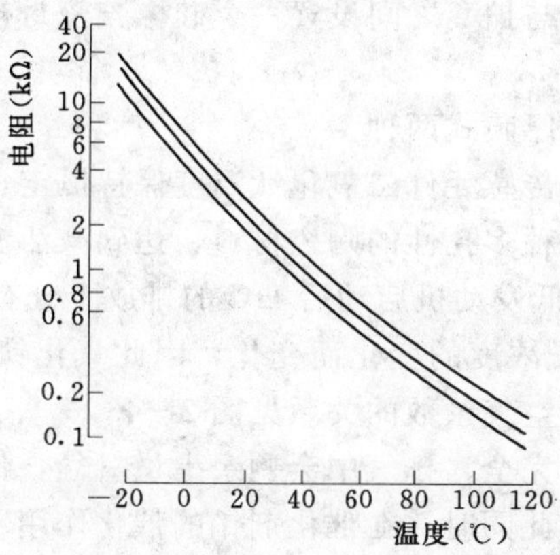

图 2－40　NTC 型温度传感器特性

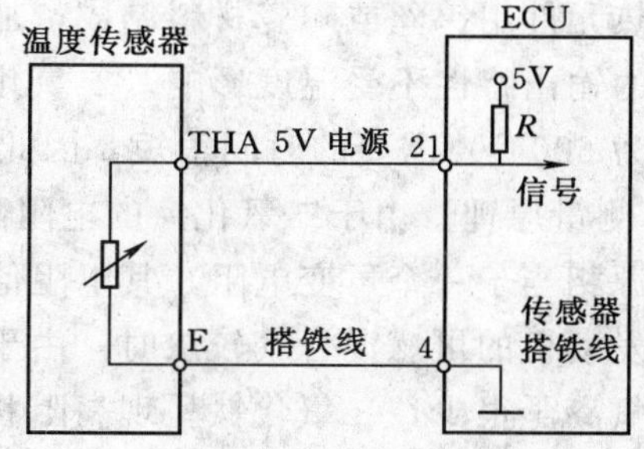

图 2－41　温度传感器的工作电路

6. 氧传感器

(1) 功用。

氧传感器是排气氧传感器（EGO）的简称，又称为氧量传感器，通过监测排气中氧离子的含量获得混合气的空燃比信号，并将空燃比信号转变为电信号输入发动机 ECU。ECU 根据 EGO 的信号对喷油时间进行修正，实现空燃比反馈控制（闭环控制），从而精确地控制空燃比。

(2) 分类。

EGO 分为氧化钛（TiO_2）式和氧化锆（ZrO_2）式。氧化锆式 ECO 又分为加热型与非加热型 EGO，氧化钛式一般都为加热型传感器。由于氧化钛式 EGO 价格比氧化锆式便宜，且不易受到硅离子的腐蚀，因此应用越来越多。

(3) 氧化钛式 EGO 的结构原理。

1) 结构特点。氧化钛式 EGO 主要由二氧化钛传感元件、钢质壳体、加热元件和电极引线等组成，见图 2－42。

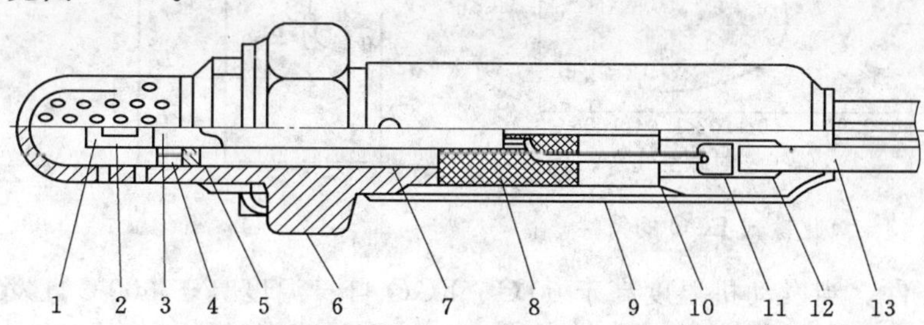

图 2－42　氧化钛式 EGO

1—加热元件；2—氧化钛元件；3—基片；4—垫圈；5—密封圈；6—壳体；7—滑石粉填料；8—密封釉；9—护套；10—电极引线；11—连接焊点；12—密封衬垫；13—传感器引线

钢质壳体上制有螺纹，以便于传感器安装。与氧化锆式 EGO 不同的是，氧化钛式 EGO 不需要与大气压进行比较，因此传感元件的密封与防水十分方便，利用玻璃或滑石粉等密封即可达到使用要求。此外，在电极引线与护套之间设置一个硅橡胶密封衬垫，可以防止水浸入传感器内部而腐蚀电极。

氧化钛传感元件目前使用较多的有芯片式和厚膜式两种。

加热元件用钨丝或陶瓷材料制成，加热是使传感元件二氧化钛温度保持恒定，从而使传感器的输出特性不受温度影响。二氧化钛是一种多孔性的陶瓷材料，达到激活温度（规定温度为 600℃）需要的时间很短，因此，对降低发动机启动后 HC 的排放十分有利。

2）测量原理。由于二氧化钛的电阻随氧离子浓度的变化而变化，因此氧化钛式 EGO 的信号源相当于一个可变电阻，其电阻值与过量空气系数的关系见图 2－43。

当发动机的可燃混合气较浓时，由于燃烧不完全，排气中会剩余少量氧气，传感元件周围的氧离子很少，二氧化钛呈现高阻状态。与此同时，在催化剂铂的催化作用下，剩余氧离子与排气中的 CO 产生化学反应，生成 CO_2，将排气中的氧离子进一步消耗掉，从而大大提高了传感器的灵敏度。当发动机混合气较稀时，排气中氧离子含量较多，传感元件周围的氧离子浓度较大，二氧化钛呈现低阻状态。

因此，氧化钛式 EGO 的电阻将在理论空燃比时产生突变。当给 EGO 施加稳定的电压时（由 ECU 内部的稳压电源提供，测量电路见图 2－44），在其输出端便可得到一个交替变化的信号。

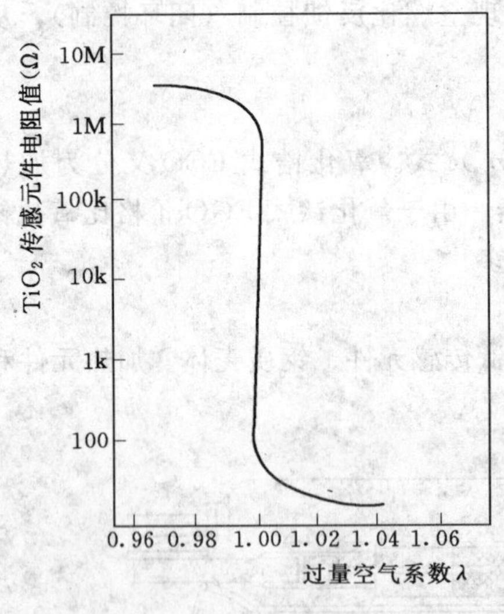

图 2－43　氧化钛式 EGO 的特性

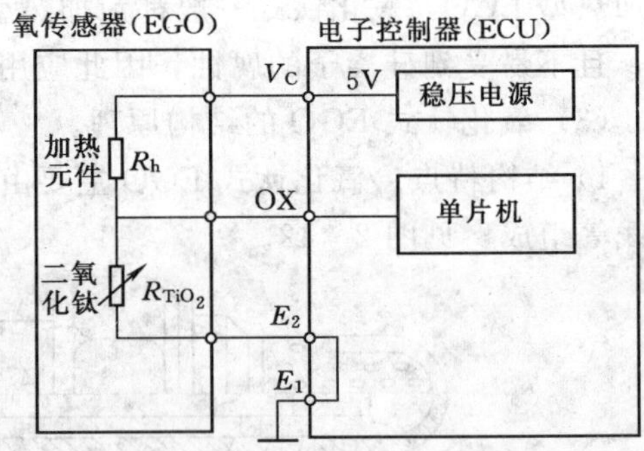

图 2－44　氧化钛式 EGO 工作电路

3）工作条件。当发动机温度高于 60℃、EGO 自身温度高于 600℃且发动机工作在怠速工况和部分负荷工况时，氧化钛式 EGO 才能正常调节混合气浓度。

（4）氧化锆式 EGO 结构原理。

1）结构特点。氧化锆式 EGO 主要由钢质护管、钢质壳体、锆管、加热元件、电极引线、防水护套和线束连接器等组成，见图 2－45。

锆管是在二氧化锆固体电解质粉末中添加少量的添加剂压力成形后，再烧结而成的陶

瓷管。锆管制成试管形状，以便氧离子能均匀扩散与渗透。锆管内表面通大气，外表面通排气，为了防止发动机排出的废气腐蚀外层铂电极，在外层铂电极表面还涂敷有一陶瓷保护层。

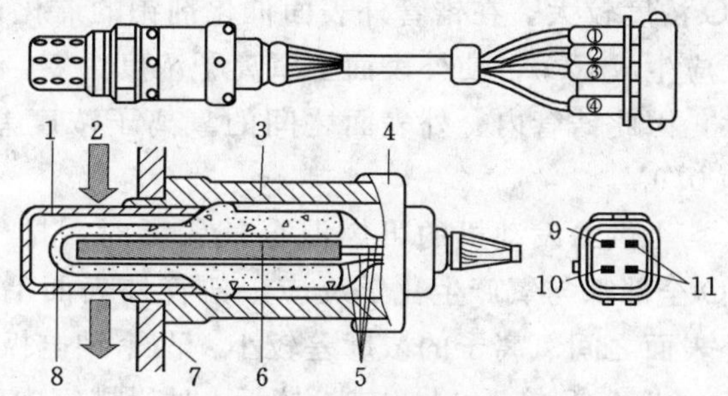

图 2-45　氧化锆式 EGO

1—钢质护管；2—排气；3—壳体；4—防水护套；5—电极引线；6—陶瓷加热元件；7—排气管；8—锆管；9—加热元件电源端子；10—加热元件搭铁端于；11—信号输出端子

在锆管的内、外表面都涂覆有一层金属铂作为电极，并用金属线与传感器信号输出端子连接。金属铂起到电极作用，将信号电压引出传感器，同时，它还起到催化作用，在催化剂铂的作用下，排气中的 CO 与 O_2 接触时，生成 CO_2 无害气体。

氧化锆陶瓷管的强度低，安装在排气管上，承受排气压力冲击。为了防止锆管受排气压力冲击而造成陶瓷管破碎，因此将锆管封装在钢质护管内。护管上制有若干个孔以便排气流通。在钢质壳体上制有六角对边和螺纹，以便于拆装传感器。

氧化锆式 EGO 有加热型与非加热型两种。国产轿车大都采用非加热型 EGO，其线束连接器只有一个或两个接线端子；中高档轿车大都采用加热型 EGO，其线束连接器有三个或四个接线端子。加热器采用陶瓷加热元件制成，设在锆管内侧，由汽车电源通人电流进行加热。由于氧化锆式 EGO 的正常工作温度为 300℃以上，加热是保证低温（排气温度在 150～ 200℃）时，EGO 能投入工作，减少有害气体的排放。

2）测量原理见图 2-46。锆管内侧与氧离子浓度高的大气相通，外侧与氧离子浓度低的排气相通，且锆管外侧的氧离子随可燃混合气浓度变化而变化。当氧离子在锆管中扩散时，锆管内外表面之间的电位差将随可燃混合气浓度变化而变化，即锆管相当于一个氧浓差电池，传感器的信号源相当于一个可变电源。

3）工作特性见图 2-47。当供给发动机的可燃混合气较浓时，排气中氧离子含量较少、

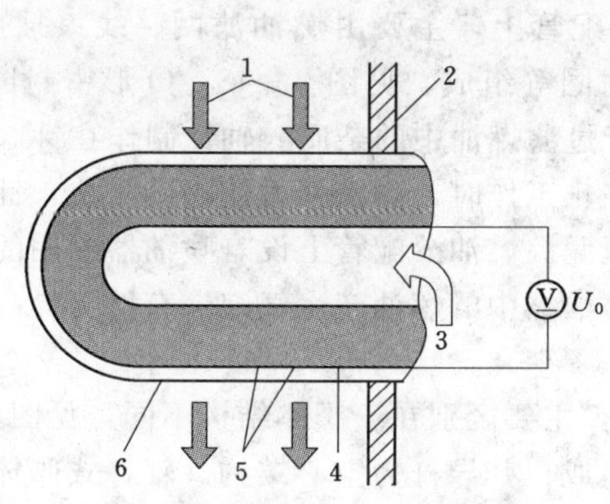

图 2-46　氧化锆式 EGO 工作原理

1—排气；2—排气管；3—大气；4—固体 ZrO_2；5—铂电极；6—保护层

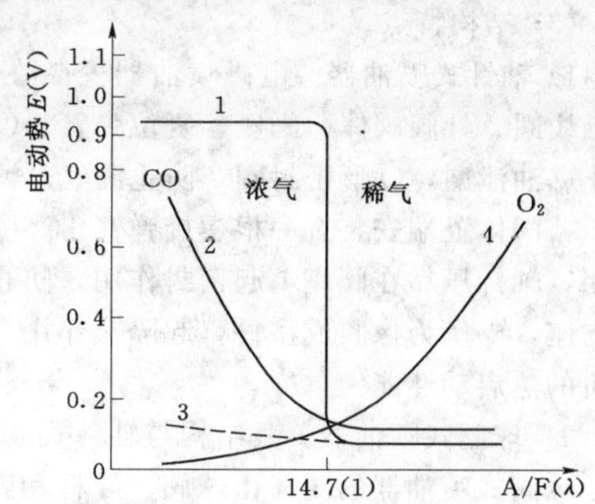

图 2-47　EGO 工作特性

1—传感器的电动势；2—CO 浓度；3—无铂电极时的电动势；4—氧离子浓度

CO浓度较大。在锆管外表面催化剂铂的催化作用下，氧离子几乎全部都与CO发生氧化反应生成CO_2，使外表面上氧离子浓度为零。由于锆管内表面与大气相通，氧离子浓度很大，因此锆管内、外表面之间的氧离子浓度差较大，两个铂电极之间的电位差较高，约为0.9V。

当供给发动机的可燃混合气较稀时，排气中氧离子含量较多、CO浓度较小，即使CO全部都与氧产生化学反应，锆管外表面上还是有多余的氧离子存在。因此，锆管内、外表面之间氧离子的浓度差较小，两个铂电极之间的电位差较低，约为0.1V。

当A/F接近14.7或λ接近1时，排气中的氧离子和CO都很少。在催化剂铂的作用下，氧离子与CO的反应从缺氧状态变化为富氧状态。由于氧浓度差急剧变化，因此铂电极之间的电位差急剧变化，使传感器输出电压从0.9V急剧变化到0.1V。

当可燃混合气浓时，如果没有催化剂铂的催化作用使氧离子浓度急剧减小到零，在混合气由浓变稀时，固体电解质两侧氧离子的浓度差将连续变化，传感器的电动势将按曲线3连续变化，即电动势不会出现跃变现象。这正是氧化锆式氧传感器必须定期（汽车行驶8万km）更换的原因。因为在使用过程中，燃油和润滑油硫化产生的硅酮等颗粒物质附着在铂电极表面上，会导致铂电极逐渐失效。此外，传感器内部端子处用于防水的硅橡胶会逐渐污染内侧电极。

4）工作条件。当发动机温度高于60℃、ECO自身温度高于300℃且发动机工作在怠速工况和部分负荷工况时，氧化锆式EGO才能正常调节混合气浓度。

7. 喷油器

（1）功用。

电磁喷油器简称喷油器，俗称喷嘴，用于计量燃油喷射系统的喷油量。

（2）分类。

按喷油器电磁线圈电阻的不同，喷油器可分为高电阻型（13～18Ω）和低电阻型(1～3Ω)；按结构不同，喷油器可分为轴针式、球阀式和片阀式，目前主要采用球阀式喷油器。

（3）结构特点。

1）轴针式喷油器。电磁喷油器安装在燃油分配管上，主要由燃油滤网、线束插座、电磁线圈、针阀阀体、阀座、复位弹簧、O形密封圈等组成，见图2-48。O形密封圈1防止燃油泄漏，O形密封圈7防止漏气。滤网用于过滤燃油中的杂质。轴针制作在针阀阀体上，阀体上端安装有一根螺旋弹簧，当喷油器停止工作时，弹簧弹力使阀体复位，针阀关闭，轴针压靠在阀座上起密封作用，防止燃油泄漏。燃油分配管上设有喷油器专用的安装支座，支座为橡胶成型件，起隔热作用，防止喷油器中的燃油产生气泡，有助于提高发动机的热启动性能。

2）球阀式喷油器。其结构与轴针式基本相同，主要区别在于阀体结构不同，见图2-49。球阀式喷油器的阀体由球阀、导杆和弹簧座组成，其导杆为空心结构。轴针式阀体采用针阀，以确保阀体轴向移动不发生偏移和阀门密封良好，而有较长的导杆，制成实心结构，因此质量较大。球阀式喷油器的球阀具有自动定心作用，无需较长导杆，因此质量较小，具有较好的密封性能。

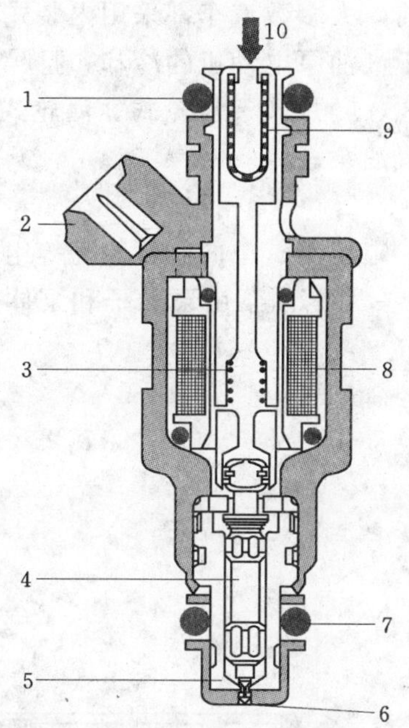

图 2-48　轴针式喷油器

1、7—O形密封圈；2—插座；3—弹簧；4—阀体；5—阀座；6—轴针；8—电磁线圈；9—滤网；10—进油口

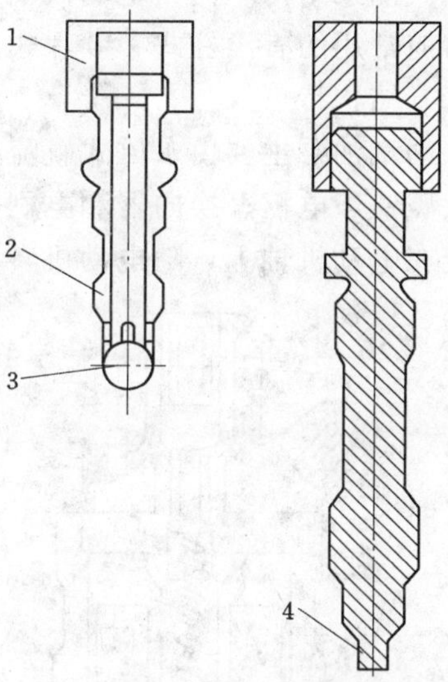

图 2-49　喷油器阀体

1—弹簧座；2—导杆；3—球阀；4—针阀

3）片阀式喷油器。其结构与轴针式喷油器大致相同，见图 2-50。其主要区别也是阀体有所不同，片阀式喷油器的阀体由质量较轻的片阀、导杆和带孔阀座组成，具有较大的动态流量和较强的抗堵塞能力。

（4）工作原理。

当喷油器电磁线圈通电时，线圈中产生电磁吸力吸引针阀阀体。当电磁吸力大于复位弹簧的弹力时，阀体使弹簧压缩力上升（上升行程很小，一般为 0.1～0.2mm）。阀体上升时，针阀（球阀或片阀）随阀体一同上升，针阀（球阀或片阀）离开阀座时，针阀被打开，燃油便从喷孔喷出，喷出燃油的形状为小于 35°的圆锥雾状。由于燃油压力较高，因此喷出的燃油为雾状。

当喷油器的电磁线圈电流切断时，电磁吸力消失，阀体在复位弹簧的弹力作用下复位，针阀（球阀或片阀）回落到阀座上将阀门关闭，停止喷油。

8. 电动汽油泵

（1）功用。

电控燃油喷射系统均采用电动汽油泵，向喷油器提供油压高于进气歧管压力 250～300kPa 的燃油。电动汽油泵输出油压需达到 450～600kPa，其供油量比发动机最大耗油量大得多，多余的燃油通过油压调节器经回油管返回油箱。

（2）分类。

按汽油泵安装方式不同，电动汽油泵可分为外装式和内装式两种。外装式安装在燃油

箱外的输油管路中，内装式安装在燃油箱内。目前，大多数汽车都采用内装式汽油泵。因为内装式电动汽油泵不易产生气阻和泄漏，有利于汽油泵电动机的冷却，且噪声较小。

按汽油泵结构不同，电动汽油泵可分为滚柱式、叶片式、齿轮式、涡轮式和侧槽式 5 种。目前常用的有滚柱式、叶片式和齿轮式 3 种汽油泵。

(3) 结构特点。

电动汽油泵主要由永磁式直流电动机、油泵、限压阀、单向阀和泵壳等组成。电动机由永久磁铁、电枢、换向器和电刷等组成，见图 2-51。油泵由泵转子和泵体组成，泵转子固定在电动机轴上，随电动机转动。

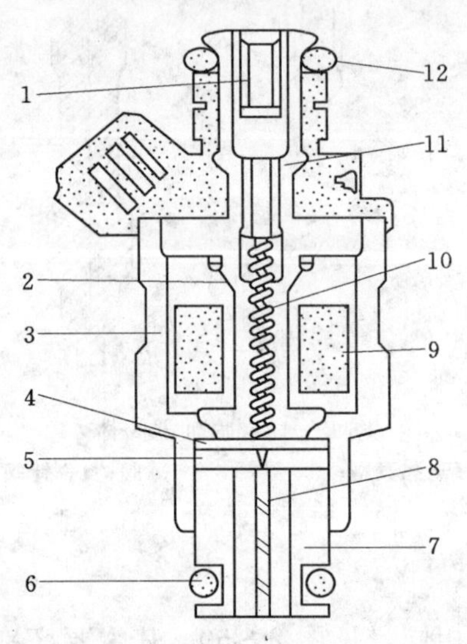

图 2-50　片阀式喷油器

1—燃油滤网；2—导杆；3—壳体；4—片阀；5—带孔阀座；6、12—O 形密封圈；7—底座；8—油道；9—电磁线圈；10—复位弹簧；11—弹簧预紧力调节滑套

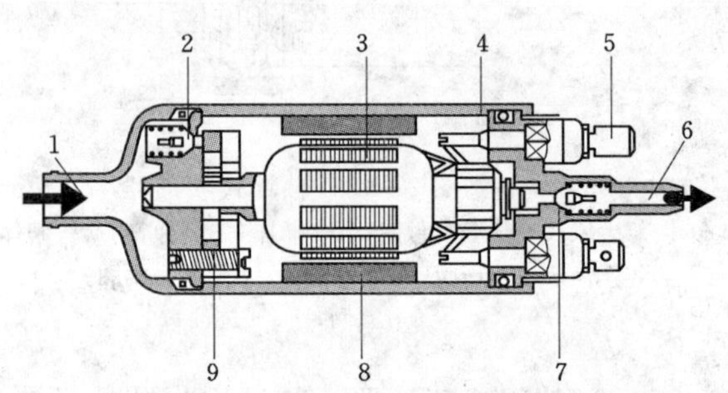

图 2-51　电动汽油泵

1—进油口；2—限压阀；3—电枢；4—泵壳；5—接线端子；6—出油口；7—单向阀；8—永久磁铁；9—泵体

当点火开关 IGN 接通时，直流电动机电路接通，电枢受电磁力的作用而开始转动，泵转子便随电动机一同转动，将燃油从油箱经输油管和进油口泵入汽油泵。当油泵内油压超过单向阀弹簧压力时，燃油便从出油口经输油管泵入供油总管，再分配给各个喷油器。

当油泵停止工作时，在油泵出口单向阀弹簧压力作用下阻止汽油回流，使供油系统中保存的燃油具有一定压力，便于发动机再次启动。

当油泵中的燃油压力超过规定值（一般为 320kPa）时，油压克服泵体上限压阀弹簧的压力将限压阀顶开，部分汽油返回到进油口一侧，使油压不致过高而损坏油泵。

IGN 一旦接通，电动汽油泵就会工作 1～2s。此时，若发动机转速高于 30r/min，电动汽油泵才连续运转；若发动机转速低于 30r/min，即使 IGN 接通，电动汽油泵也会停止运转。

(4) 电动汽油泵的控制。

在电控燃油喷射系统中，只有发动机运转时，电动汽油泵才工作（即使点火开关接

通，发动机未转动，电动汽油泵也不工作）。电动汽油泵的控制有开关控制和转速控制两种方式。

1）开关控制型。速度密度型电子控制燃油喷射系统的电动汽油泵开关控制原理见图2－52。当发动机启动时，ICN与启动端子ST接通，继电器线圈L_2通电，继电器触点闭合，电动汽油泵开始运转。与此同时，发动机转动，发动机转速信号（N_e）输入ECU，功率晶体管接通，继电器的线圈L_1通电。因此只要发动机运转，电动汽油泵就保持运转。

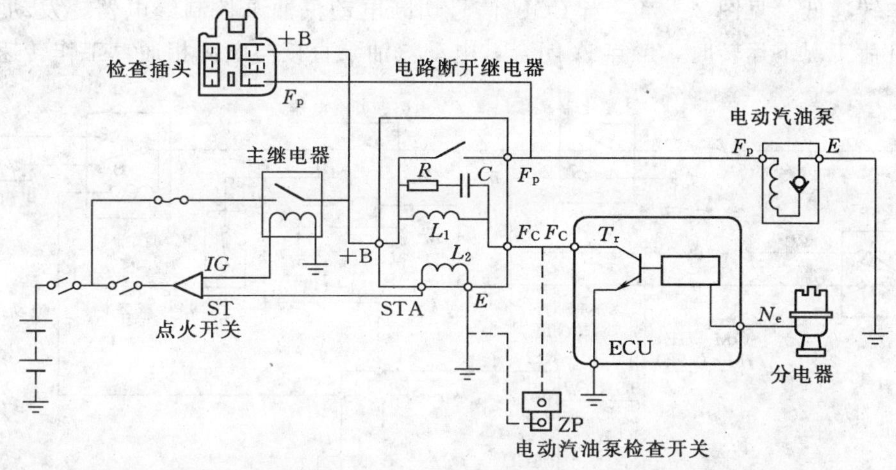

图2－52　电动汽油泵开关控制（速度密度型电子控制燃油喷射系统）

质量流量型电子控制燃油喷射系统的电动汽油泵开关控制原理见图2－53。在某些质量流量型电子控制燃油喷射系统中，电动汽油泵由空气流量传感器中的电动汽油泵开关控制。当发动机启动时，IGN与ST端子接通，继电器的线圈L_2通电，继电器触点闭合，电动汽油泵通电工作。发动机转动后，吸入发动机的空气流经空气流量传感器，使空气流量传感器的测量板转动，电动汽油泵开关接通，继电器的线圈L_1通电。因此只要发动机

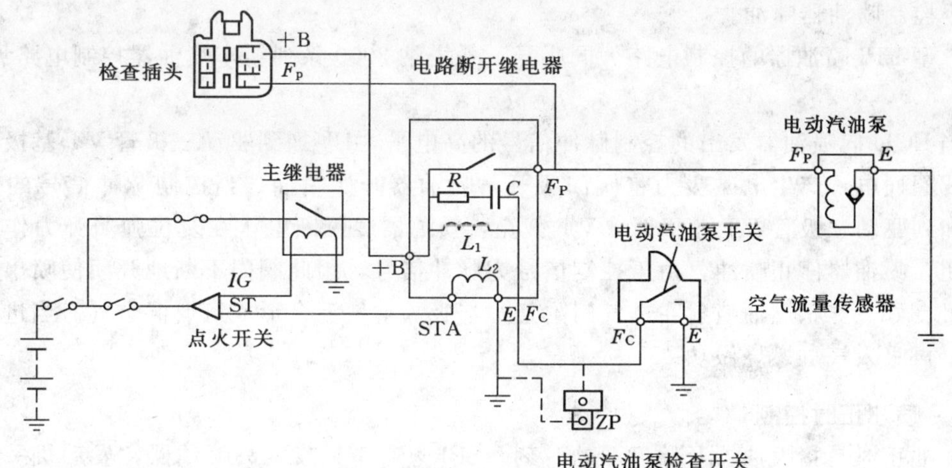

图2－53　电动汽油泵开关控制（质量流量型电子控制燃油喷射系统）

工作，继电器总是闭合的。

2）转速控制型。对于大排量的发动机，尤其是增压发动机，在不同工况下供油量差别非常大。发动机在高速、大负荷下工作需要的供油量大；在低速、小负荷下工作，需要的供油量小。为了保证在最大油量供给的同时，减少小油量工况电动汽油泵的磨损及不必要的电能消耗，ECU对电动汽油泵转速进行控制。

发动机在低速、中小负荷工况工作时，触点B闭合，因电路中串有电阻器，电动汽油泵工作转速低，见图2-54。当ECU信号切断电动汽油泵控制继电器，发动机处于高速、大负荷工况下运转时，触点A闭合，电动汽油泵直接与电源相通，工作转速高。

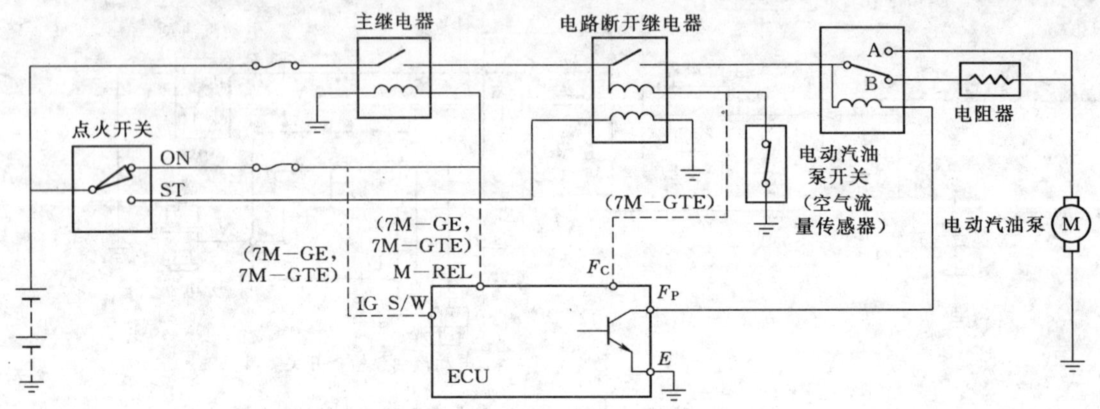

图2-54　电动汽油泵转速控制

2.2 燃油喷射电子控制

发动机各种输入信号输入ECU后，ECU根据数学计算和逻辑判断结果，发出脉冲信号指令控制喷油器喷油。

各型EFI喷油器的控制电路大同小异，桑塔纳2000系列轿车喷油器控制电路见图2-55。

当ECU向喷油器发出的控制脉冲信号的高电平“1”加到驱动三极管VT基极时，喷油器线圈通电，产生电磁吸力将阀门吸开，喷油器开始喷油；当控制脉冲信号的低电平“0”加到驱动三极管VT基极时，VT截止，喷油器线圈断电，在复位弹簧弹力作用下阀门关闭，喷油器停止喷油。由于控制信号为脉冲信号，因此阀门不断地开闭使喷出燃油雾化质量良好。雾状燃油喷射在进气门附近，与吸入空气混合形成可燃混合气。当进气门打开时，再吸入气缸燃烧做功。

2.2.1 喷油正时控制

喷油正时是指喷油器开始喷油的时刻。SPI只有1只或两只喷油器，发动机一旦工作就连续喷油。MPI每个气缸配有1只喷油器。根据燃油喷射的时序不同，MPI又可分为同时喷射、分组喷射和顺序喷射3种方式。

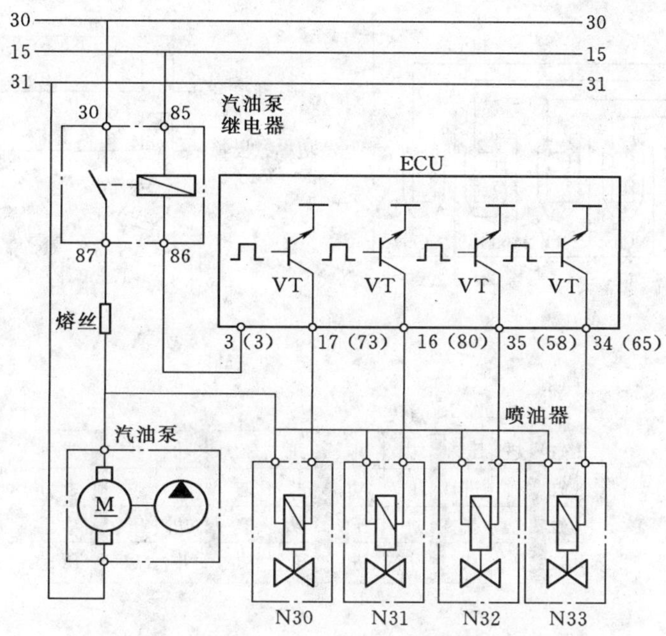

图 2-55　喷油器控制电路

1. 同时喷射控制

同时喷射控制是指各缸喷油器同时喷油，控制电路见图 2-56 (a)，各缸喷油器并联在一起，电磁线圈电流由 1 只功率管 VT 驱动控制。

发动机工作时，ECU 根据 CIS 和 CPS 输入的基准信号发出喷油指令，控制功率管 VT 导通与截止，再由功率管控制喷油器电磁线圈电流接通与切断，使各缸喷油器同时喷油和停止喷油。曲轴每转 1 圈或 2 圈，各缸喷油器同时喷油 1 次，喷油器控制信号波形见图 2-56 (b)。由于各缸同时喷油，因此喷油正时与发动机进气、压缩、做功、排气行程无关，见图 2-56 (c)。

同时喷油的控制电路和控制程序简单，且通用性较好，但各缸喷油时刻不可能最佳：除 1 缸、4 缸喷油正时较好之外，2 缸、3 缸喷射的燃油在进气门附近将要停留较长时间，其混合气雾化质量降低，见图 2-56 (c)。因此，现代汽车燃油喷射系统已很少采用同时喷射控制方式。

2. 分组喷射控制

将喷油器喷油分组进行控制，一般将四缸发动机分成两组，六缸发动机分成 3 组，八缸发动机分成 4 组。四缸发动机分组喷射控制电路见图 2-57 (a)。

发动机工作时，由 ECU 控制各组喷油器轮流喷油。曲轴每转一圈，只有一组喷油器喷油，每组喷油器喷油时连续喷射 1～2 次，喷油正时关系见图 2-57 (b)。分组喷射方式虽然不是最佳的喷油方式，但1缸、4 缸的喷油时刻较佳，其混合气雾化质量比同时喷射大大改善。

3. 顺序喷射控制

顺序喷射控制是指各缸喷油器按一定的顺序喷油。由于各缸喷油器独立喷油，因此也

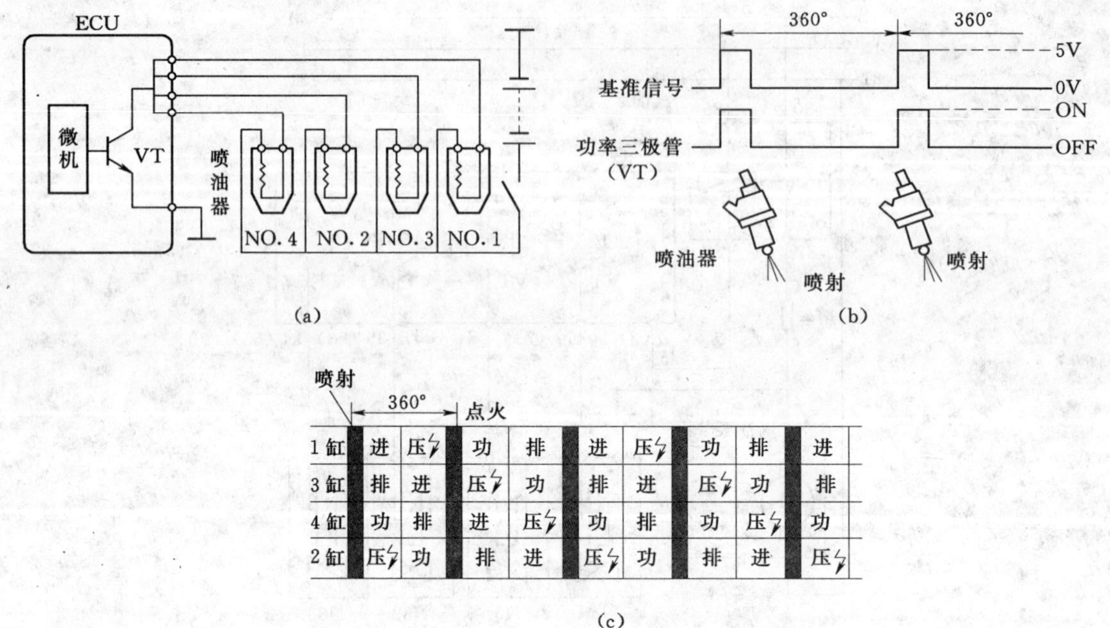

图 2－56　同时喷射控制

(a) 控制电路；(b) 控制信号波形；(c) 正时关系

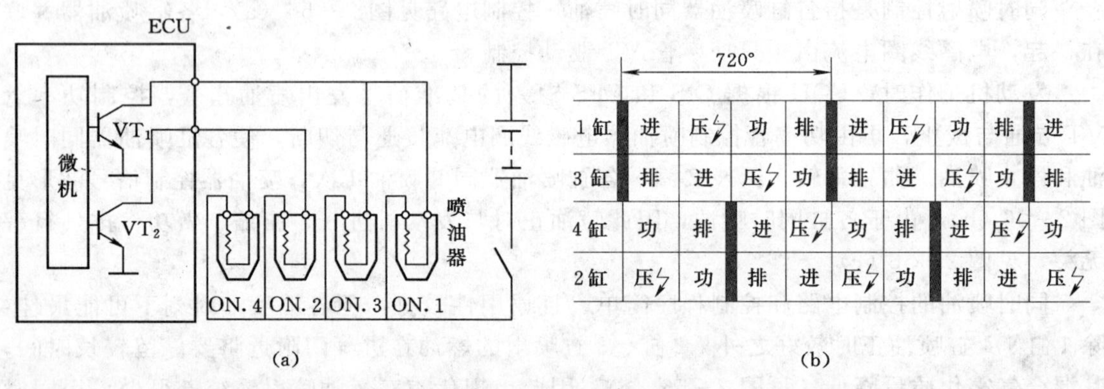

图 2－57　分组喷射控制

(a) 控制电路；(b) 正时关系

叫独立喷射，控制电路见图 2－58（a）。

在顺序喷射系统中，发动机工作一个循环，各缸喷油器按特定的顺序喷油一次，喷油正时关系见图 2－58（d）。ECU 根据曲轴位置（转角）信号和判缸信号，确定是哪一个气缸的活塞运行至排气上止点前某一角度时，开始计算喷油提前角，并适时发出喷油控制指令，接通该缸喷油器电磁线圈电流，使喷油器适时开始喷油。

顺序喷射控制的各缸喷油时刻均可设计在最佳时刻，燃油雾化质量好，有利于提高燃油经济性和降低排放，但控制电路和控制软件较复杂。现代汽车普遍采用顺序喷射控制方式。

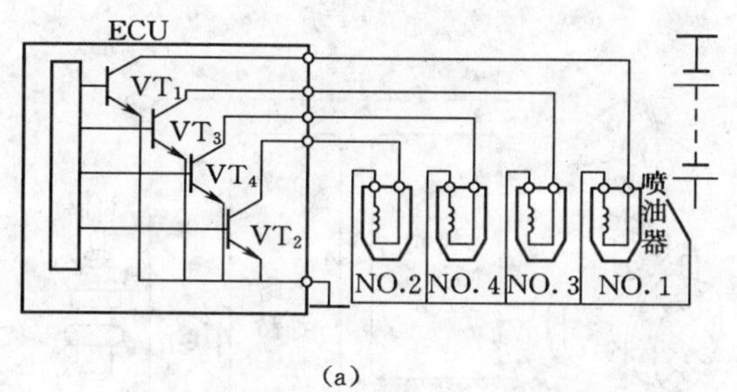

(a)

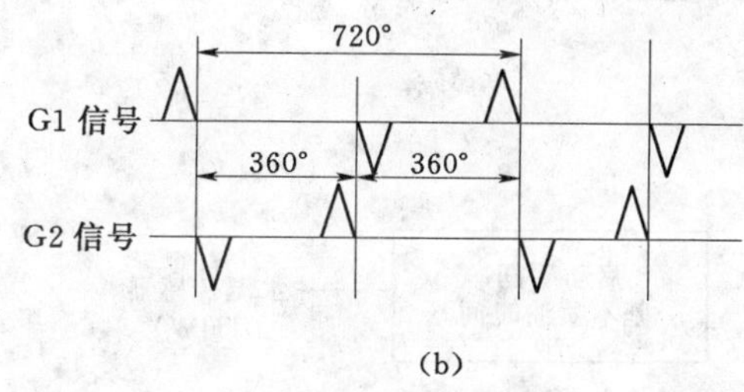

(b)

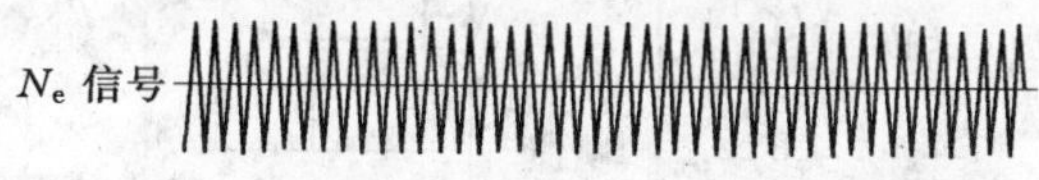

(c)

1缸	压	功	排	进	压	功	排	进
3缸	进	压	功	排	进	压	功	排
4缸	排	进	压	功	排	进	压	功
2缸	功	排	进	压	功	排	进	压

0°　180°　360°　540°　720°

(d)

图 2－58　顺序喷射控制

(a) 控制电路；(b) 气缸判别信号；(c) 曲轴转速与转角信号；(d) 正时关系

在多点顺序喷射系统中，喷油顺序与点火顺序同步，点火时刻在压缩上止点前开始，喷油时刻在排气上止点前开始。

2.2.2　发动机喷油量控制

1. 发动机启动时的喷油量控制

发动机工作境况不同，对混合气浓度的要求也不同，尤其是冷启动、怠速、急加减速等特殊工作境况，对混合气浓度都有特殊要求。因此，喷油量的控制大致可分为发动机启动时喷油量的控制和发动机启动后喷油量的控制两种情况。

启动发动机时，启动机驱动发动机运转，其转速很低（500r/min 左右）且波动较大，导致反映进气量的空气流量信号或进气压力信号误差较大。因此，在发动机冷启动时，ECU 不以空气流量传感器信号或进气压力信号作为计算喷油量的依据，而是按照可编程只读存储器中预先编制的启动程序和预定空燃比控制喷油。

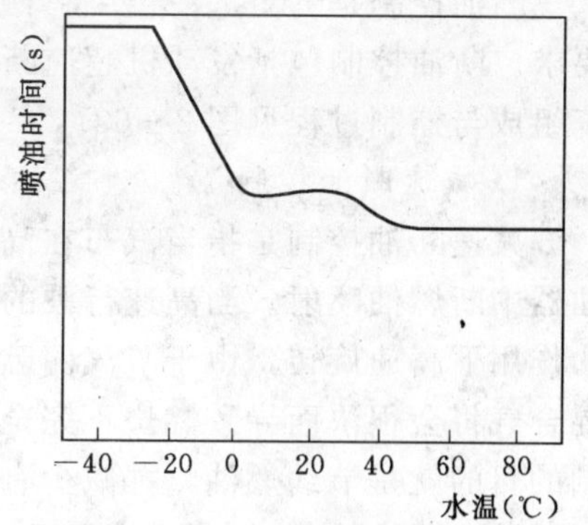

图 2－59　冷却液温度—喷油时间图

当冷车启动时，发动机温度很低，喷入进气管的燃油不易蒸发，吸入气缸内的可燃混合气浓度相对减小。为了保证具有足够浓度的可燃混合气，ECU 还要根据 CTS 信号提供的温度，由 ROM 内存储的冷却液温度—喷油时间图查出基本喷油脉宽（图 2－59），然后再根据进气温度信号和蓄电池电压信号进行修正，以此得到启动时的喷油脉宽，见图 2－60。

2. 发动机启动后的喷油量控制

发动机启动后，喷油器实际的喷油总量包括基本喷油量、喷油修正量和喷油增量三部分，见图 2－61。

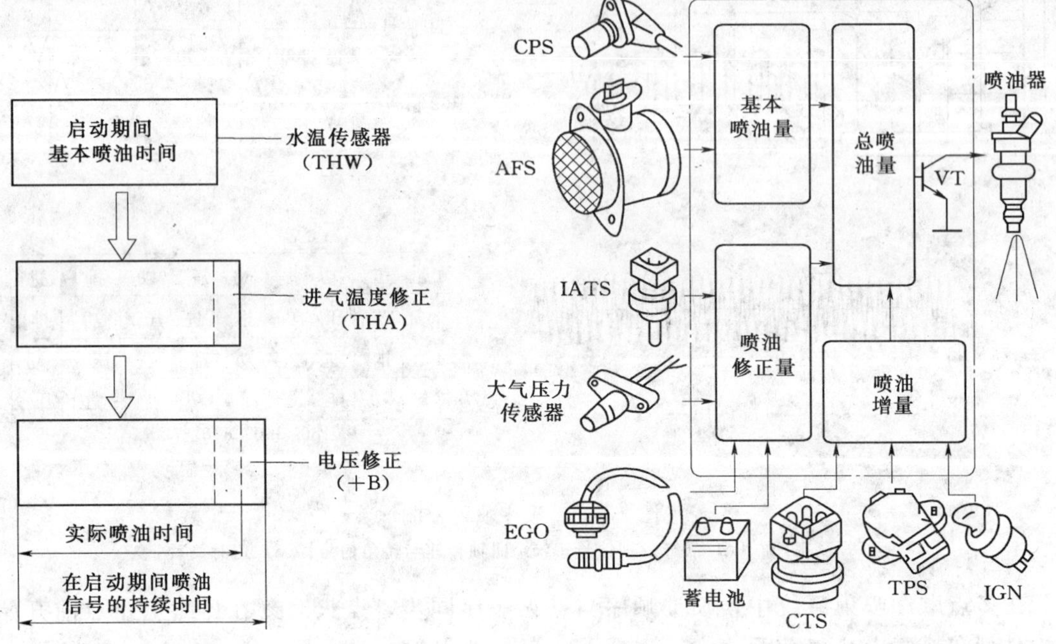

图 2－60　发动机启动喷油时间的确定　　　图 2－61　发动机启动后喷油量控制

基本喷油量由 AFS 或 MAP、CPS 信号和试验设定的目标空燃比计算确定；喷油修正量由与进气量有关的 IATS、大气压力、EGO 等传感器信号和蓄电池电压信号计算确定；喷油增量由反映发动机工况的 IGN 信号、CTS 和 TPS 等传感器信号计算确定。

2.2.3　发动机断油控制

断油控制是 ECU 在某些特殊工况下，暂时中断燃油喷射，以满足发动机运行的特殊要求。断油控制包括发动机超速断油控制、减速断油控制和清除溢流控制等，断油控制系统组成与控制过程见图 2－62。

1．减速断油控制

减速断油控制是指当汽车在高速行驶中突然松开加速踏板减速时，ECU 立即控制喷油器中断燃油喷射。当高速行驶的汽车突然松开加速踏板减速时，发动机将在汽车惯性力的作用下高速旋转，由于节气门已经关闭，进入气缸的空气很少。因此，如不停止喷油，混合气将会很浓而导致燃烧不完全，同时排气中的有害气体成分将急剧增加。减速断油控制的目的就是节约燃油，并减少有害气体的排放量。

减速断油控制时，ECU 根据 TPS、发动机转速和 CTS 等传感器信号，判断若同时满足以下 3 个减速断油条件，进行减速断油控制。

（1）发动机转速高于燃油停供转速。

（2）发动机冷却液温度达到正常工作温度。

（3）TPS 提供节气门关闭信号。

当喷油停止、发动机转速降低到燃油复供转速或节气门开启（怠速触点断开）时，

ECU 立即发出指令，控制喷油器恢复喷油。减速断油控制曲线，见图 2-63。燃油停供转速阳复供转速与冷却液温度和发动机负荷有关，由 ECU 确定。冷却液温度越低，发动机负荷越大（如空调接通），燃油停供转速和复供转速就越高。

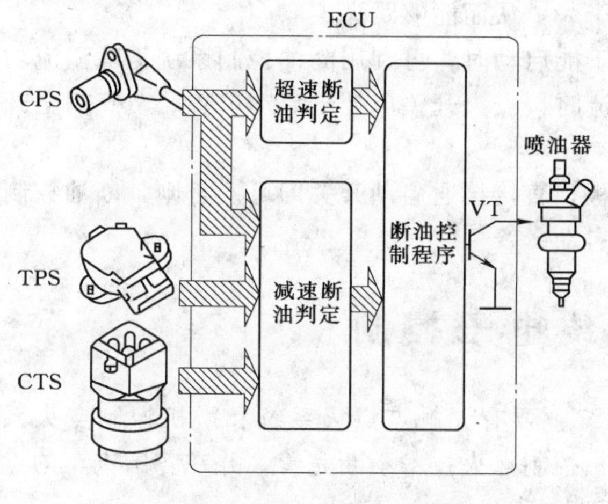

图 2-62　超速断油与减速断油控制

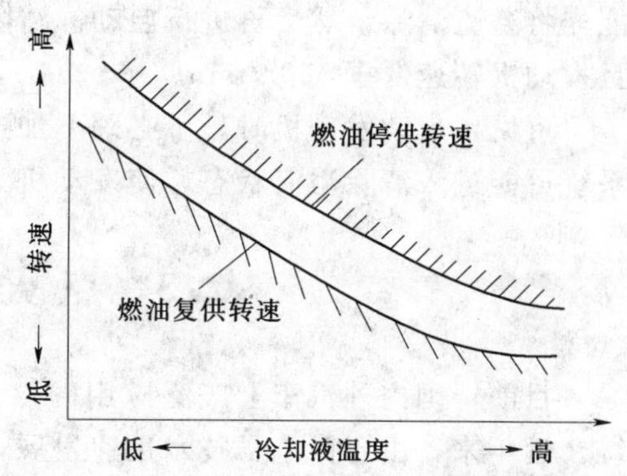

图 2-63　减速断油控制曲线

2. 超速断油控制

超速断油控制是指当发动机转速超过允许的极限转速时，ECU 立即控制喷油器中断燃油喷射。燃油喷射式发动机采用超速断油控制的目的是防止发动机超速运转而损坏机件。

发动机工作时，转速越高，曲柄连杆机构的离心力越大。当离心力过大时，发动机会因“飞车”而损坏。因此，每台发动机都有一个极限转速值，一般为 6000～7000r/min。

在发动机运行过程中，ECU 随时将曲轴位置传感器测得的发动机实际转速与存储器中存储的极限转速进行比较。当实际转速达到或超过极限转速 80～100r/min 时，ECU 发出停止喷油指令，控制喷油器停止喷油，限制发动机转速进一步升高。喷油器停止喷油后，发动机转速将降低。当发动机转速下降至低于极限转速时，ECU 控制喷油器恢复喷油。超速断油控制曲线，见图 2-64。

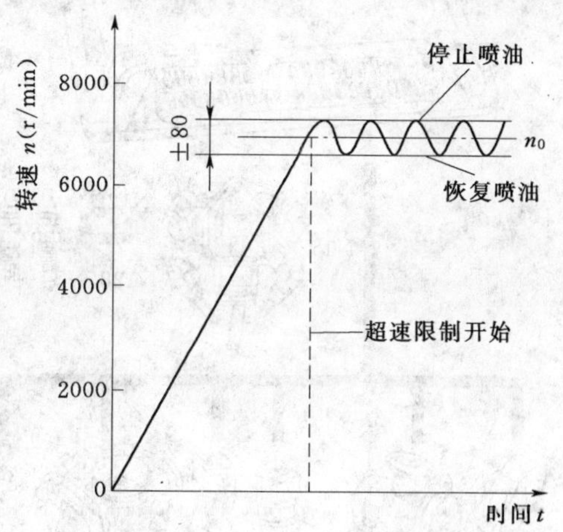

图 2-64　超速断油控制曲线

3. 减转矩断油控制

配装电控自动变速器的汽车，当行驶中变速器自动升挡时，变速器 ECU 向发动机 ECU 发出一个减转矩信号。发动机 ECU 接收到该信号后，立即发出控制指令，暂时中断个别气缸喷油，降低发动机转速，以便减轻换挡冲击，该功能称为减转矩断油控制。

4. 清除溢流控制

发动机启动时，燃油喷射系统将向发动机供给较浓的混合气，以便顺利启动。若多次启动未能成功，则淤积在气缸内的浓混合气会浸湿火花塞，使其不能跳火而导致发动机不能启动。火花塞被混合气浸湿的现象称为“溢流”或“淹缸”。

清除溢流是将发动机加速踏板踩到底、启动发动机时，ECU 自动控制喷油器中断喷油，以便排除气缸内的燃油蒸汽，使火花塞干燥，从而能够跳火。

当接通启动开关，启动机运转而发动机不能启动时，可利用断油控制系统清除溢流功能先将溢流清除，然后再进行启动。清除溢流时，点火开关应处于启动位置、节气门全开且发动机转速低于 500r/min。

可见，启动发动机时，不必踩下加速踏板，直接接通启动开关即可。否则，断油控制系统可能进入清除溢流状态，使发动机无法启动。

2.3　点火系统电子控制

目前，国内外汽车上广泛应用的点火系统主要有无触点点火系统和微机控制点火系统。近年来，由于微电子技术迅速发展，微机控制点火技术不断完善，并在各国汽车的点火系统中得到了广泛应用。

2.3.1　电子控制点火系统的组成

电子控制点火系统也称作微机控制点火系统（MCI）能实现最佳点火提前角的控制，从而提高发动机的动力性，降低燃油消耗量和有害气体的排放量。

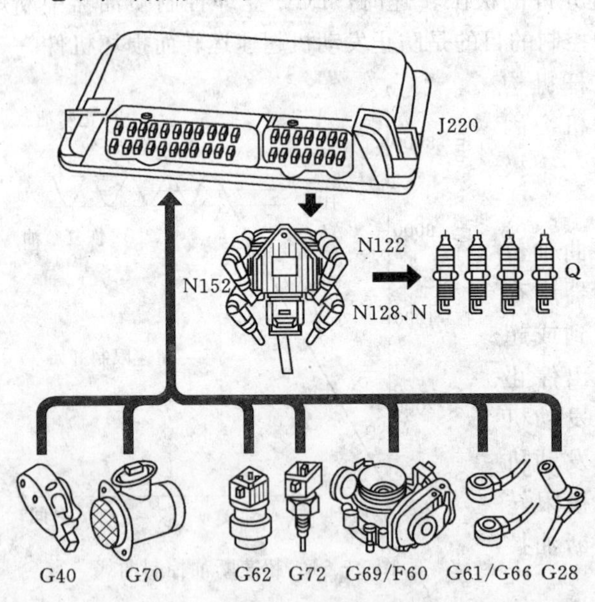

图 2-65　电子控制点火系统的组成
（桑塔纳 2000GSi 型轿车）
G40—CIS；G70—AFS；G62—CTS；G72—IATS；G69—TPS；F60—怠速触点开关；G61、G66—爆燃传感器；G28—CPS；J220—ECU；N152—点火控制组件；N122—点火控制器；N128、N—点火线圈；Q—火花塞

MCI 主要由 AFS、CIS、CPS、TPS、VSS、爆燃传感器、CTS、IATS、各种控制开关、ECU、点火控制器、点火线圈以及火花塞等组成，见图 2-65。

1. 信号输入装置

信号输入装置包括各种传感器和开关。传感器用来检测与点火有关的发动机工作和状况信息，并将检测结果输入 ECU，作为计算和控制点火时刻的依据。各型汽车采用的传感器的类型、数量、结构及安装位置不尽相同，但其作用大同小异。除爆燃传感器之外，这些传感器大多与燃油喷射系统、怠速控制系统等共用。

各种开关信号用于修正点火提前角。启动开关信号用于启动时修正点火提前角；空调开关信号用于怠速工

况下使用空调时修正点火提前角；空挡启动开关只对于自动变速器汽车，ECU 利用该信号判断发动机是处于空挡停车状态还是行驶状态，然后对点火提前角进行必要的修正。

2. ECU

电子控制点火系统是发动机综合控制系统的一个子系统，FCU 既是燃油喷射控制系统的核心，也是点火控制系统的核心。在 ECU 的只读存储器中，除存储有监控和自检等程序外，还存储有该型发动机在各种工况下的最佳点火提前角。ECU 不断接收各种传感器和开关发送的信号，并按预先编制的程序进行计算和判断后，向点火控制器发出控制信号，实现点火提前角的最佳控制。

3. 执行器

电子控制点火系统的执行器为点火控制器。点火控制器又称点火电子组件、点火器或功率放大器，是微机控制点火系统的功率输出级，它接受 FCU 输出的点火控制信号并进行功率放大，以便驱动点火线圈工作。

点火控制器的电路、功能与结构，不同车型有所不同，有的与 ECU 制作在同一块电路板上，如北京切诺基 4.0L 发动机集中控制系统；有的为独立总成，用线束与 ECU 相连接，如丰田轿车 TCCS 系统；有的点火控制器与点火线圈安装在一起，并配有较大面积的散热器散热，如桑塔纳 2000GSi 型轿车的点火控制器。

2.3.2　电子控制点火系统的主要元件及其工作原理

1. 爆燃传感器

在电子控制点火系统中，ECU 根据爆燃传感器输出的信号判断发动机是否发生爆燃，从而对点火提前角进行修正，实现点火提前角闭环控制（防爆燃控制）。

目前汽车广泛采用检测发动机缸体振动频率来检测爆燃。发动机爆燃产生的压力冲击波频率一般为 6～9kHz，在检测缸体振动频率时，一般都将爆燃传感器安装在发动机缸体侧面。爆燃传感器按检测方式不同，可分为共振型与非共振型；按结构不同，可分为磁致伸缩式和压电式。

共振型爆燃传感器的共振频率与发动机爆燃的固有频率相匹配，因此其内部设有共振体，并且要使共振体的共振频率与爆燃频率协调一致。其输出电压高，不需要滤波器，信号处理比较方便。由于机械共振体的频率特性尖且频带窄，只适用于特定的发动机，不能与其他发动机互换使用，美国通用汽车采用了这种传感器。

非共振型爆燃传感器适用于所有发动机，但其输出电压较低，频率特性平坦且频带较宽，需配用带通滤波器，信号处理比较复杂。中国、欧洲和日本汽车大都采用非共振型爆燃传感器。

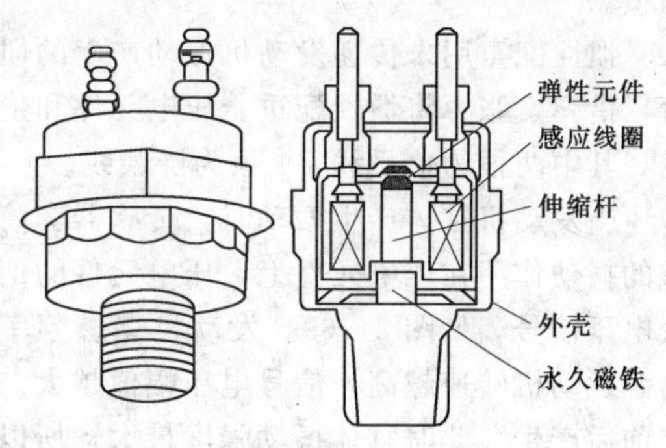

图 2－66　磁致伸缩式爆燃传感器

（1）磁致伸缩式爆燃传感器。

磁致伸缩式爆燃传感器主要由感应线圈、伸缩杆、永久磁铁和外壳组成，见图 2－66。伸缩杆一端设置有永久磁铁，另一端安放在弹性元件上。传感线圈绕制在伸缩杆的周围，

线圈两端引出电极与控制线路连接。

当发动机缸体产生振动时，传感器的伸缩杆随之振动，感应线圈中的磁通量发生变化，线圈中感应出交变电动势，即传感器有信号电压输出，该电压的大小取决于发动机的振动频率和振动强度。当发动机缸体振动频率达到 6～9kHz 时，传感器产生共振，振动强度最大，线圈中产生的电压最高，见图 2-67。

(2) 压电式爆燃传感器。

压电式爆燃传感器主要由套筒、压电元件、惯性配重、塑料壳体和接线插座等组成，见图 2-68。桑塔纳 2000GSi、捷达 AT、GTX 型轿车采用了两个爆燃传感器，安装在发动机进气道一侧缸体上 1 缸、2 缸之间和 3 缸、4 缸之间，分别检测 1 缸、2 缸和 3 缸、4 缸爆燃信号。桑塔纳 GLi、2000GLi 型轿车采用了 1 个爆燃传感器，安装在缸体右侧（车前视）2 缸、3 缸之间。

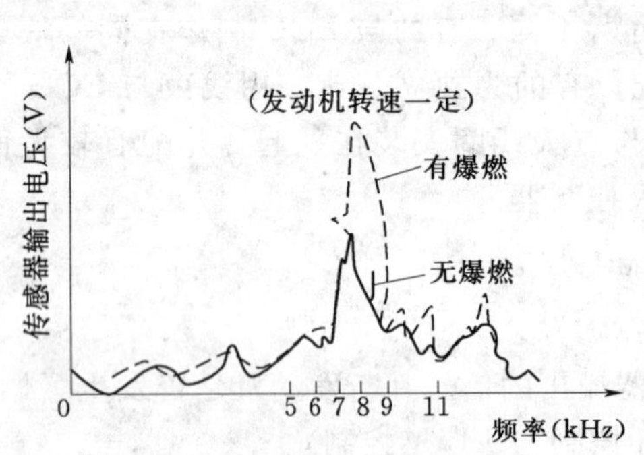

图 2-67　爆燃传感器输出信号波形

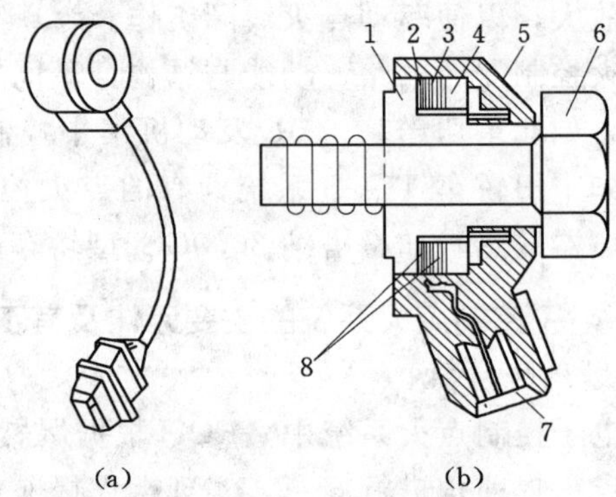

图 2-68　压电式爆燃传感器

(a) 外形；(b) 结构

1—套筒底座；2—绝缘垫圈；3—压电元件；4—惯性配重；5—塑料壳体；6—固定螺栓；7—接线插座；8—电极

压电元件制作成垫圈形状，在其两个侧面上安放有金属垫圈作为电极，并用导线引到接线插座上。惯性配重与压电元件以及压电元件与传感器套筒之间安放有绝缘垫圈，套筒中心制作有螺孔，传感器用螺栓固定在发动机缸体上，调整螺栓的拧紧力矩便可调整传感器输出的信号电压。传感器的输出特性出厂时已经调好，使用中不得随意调整。

惯性配重用来传递发动机振动产生的惯性力，惯性配重与塑料壳体之间安装有盘形弹簧，借弹簧张力将惯性配重、压电元件和垫圈等部件压紧在一起。传感器插座上有 3 根引线，其中两根为信号线，1 根为屏蔽线。

当发动机缸体产生振动时，传感器套筒底座及惯性配重随之产生振动，套筒底座和配重的振动作用在压电元件上，压电元件的信号输出端输出与振动频率和振动强度有关的交变电压信号，见图 2-69。发动机爆燃频率在 6～9kHz 时振动强度较大，其信号电压较高。发动机转速越高，信号电压幅值越大。因为发动机爆燃是在活塞运行到压缩行程上止点前后产生，此时缸体振动强度最大，所以爆燃传感器在活塞运行到压缩行程上止点前后产生的输出电压较高，爆燃传感器输出信号与曲轴转角的对应关系见图 2-70。

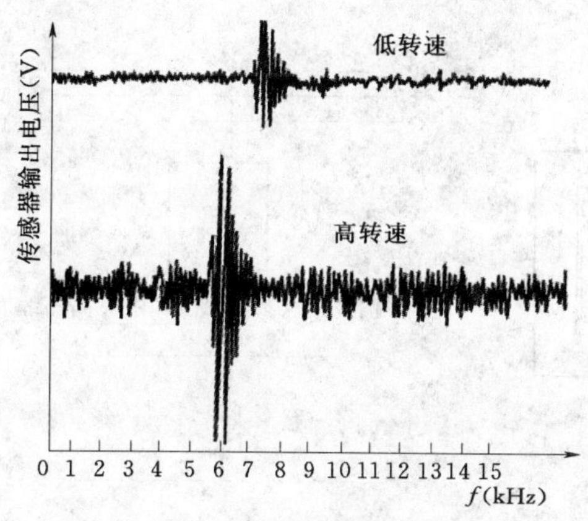

图 2-69　传感器输出信号波形

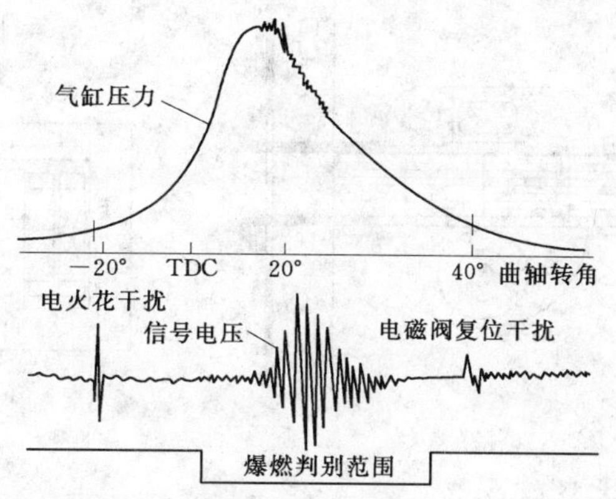

图 2-70　传感器输出信号与曲轴转角的对应关系

(3) 燃烧压力检测式爆燃传感器。

燃烧压力检测式爆燃传感器采用直接检测燃烧压力法，测量精度最高，但传感器安装困难且耐久性较差。通常采用间接检测燃烧压力法，其传感器又称为垫圈式爆燃传感器或压力检测式爆燃传感器，是一科非共振型压电效应式传感器，结构原理与前述压电式爆燃传感器相同。安装在火花塞垫圈下面与发动机气缸盖之间，见图 2-71。燃烧压力作用到火花塞上，经过火花塞垫圈再传递给传感器。作用力变化时，传感器信号电压随之变化，可间接地测量燃烧压力。奥迪轿车采用了此型传感器。

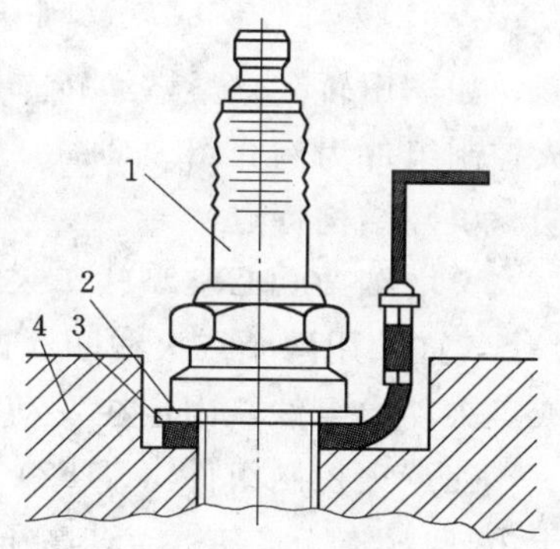

图 2-71　垫圈式爆燃传感器

1—火花塞；2—垫圈；3—爆燃传感器；4—气缸盖

2. 闭磁路式点火线圈

(1) 结构特点。

车用闭磁路式点火线圈的结构基本相同，主要由铁心、初级绕组和次级绕组构成，见图 2-72。铁心由浸有绝缘漆的片状“山”字形硅钢片叠合成“日”字形。铁心内绕次级绕组，初级绕组绕在次级绕组的外面，以利散热。铁心设有一个微小的气隙，以减小磁滞现象。由于铁心构成的磁路几乎是闭合回路，因此称为闭磁路式点火线圈。其优点是漏磁少、磁阻小、能量损失小，因此在产生的感应电动势相同的情况下，所需匝数少、体积小。

(2) 工作原理。

电路连接见图 2-72 (c)。当 IGN 接通时，低压电源经点火开关 15 端子和 15 号电源线加到点火线圈 15 端子（点火线圈正极）上。点火线圈 1 端子（点火线圈负极）与 ECU 内部的大功率三极管连接。ECU 通过计算导通角大小来控制点火线圈初级绕组的通电时刻，通过计算点火提前角大小来控制初级电流的切断时刻。

3. 点火控制组件

点火线圈分开磁路式和闭磁路式两种。电子控制点火系统普遍采用闭磁路式点火线

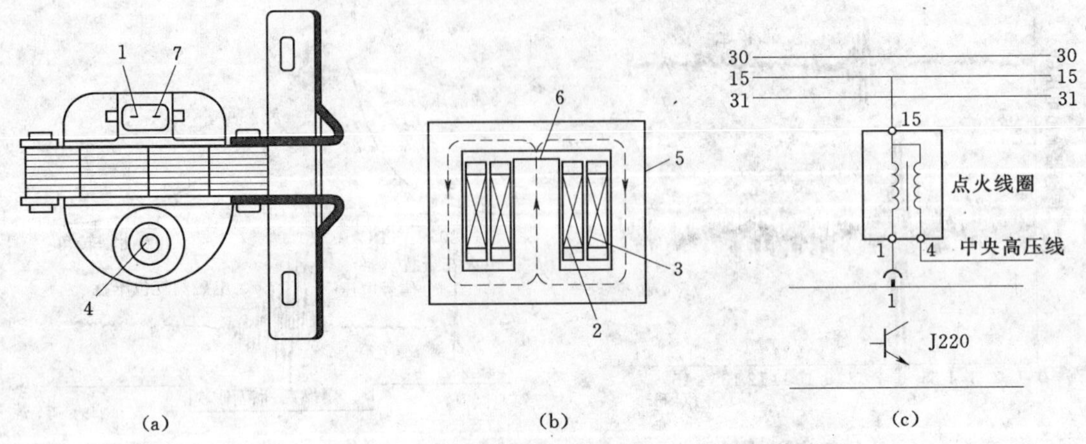

图 2-72　闭磁路式点火线圈（桑塔纳 GLi、2000Gli 轿车）

(a) 外形；(b) 结构；(c) 电路

1—点火线圈负极；2—次级绕组；3—初级绕组；4—高压插孔；5—铁心；6—气隙；7—点火线圈正极；J220—ECU

圈，如丰田轿车、桑塔纳轿车、捷达轿车、红旗轿车等，下面以桑塔纳 2000GSi 型轿车点火控制组件为例介绍。

(1) 结构特点。

桑塔纳 2000GSi 型轿车采用直接点火系统，每两个气缸共用 1 个闭磁路式点火线圈，4 个气缸共用两个点火线圈。两个点火线圈与点火控制器组装成一体，称为点火控制组件或点火动力组件，固定在发动机缸体上，结构见图 2-73。

在点火控制组件（N152）壳体上标注有各缸高压插孔标记 A、B、C、D，分别对应于 1 缸、2 缸、3 缸、4 缸高压插孔。N152 的内部电路见图 2-74，两个线圈初级电路的接

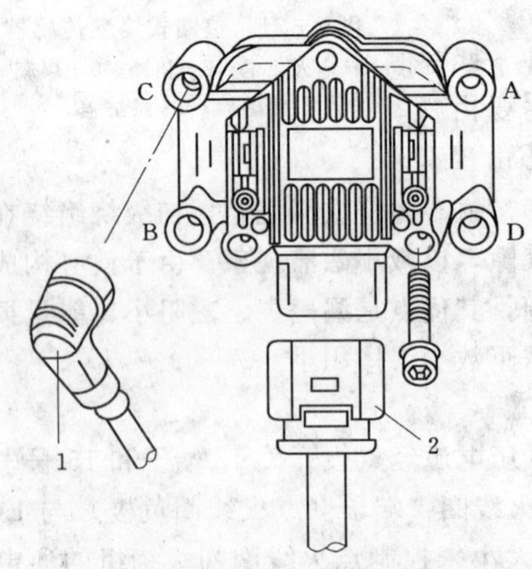

图 2-73　点火控制组件

1—第 3 缸高压线；2—点火控制组件线束连接器

A—1 缸高压插孔；B—2 缸高压插孔；

C—3 缸高压插孔；D—4 缸高压插孔

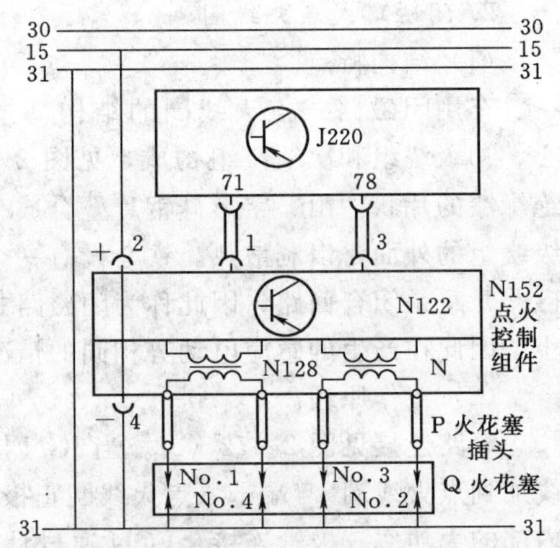

图 2-74　点火控制组件控制电路

J220—ECU；71—2、3 缸点火控制端子；

78—1、4 缸点火控制端子；N—2、3 缸点火线圈；

N122—点火控制器；N128—1、4 缸点火线圈

通与断开由点火控制器（N122）由 ECU 进行控制。

1 缸、4 缸共用一个点火线圈（N128），初级电流由 ECU 的端子 78 发出的信号进行控制；2 缸、3 缸共用一个点火线圈（N），初级电流由 ECU 的端子 71 发出的信号进行控制。当每个线圈次级绕组的电流切断时，初级绕组中产生的高压电同时分配到两个气缸的火花塞跳火。

（2）工作原理。

接通 IGN，15 号电源线以及点火控制组件端子 2 接通电源。当 ECU 根据 CPS、CIS、TPS 以及温度传感器等信号确定 1 缸、4 缸需要点火时，立即从控制端子 78 发出控制脉冲，使点火控制器中控制点火线圈（N128）的功率三极管截止，N128 的初级电流切断，次级绕组中产生高压电，并加到 1 缸、4 缸火花塞上同时跳火。

当 2 缸、3 缸需要点火时，ECU 从控制端子 71 发出控制脉冲，使点火控制器控制点火线圈（N）的三极管截止，线圈（N）的初级电流切断，次级绕组产生高压电，并加到 2 缸、3 缸火花塞上同时跳火。

2.3.3　电子控制点火系统的控制内容

1. 电子控制点火系统的基本控制原理

电子控制点火系统的控制原理见图 2－75，CIS 向 ECU 提供发动机转速、曲轴转角信号，转速信号用于计算确定点火提前角，转角信号用于控制点火时刻（点火提前角）。AFS 和 TPS 向 ECU 提供发动机负荷信号用于计算确定点火提前角。CTS 信号、IATS 信号、VVS 信号、A/C 信号、爆燃传感器信号等，用于修正点火提前角。

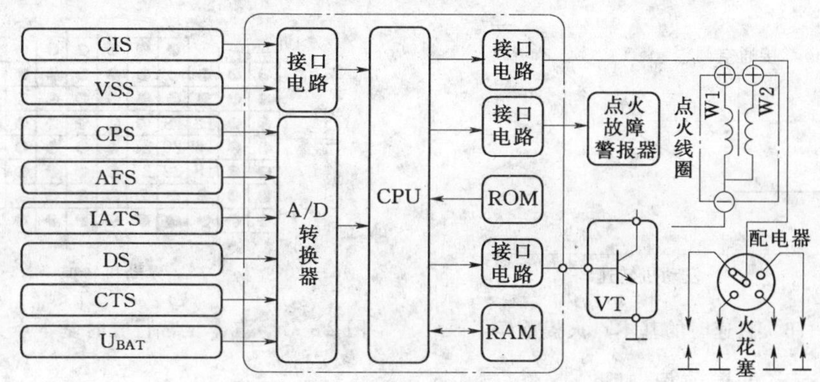

图 2－75　电子控制点火系统的基本控制原理

发动机工作时，ECU 根据 CIS 信号判定哪一缸即将到达压缩行程上止点，根据反映发动机工况的转速信号、负荷信号以及与点火提前角有关的传感器信号确定相应工况下的最佳点火提前角，向点火控制器发出控制指令，使功率三极管截止，切断点火线圈初级电流，次级绕组产生高压电，并按发动机点火顺序分配到各缸火花塞跳火点燃混合气。

上述控制过程是指发动机在正常状态下点火时刻的控制过程。当发动机启动、怠速或汽车滑行时，设有专门的控制程序和控制方式进行控制。

2. 点火提前角控制

发动机发出最大功率和消耗最小油耗点对应的点火提前角为最佳点火提前角，该点不在压缩行程上止点处，应适当提前。点火提前角由初始点火提前角、基本点火提前角和修正点火提前角 3 部分组成。

（1）初始点火提前角。

初始点火提前角也称固定点火提前角，其值大小取决于发动机型式，并由 CPS 的初始位置决定，一般为上止点前 6°～12°。在下列情况时，实际点火提前角等于初始点火提前角。

1）发动机启动时。

2）检查初始点火提前角时。此时诊断插座测试端子短路、怠速触点 IDL 闭合、车速低于 2km/h 以下。

3）发动机转速低于 400r/min 时。

4）发动机 ECU 内的后备系统工作时。

（2）基本点火提前角。

1）当 TPS 中的怠速触点闭合时，发动机处于怠速工况运行，ECU 根据发动机转速和 A/C 是否接通确定基本点火提前角，见图 2-76。当 A/C 接通时，由于怠速旁通空气量和喷油量增加，应增加点火提前角。

2）当 TPS 中的怠速触点断开时，发动机处于正常工况下运行，ECU 根据发动机转速和负荷信号，在存储器的数据中查找该工况所对应的最佳点火提前角，见图 2-77。

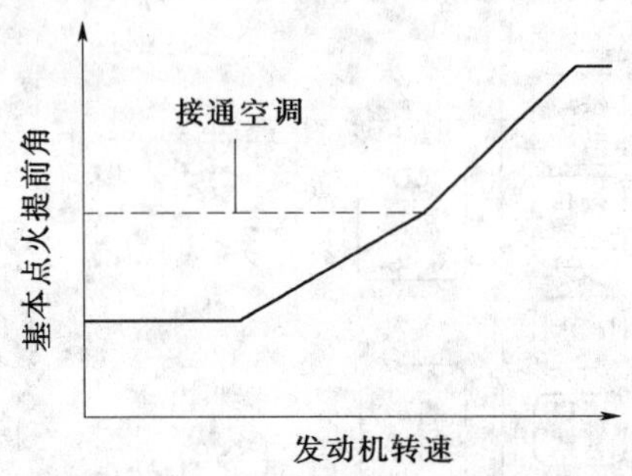

图 2-76　怠速时的基本点火提前角

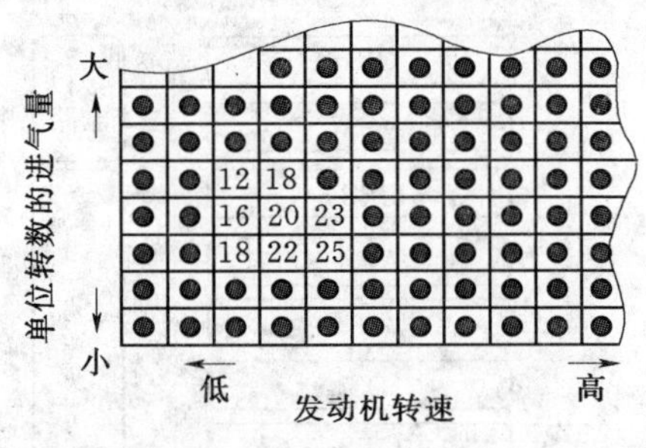

图 2-77　汽车正常行驶时基本点火提前角

（3）修正点火提前角。

为使实际点火提前角适应发动机的运转状况，以便得到良好的动力性、经济性和排放性能，必须根据相关因素（如冷却液温度、进气温度、开关信号等）适当增大或减小点火提前角，即对点火提前角进行必要的修正。

1）暖机修正。怠速时，ECU 根据冷却液温度自动调节点火提前角。当冷却液温度较低时，混合气燃烧较慢，应适当加大点火提前角；随着温度升高，点火提前角修正值应适当减小，见图 2-78。

2）过热修正。当怠速触点断开，发动机处于正常运行工况时，若冷却液温度过高，则应推迟点火提前角；当怠速触点闭合，发动机处于正常运行工况时，为了避免发动机长时间过热，应增大点火提前角，修正曲线见图 2-79。

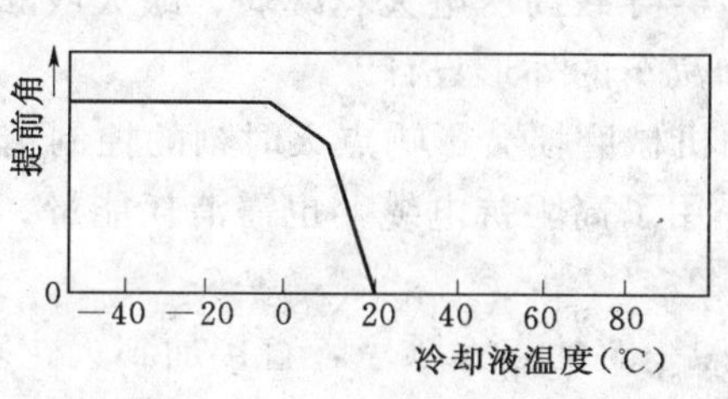

图 2-78　点火提前角的暖机修正

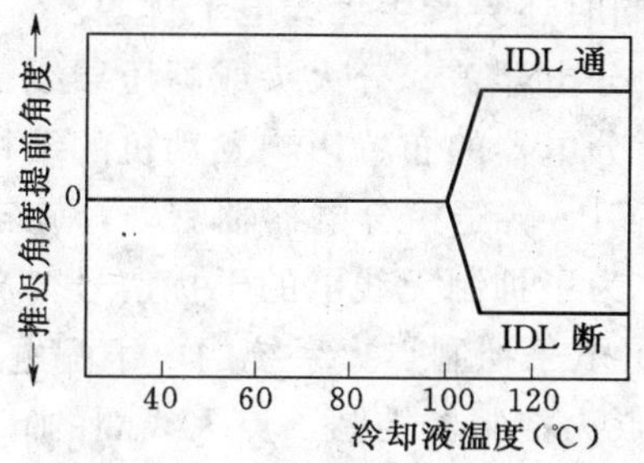

图 2-79　点火提前角的过热修正

3）空燃比反馈修正。在装有 EGO 的电子控制燃油喷射系统中，ECU 根据 EGO 的反馈信号对空燃比进行修正。随着修正喷油量的增加或减少，发动机的转速在一定范围内波动。为了提高怠速的稳定性，ECU 根据 EGO、发动机转速传感器、TPS、CTS 信号对点火提前角进行修正。如果怠速触点闭合，当反馈修正油量减少时，点火提前角相应地增加，见图 2-80。

4）怠速稳定性修正。发动机在怠速运行期间，由于发动机负荷变化使发动机转速改变，ECU 根据 TPS、发动机转速传感器和 A/C 信号，计算转速差（实际转速一目标转速）动态修正点火提前角。若发动机的怠速转速低于目标转速，控制系统将相应地增大点火提前角，见图 2-81。

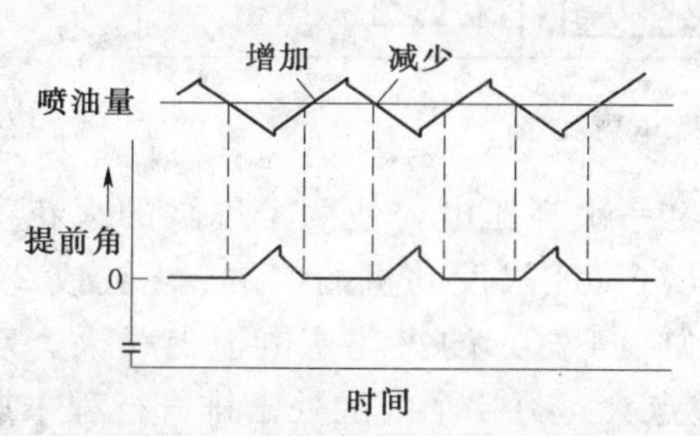

图 2-80　点火提前角的空燃比反馈修正

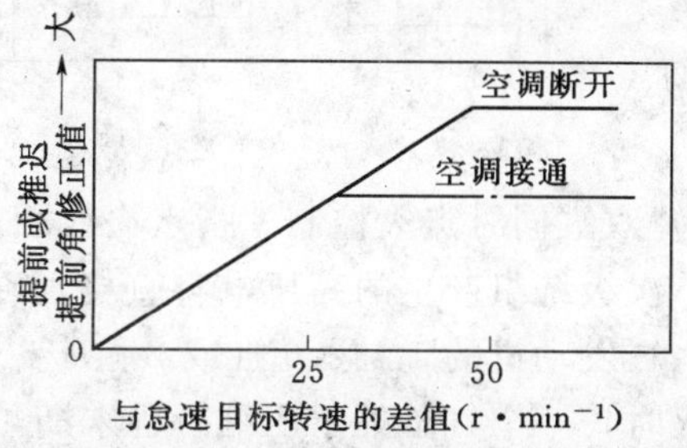

图 2-81　点火提前交的怠速稳定性修正

5）爆燃修正。当发生爆燃时，ECU 根据爆燃传感器检出的爆燃信号将点火提前角推迟；若没有爆燃信号，则加大点火提前角。

当 ECU 确定的点火提前角超过允许的最大点火提前角或小于允许的最小点火提前角时，发动机很难正常运转，此时 ECU 将以最大或最小点火提前角允许值进行控制。

3．配电方式

电子控制点火系统的配电方式分机械配电和电子配电。

(1) 电子控制点火系统的机械配电。

由分火头将高压电分配至分电器盖旁电极，再通过高压线输送到各缸火花塞上。红旗 CA7220E 型、桑塔纳 2000GLi 轿车采用了该配电方式。机械配电存在以下不足：

1）分火头与分电器盖旁电极之间须留一定间隙以分配高压电，必然损失一部分火花能量，同时还会产生无线电干扰源。

2）分电器盖、分火头或高压导线漏电时，会导致高压电火花减弱、缺火或断火。

3）分电器的布置影响发动机的结构布置和汽车的外形设计。

4）CPS 转子由分电器轴驱动，旋转机构的机械磨损会影响点火时刻的控制精度。

5）为了抑制无线电的干扰信号，高压线采用了高阻抗电缆，也需消耗能量。

(2) 电子控制点火系统的电子配电。

由点火控制器控制，点火线圈的高压电按照一定的点火顺序，直接加到火花塞上，实现直接点火，也称为无分电器点火系统（Direct Ignition System，DIS）。目前，DIS 在汽车上应用广泛。常用电子配电方式有双缸同时点火和各缸单独点火两种配电方式，见图 2-82。

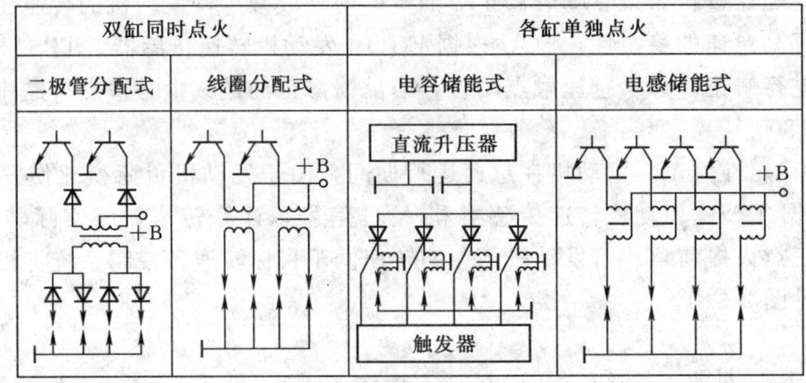

图 2-82 电子配电方式

1）双缸同时点火控制。指点火线圈。每产生一次高压电，使两个气缸的火花塞同时跳火。次级绕组产生的高压电将直接加在两个气缸（四缸发动机的 1 缸、4 缸或 2 缸、3 缸；六缸发动机的 1 缸、6 缸或 2 缸、5 缸或 3 缸、4 缸）的火花塞电极上跳火。双缸同时点火时，一个气缸处于压缩行程末期，是有效点火；另一个气缸处于排气行程末期，缸内温度较高而压力很低，火花塞电极间隙的击穿电压很低，对有效点火气缸火花塞的击穿电压和火花放电能量影响很小，是无效点火。曲轴转一圈后，两缸所处行程恰好相反。双缸同时点火时，高压电的分配方式有二极管分配和点火线圈分配两种形式。

a. 二极管分配式双缸同时点火见图 2-83。点火线圈由两个初级绕组和一个次级绕组构成，次级绕组的两端通过 4 只高压二极管与火花塞构成回路。4 只二极管有内装式（安装在点火线圈内部）和外装式两种。对于点火顺序为 1—3—4—2 的发动机，1 缸、4 缸为一组，2 缸、3 缸为另一组。点火控制器中的两只功率三极管分别控制一个初级绕组，两只功率三极管由 ECU 按点火顺序交替控制其导通与截止。

当 ECU 将 1 缸、4 缸的点火触发信号输入点火控制器时，功率三极管 VT，截止，初级绕组 A 中的电流切断，次级绕组中产生高电压，方向见图 2-83 中实线箭头。在该电压的作用下，二极管 D1、D4 正向导通，1 缸、4 缸火花塞电极上的电压迅速升高直至跳火，高压放电电流经图中实线箭头所指方向构成回路；D2、D3 反向截止，不能构成放电回路，因此 2 缸、3 缸火花塞电极上无高压火花放电电流而不能跳火。

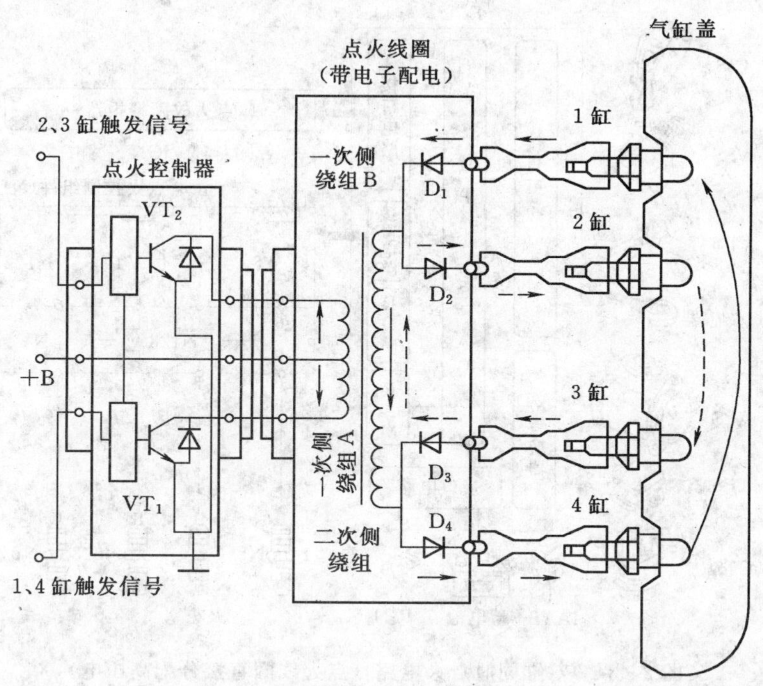

图 2-83　双缸同时点火电路（二极管分配高压电）

当 ECU 将 2 缸、3 缸点火触发信号输入点火控制器时，功率三极管 VT_2 截止，初级绕组 B 中的电流切断，次级绕组产生高压电，方向见图 2-83 中虚线箭头。此时二极管 D_1、D_4 反向截止，D_2、D_3 正向导通，因此 2 缸、3 缸火花塞电极上的电压迅速升高直至跳火。高压放电电流经图中虚线箭头方向构成回路。

b. 点火线圈分配式双缸同时点火见图 2-84。点火线圈组件由两个（4 缸发动机）或 31 个（6 缸发动机）独立的点火线圈组成，每个点火线圈供给两个火花塞工作。点火控制组件 l 中设置有与点火线圈数量相等的功率三极管，分别控制一个点火线圈工作。点火控制器根据 ECU 输出的点火控制信号，按点火顺序轮流触发功率三极管导通与截止，从而控制每个点火线圈轮流产生高压电，再通过高压线直接输送到成对的两缸火花塞电极间隙上跳火点燃混合气。捷达 AT、桑塔纳 2000GSi 和奥迪 200 轿车点火系统采用了这种配电方式。

c. 高压二极管的作用。在部分点火线圈分配高压的同时点火系统中，点火线圈次级回路中连接有一只高压二极管，用于防止次级绕组在初级电流接通时产生的电压（约 1000V）加到火花塞电极上而导致误跳火。

2）各缸单独点火控制。点火系统采用单独点火方式时，每一个气缸都配有一个点火线圈，并安装在火花塞上方。在点火控制器中，设置有与点火线圈数目相同的大功率三极管，分别控制每个线圈次级绕组电流的接通与切断，其工作原理与同时点火方式相同。单独点火省去了高压线，点火能量耗损少，所有高压部件安装在气缸盖上的金属屏蔽内，降低了无线电干扰。

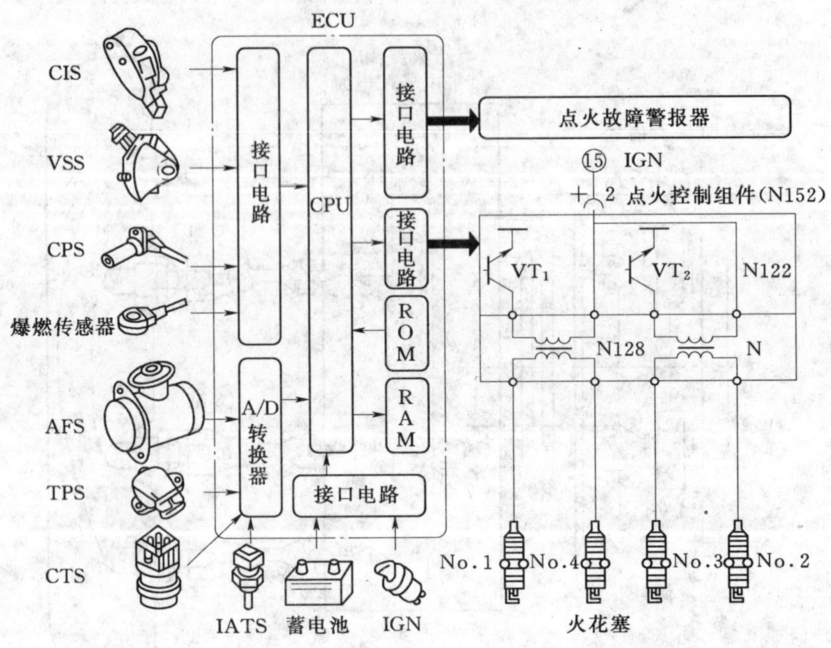

图 2-84　双缸同时点火电路（点火线圈直接分配高压电）

4. 发动机爆燃控制

发动机发生严重爆燃时，其动力性和经济性严重下降；当发动机工作在爆燃临界点或有轻微爆燃时，其动力性和经济性最好。进行点火提前角闭环控制，能有效地控制点火提前角，使发动机工作在爆燃的临界状态。

（1）发动机爆燃控制系统的组成。

发动机爆燃控制系统主要由传感器、带通滤波器、信号放大器、整形滤波电路、比较基准电压形成电路、积分电路、点火提前角控制电路和点火控制器等组成，见图 2-85。

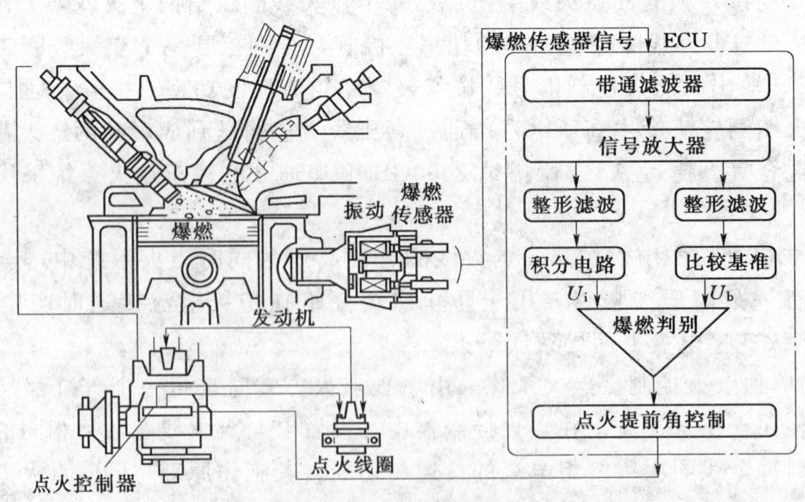

图 2-85　发动机爆燃控制系统

爆燃传感器用于检测发动机是否发生爆燃，一般安装1～2个。带通滤波器只允许发动机爆燃信号（频率为6 ～9kHz）或接近爆燃的信号输入ECU，其他频率的信号则被衰减。

信号放大器对输入ECU的信号进行放大，以便整形滤波电路进行处理。接近爆燃的信号经过整形滤波电路和比较基准电路处理后，形成判定是否发生爆燃的基准电压U_b。爆燃信号经过整形滤波和积分电路处理后，形成的积分信号用于判定爆燃强度。

（2）爆燃的判别与控制。

发动机爆燃一般发生在大负荷、中低转速（小于3000r/min）时，由于爆燃传感器输出电压的振幅随发动机转速高低不同而变化很大，因此判别发动机是否发生爆燃不能根据爆燃传感器输出电压的绝对值进行判别。通常将发动机无爆燃时的传感器输出电压与产生爆燃时的输出电压进行比较，从而作出判别。

1）基准电压的确定。利用发动机即将爆燃时，爆燃传感器输出信号电压作为判定爆燃的基准电压，见图2-86。首先对传感器输出信号进行滤波和半波整流，利用平均电路求得信号电压的平均值，然后再乘以常数倍即可形成基准电压U_b，平均值的倍数由设计制造时试验确定。因为发动机转速升高时，爆燃传感器输出电压的幅值增大，所以基准电压不固定，其值将随发动机转速升高而增大。

2）爆燃强度的判别。发动机爆燃的强度取决于爆燃传感器输出信号电压的振幅和持续时间。爆燃信号电压值超过基准电压值的次数越多，爆燃强度越大；超过基准电压值的次数越少，说明爆燃强度越小。确定爆燃强度常用的方法见图2-87，首先利用基准电压值对传感器输出信号进行整形处理，然后对整形后的波形积分，求得积分值U_i。爆燃强度越大，U_i越大；爆燃强度越小，U_i越小。当U_i超过U_b时，ECU将判定发动机发生爆燃。

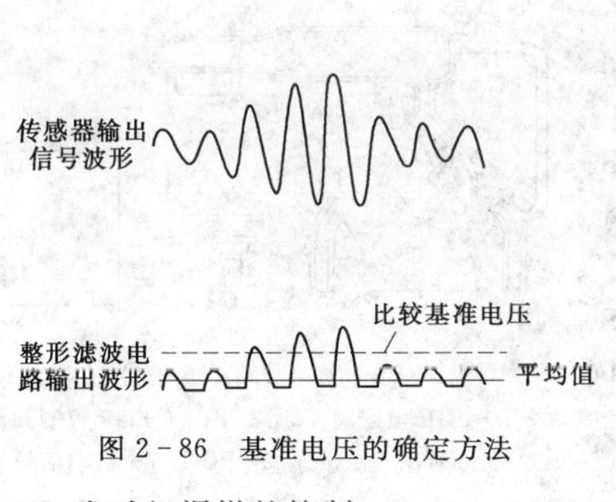

图2-86 基准电压的确定方法

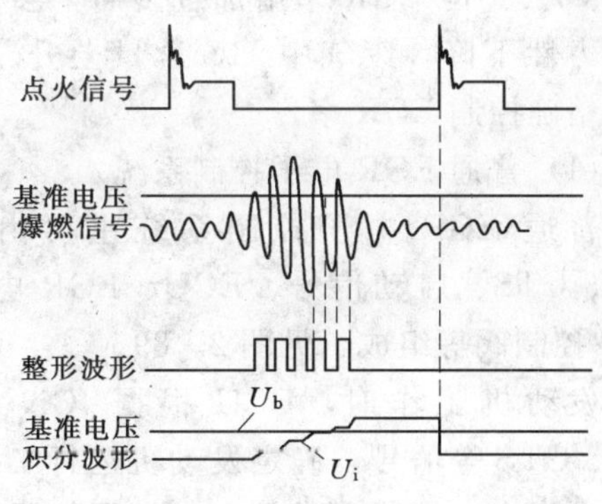

图2-87 爆燃强度的确定方法

（3）发动机爆燃的控制。

发动机工作时，缸体振动频繁、剧烈，为使监测到的爆燃信号准确无误，在发出点火信号后的一定范围内进行爆燃监测，因为发动机产生爆燃的最大可能是在点火后的一段时间内。

爆燃控制系统是一个闭环控制系统，发动机工作时，ECU根据各传感器输入的信号，从存储器中查找出相应的点火提前角控制点火时刻，并由爆燃传感器反馈到ECU输入

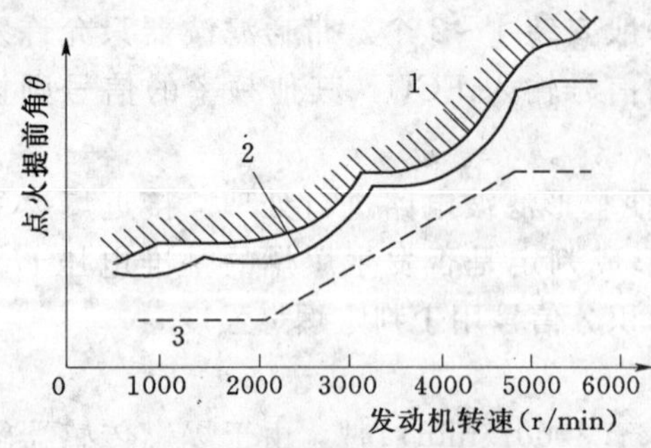

图 2-88 爆燃反馈控制曲线

1—爆震边界点火时期；2—爆震控制系统的点火时期；3—传统点火时期

端，ECU 再对点火提前角进行修正。

爆燃传感器的信号输入 ECU 后，ECU 将 U_i 与 U_b 进行比较。当 U_i 大于 U_b 时，ECU 立即发出指令，控制点火时刻推迟，一般每次推迟 0.5°～1.5°曲轴转角，直到爆燃消除。爆燃强度越大，点火时间推迟越多；反之，点火时间推迟越少。当 U_i 小于 U_b 时，说明爆燃已经消除，ECU 又递增一定量的点火提前角控制点火，直到再次产生爆燃为止。爆燃反馈控制曲线，见图 2-88。

2.4 发动机辅助控制

2.4.1 排放控制

1. 废气再循环

废气再循环（Exhaust Gas Recirculation，EGR）是指在发动机工作时将一部分废气引入进气管，与新鲜空气混合后吸入气缸内再次进行燃烧。EGR 通过降低燃烧室的燃烧温度抑制 NO_x 的生成，是降低 NO_x 的一种有效方法。通常，废气再循环程度用 EGR 率表示，其定义如式（2-2）所示：

$$EGR 率=EGR 流量/(吸入空气量+EGR 流量) \tag{2-2}$$

当 EGR 率达到 15%时，NO_x 的排放量可减少 60%。但 EGR 率增加过多时，会使发动机动力性下降，废气中 HC 含量上升。因此，必须精确控制 EGR 率。

(1) 普通 EGR 电子控制系统。

普通 EGR 电子控制系统主要由 CPS、TPS、CTS、启动信号、ECU、EGR 电磁阀、EGR 控制阀等组成，见图 2-89。

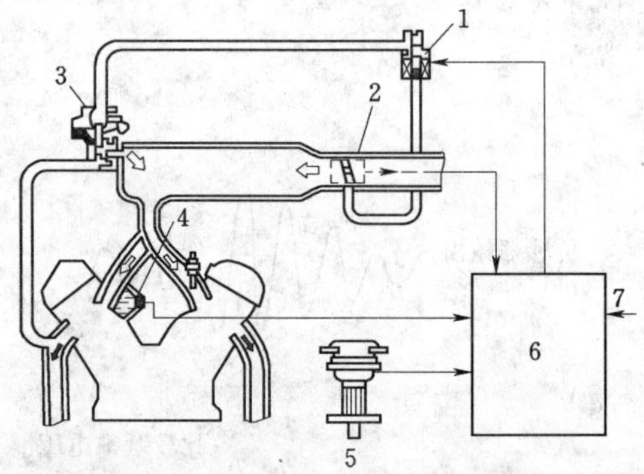

图 2-89 普通 EGR 电子控制系统

1—EGR 电磁阀；2—TPS；3—EGR 控制阀；4—CTS；5—CPS；6—FCU；7—启动信号

发动机工作时，ECU 根据 IGN、TPS、CPS、CTS 等信号，确定发动机运行工况，同时输出指令，控制电磁阀电磁线圈的导通与截止；利用进气管的真空控制 EGR 控制阀开启或关闭，使 EGR 进行或停止。

EGR 控制过程见表 2-1。在表中所列的各种工况下，当 ECU 向 EGR 电磁阀发出“接通”信号，电磁阀接通（ON），其阀门关闭，切断了控制 EGR 控制阀膜片室的真空通道，使 EGR 不起作用。反之，当电磁阀关闭（OFF）时，其阀门打开，通往控制 EGR 控制阀膜片室的真空通道打开，EGR 再次起作用。普通 EGR 电子控制系统，当 EGR 阀

工作时，EGR率不可调节。

表2-1　　　　**EGR控制过程**

工　　况	EGR电磁阀	EGR系统
发动机启动时		
TPS的怠速触点接通		
发动机温度低时	ON	不起作用
发动机转速	(电磁阀“接通”，阀门关闭)	
低于900r/min		
高于3200r/min		
除以上工况外	OFF（断开）	起作用

(2) 可变EGR率的EGR控制系统。

可变EGR率的EGR控制系统主要由各种传感器、ECU、EGR控制阀、VCM真空控制阀等组成，见图2-90。

EGR控制阀内有一膜片，膜片在弹簧及两侧气压的作用下可上下移动，膜片移动时可带动其下方的锥形阀同时移动，将阀门关闭或打开。当阀门打开时，ECR控制阀将进气管和排气管连通，有废气从排气管中进入。此外，EGR控制阀阀门的开启高度由VCM真空控制阀控制。

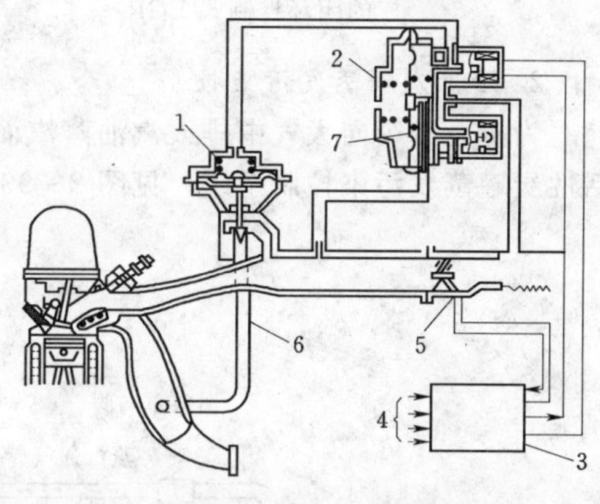

图2-90　可变ECR率的EGR控制系统

1—EGR控制阀；2—VCM真窄控制阀；3—ECU；4—传感器输入信号；5—TPS；6—ECR管路；7—定压室

ECU通过控制VCM真空电磁阀相对通电时间，控制FGR阀膜片室的真空度，进而改变EGR阀的开度，以此调节EGR率。占空比越大，电磁线圈通电相对时间越长，片室的真空度越小，EGR阀开启高度越小，进入气缸中的废气越少，EGR率越低。因此，ECU只要控制施加在VCM阀电磁线圈上脉冲电压的占空比，即可实现对EGR率的控制。

(3) 闭环控制式EGR。

上述两种型式的EGR控制系统均属开环控制，EGR率只能预先设定，不能检测发动机各种工况下实际的EGR率。目前，在更先进的EGR控制系统中广泛采用了闭环反馈控制式EGR系统，控制系统以EGR阀开度或EGR率作为反馈信号，进行闭环控制。

1) 用EGR阀开度作反馈信号，见图2-91。与普通电子控制式EGR相比，在EGR阀上增加了一个用于检测其开度的EGR位置传感器。电位计式的EGR位置传感器可将EGR阀开度转换为相应的电压信号，反馈给ECU。ECU根据该信号控制真空电磁阀的动作，进而调节EGR阀膜片室的真空度，以此改变EGR率。

2) 用EGR率作反馈信号。直接用EGR率作为反馈信号的EGR闭环控制系统，见

图 2-92。EGR 率传感器安装于稳压箱（进气总管）上，通过测量混合气中的氧气浓度检测混合气的 EGR 率，并将其检测信号反馈给 ECU，ECU 依据此信号发出控制指令，不断调整 EGR 阀的开度，以此控制混合气中的 EGR 率，使其始终保持在最佳状态。

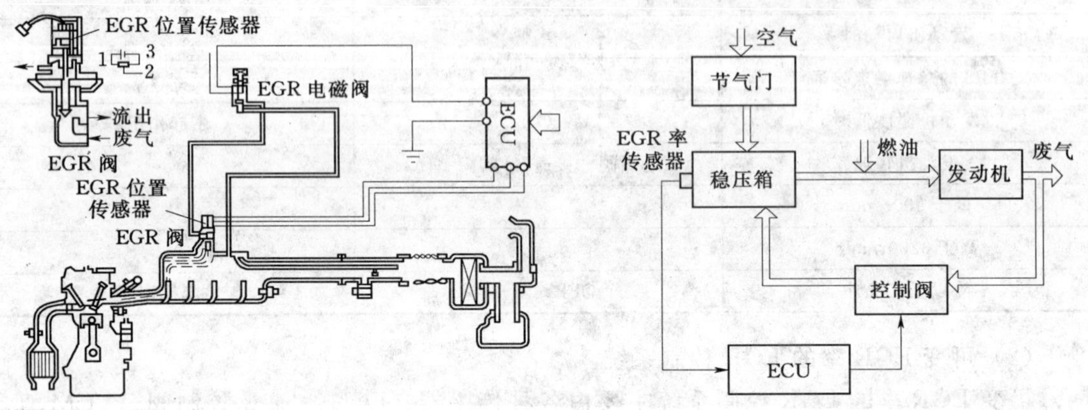

图 2-91　用 EGR 阀开度作反馈信号的闭环控制式 EGR

图 2-92　用 EGR 率作反馈信号的闭环控制式 EGR

2. 活性炭罐蒸发污染控制

为防止油箱向大气中排放汽油蒸汽而产生污染，现代轿车普遍采用了由 ECU 控制的活性炭罐蒸发污染控制系统，见图 2-93。

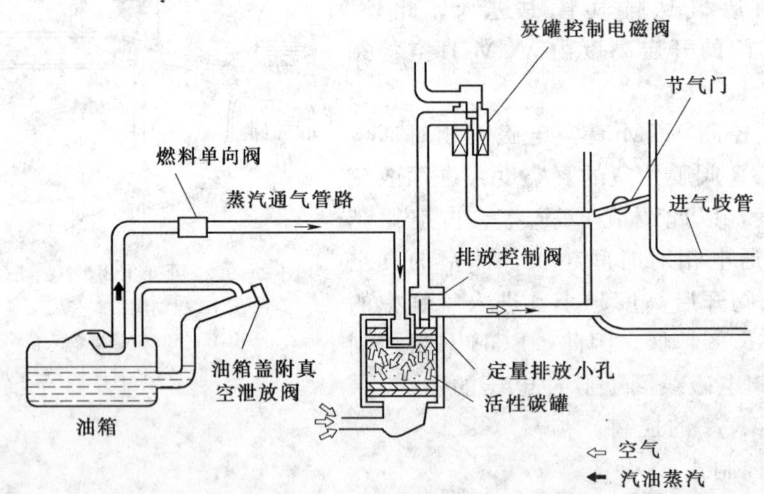

图 2-93　活性炭罐蒸发污染控制系统

油箱中的燃油蒸汽通过单向阀进入炭罐上部，空气从炭罐下部进入清洗活性炭。发动机工作时，ECU 根据发动机的空气流量、转速、温度等信号，控制活性炭罐控制电磁阀的动作来控制排放控制阀上部的真空度，从而控制排放控制阀的开闭动作。当排放控制阀打开时，汽油蒸汽通过阀中的定量排放小孔吸入进气歧管，然后进入气缸烧掉。

在某些车型上，活性炭罐污染控制系统为有利于发动机抑制爆燃，当 ECC 判断出发动机产生爆燃时，立刻关闭炭罐电磁阀，切断真空，关闭排放控制阀，直至爆燃消失后且

超过 150ms 时，ECU 才使炭罐控制电磁阀恢复工作。

3. 催化转化器

(1) 功用。

发动机排放中的 CO、HC 和 NO_x，在温度高于 1000℃时，可以很容易变成无害气体，但在排气系统中要维持如此高的温度不可能。含有铂（Pt）、钯（Pd）或铑（Rh）等贵金属的催化剂可以在较低的温度（30～900℃）下，不改变自身的情况加快排气中的化学反应速率，将这些排放物转化为无害气体。

(2) 类型。

1) 氧化型转化器。其贵金属是铂和钯，能将 CO 和 HC 氧化成 CO_2 和 H_2O 在仅有氧化型转化器的汽车上，为了降低 NO_x 排放，需要用 EGR。为使氧化型转化器正常工作，需要 16：1 左右的稀空燃比。某些汽车采用二次空气泵将空气泵入氧化型转化器，促使其很好地工作。

2) 三元催化转化器。其贵金属是铂、铑和钯。为使三元催化转化器正常工作，空燃比必须保持为理论空燃比（14.7：1）。三元催化转化器能氧化 HC 和 CO，并能还原 NO_x。

3) 双床式转化器。在双床式转化器中第一床含有还原型催化剂，可将 NO_x 还原成 N_2，HC 和 N_2 合成氨（NH_3）。氧化床位于转化器的后面，二次空气泵将空气泵入转化器两床之间，CO 和 HC 被氧化，同时 NH_3 被烧掉。在某些卡车中，二次空气泵将空气泵入转化器之前。双床式转化器需要稍浓的空燃比。

(3) 三元催化转化器。

三元催化转化器对通过发动机的改进或 EGR 还没有清除掉的有害成分（HC、CO、NO_x）在发动机排气系统中进行氧化还原反应，生成水蒸气、二氧化碳和氮气。三元催化转化器的净化率与空燃比的关系见图 2－94。

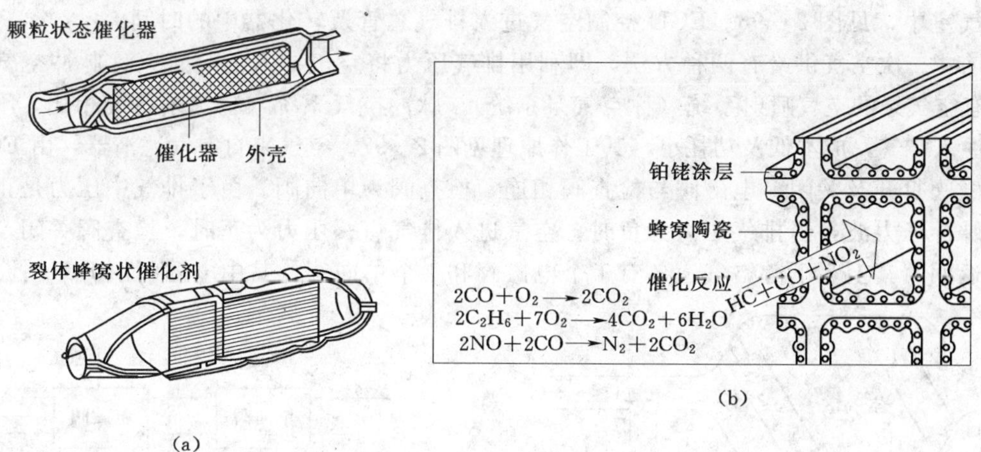

图 2－94　三元催化转化器的净化率与空燃比的关系

稀混合气燃烧后的排气中未参加燃烧反应的氧气含量较多，在氧化催化作用下，HC 以及 CO 生成 CO_2 和 H_2O，但 NO 并不被还原而随之排出。浓混合气燃烧后的排气中几乎没有氧气，而 HC 和 CO 则处于过剩状态。NO_x 在还原催化作用下，与过剩的 HC、CO 还原生成 H_2O 和 N_2，剩余的 HC、CO 被排出。在理论空燃比范围内，三元催化和还原的能力很高。所以，能高效地进行 HC、CO 的氧化和 NO_x 的还原，使三种排放污染物被同时净化。因此，必须使可燃混合气的空燃比控制在狭小的高效净化区域内，并在燃烧后再把排气引到催化器中进行净化。

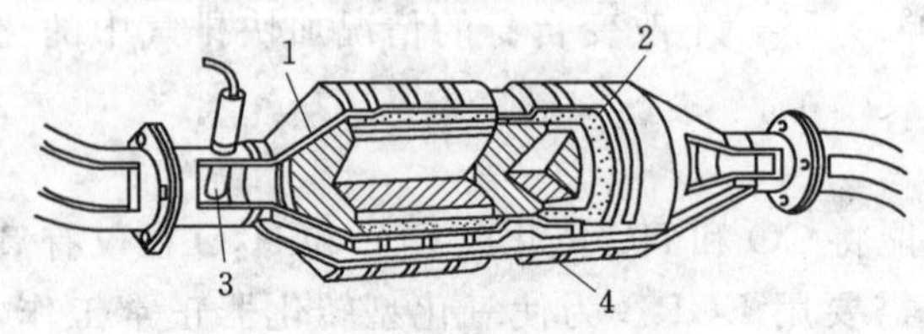

图 2-95　三元催化转化器

1—载体（含催化剂）；2—垫层；3—氧传感器；4—壳体

(4) 催化转化器的结构。

三元催化转化器加装在发动机排气总管后面，见图 2-95。三元催化剂是铂和铑的混合物，铂能促使排气中的有害成分 CO、HC 氧化成 CO_2 和 H_2O，铑能加速有害气体 NO_x 还原成 N_2 和 O_2。催化剂的表面活性作用是利用排气本身的热量激发的，其使用温度范围以活化开始温度为下限，以过热引起催化转化器故障的极限温度为上限。一般排气中有害成分开始转化温度需超过 250℃，发动机启动预热 5 min 后，才能达到此下限温度。一旦活化开始，催化床便因反应放热而自动地保持高温。保持催化转化器高净化率、高使用寿命的理想运行条件的使用温度约为 400～800℃，使用温度的上限为 1000℃。当超过此温度后，催化剂过热会加快老化，甚至丧失催化功能。另外，催化转化器也经常由排气中铅化物、碳烟、焦油等引起损坏。

4. 二次空气喷射（AIR）系统

二次空气喷射系统又称为空气管理系统，是将一定量的空气引入排气管中，使废气中的 CO 和 HC 进一步燃烧，提高催化剂的转化率，进一步降低排放。

二次空气又分为上游气流和下游气流。上游气流进入排气总管，下游气流流入转化器中的空气室中，见图 2-96。ECU 控制空气进入排气总管及转化器中的时间。

目前，二次空气供给有两种方法，即利用排气压力将空气导入的装置（称脉冲空气系统）和有空气泵的空气喷射系统（称空气泵系统）。脉冲空气系统与空气泵系统相比，不需动力源注入空气，成本低及功耗小，其工作原理见图 2-97。空气来自空气滤清器，由 ECU 控制电磁阀打开及关闭。电磁阀与检查阀相连，检查阀为单向阀。由于排气中压力是正负交替的脉冲压力波，当排气压力为负时，空气进入排气口；压力为正时，检查阀关闭，空气不能返回。其上、下游空气道各有 1 个电磁阀和 1 个单向阀，其中电磁阀由 ECU 控制。

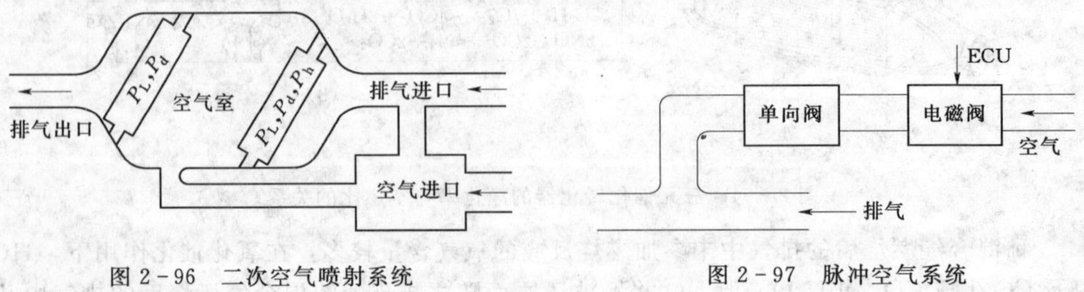

图 2-96　二次空气喷射系统

图 2-97　脉冲空气系统

2.4.2　怠速控制

怠速控制（Idle Speed Control，缩写为 ISC）在保证发动机排放要求且运转稳定的前提下，尽量使发动机保持最低稳定转速，以降低怠速时的燃油消耗量。怠速时喷油量的控制由燃油喷射控制系统根据与空气量相匹配的原则进行增减，以达到目标空燃比。典型的 ISC 系统见图 2－98。

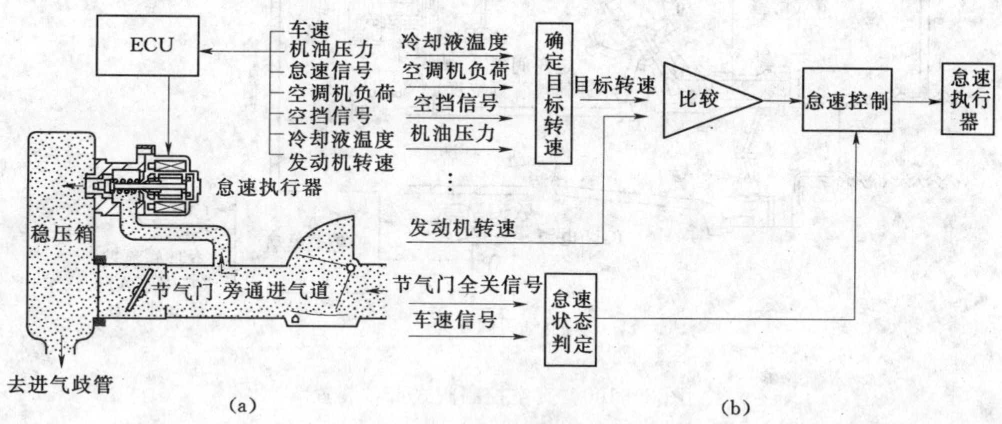

图 2－98　ISC 系统

(a) 系统组成；(b) 控制过程

怠速空气量控制有两种基本类型：一种是控制节气门旁通通道空气量的旁通空气式；另一种是直接控制节气门关闭位置的节气门直动式，见图 2－99。其中旁通空气式应用广泛。

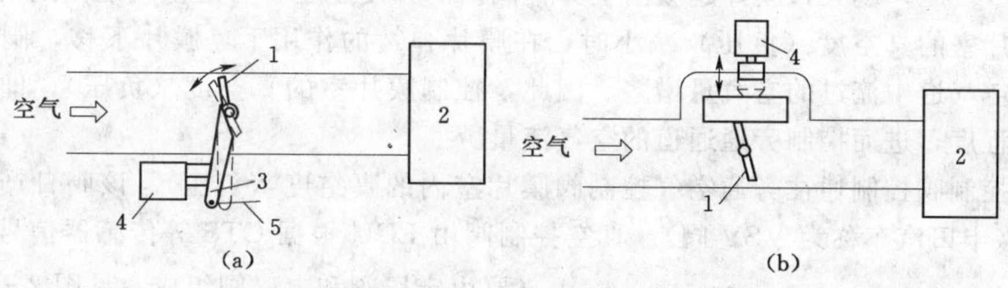

图 2－99　ISC 方式

(a) 节气门直动式；(b) 旁通空气式

1—节气门；2—发动机；3—节气门操纵臂；4—执行元件；5—节气门拉索

1. *旁通空气式 ISC 装置*

旁通空气式 ISC 装置在节气门旁通空气道内设立一个阀门。阀门开大，旁通空气道流通截面增大，空气流量增大，怠速转速提高；反之，怠速转速降低。旁通空气式 ISC 装置又分为附加空气阀式、真空控制阀式、步进电动机式、旋转滑阀式等。早期生产的汽车常采用附加空气阀、真空控制阀来控制汽车怠速，现代汽车广泛采用了步进电动机式 ISC 装置。

(1) 真空控制阀式 ISC 装置。

真空控制阀式 ISC 装置主要由旁通空气阀和真空控制阀组成，由 ECU 控制，见图 2-100。

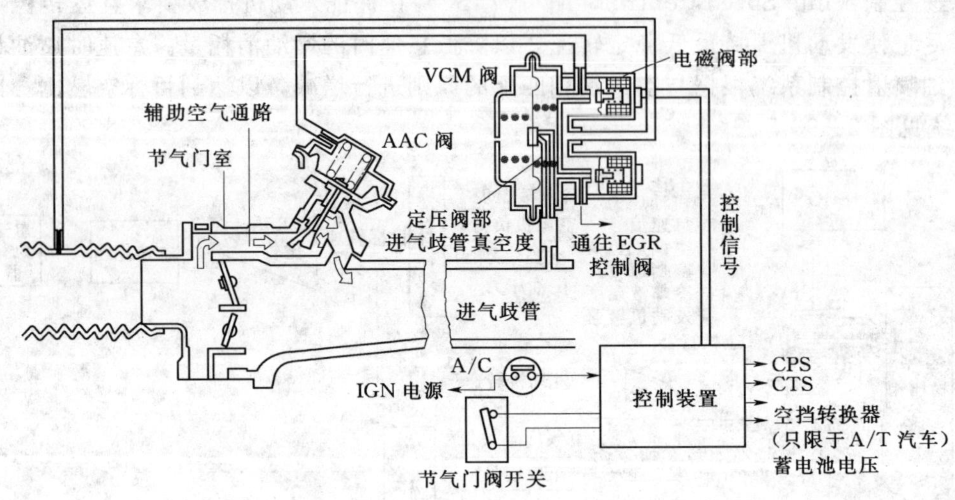

图 2-100　真空控制阀式 ISC 装置

旁通空气阀通过控制旁通空气道的流通截面，来改变怠速时旁通空气通道的空气流量，由此改变发动机的怠速转速。该阀日产汽车称为 AAC 阀（丰田汽车称为 ACV 阀）。旁通空气控制阀内部用膜片隔开，膜片下侧与大气相通；膜片上侧称为膜片室，通过管路与真空控制阀相通。通过控制膜片室真空度（负压），可以改变膜片的上下运动方向，而膜片则可带动阀门运动，进而控制阀门的开启高度，即控制旁通空气道的流通截面。膜片的真空度（负压）越大，膜片越吸向上方，阀门的开度越小，旁通空气道流过的空气量越小；当膜片室的真空度（负压）减小时，在膜片弹簧的作用下，膜片下移，阀门开度增大，旁通空气道中流过的空气量增多。因此，控制膜片室的真空度（负压），即可改变阀门的开启程度，进而控制旁通通道的空气流量。

真空控制阀控制通往旁通空气控制阀膜片室内的真空度（负压）。该阀日产汽车称为 VCM 阀（丰田汽车称为 VSV 阀）。真空控制阀由 ECU 根据 CTS 等传感器信号控制，主要由定压阀和电磁阀组成，见图 2-101。

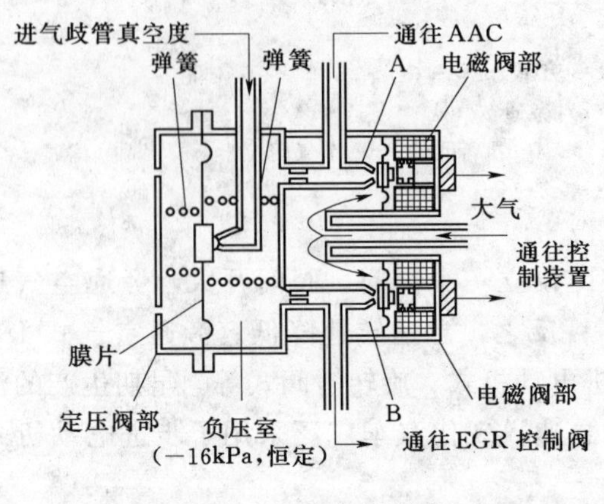

图 2-101　真空控制阀

定压阀在图中的左半部，是一个靠压力差来控制的膜片阀。膜片左边与大气相通，右边与进气歧管相通，因此也称负压室。当膜片右侧负压室真空度在 -16kPa 以下时，在右侧膜片弹簧的作用下，膜片阀呈开启状态；当负压室的真空达到 -16kPa 以上时，膜片阀口关闭。即使发动机的进气真空度大于 -16kPa，负压室的压力也保持为 -16kPa。因此，定压阀可为真空控制阀提供恒定的真空源。

电磁阀用来控制旁通空气阀和 EGR 阀。电磁阀 A 根据 ECU 的指令控制通往 AAC 阀膜片室的真空度。当电磁阀线圈通电时，电磁阀阀门开启并接通大气，使通往 ACC 阀管道内的真空度相应减小；当电磁阀线圈断电时，电磁阀阀门关闭，此时 ACC 阀管道内的真空度相应增大。

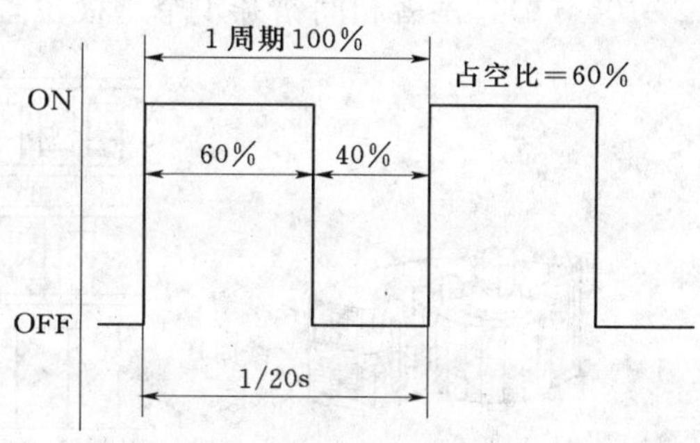

图 2-102　脉冲的占空比

在实际控制过程中，ECU 是通过控制脉冲的占空比来控制电磁线圈的通电相对时间，进而控制通往 ACC 阀膜片室的真空度，达到控制怠速的目的。占空比是指一个脉冲循环周期内，电磁线圈通电时间所占的比值，是电磁阀的相对通电时间。在日产 ECCS 系统中，加在电磁线圈上脉冲电压的频率为 20Hz，即 1s 内电磁阀阀门开闭 20 次，见图 2-102。图中脉冲“ON”状态约占周期的 60%，占空比为 60%，即电磁阀相对通电时间为 0.6。占空比越大，电磁阀打开的相对时间越长，通往空气旁通阀膜片室的真空越小，从而使旁通空气阀开启高度增大，致使怠速时旁通空气道中的空气流量增加。可见，占空比越大，怠速越高；反之，怠速降低。

（2）步进电动机式 ISC 装置。

步进电动机式 ISC 装置主要由传感器、ECU 和步进电动机式 ISC 阀组成，见图 2-103。ECU 根据传感器的输出信号判断发动机的运行状况，进而控制 ISC 阀的动作，使发动机以目标怠速运行。

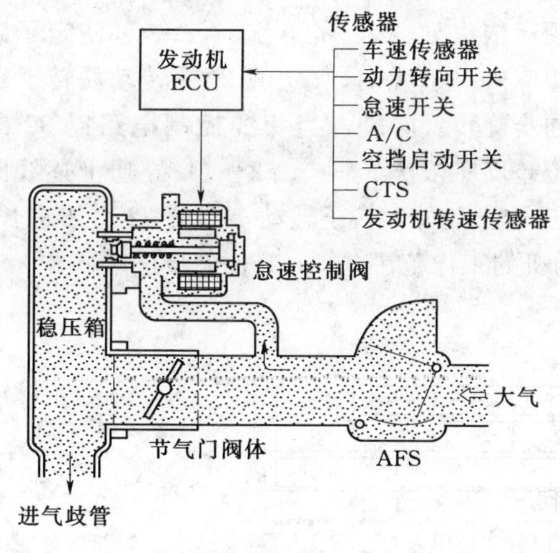

图 2-103　步进电动机式 ISC 装置

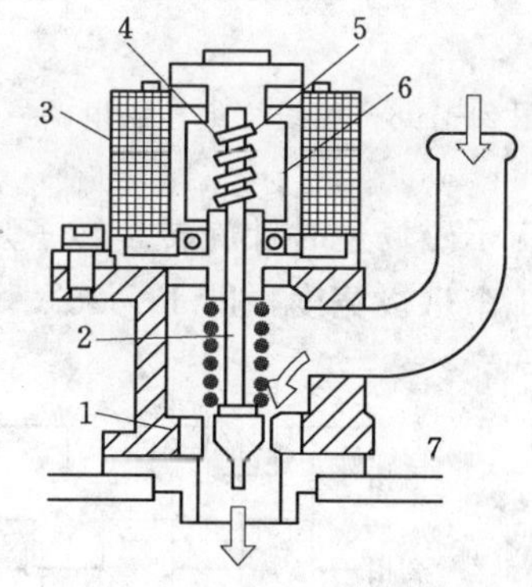

图 2-104　步进电动机式 ISC 阀

1—阀座；2—阀轴；3—定子线圈；4—轴承；5—进给丝杠机构；6—转子；7—阀芯

1）步进电动机式 ISC 阀。主要由永久磁铁构成的转子、激磁线圈构成的定子和能把旋转运动变成直线运动的进给丝杆机构及阀门等组成，见图 2-104。步进电动机和 ISC 阀做成一体，装在进气总管内，步进电动机顺时针或逆时针旋转，可使阀芯产生轴向移动，以此改变阀门的开启高度，调节流过节气门旁通气道的空气量。

步进电动机的转子由永久磁铁制成，8 对磁极沿圆周均匀分布，见图 2－105（a）。定子总成由 A、B 两个定子组成，其内分别绕有 1、3 相绕组和 2、4 相绕组，并通过由导磁材料制成的爪极各自构成交错且均匀分布的 8 对磁极，其两定子之间的爪极排列，见图 2－105（b），两者相间错开 1 个爪极位置。

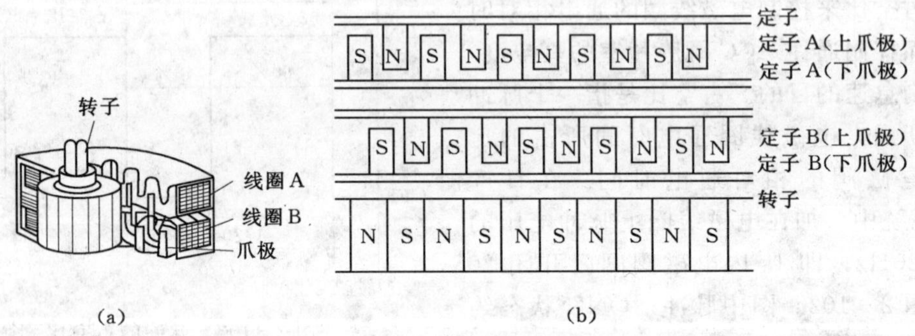

图 2－105　定子
(a) 结构；(b) 爪极布置

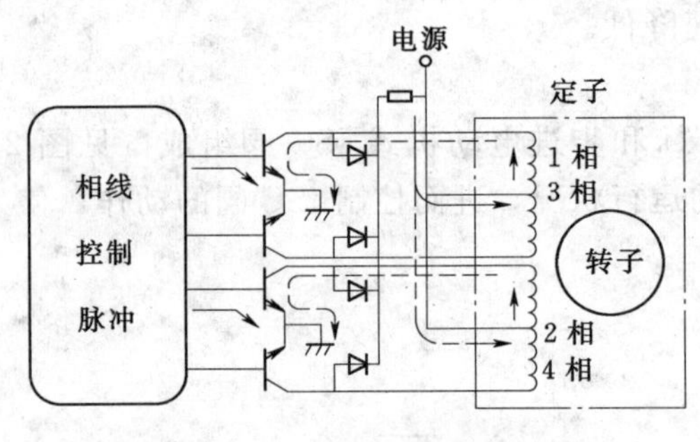

图 2－106　相线绕组控制电路

见图 2－106，爪极的瞬时极性由相线绕组控制电路控制，并通过控制 4 个线圈绕组的通电相序（图 2－107）即可改变步进电动机旋转方向，从而控制阀门的开启高度。

若要阀门开启高度增加时，相线控制电路将以 90°的相位差控制线圈绕组按 1→2→3→4 顺序依次导通 t_1、t_2、t_3、t_4、…、使定子磁场相应（t_1、t_2、t_3、t_4）顺时针转动，转子随之同步旋转。同理，当相线控制电路以 90°的相位差反序依次（4→3→2→1）导通上述线圈绕组，将使定子磁场逆时针旋转，转子随之同步反转。此外，转子转动 1 圈分 32 个步进长度，每步转动 1 个爪极宽度，即 11. 25°，步进电动机的工作范围是 0～125 个步进级。

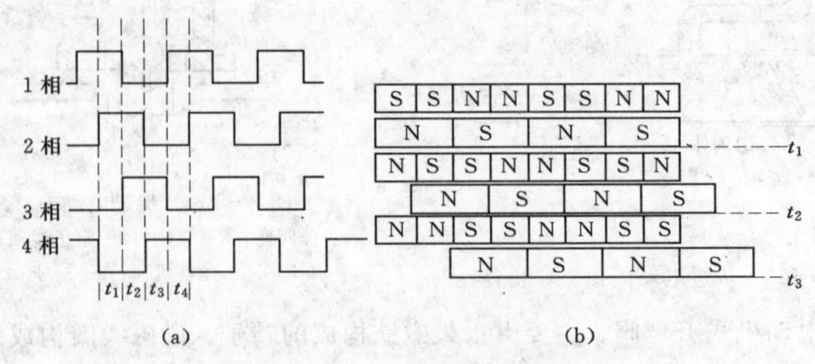

图 2－107　步进电动机控制原理
(a) 相线控制脉冲；(b) 控制原理

2）ISC原理。当发动机全速运转时，ECU根据节气门的怠速信号、车速信号确认发动机的怠速状态，再根据发动机CTS、空调、动力转向机构及自动变速器等工作情况，依据ECU存储的数据，确定相应的目标转速。通常采用发动机怠速反馈控制，根据发动机实际转速与目标转速比较得出的差值确定相应于目标转速的控制量（步数），然后驱动步进电动机。步进电动机的控制电路见图2-108。ECU按相序使功率管VT_1～VT_4依次导通，分别给步进电动机定子线圈供电，驱动步进电动机转子旋转，带动前端的阀门轴向移动，由此改变阀门开启高度，调节旁通空气流量，使发动机怠速达到所要求的目标转速。

步进电动机式怠速控制阀的控制内容包括：

a. 启动初始位置的确定。为了改善发动机的再启动性能，在发动机IGN关闭后，继续给ECU和步进电动机一段供电时间（一般为2s），使ISC阀门处于全开（125步）状态，为下次启动做好准备。

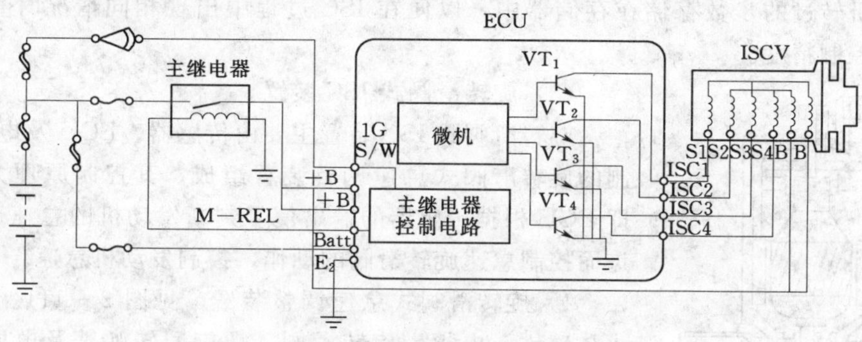

图2-108　步进电动机控制电路

b. 启动控制，见图2-109。发动机启动时，由于怠速控制阀预先设定在全开位置，在启动期间经过ISC阀的旁通空气量最大，发动机容易启动。在发动机启动期间或启动后，发动机转速达到规定值（此值由冷却液温度确定）时，ECU开始控制步进电动机，将阀门关小到由冷却液温度确定的阀门位置，避免怠速升得过高。如启动时冷却液温度为20℃，当发动机转速达到500r/min时，ECU将控制怠速控制阀从全开位置（125步）的A点到达B点位置。

c. 暖机控制，见图2-110。控制系统根据冷却液温度确定步进电动机的运动步数，随着温度上升，ISC阀开始逐渐关闭。当冷却液温度达到70℃时，暖机控制过程结束。

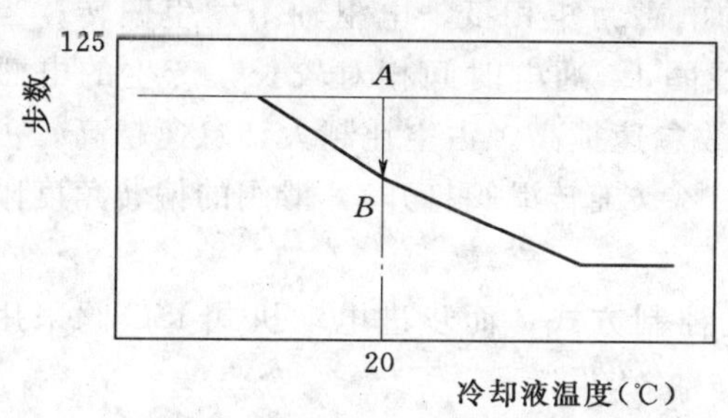

图2-109　启动控制特性

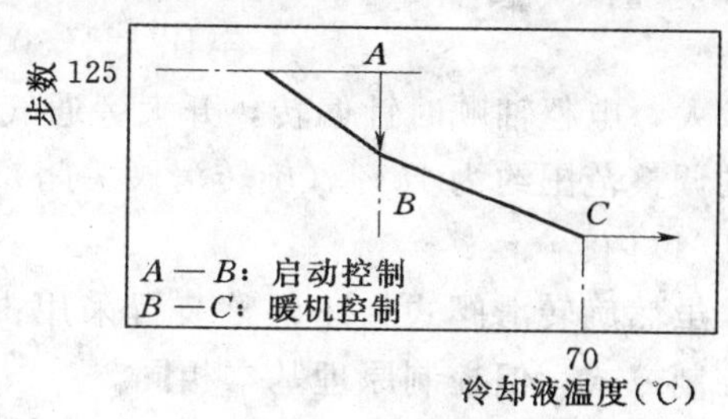

图2-110　暖机控制特性

d. 电器负载增多时的ISC。发动机怠速运转时，若使用的电器负载增大到一定程度，蓄电池电压会降低。为了保证ECU B+端和点火开关IG端具有正常的供电电压，需要控制步进电动机相应地增加旁通道空气量，以提高发动机的怠速，提高发动机的输出功率。

e. 发动机负荷变化的预控制。发动机怠速运转时，若空挡启动开关、空调开关接通或断开，都将使发动机的负荷立刻发生变化。为了避免发动机怠速时转速波动或熄火，在发动机转速出现变化前，ECU控制ISC阀预先开大或关小1个固定值。

f. 反馈控制。怠速运转时，若发动机的实际转速与目标转速相差超过一定值（如20r/min），ECU将通过步进电动机控制怠速控制阀，增减旁通空气量，使二者相同。

g. 学习控制。ECU通过步进电动机的正、反转步数确定ISC阀的位置调整发动机怠速，但发动机在使用期间性能会发生改变，虽然步进电动机控制阀门的位置未变，但怠速会与初设值略有不同，此时ECU利用反馈控制使发动机转速回归到目标值。ECU还可将步进电动机转过的步数存储在存储器中，以便在ISC过程中出现相同情况时直接调用，以此提高控制精度。

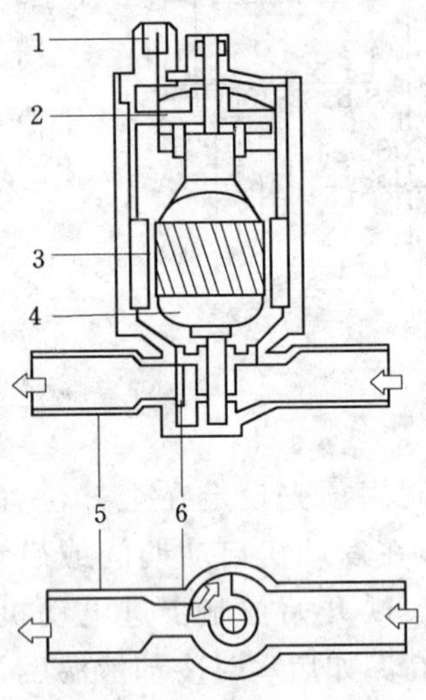

图2-111　旋转滑阀式怠速调整装置
1—连接器；2—外壳；3—永久磁铁；4—电枢；5—旁通空气道；6—旋转滑阀

(3) 旋转滑阀式ISC装置。

旋转滑阀式ISC装置主要由传感器、ECU及电磁线圈控制的旋转滑阀式怠速调整装置组成。其控制原理大同小异，即ECU根据传感器的输出信号判断发动机的怠速运转状况，进而控制怠速旋转滑阀的动作，控制发动机怠速。

1）旋转滑阀式怠速调整装置，见图2-111。它主要由永久磁铁、电枢、旋转滑阀、螺旋回转弹簧及电刷等组成。滑阀固装在电枢轴上，与电枢轴一起转动，用以向电磁线圈L_1和L_2提供磁场电流。永久磁铁固定在外壳上，其间形成磁场。电枢位于永久磁场中，电枢的铁心上绕有两组反相的电磁线圈。线圈L_1通电时，电枢带动滑阀顺时针偏转；线圈L_2通电时，电枢带动滑阀逆时针偏转。

2）控制原理，见图2-112。ECU根据传感器的输入信号采用占空比控制方式控制线圈L_1和L_2导通与截止，进而控制电枢轴（滑阀）的偏转角，以此改变旁通空气量，调整发动机怠速。当占空比为50%时，线圈L_1和L_2的通电时间相同，两者产生的电磁力矩相抵，电枢轴不发生偏转；当占空比大于50%，线圈L_1通电时间相对较长，产生的电磁力矩较大，电枢轴顺时针偏转，开大旁通气道，故怠速提高。占空比越大，怠速越高。占空比的调整范围约为18%（旋转滑阀关闭）至82%（旋转滑阀打开），滑阀的偏转角度限定在90°以内。

虽然旋转滑阀式怠速调整装置采用占空比控制方式，而步进电动机式ISC阀采用相位控制方式，但控制原理基本相同。

(4) 开关式ISC装置。

开关型ISC阀只能通过开、闭操作对旁通进气量进行一定量值的调整，其结构见

图 2-113，当 ISC 阀的开关打开时，空气量增加，使怠速转速升高 100r/min 左右，怠速转速超过预定值时控制阀关闭。其优点是结构简单、可靠性高、成本低。

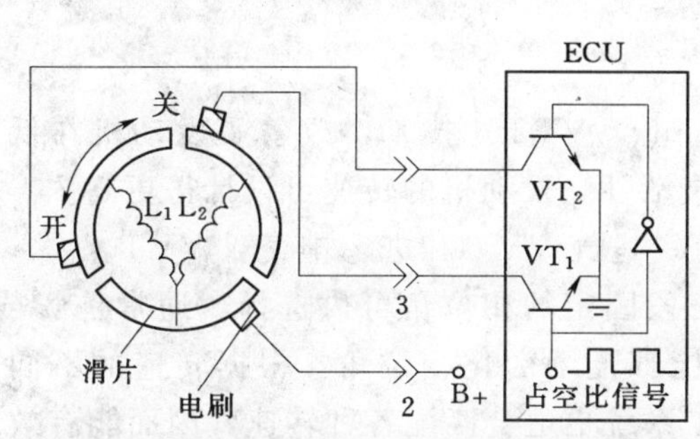

图 2-112　旋转滑阀式怠速调整装置控制原理

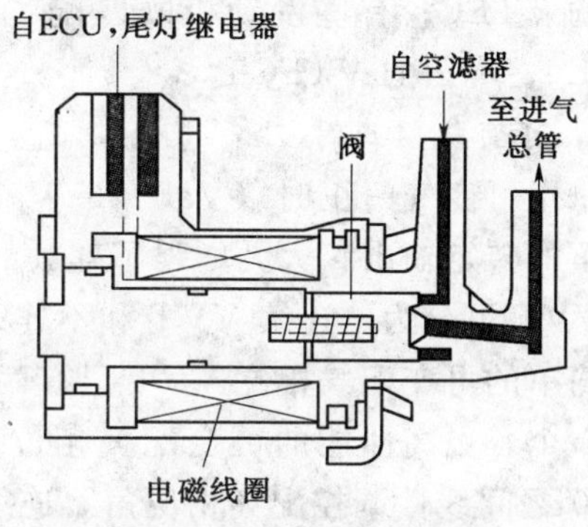

图 2-113　开关型 ISC 阀

2. 节气门直动式 ISC 装置

节气门直动式 ISC 装置通过直接控制节气门开启程度，调节节气门处空气流通截面，达到控制进气量，实现怠速控制的目的。目前常用在单点喷射系统中。节气门直动式怠速控制执行机构主要由直流电动机、减速齿轮、丝杠等部件组成，见图 2-114。

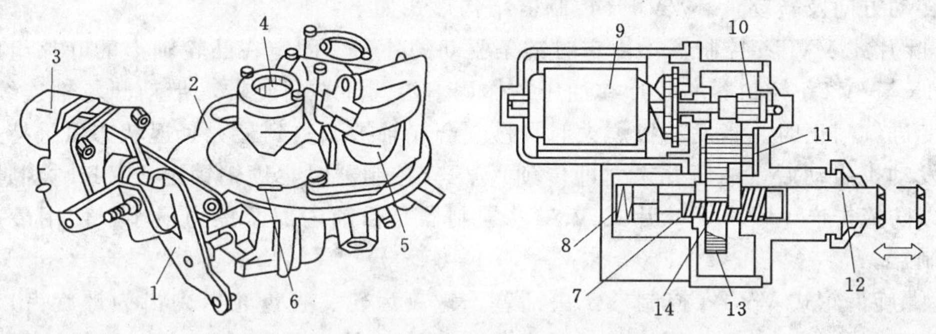

图 2-114　节气门直动式怠速控制执行机构

1—节气门操纵臂；2—节气门体；3—怠速执行机构；4—喷油器；5—压力调节器；6—节气门；7—防转动六角孔；8—弹簧；9—直流电动机；10、11、13—减速齿轮；12—传动轴；14—丝杠

怠速执行机构的传动轴与节气门操纵臂的全闭限制器相接触。当 ECU 控制直流电动机通电时，电磁力矩通过减速齿轮被增大，再通过丝杠机构将角位移转换为传动轴的直线运动。通过传动轴的旋入或旋出，调节节气门全闭限制位置，从而调节节气门处空气流通截面，实现 ISC。

节气门直动式 ISC 装置由于使用了减速机构使得其动态响应较差，同时怠速执行机构的外形尺寸也较大，所以目前较少采用。

2.4.3　可变配气相位控制

现在轿车发动机上的 VVT-i、VTEC-i、VVL、VVTL-i 等技术标号都代表发动机采用了可变配气技术。可变配气技术包括可变气门正时和可变气门升程两大类。有些发动机只匹配可变气门正时，如丰田的VVT-i发动机；有些发动机只匹配了可变气门升程，如本田的VTEC；有些发动机既匹配了可变气门正时又匹配了可变气门升程，如丰田的VVTL-i、本田的VTEC-i。

1. 可变气门正时

采用可变气门正时（Variable Valve Timing，VVT）技术，改善了发动机在低、中转速下的转矩输出，大大增强了驾驶的操纵灵活性，发动机的转速可设计得更高。

VVT可分为：连续VVT和不连续VVT；进气VVT和进、排气双VVT。

简单的可变配气相位VVT只有两段或三段固定的相位角可供选择，通常是0°或30°中的一个。更高性能的可变配气相位VVT能够连续变化相位角，根据转速的不同，在0°～30°之间线性调控配气相位角。连续VVT系统更适合匹配各种转速，因而能有效地提高发动机的输出性能，尤其是发动机的输出稳定性。

ECU根据发动机转速和负荷等传感器信号控制凸轮轴调整机构的机油压力，从而改变进、排气门的开、关时刻，此系统也称为智能可变气门正时（VVT-i）。

(1) VVT-i系统的组成及功用。

VVT-i主要包括凸轮轴位置传感器、曲轴位置传感器、VVT-i控制器和凸轮轴正时机油控制阀。VVT-i利用CPS和CIS（VVT传感器）检测凸轮轴转动变化量，从而确定凸轮轴转动方向及转动量。VVT-i控制器结构形式如下：

1）叶片式VVT-i控制器：由定时链条驱动的外壳、固定在凸轮轴上的叶片组成，见图2-115。VVT-i控制器的叶片在油压的作用下沿圆周方向旋转，带动凸轮轴连续转动，从而改变进气门正时。当发动机熄火时，进气凸轮轴被调整到最大延迟状态以维持启动性能。当发动机启动后，油压并未立即传到VVT-i控制器时，锁销锁定VVT-i控制器的运动部件以防撞击产生噪声。叶片式VVT-i控制器是目前内部摩擦力最小，使用最广泛的一种控制器。

2）螺旋齿轮式VVT-i控制器：由活塞、螺旋齿轮、直齿轮（内齿为螺旋齿）、回位弹簧、齿毂（外壳）组成，螺旋齿轮与凸轮轴固定连接，见图2-116。当机油压力作用在活塞上，活塞克服弹簧力推动直齿轮轴向运动，与直齿轮内齿合的螺旋齿轮旋转，同时带动凸轮轴转动一定角度，改变了凸轮轴的位置。

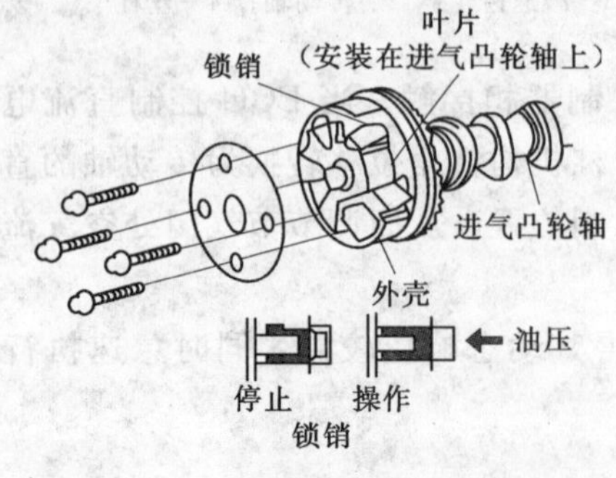

图2-115　叶片式VVT-i控制器

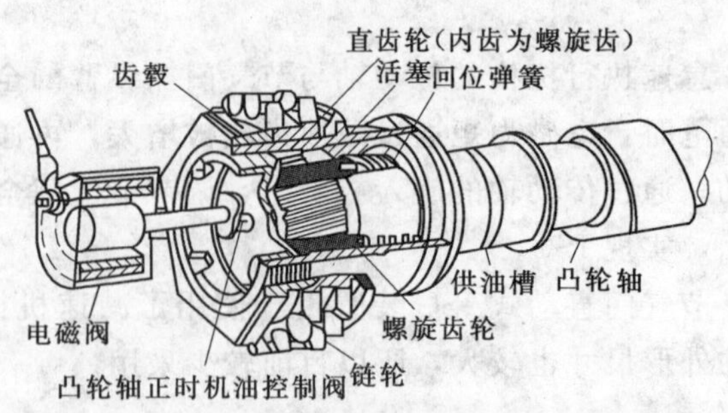

图2-116　螺旋齿轮式VVT-i控制器

3）链式 VVT-i 控制器：在进、排气凸轮轴之间安装的一个链传动机构，见图 2-117。排气凸轮轴由曲轴通过带直接驱动，进气凸轮轴通过链轮和链条由排气凸轮轴驱动。机油压力作用在活塞上，活塞推动链条张紧器上下移动，改变进气凸轮轴的转动角度。这种调整结构只改变进气凸轮轴的正时，一汽奥迪 A6 轿车和上海帕萨特 B5 的 VVT-i 即采用了该结构。

由发动机 ECU 通过占空比控制的凸轮轴正时机油控制阀的位置和分配 VVT-i 控制器的油压。发动机停止运转时，进气门正时处于最大延迟角位置。凸轮轴正时机油控制阀的结构见图 2-118。

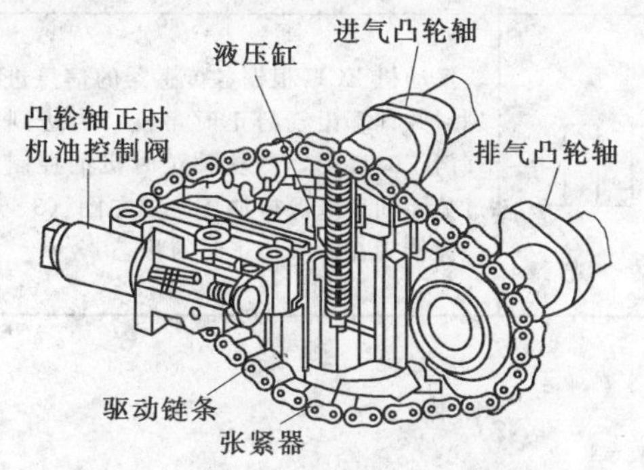

图 2-117　链式 VVT-i 控制器

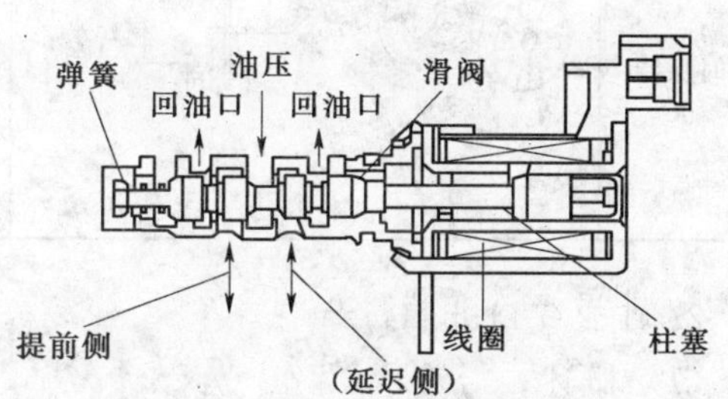

图 2-118　凸轮轴正时机油控制阀

(2) VVT-i 系统的工作原理。

进气门 VVT-i 系统，见图 2-119，VVT-i 系统的工作过程见表 2-2。

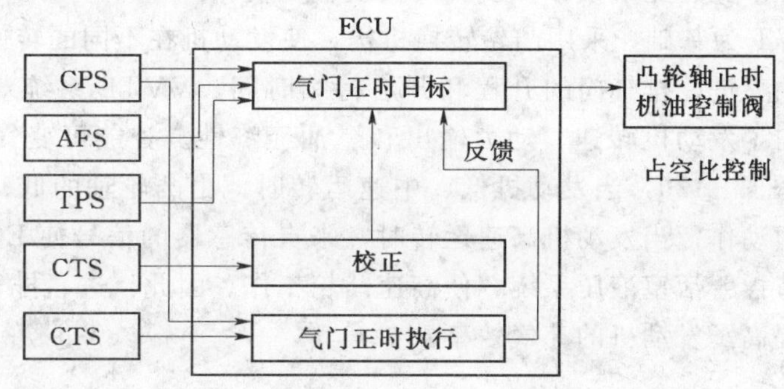

图 2-119　丰田汽车进气门 VVT-i 系统工作原理

表 2-2　**VVT-i 系统的工作过程**

工作过程	图示工作过程	凸轮轴正时机油控制阀的占空比	工作过程说明
正时提前	叶片 凸轮轴正时机油控制器 发动机ECU 油压　回油口 旋转方向 (1)		当由发动机 ECU 发送给凸轮轴正时机油控制阀的占空比变大（>50%），阀位置处于如左图（1）所示位置，油压作图于气门正时提前侧的叶片室，使进气凸轮轴向气门正时的提前方向旋转

续表

工作过程	图示工作过程	凸轮轴正时机油控制阀的占空比	工作过程说明
正时推迟	叶片 发动机ECU 回油口 油压 旋转方向 (2)		当由发动机 ECU 发送给凸轮轴正时机油控制阀的占空比变小（<50%），阀位置处于如左图（2）所示位置，油压作用于气门正时延迟侧的叶片室，使进气凸轮轴向气门正时的推迟方向旋转
正时保持	发动机ECU 油压 (3)		发动机 ECU 根据各传感器的信息进行处理，并计算出气门正时角度，当达到目标气门正时以后，凸轮轴正时机油控制阀通过关闭油道来保持油压。如左图（3）所示是保持现在的气门正时的状态

2. 可变气门升程

（1）概述。

采用可变升程正时（Variable Valve Timing with Lift，VVTL）控制的发动机，气门升程能随发动机转速的变化而改变。发动机低转速时，采用短升程，能产生更大的进气负压及更多的涡流，使空气和燃油充分混合，提高发动机低转速时的动力输出；发动机高转速时，采用长升程来提高充气效率，使发动机换气顺畅。

VVTL 以 VVT 为基础，采用凸轮转换机构，使发动机在不同的转速工况下由不同的凸轮控制，及时调整进、排气门的升程和开启持续时间。VVTL 系统对气门开、闭时刻进行了优化，提高了发动机转速、动力输出和燃油经济性。智能可变气门升程（VVTL-i）系统的组成见图 2－120，当发动机低、中速运转时，由凸轮轴的低、中速凸轮驱动摇臂，使进、排气门动作；当发动机高速运转时，来自传感器的信号使 ECU 控制机油压力控制阀动作，调节摇臂活塞液压系统，使高速凸轮工作。因此，进、排气门的升程和开启持续时间增加，提高了发动机的充气效率。

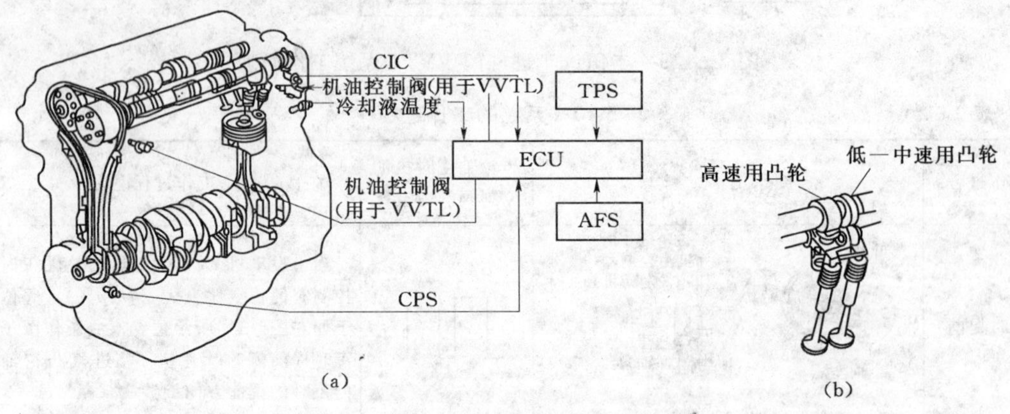

图 2－120　智能可变气门升程系统（VVTL-i）

（2）VVTL-i控制系统包括CPS、CIS、TPS、CTS、AFS和机油压力控制阀，见图2－121。VVTL-i的控制原理见图2－122，VVTL-i的工作过程见表2－3。机油压力控制阀中的伺服阀由ECU进行占空比控制。当发动机高速运转时，机油压力控制阀开启，机油直接通往凸轮转换机构使高速凸轮起作用。

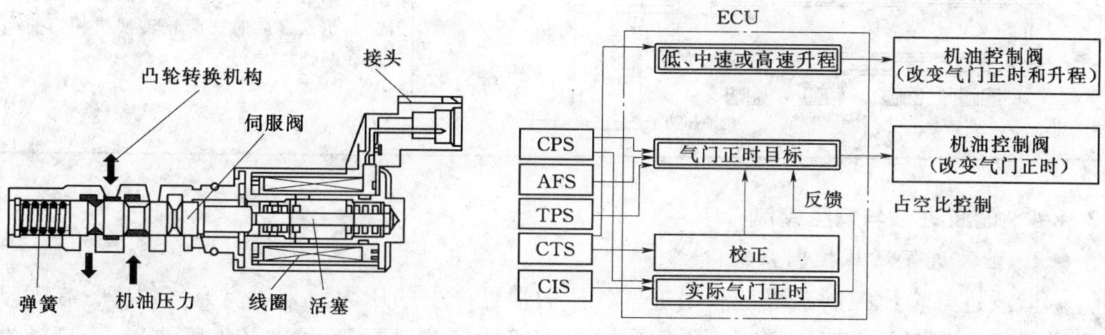

图2－121　机油压力控制阀

图2－122　VVTL-i控制原理

表2－3　**VVTL-i工作过程**

图示说明	工作过程
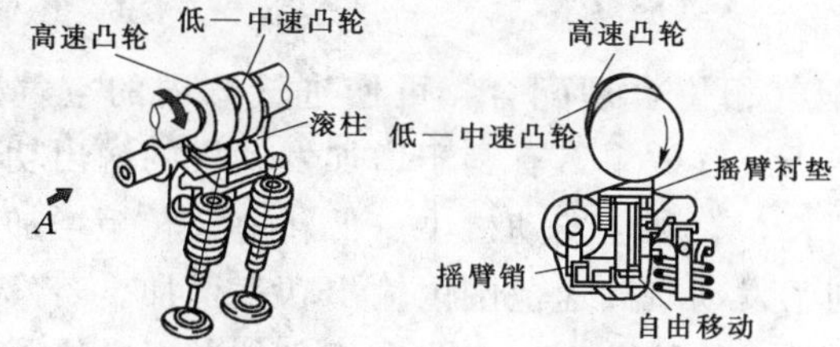 高速凸轮　低—中速凸轮　滚柱　A　高速凸轮　低—中速凸轮　摇臂衬垫　摇臂销　自由移动	当发动机低—中速动转时，由低—中速凸轮推动摇臂滚柱，使两个气门动作。此时，高速凸轮也会推动摇臂衬垫，但由于摇臂衬垫处于自由状态，不会影响摇臂和两个气门动作
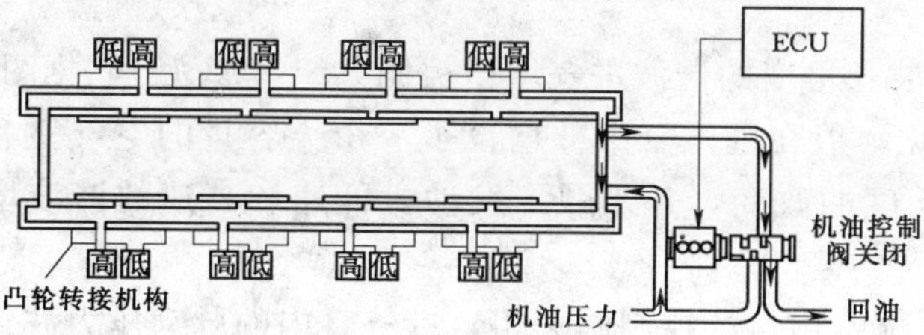 低高　低高　低高　低高　ECU　高低　高低　高低　高低　凸轮转接机构　机油控制阀关闭　机油压力　回油	当发动机处于低、中转速时，ECU接收各传感器信号，控制机油压力控制阀关系，回油侧开启，机油回流
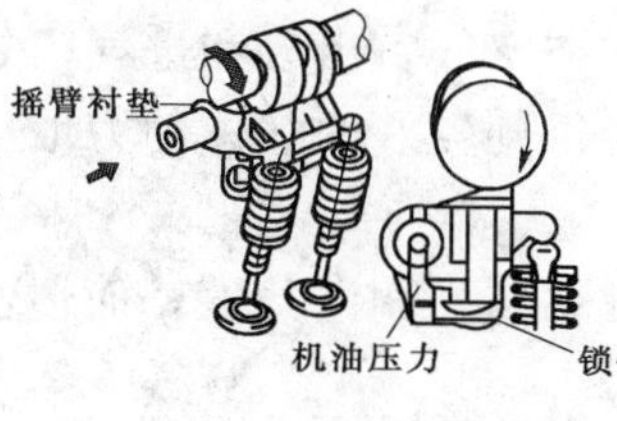 摇臂衬垫　机油压力　锁住	当发动机高转速运转时，机油压力推动摇臂销，摇臂销插栓在摇臂衬垫下，使摇臂衬垫锁住。由于高速凸轮轮廓比低速凸轮大，高速凸轮推动摇臂衬垫，此时由高速凸轮驱动两个气门，气门的升程和开启持续时间得以延长

续表

图示说明	工作过程
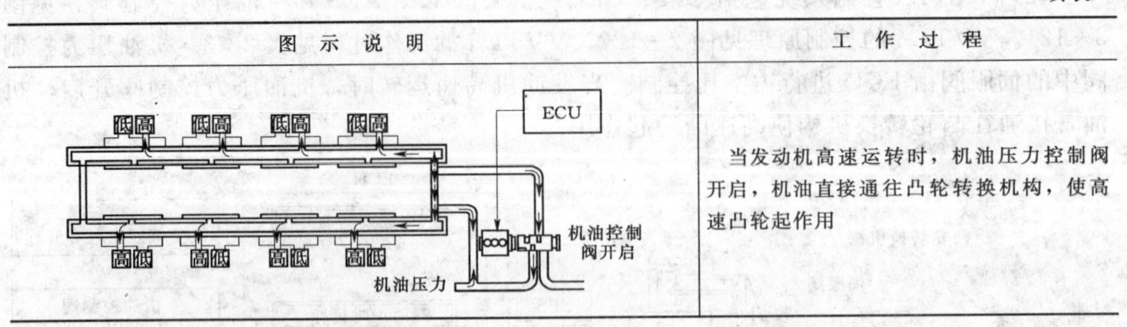	当发动机高速运转时，机油压力控制阀开启，机油直接通往凸轮转换机构，使高速凸轮起作用

2.4.4　谐波进气与增压控制

1. 谐波进气增压控制系统

谐波进气增压控制系统是利用进气气流的惯性产生的压力波来提高充气效率。在发动机进行行程初期，由于活塞吸入作用，在进气管内产生负的压力波（负压波），负压波在进气管内传播，并达到进气管末端，若无压力变化时，该负压波被反射回来，形成逆相位的正压力波。当选气门打开时，正压力波进入气缸内，从而提高了充气效率，即惯性增压。由气缸、选气管构成选气系统，由活塞引起压力振动而产生共振，使这种惯性效应达到最大值。一般通过选择进气管长度、进排气门的开阈定时，在发动机的额定转速下即可获得较好的惯性效应。

如果使进气压力脉动波与进气门的配气相位合理配合，可使进气管内的空气产生谐振，利用谐振效果在进气门打开时形成增压进气效果，有利于增加发动机的输出功率。

进气管较长时，谐振压力波的波长则长，有利于发动机中、低转速区转矩增加；进气管较短时，谐振压力波的波长则短，有利于发动机高速范围内输出功率增加。若发动机进气管的长度能随转速改变，可使发动机在整个转速范围内充分利用进气谐振效应，有效地提高发动机的动力性。但进气管的长度不能改变，因此惯性增压一般按最大转矩所对应的转速区域进行设计。

日本丰田 2JZ-GE 发动机采用了波长可变的谐波进气增压控制系统（ACIS），见图 2-123。该发动机进气管的长度不能变化，但在进气管中部增设了一个大容量的空气室和电控真空阀，实现了压力波传播有效长度的改变，并兼顾了发动机低速和高速的谐波增压效应。

当发动机转速较低时，大容量空气室出口的控制阀关闭，进气管内的脉动压力波传播长度为由空气滤清器到进气门的距离，该距离较长，按发动机中低速进气增压效果要求设计；当发动机转速较高时，则空气室出口的控制阀打开，由于大容量的空气室的参与，在进气道控制阀处形成气帘，使进气压力脉动波只能在空气室出口和进气门之间传播，有效地缩短了压力波传播距离，使发动机在高速区也能得到较好的气体动力增压效果。

2. 共振增压可变进气

共振增压是利用气缸群中的压力振动实现进气系统的调谐共振，而惯性增压则只是利用各气缸的压力振动实现调谐。

共振增压可变进气系统（六缸发动机）设有上、下两个集合部（容器），连接两个集

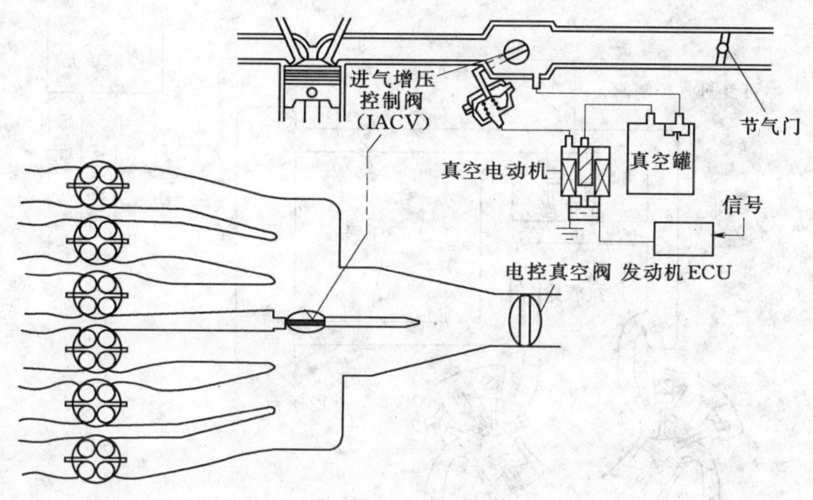

图 2-123　ACIS控制原理

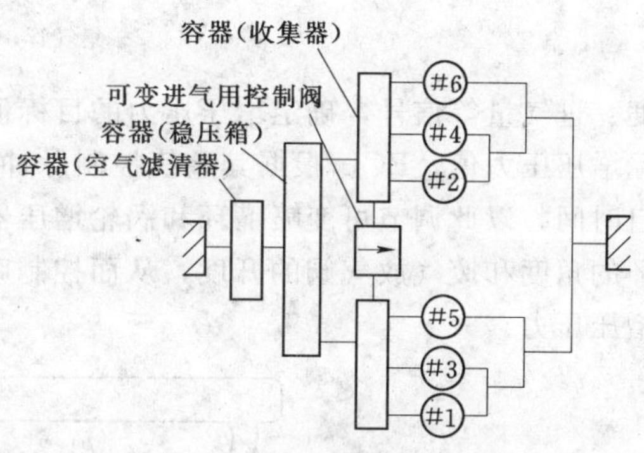

图 2-124　共振增压可变进气系统

合部的通路上设有可变进气控制阀，见图 2-124。由于各气缸的进气行程相隔 20°曲轴转角，各气缸产生的负压波存在 120°相位差，每一个集合部（容器）连接各气缸的进气管，则各缸产生的负压波在容器中互相抵消，容器成为反射点，所以可根据进气管长度、口径、气缸容积决定惯性效应。与此相对应，进气行程具有 240°间隔的气缸群被分为两个容器，并形成相位为反向 240°周期的合成波。当用同样长度的进气管连接两个容器，则在接合部从两个容器传播的压力波互相抵消，接合部成为反射点。在进气行程中产生的负压波在接合部进行反射，反相形成正压波的时间与进气阀关闭时间一致，则气缸内压力超过大气压，提高了充填效率。

使用共振增压的可变进气系统，两个容器与长度、口径不同的两个管路相连；另外，设有可变进气控制阀，在低速时关闭，高速时开启，可获得两种不同的共振增压效应。发动机低速时，可变进气控制阀关闭，左右两个容器中的相位相反，于是产生 240°的周期性压力波，并在稳压箱中互相抵消，从而形成反射点；发动机高速时，可变进气控制阀开启，反射点即成为进气管连接通道的中心点。利用这种控制原理，使发动机获得两种共振效应，从低速域到高速域，提高了充填效率，可获得优异的动力性。进气量信号、发动机转速信号、检测暖机状态的壁温信号以及节气门开关信号作为发动机运转区域的判别信号，ECCS（电控单元）控制步进电动机的运转，从而控制可变进气控制阀的开、闭。共振增压可变进气系统见图 2-125。

3. *废气涡轮增压系统*

废气涡轮增压闭环控制系统见图 2-126。ECU 依据发动机的加速、爆燃、冷却液温

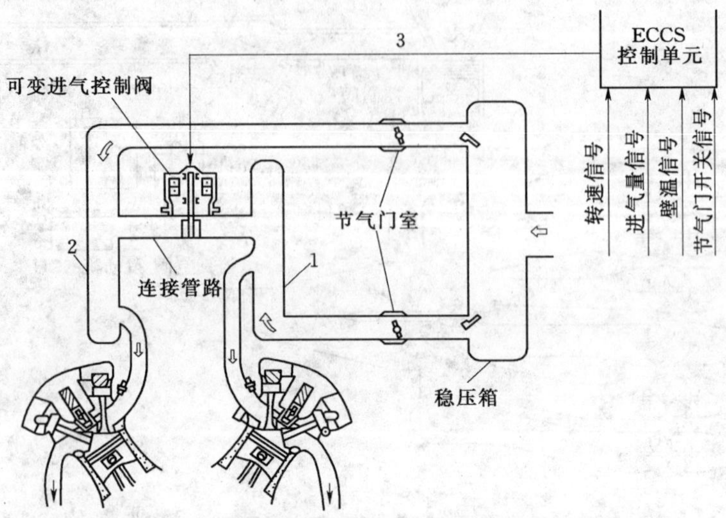

图 2-125　共振增压可变进气系统

1、2—集气管；3—可变进气控制信号

度、进气量等信号，确定增压压力的目标值，并通过进气管压力传感器来反馈发动机的实际增压压力值。ECU 根据其差值控制脉冲信号的占空比，进而分别控制电磁阀的相对开启时间，以此调节可变喷嘴环和涡轮增压器废气放气阀真空膜盒的真空度，改变可变喷嘴环的角度和废气放气阀的开度，从而控制废气涡轮的转速，以此产生发动机所需要的目标增压压力。

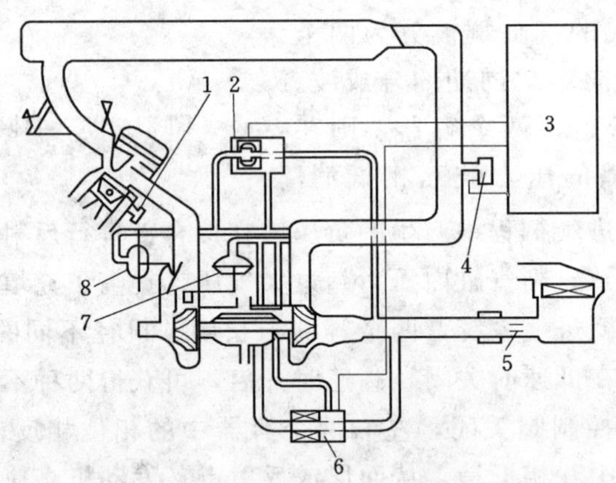

图 2-126　增压压力闭环控制系统

1—爆燃传感器；2—放气阀控制电磁阀；3—ECU；4—进气管压力传感器；5—AFS；6—可变喷嘴环控制电磁阀；7—可变喷嘴环真空膜盒；8—放气阀真空膜盒

第三章　柴油机电子控制系统

柴油机电子控制系统的特点、结构、分类和控制原理及方法；柴油机主要电子控制系统功能分析；电子控制直列泵喷射系统、电子控制分配泵喷射系统、电子控制泵喷嘴系统和电子控制共轨系统的基本原理、特性、组成结构、控制方法和特性分析。

3.1　柴油机电子控制系统概述

3.1.1　柴油机电子控制系统的特点

柴油机电子控制技术与汽油机电子控制技术有许多相似之处，整个系统都是由传感、电子控制单元和执行器三大部分组成。在电子控制柴油机上所用的传感器中，如转速、压力、温度等传感器以及加速踏板传感器，与汽油机电子控制系统都是一样的。电子控制单元在硬件方面也很相似，在整车管理系统的软件方面也有近似之处。柴油机电子控制技术有两个明显的特点：一个特点是其关键技术和技术难点就在柴油喷射电子控制执行器上；另一个特点是柴油电子控制喷射系统的多样化。

柴油机燃油喷射具有高压、高频、脉动等特点，其喷射压力高达60～150MPa，甚至200MPa，为汽油喷射的几百倍，上千倍。对于燃油高压喷射系统实施喷油量的电子控制，困难要大得多。而且柴油喷射对喷射正时的精度要求很高，相对于柴油机活塞上止点的角度位置远比汽油机要求准确，这就导致了柴油喷射的电子控制执行器要复杂得多。因此，柴油机电子控制技术的关键和难点就是柴油喷射电子控制执行器，也即电子控制柴油喷射系统，主要控制量是喷油量和喷油正时。

3.1.2　柴油机电子控制系统的组成

电子控制系统由三大部分组成：传感器、控制器（ECU）和执行器，如图3-1所示。

传感器实时检测柴油机、车辆运行状态及操作量等信息，并送给控制器。主要传感器有：发动机转速传感器、齿杆位置传感器、喷油提前角传感器及加速踏板位置传感器等。

控制器负责处理所有信息、执行程序，并将运行结果作为控制指令输出到执行器。此外还有通信功能，即和其他的控制系统——如传动装置控制器进行数据传输和交换，同时考虑到其他系统的实时情况，适当修正燃油系统的执行指令，即适当修正喷油量、喷油提前角等。与此同时，还可以向其他控制系统送出必要的信息。

执行器根据控制器送来的指令驱动调节喷油量及喷油正时的相应机构，从而调节柴油机的运行状态。在直列泵系统中，有调速器执行器（调节喷油泵的齿杆位移）和提前执行器（调节发动机驱动轴和喷油泵凸轮轴的相位差，从而调节喷油时间），在分配泵系统中也还有一些独特的执行器。喷油始点取决于电磁阀关闭时刻，喷油量则取决于电磁阀关闭

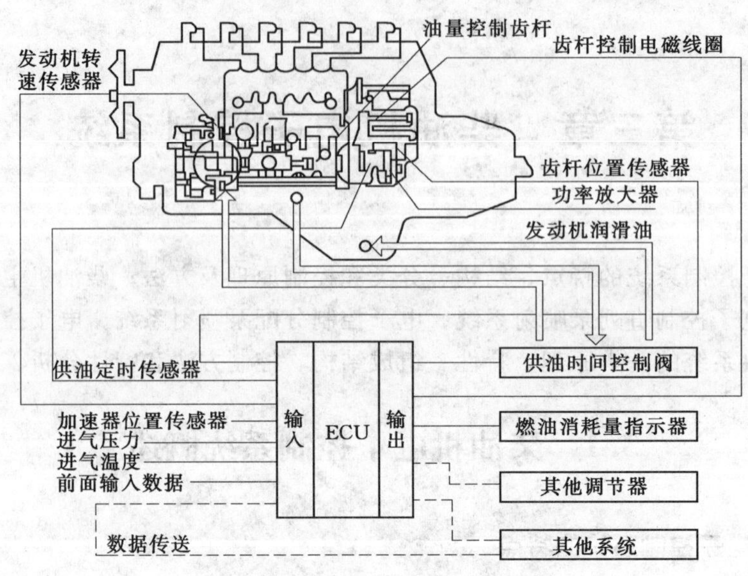

图 3-1　电子控制柴油机喷射系统的控制原理图

时间的长短。传统喷油泵中的齿条齿圈、滑套、柱塞上斜槽、控制喷油正时的提前机构等全部取消。时间控制系统的控制自由度更大。

电子控制柴油机喷射系统根据其产生高压燃油的机构，可分为电子控制直列泵喷射系统、电子控制分配泵喷射系统、电子控制泵喷嘴喷射系统、电子控制单缸泵喷射系统、电子控制共轨喷射系统。其中电子控制共轨喷射是电子控制技术发展起来所形成的新型喷射机构，其他系统都是在原来的喷射机构上加上电子控制执行机构后形成的。

3.2　电子控制直列泵喷射系统

电子控制直列泵燃油系统中，由调速器执行机构控制调节齿杆的位置，从而控制供油量；由提前器执行机构控制发动机驱动轴和喷油泵凸轮轴间的相位差，从而控制喷油时间。调速器执行机构和提前器执行机构是电子控制直列泵系统中的两个特殊机构。

3.2.1　电子控制直列泵喷射系统的组成

图 3-2 所示为电子控制直列泵喷射系统。从各个传感器传来的信号（图中细线）用计算机控制中心的微型计算机处理。与发动机负荷及转速状态相适应的信号（图中粗线）送往电子调速器和电磁阀，使调速器和提前器动作。另外，在提前调速器和提前器中，有检测实际动作值的传感器。把这些传感器传送来的反馈信号（图 3-2 中虚线）输入计算机，以控制最恰当的喷油量和喷油时间。

3.2.2　主要电子部件

电子控制直列泵喷射系统中，主要电子部件是：对喷油量进行电子控制的电子调速器和对喷油时间进行电子控制的电子提前器。

喷油泵本体的燃油压送机构与传统机械式喷油泵完全相同。电子调速器和电子提前器

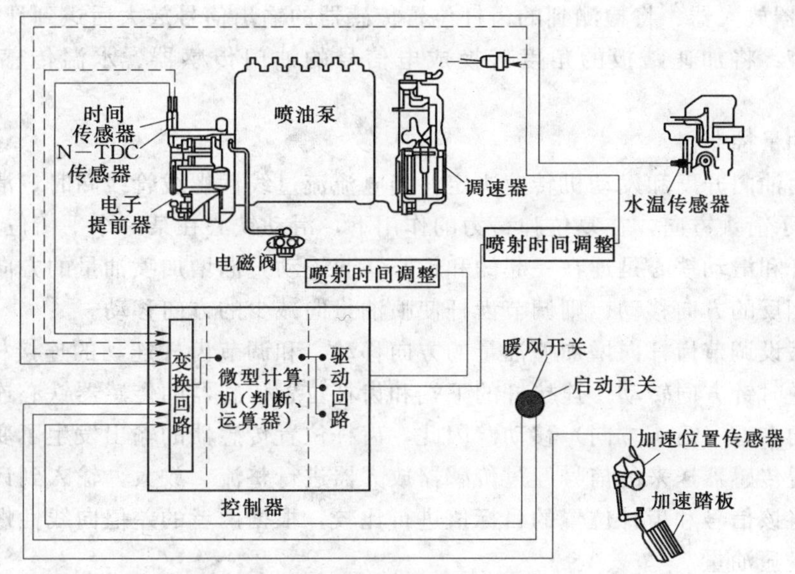

图 3－2　电子控制直列泵喷射系统的组成

则根据发动机机型可以装用其中某一种，或将两种都装上。

1. 电子调速器

(1) 结构。

电子调速器的结构如图 3－3 所示。

电子控制直列泵系统中，调速器执行机构的作用相当于飞块。用电磁作用力或液力代替离心力控制齿杆位移。

电子调速器的内部主要由下述四部分构成：

1) 线性螺线管：控制线圈中的电流，使喷油泵的调节齿杆移动。

2) 齿杆位置传感器：由线圈和铁心构成，检测出调节齿杆的位置。

3) 转速传感器：检测出发动机的转速。

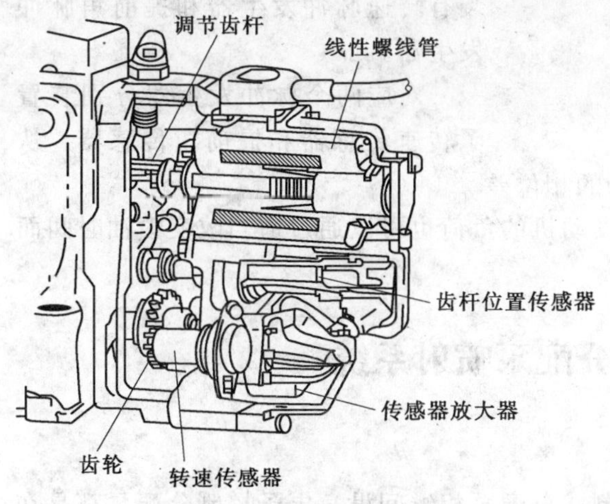

图 3－3　电子调速器的结构

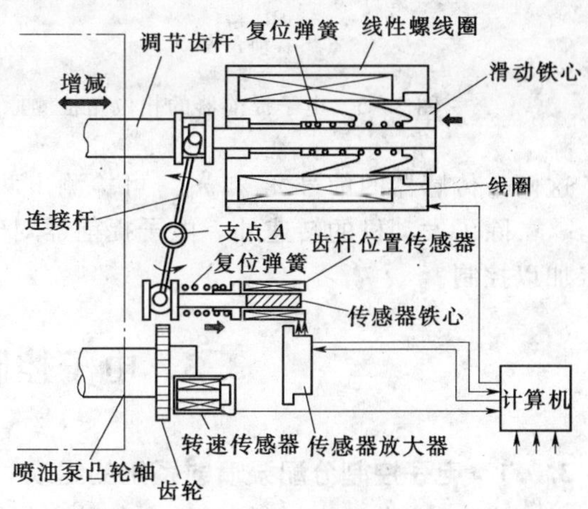

图 3－4　电子调速器喷油量控制原理

4）传感器放大器：将检测到的齿杆位置传感器的输出信号放大后送到计算机中。

此外还有：将加速踏板的角度转换成电信号的油门传感器、水温传感器和启动信号等。

（2）喷油量控制。

喷油量由油门开度和发动机转速决定。当电流流过线性螺线管线圈时，滑动铁心被拉向图 3－4 所示箭头方向，在复位弹簧力的作用下，滑动铁心在某一个平衡位置停住。

调节齿杆和滑动铁心是连在一起的和铁心一起连动，向增加喷油量的方向移动。如果铁心向箭头相反的方向移动，则调节齿杆使喷油量向减少的方向移动。

现在，假设调节齿杆向增加喷油量的方向移动，和调节齿杆连动的连接杆则以支点 4 为中心，向逆时针方向转动，连接杆的下端和齿杆位置传感器的传感器铁心连动，所以传感器的铁心向右方（箭头方向）移动。因此，齿杆位置传感器的输出发生了变化。

齿杆位置传感器送来的信号经过传感器放大器进行整流、放大，输入到计算机中。然后，计算机将该信号和齿杆位置的目标值进行比较，根据两者的差值向线性螺线管发出驱动信号，改变喷油量。

2. 电子提前器

提前器执行机构位于发动机驱动轴和凸轮轴之间，调节两轴之间的相位，而且由它传递喷油泵的驱动转矩。因此，相位调节需要很大的作用力，大多采用液压进行调节。

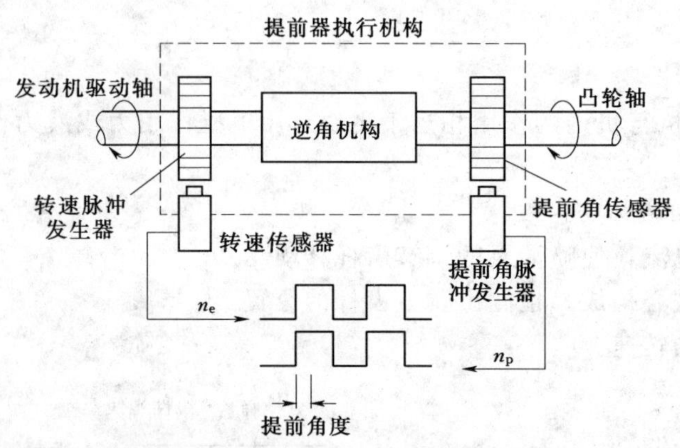

图 3－5　电子提前器的相位角检测原理

角度提前机构的典型例子是偏心凸轮方式和螺线形花键轴。电磁阀由 ECU 驱动，控制作用在油压活塞上的油压。油压活塞左右移动使转换机上下运动，从而改变发动机驱动轴和凸轮轴之间的相位，如图 3－5 所示。

发动机驱动轴和凸轮轴上分别装有转速脉冲发生器和提前角脉冲发生器。

对应两个脉冲发生器分别装置了转速传感器和提前角传感器。从这两个传感器的信号 n_e 和 n_p，可检测出两者的相位差。

除了发动机的转速外，电子提前器对于发动机的负荷也可以通过适当改变喷油时间而加以控制。

3.3　电子控制分配泵喷射系统

3.3.1　电子控制分配泵喷射系统的组成

进入 20 世纪 80 年代以后，各种电子控制式分配泵相继问世。电子控制分配泵都是在 VE 型分配泵的基础上实现电子控制的。

电子控制分配泵喷射系统的结构原理，如图 3-6 所示。该系统可分为三大部分：传感器、计算机（ECU）和执行器。

电子控制分配泵燃油系统是根据各种传感器的信息检测出发动机的实际运行状态，由计算机完成如下控制：①喷油量控制；②喷油时间控制；③怠速转速控制；④故障诊断功能；⑤故障应急功能。根据不同的机型电子控制的具体内容不同。有些机型可以实现上述的①、②和③的三项控制，有些机型仅只对②项，即只对喷油时间进行控制。

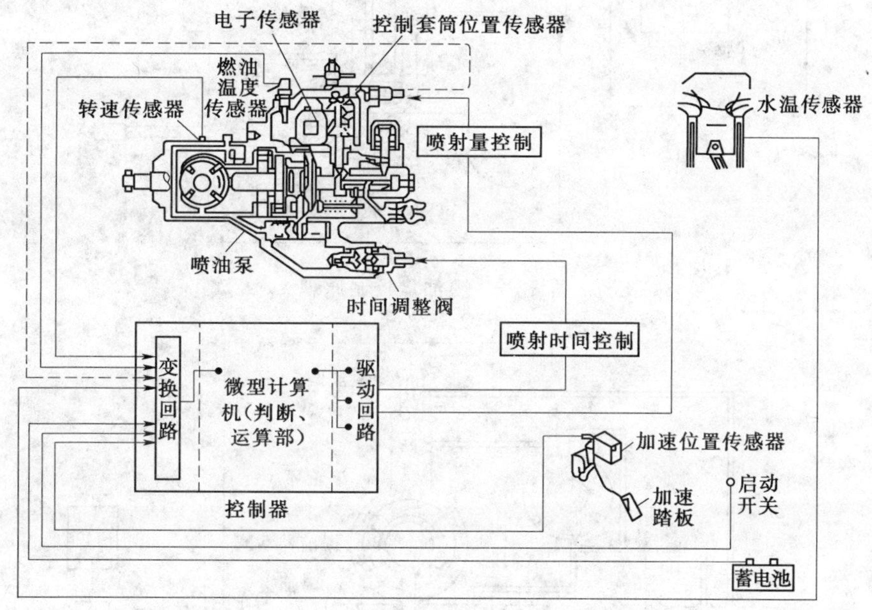

图 3-6　电子控制分配泵喷射系统的结构原理

电子控制分配泵系统按喷油量、喷油时间的控制方法可以分为位置控制式和时间控制式两类。

3.3.2　位置控制式电子控制分配泵喷射系统

位置控制式电子控制分配泵系统是将 VE 型分配泵中的机械调速器转换成电子控制的执行机构。其基本特点是：保留了机械分配泵的溢油环，采用旋转式电磁铁，因此不用杠杆。电磁铁中控制轴旋转改变了控制轴下端偏心球的位置，直接控制溢油环，控制喷油量。

1. 喷油量控制

喷油量的控制原理如图 3-7 所示 ECU 根据发动机的状态计算出目标喷油量，并将结果输出到驱动回路；驱动回路根据 ECU 的指令一边反馈控制执行机构的位置，一边控制输出。这样，VE 型分配泵的溢油环控制在目标位置，从而控制喷油量。

2. 喷油时间控制

喷油时间的控制原理如图 3-8 所示 VE 型分配泵的提前器活塞内设有连通高压腔和低压腔的通道，按占空比控制定时调节阀，使定时活塞两侧的压力差变化，从而控制喷油时间。由传感器检测出定时活塞的位置，从而进行反馈控制。

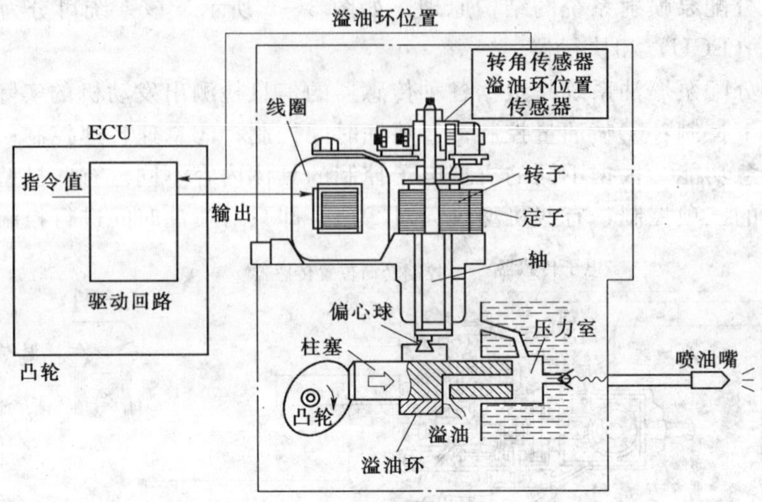

图 3-7　喷油量控制原理

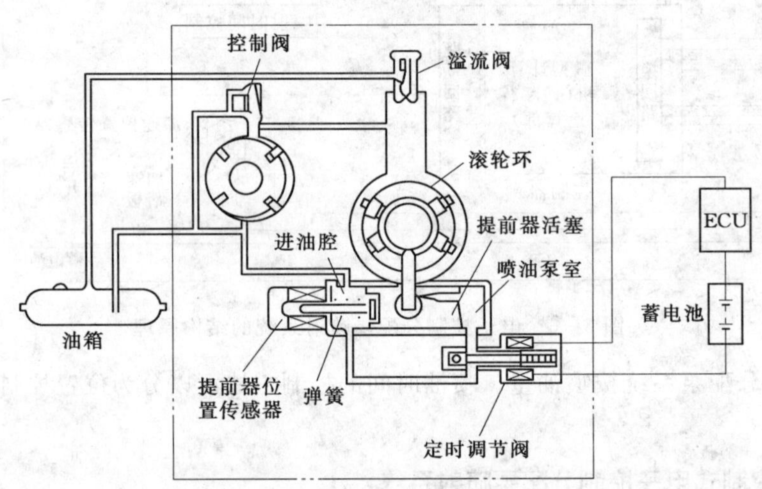

图 3-8　喷油时间控制原理

3.3.3　时间控制式电子控制分配泵喷射系统

微型计算机内设有时钟，通过时钟控制喷油终了时刻，从而控制喷油量。控制喷油终了时刻的执行机构是电磁阀，对每一次喷油都可以进行控制，因此可以取消其他的喷油控制机构。另外，时间控制方式电子回路比较简单。

时间控制式电子控制分配泵喷射系统的显著特点是取消了原 VE 型分配泵上的溢油环，在进油通路上设置一个电磁溢流阀，其喷油量的时间控制原理，如图 3-9 所示。

在柱塞泵油阶段，当电磁溢流阀断电时，溢流阀打开，高压燃油立即卸压，停止喷油。喷油始点并不取决于电磁溢流阀关闭的时刻，而是取决于分配泵端面凸轮的行程，与采用溢油环改变喷油终点以控制油量的方式一样。电磁溢流阀打开越晚，喷油量越多。端面凸轮行程始点就是图 3-9 上喷油泵角度信号上的无齿段终点的信号。喷油泵角度传感

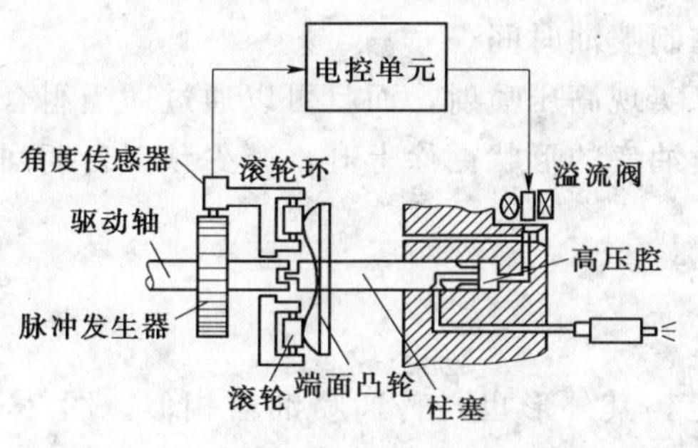

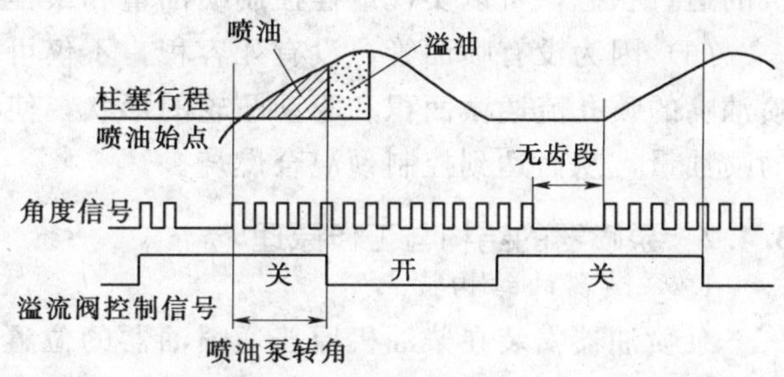

图 3－9　喷油量的时间控制原理

器装在滚轮环上。这样，即使喷油正时有变化，由于喷油泵角度信号传感器随着滚轮环一起移动，因此喷油泵角度并不改变，泵油始点与无齿段终点相对位置始终不变。

3.4　电子控制泵喷嘴系统

3.4.1　电子控制泵喷嘴系统的组成

电子控制泵喷嘴系统主要由泵喷嘴、驱动摇臂机构、电子控制单元（ECU）、各种传感器等组成，如图 3－10 所示。

电子控制泵喷嘴系统的最大特点是：燃油压力升高仍然是机械式的，喷油始点和终点由电磁阀控制，即喷油量和喷油时间是由电磁阀控制的。

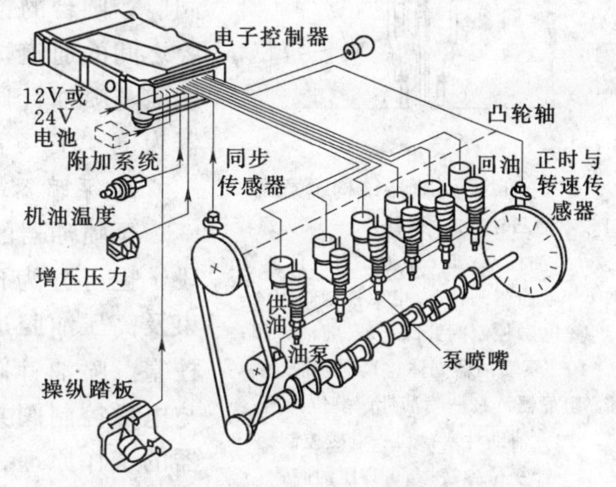

图 3－10　电子控制泵喷嘴系统的组成

电子控制泵喷嘴系统的结构特点如下：

（1）为了使供油泵将燃油稳定地供到安装在气缸盖内部的喷油器内，采用大容量齿轮式供油泵。

（2）自供油泵压送来的燃油经高效滤清器滤除杂质后，供入气缸盖上的主供油管内；主供油管和气缸盖上的各个喷油器之间由支管连接。溢出燃油通过连接各喷油器的溢油管经调压阀排出到气缸盖外部。

（3）ECU 打开或关闭喷油器的电磁阀，控制喷油量和喷油时间；必须向各个喷油器布置导线，为了缩短线束长度，ECU 直接安装在发动机机体上。为了减低因发动机引起的振动，采用橡胶固定，同时，采用燃油冷却 ECU 的背面。

（4）ECU 根据安装在飞轮以及凸轮相关部位的两个转速传感器检测到的发动机转速和曲轴转角、油门传感器信号及其他的传感器信号进行最佳燃油喷射控制。

（5）柱塞通过摇臂由凸轮轴驱动，压缩燃油；喷油器的高速电磁阀是常开的，燃油通过气缸盖内部的油路流动；但电磁阀关闭时，柱塞开始向喷油嘴压油，燃油从喷油嘴喷入气缸；当电磁阀打开时，溢油开始，喷油结束。该电磁阀的开闭由计算机控制，根据发动机的运行状态，可以实现最佳控制喷油量和最佳控制喷油时间。

（6）因为没有喷油管，没有死容积，不仅可以实现高压喷射，而且可以通过适当组合喷油嘴的喷孔流通截面积和驱动凸轮的形状，使喷油率的形状徐徐上升，减少预混合期间的喷油量，从而达到控制预混合燃烧。

3.4.2　泵喷器的结构与工作原理

1. 泵喷器的结构特点

泵喷油器安装在柴油机原普通喷油器的位置上，其外形也与普通喷油器相似。图3-11为泵喷油器的结构示意图。泵喷油器实质上是由喷油泵、喷油器和电磁控制阀三部分组成。喷油凸轮安装在控制气门打开和关闭的凸轮轴上，其上升段为陡峭的直线（有利于快速提高喷油压力），而下降段较平缓（有利于在喷油结束以后向高压油腔缓慢进油，避免在燃油中产生气泡）。电磁控制阀位于泵喷油器的中部，由柴油机电子控制系统控制。

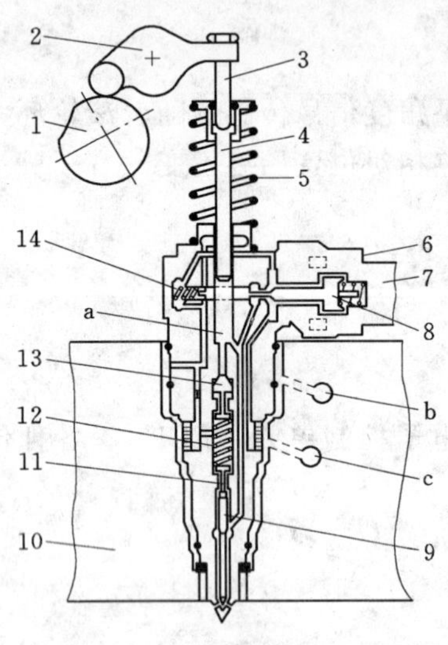

图3-11　泵喷器结构示意图
1—喷油凸轮；2—摇臂；3—球头螺栓；4—泵油柱塞；5—泵油柱塞复位弹簧；6—电控制阀；7—电磁控制阀阀体；8—电磁控制阀针阀；9—喷油针阀；10—泵喷油器壳体；11—喷油针阀阻尼器；12—喷油针阀复位弹簧；13—辅助柱塞；14—电磁控制阀针复位弹簧；a—高压油腔；b—回油道；c—低压油道

电磁控制阀针阀用于接通和切断高压油腔与低压油道之间的通道。辅助柱塞的上部为圆台，实际上是两个阀门，圆台的锥面用来开启和关闭高压油腔与辅助柱塞腔之间的通道，而圆台的底面则用来开启和关闭辅助柱塞腔与喷油针阀复位弹簧腔之间的通道。喷油针阀阻尼器为倒“工”字形，其作用是控制燃油的预喷量。

2. 泵喷器的工作过程

泵喷油器的喷油过程可分为预喷油和主喷油两个阶段，也可分为预喷油、预喷油结束、主喷油、主喷油结束及高压油腔进油5个过程。喷油时间和喷油量由辅助柱塞、喷油针阀、喷油针阀复位弹簧、喷油针阀阻尼器与电磁控制阀共同控制。下面按5个过程来描述泵喷油器的工作原理。

（1）预喷油。

当凸轮的直线段与摇臂接触时，电子控制系统向电磁控制阀供电，使电磁控制阀针阀向左移动，切断高压油腔与低压油道之间的通道，与此同时，泵油柱塞在摇臂的作用下，克服泵油柱塞复位弹簧的弹力而向下运动，使高压油腔中的油压迅速上升。当油压上升到8MPa时，燃油在喷油针阀中部锥面上产生的向上推力大于喷油针阀复位弹簧的预紧力，便顶起喷油针阀，开始预喷油。

（2）预喷油结束。

预喷油开始后，喷油针阀继续向上运动，当凸轮转过喷油行程的1/3时，喷油针阀阻尼器下端进入喷油针阀阻尼器孔内，喷油针阀顶部的燃油就只能通过细小的缝隙流向喷油针阀复位弹簧腔内。这样，在喷油针阀的顶部形成厂一个所谓的“液压垫圈”，阻止喷油针阀继续向上运动，使燃油的预喷量受到限制。

随着泵油柱塞的继续向下运动，高压油腔里的油压继续上升，当油压达到规定值时，辅助柱塞在高压燃油的作用下向下运动后，高压油腔的体积突然增大，燃油压力瞬间下降。此时，喷油针阀中部锥面上的向上推力随之下降，喷油针阀在喷油针阀复位弹簧的作用（由于受辅助柱塞的压缩而弹力增大）下复位，预喷油结束。

（3）主喷油。

预喷油结束后，泵油柱塞继续向下运动，导致高压油腔内的油压迅速上升。当油压上升到大于预喷油的油压（30MPa）时，喷油针阀上移，主喷油开始。由于高压油腔内燃油油压上升的速度极快，所以高压油腔内的油压继续上升，直到205MPa左右。

（4）主喷油结束。

当电子控制系统停止向电磁控制阀供电时，电磁控制阀针阀在电磁控制阀针阀复位弹簧的作用下向右移动，接通高压油腔与低压油道。这时，高压油腔内的燃油经电磁控制阀流向低压油道，高压油腔里的燃油压力下降，喷油针阀在喷油针阀复位弹簧的作用下复位，辅助柱塞则在喷油针阀复位弹簧的作用下关闭高压油腔与喷油针阀复位弹簧腔之间的油道，主喷油结束。

（5）高压油腔进油。

当凸轮的下降段与摇臂接触时，泵油柱塞在泵油柱塞复位弹簧的作用下向上运动，高压油腔因体积增大而产生真空。这时，低压油道（与进油管相连接）内的燃油经电磁控制阀流向高压油腔，直到充满高压油腔为止，从而为下一次喷油做好准备。

3.5　电子控制共轨系统

3.5.1　电子控制共轨系统的组成

电子控制高压共轨系统，从功能方面分析，可以分成控制和燃料供给两大分系统。其基本组成如图3-12所示。

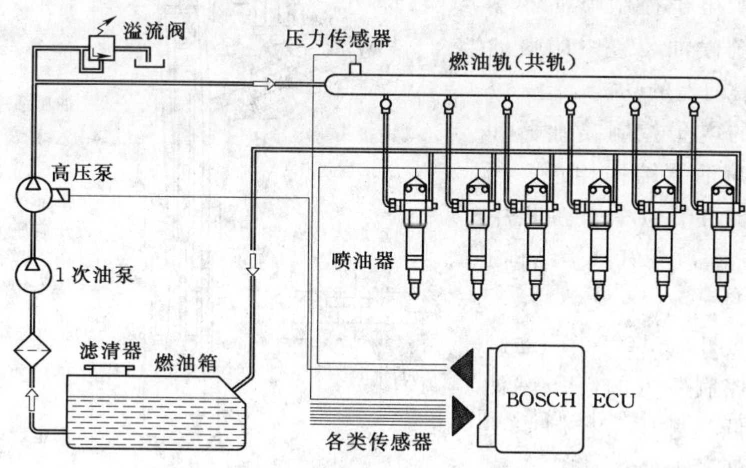

图3-12　电子控制共轨系统的组成

1. 控制分系统

控制分系统的功能是根据各个传感器的信息，由 ECU 进行计算、完成各种处理后，求出最佳喷油时间和最合适的喷油量，并且计算出在什么时刻、在多长的时间范围内向喷油器发出开启电磁阀、或关闭电磁阀的指令等，从而精确控制发动机的工作过程。

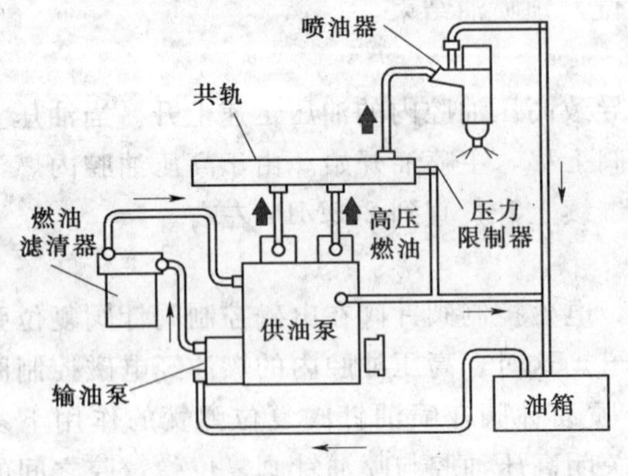

图 3-13 高压共轨系统燃油供给系统部分

2. 燃料供给分系统

燃料供给分系统主要由供油泵、共轨和喷油器组成，如图 3-13 所示。

燃油供给分系统的基本工作原理：供油泵将燃油加压成高压供入共轨内。共轨实际上是一个燃油分配管。储存在共轨内的燃油在适当的时刻通过喷油器喷入发动机气缸内。电子控制共轨系统中的喷油器是由电磁阀控制的喷油阀，电磁阀的开启和关闭由计算机控制。

3.5.2 电子控制喷油器

1. 构造

电子控制喷油器主要由喷油嘴部分、油压活塞部分和电磁阀部分组成，如图 3-14 所示。

电子控制喷油器中由电磁阀直接控制喷油始点、喷油间隔和喷油终点，从而直接控制喷油量、喷油时间和喷油率。电子控制喷油器实际上完成了传统喷油装置中的喷油器、调速器和提前器的功能。

设计良好的电子控制喷油器和传统的机械式喷油器结构相近，因此共轨式喷油器在直喷式柴油机中的安装不需要显著改变气缸盖结构。

2. 工作过程

工作过程见图 3-14，当二通阀通电开启时，控制腔内的高压燃油经量孔 2 流入低压腔中，控制腔中的燃油压力降低，但喷油嘴压力室中的燃油压力仍是高压。压力室中的高压使针阀开启，向气缸内喷射

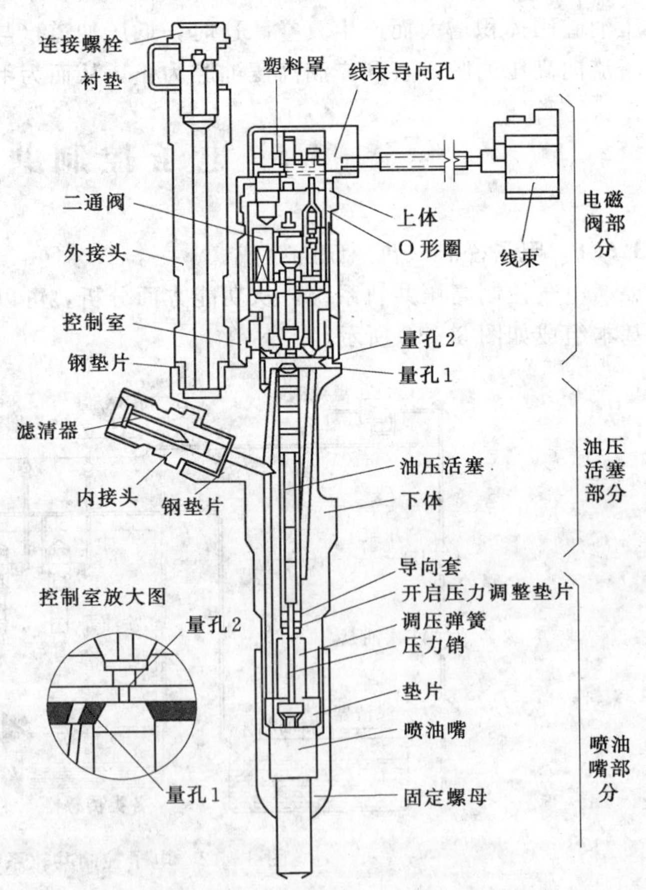

图 3-14 电子控制喷油的结构

燃油。当二通阀关闭（不通电）时，通过量孔，控制腔中的燃油压力升高，使针阀下降，喷油结束。这里有一个重要条件：量孔 2 的直径必须小于其左下方的量孔 1 的直径。否则不能进行上述工作。

二通阀的通电时刻确定了喷油始点；其通电时间长短确定喷油量。这些基本喷油参数均由 ECU 发出的电子脉冲指令控制。

二通阀通过控制喷油器控制腔内的压力来控制喷油的开始和喷油终了。量孔大小既控制喷油嘴针阀的开启速度，也控制喷油率。

控制活塞的作用是将控制腔内的油压作用力传递到喷油嘴针阀上。

3. 控制方式

电子控制喷油器采用独立喷射，即每喷油器每循环独立喷射一次，喷油过程按照特定的顺序依次独立进行，驱动回路与气缸数目相同。

3.5.3　电子控制共轨系统的工作原理与控制功能

1. 工作原理

电子控制共轨系统的工作原理如图 3－15 所示。

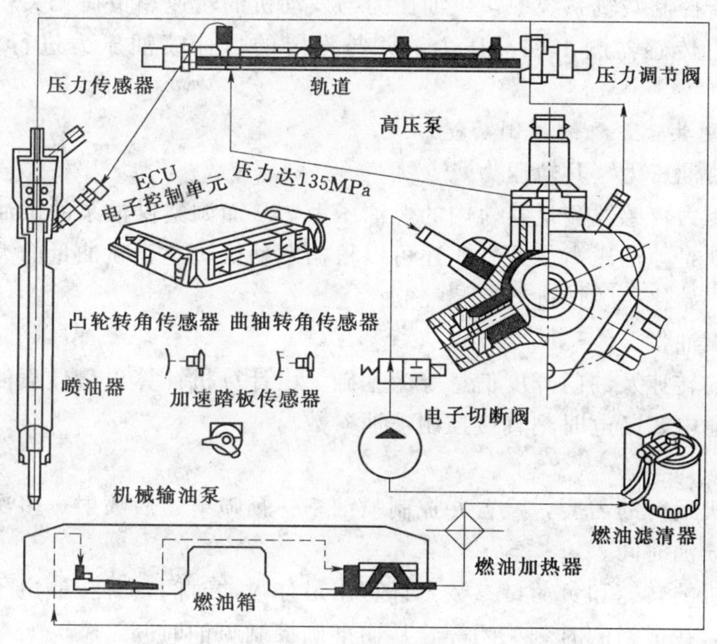

图 3－15　电子控制共轨系统的工作原理

燃油由发动机凸轮轴驱动的齿轮泵经滤清器从油箱中抽出，通过一个电磁紧急关闭阀流入供油泵。此时的压力约为 0.2MPa。然后，油流分为两路：一路经安全阀上的小孔作为冷却油通过供油泵的凸轮轴流入压力控制阀，然后流回油箱；另一路充入 3 缸供油泵。在供油泵内，燃油压力上升到 135MPa，供入共轨。共轨上有一个压力传感器和一个通过切断油路来控制流量的压力调节阀。用这种方法来调节控制单元设定的共轨压力。高压燃油从共轨流入喷油器后又分为两路：一路直接喷入燃烧室；另一路在喷油期间，与针阀导向部分和控制柱塞处泄漏出的燃油一起流回油箱。

在电子控制共轨系统中，由各种传感器（如发动机转速传感器、油门开度传感器、各种温度传感器等）实时检测出发动机的实际运行状态，由微型计算机根据预先设计的计算程序进行计算后，定出适合于该运转状态的喷油量、喷油时间、喷油率模型等参数，使发动机始终都能处于最佳工作状态。

曲轴转速传感器测定发动机转速，凸轮轴转速传感器确定发火顺序（相位）。加速踏板传感器是一种电位计，它通过电信号通知 ECU 关于驾驶员对转矩的要求。

空气质量流量计检测空气质量流量。在涡轮增压并带增压压力调节的发动机中，增压压力传感器检测增压压力。在低温和发动机处于冷态时，ECU 可根据冷却水温度传感器和空气温度传感器的数值对喷油始点、预喷油及其他参数进行最佳匹配。根据车辆的不同，还可将其他传感器和数据传输线接到 ECU 上，以适应日益增长的安全性和舒适性要求。

计算机具有自我诊断功能，对系统的主要零部件进行技术诊断，如果某个零件产生了故障，诊断系统会向驾驶员发出警报，并根据故障情况自动作出处理；或使发动机停止运行，即所谓故障应急功能，或切换控制方法，使车辆继续行驶到安全的地方。

在高压电子控制共轨系统中，供油压力与发动机的转速、负荷无关，是可以独立控制的。由共轨压力传感器测出燃油压力，并与设定的目标喷油压力进行比较后进行反馈控制。

2. 电子控制共轨系统的控制功能

(1) 调节喷油压力（共轨压力）。

利用共轨压力传感器测量共轨内的燃油压力，从而调整供油泵的供油量，控制共轨压力。共轨压力就是喷油压力。此外，还可以根据发动机转速、喷油量的大小与设定了的最佳值（指令值）始终一致地进行反馈控制。

(2) 调节喷油量。

以发动机的转速及油门开度信息等为基础，由计算机计算出最佳喷油量，通过控制喷油器电磁阀的通电、断电时刻直接控制喷油参数。

(3) 调节喷油率。

根据发动机运行的需要，设置并控制喷油率：预喷射、后喷射、多次喷射等。

(4) 调节喷油时间。

根据发动机的转速和负荷量参数，计算出最佳喷油时间，并控制电子控制喷油器在适当的时刻开启，在适当的时刻关闭等，从而准确控制喷油时间。

3. 喷射方式

电子控制共轨系统燃油喷射方式有三种：单次喷射、双次喷射和多次喷射。

(1) 单次喷射。

单次喷射是在一个工作循环中只有一次喷射，即主喷射。应用于早期的电子控制柴油机喷射系统。

(2) 双次喷射。

双次喷射是指在主喷油之前有一个喷油相当小的预喷过程，即预喷射加主喷射。

在主喷射之前进行的预喷射（时间间隔约 1ms）可以使燃烧噪声明显降低，这是一项

已经实用化了的技术。但是，由于预喷射会导致 PM 排放增加，因此可以使预喷射段靠近主喷射段，从而降低 PM 排放。

(3) 多次喷射。

多次喷射是将每一个工作循环中的喷油过程分成若干段来进行，每段喷油均是相互无关、各自独立的，其主要目的是控制燃烧速度。多次喷射一般包括引导喷射、预喷射、主喷射、后喷射和次后喷射等多段。在多次喷射过程中，电磁阀必须完成多次开启、关闭动作，因此驱动能量和消耗能量成了问题。

在主喷射前后的预喷射、后喷射中，由于喷油的间隔相互靠近，因此前段喷射会对后段喷射的喷油量带来影响。解决的办法是：利用喷油压力和喷油间隔，修正后续的喷油量指令。

在多次喷射构成中，各段喷油的作用如图 3－16 所示。

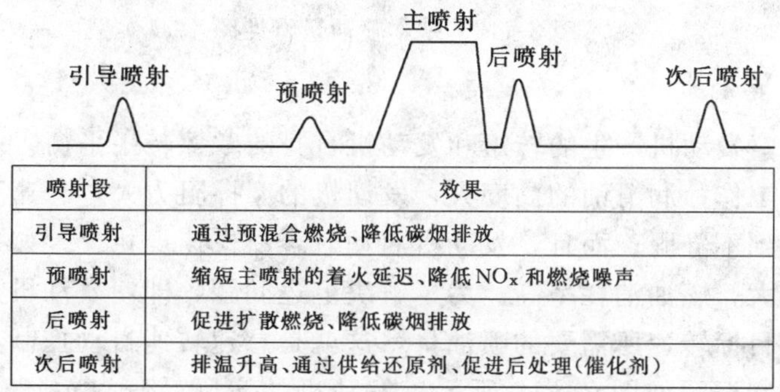

喷射段	效果
引导喷射	通过预混合燃烧、降低碳烟排放
预喷射	缩短主喷射的着火延迟、降低 NO_x 和燃烧噪声
后喷射	促进扩散燃烧、降低碳烟排放
次后喷射	排温升高、通过供给还原剂、促进后处理(催化剂)

图 3－16　多次喷射的作用

3.6　柴油喷射电子控制

柴油喷射控制主要是喷油量控制、喷油时间控制、喷油压力控制和喷油率控制。

3.6.1　喷油量控制

根据各种传感器的信息，ECU 计算出目标喷油量；为了得到目标喷油量，计算出喷油装置需要多长的供油时间，并向驱动单元发送驱动信号；根据 ECU 送来的驱动信号，喷油装置中的电磁阀开启或关闭，控制喷油装置供油开始、供油结束的时间，或只控制供油结束时间，从而控制喷油量。

在电子控制燃油喷射系统中，目标喷油量特性已经量化，绘成三维图形（即 MAP 图），所以，可以得到喷油量特性。

1. 基本喷油量控制

不同的发动机要求不同的转矩特性，为了得到不同的转矩特性通常是通过控制喷油量来实现的。

基本喷油量特性如图 3－17。特别是等速特性，与发动机负荷无关，始终保持恒定的转速，该特性广泛地应用于发电机用发动机中。在机械式调速系统中调速率约为 3%；负

荷变化，转速随之变化。但在电子控制燃油系统中，通过发动机转速的反馈控制，可以得到恒定不变的转速。

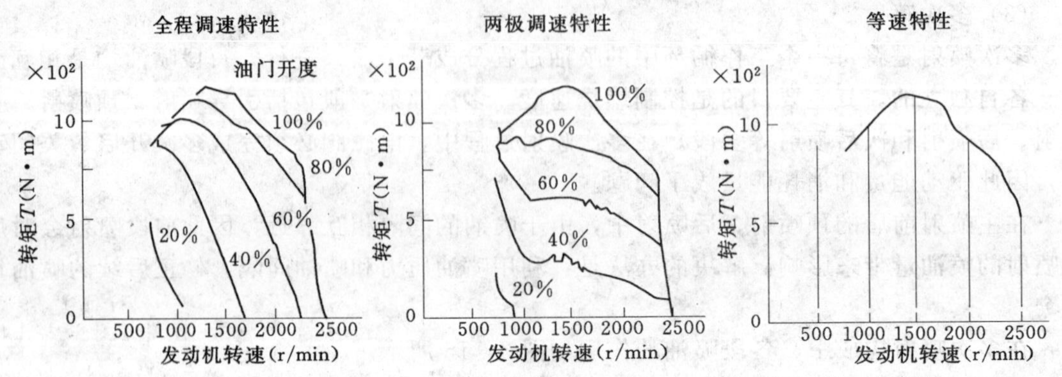

图 3-17　基本喷油量特性图

2. 怠速喷油量控制

在怠速工况下，发动机产生的转矩和发动机自身的摩擦转矩平衡，维持稳定的转速。

如果在低温下工作，润滑油的黏度大，发动机的摩擦阻力大，怠速工况下，发动机转速不稳，乘车者感到不舒服；而且，发动机启动时容易失速。相反，如果发动机怠速转速高，则发动机噪声大，燃油消耗率高。为了解决上述问题，即使发动机负荷转矩发生了变化，还要保证维持目标转速所需要的喷油量，这就是怠速转速自动控制功能。

怠速转速的控制框图如图 3-18 所示。发动机的实际转速（n_e）和发动机的目标转速—由发动机的冷却水温度（t_w）、空调压缩机的工作状态（ON or OFF）和负荷等状态决定—进行比较，根据两者的差值求得回复到目标转速时所必需的喷油量从而进行反馈控制。

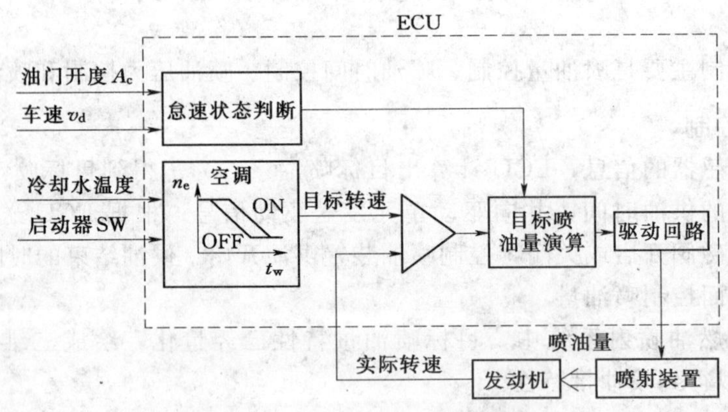

图 3-18　怠速转速的控制框图

3. 启动喷油量控制

汽车加速踏板和发动机转速决定基本喷油量，冷却水温度等决定补偿喷油量，比较两者的关系之后，控制启动喷油量。控制框图如图 3-19 所示。

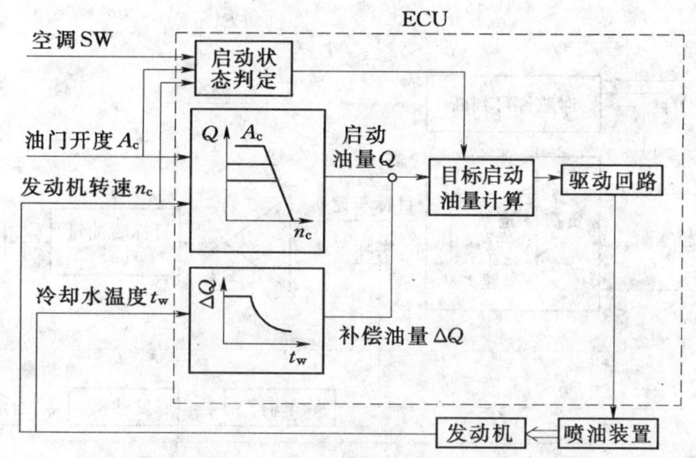

图 3－19 启动喷油量控制框图

4. 不均匀油量补偿控制

在发动机中，由于各缸爆发压力不均匀，曲轴旋转速度变化引起发动机振动。特别是在低转速的怠速状态下，乘车者会感到不舒服。各缸喷油量不均匀，各缸内燃烧的差异等引起各缸间的转速不均匀。因此，为了减少转速波动，需要检出各个气缸的转速波动情况。为了使转速均匀平稳则需要逐缸调节喷油量，使喷到每个气缸内的燃油量最佳化。这就是不均匀油量补偿控制。控制框图如图 3－20 所示。检出各缸每次爆发燃烧时转速的波动，再和所有气缸的平均转速比较，根据比较结果，分别给出各个气缸补偿相应的喷油量。

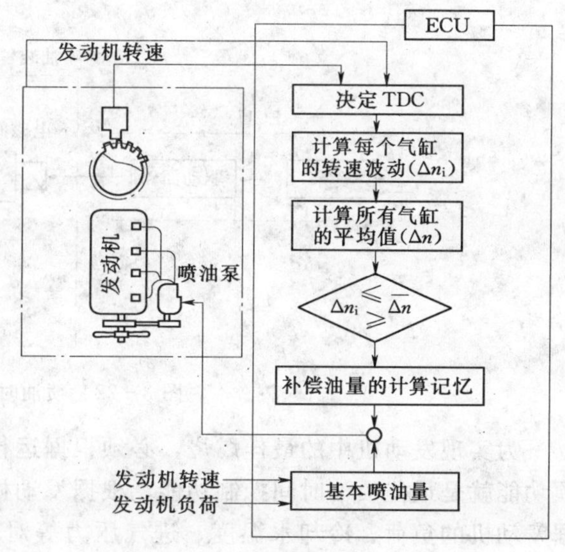

图 3－20 不均匀油量补偿控制框图

5. 恒定车速喷油量控制

汽车在高速公路上长距离行驶时，驾驶员为了维持车速一直要操纵加速踏板，很容易疲劳。对此，不要驾驶员操纵加速踏板而维持定速行驶的控制过程就是恒定车速控制。如图 3－21 所示。

3.6.2 喷油时间控制

电子控制燃油系统中喷油时间的控制方法，如图 3－22 所示。根据各个传感器的信息，在 ECU 的演算单元中计算出目标喷油时间；喷油装置中的电磁阀从 ECU 接受到驱动信号，控制流入或流出提前器的工作油。由于工作油对提前机构的作用，改变了燃油压送凸轮的相位角，或提前，或延迟，从而控制喷油时间。同样的，如果将 ECU 中目标喷油时间值用数据表示成三维图形（MAP 图），则可得到自由的喷油时间特性。

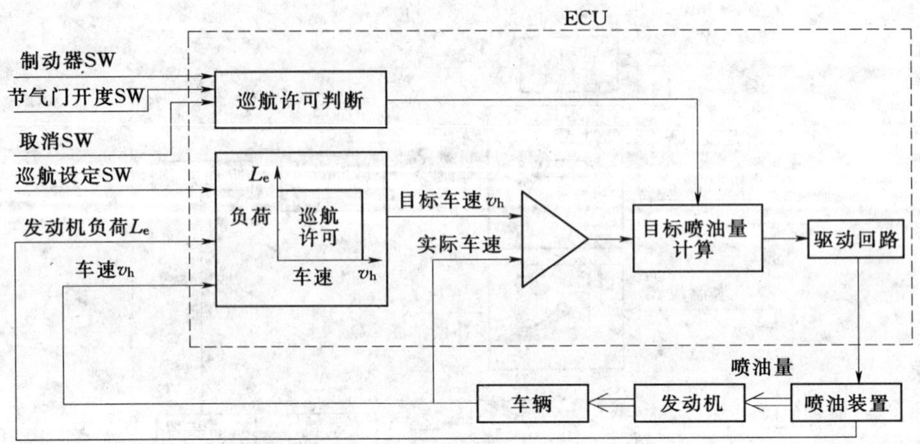

图 3-21　恒定车速喷油量控制

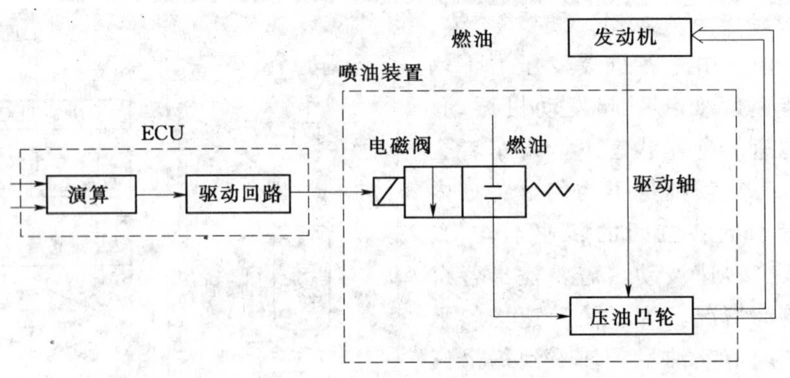

图 3-22　喷油时间控制框图

为实现发动机中的最佳燃烧，必须根据运行工况和环境条件经常地调节喷油时间。该项功能就是最佳喷油时间控制功能，根据发动机的转速决定基本喷油时间，同时，还要根据发动机的负荷、冷却水温度、进气压力等对基本进气时间进行修正，决定目标喷油时时间。

3.6.3　喷油压力控制

共轨式燃油系统中喷油压力的控制方法如图 3-23 所示。根据各个传感器的信息，ECU 演算单元经过演算后定出目标喷油压力。根据装在共轨上的压力传感器的信号，ECU 计算出实际喷油压力。并将其值和目标压力值比较，然后发出命令控制供油泵，升高或降低压力。将 ECU 中的目标喷油压力特性用具体数据表示成三维图形，即所谓 MAP 图，可以得到最佳喷射压力特性。

3.6.4　喷油率控制

最新电子控制燃油系统中喷油率的控制，其控制框图如图 3-24 所示。

在发动机压缩行程中，需要若干次驱动喷油装置的电磁阀才能完成，根据传感器的信息，ECU 演算单元计算出喷油参数。喷射参数中最重要的是：预喷射油量 Q_{pt} 和预喷油时

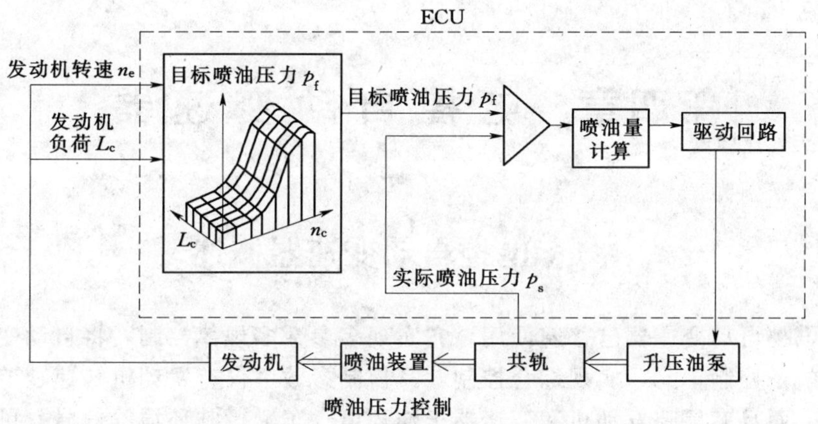

图 3-23　喷油压力控制框图

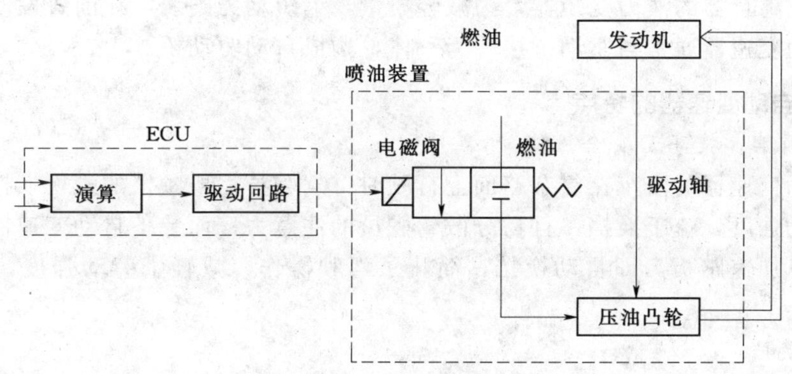

图 3-24　喷油率控制框图

间间隔 T_{INIF}。这些参数值根据发动机的运行情况具有其相应的最佳值。将这些最佳值作为目标最佳预喷油量和目标最佳预喷油时间，具体数据表示在三维图形中，即可实现喷油率最佳控制。

第四章　电 控 自 动 变 速 器

4.1　电控自动变速器概述

目前，电控自动变速器已普遍使用，它实现多参数多规律控制，将自动变速器与发动机共用一个电子控制单元，实现综合控制，其控制参数不仅有发动机转速、节气门开度及车速等信号，而且有反映发动机和变速器工作环境、车辆行驶环境等信号，可选择最佳经济性和最佳动力性换挡规律。电控自动变速器为提高传动效率，改善燃油经济性，普遍采用了带有锁止离合器的液力变矩器，为减轻质量，缩短动力路线，在前置发动机前轮驱动的车辆中自动变速器通常与驱动桥接合为一体，构成自动驱动桥。

4.1.1　电控自动变速器的特点

1. 操作简单，提高了安全性能

装备手动变速器的汽车在复杂路面上行驶时，驾驶员需要频繁的进行换挡操作，这不仅增加了劳动强度，疏于换挡，且易分散驾驶员的注意力；而装备自动变速器的汽车，驾驶员只需操纵加速踏板，即自动换挡，简化了驾驶操作，减轻了劳动强度，有利于行车安全。

2. 适时换挡

装备手动变速器的汽车，汽车油耗与驾驶员的驾驶技术有很大关系，不同驾驶员油耗能相差10%。对于装备自动变速器的汽车，特别是电控自动变速器的应用，对驾驶员的驾驶术要求较低，它能自动适时换挡，某种程度上提高了汽车的乏力性与经济性。

3. 防止过载

发动机与自动变速器机械传动系统之间是靠液力变矩器传递动力的，这种液力传递能吸收振动与冲击，所以使用自动变速器可防止发动机和传动系过载，提高了零件的使用寿命。

4. 提高了汽车的通过性能

自动变速器在换挡过程中不需中断动力传递，行驶比较平稳，电控式自动变速器又有驾驶模式选择功能，所以能在如雪地、松软等坏路上较顺利地通过，使汽车具有良好的通过性。

5. 降低了汽车有害排放物

装备自动变速器的汽车，发动机运转平稳，非稳定工况较少，空燃比相对稳定，所以汽车有害排放物下降。

自动变速器结构复杂，传动效率低，制造成本高，维修难度大。液力变矩器在低速区的传递效率为82%～86%，传递效率低，导致汽车燃油经济性差，但是现代液力变矩器都加装了锁止离合器、超速挡及驾驶模式选择功能等装置，使汽车的传动效率在高速区大

大提高。

4.1.2　电控自动变速器的分类

自动变速器按传动比的变化规律可分为有级式和无级式两种。传动比连续可变称为无级变速器；传动比不连续可变，而是区域连续可变，仍可分出几个挡传动的变速器称为自动变速器。自动变速器按照其用途分类时，通常把发动机前置后桥驱动仅起变速作用的变速器称为自动变速器，如图 4－1 所示。

自动变速器按控制方式不同可分为液控自动变速器、电液控自动变速器，目前生产的变速器几乎全为电液控自动变速器。

自动变速器按传动形式的类型又可分为行星齿轮传动自动变速器和定轴斜齿轮传动自动变速器。

自动变速器按工作原理不同可分为：电控液力自动变速器，电控机械式自动变速器，无极自动变速器，双离合器自动变速器。其中电控机械式自动变速器（AMT）是在传统变速器基础上把手动部分改装为电动或液力的执行机构。

4.1.3　电控自动变速器的组成

自动变速器由四大部分组成：液力变矩器、齿轮变速机构、控制系统、冷却和润滑装置，见图 4－2。

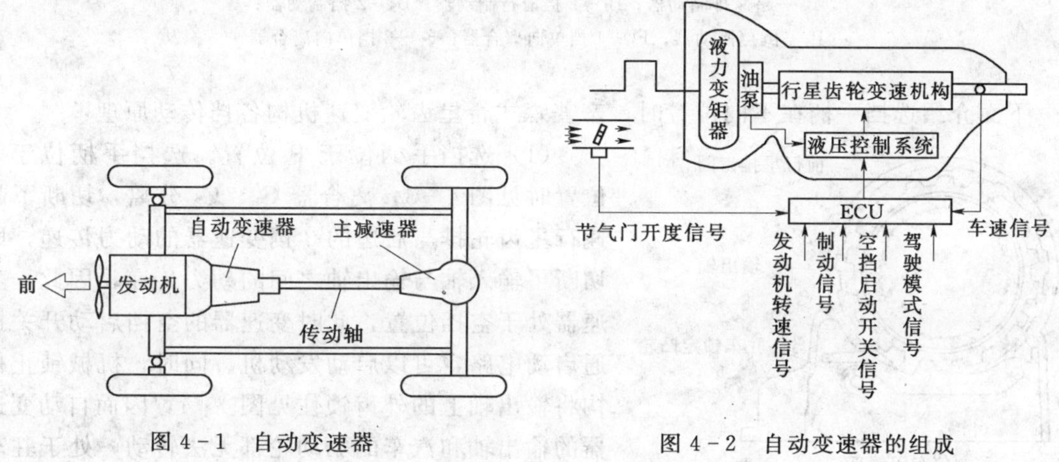

图 4－1　自动变速器　　　　图 4－2　自动变速器的组成

4.1.4　电控自动变速器典型齿轮的变速机构

1. Simpson（辛普森）式行星齿轮变速机构

图 4－3 是日本丰田汽车公司生产的 A340E 自动变速器，它由两部分串联而成，其前排是超速行星齿轮排，为一简单行星齿轮机构，输入轴 12 与行星架连接在一起输入，齿圈 10 输出，离合器 C_0 可以将行星架与太阳轮 11 连接在一起，使超速行星排自锁，超速排可以 1∶1 传动向外输出，单向离合器 F_0 与离合器 C_0 并联，不允许太阳轮逆时针旋转，制动器 B_0 可以制动太阳轮，使超速排超速输出。后面一部分为一辛普森复合行星齿轮机构，它是一典型的 3 挡变速器，由前、后两排行星齿轮机构组成，共用一个太阳轮 7。公用太阳轮通过离合器 C_2 与中间轴 9 连接，制动器 B_1 是一带式制动器，位于壳体与太阳轮

之间，制动器 B_1 可以制动太阳轮。制动器 B_2 和单向离合器 F_1 串联在太阳轮与壳体之间，当制动器 B_2 制动时，单向离合器 F_1 不允许太阳轮逆时针转动，允许其顺时针转动。前排齿圈 8 通过离合器 C_1 与中间轴连接。行星架 3 和后排齿圈共同与输出轴连接。后排行星架 4 通过制动器 B_3 和单向离合器 F_2 与壳体连接，单向离合器 F_2 不允许后排行星架逆时针转动，允许其顺时针转动，制动器 B_3 可以制动后排行星架。

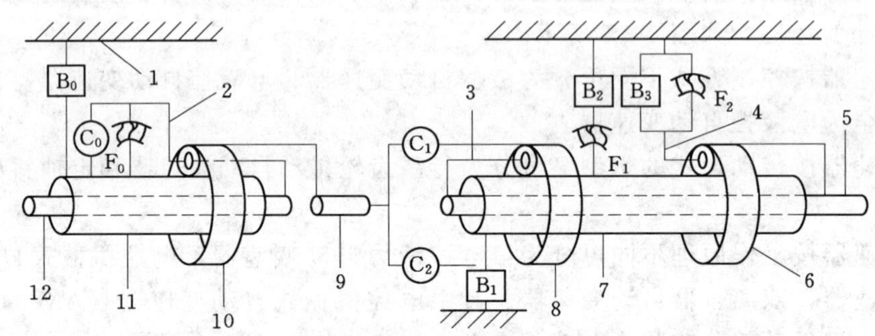

图 4-3　A340E 自动变速器行星齿轮变速机构原理图

1—自动变速器壳体；2—超速排行星架；3—前排行星架；4—后排行星架；5—中间轴；6—后齿圈；7—前后排公用太阳轮；8—前排齿圈；9—输入轴；10—超速排齿圈；11—超速排太阳轮；12—输入轴；C_0—超速排离合器；C_1—前进挡离合器；C_2—直接挡离合器；B_0—超速排制动器；B_1—2 挡滑行制动器；B_2—2 挡制动器；B_3—倒挡制动器；F_1—1 挡单向离合器；F_2—2 挡单向离合器

下面介绍选挡手柄在不同位置时，辛普森式行星齿轮变速机构各挡传动原理：

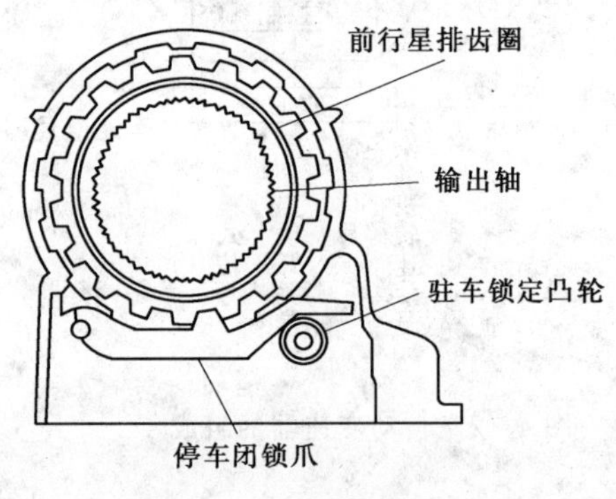

图 4-4　机械锁止输出轴

(1) 选挡手柄位于 P 位置。选挡手柄位于 P 位置时见图 4-3，离合器 C_1、C_2 分离，切断了超速行星齿轮排与后边的 3 挡变速器的动力传递，即切断了输入轴与输出轴之间的动力传递，因此，变速器处于空挡位置，此时变速器的空挡启动开关接通启动电路，可以启动发动机。同时，机械锁止机构将输出轴上的外齿锁住见图 4-4，因而自动变速器的输出轴和汽车的驱动轮都无法转动，处于驻车制动工况，所以此挡位称为停车挡。

(2) 选挡手柄位于 R 位置。选挡手柄位于 R 位置时，自动变速器具有倒挡，此时离合器 C_0、C_2 接合，制动器 B_3 制动。

对超速行星排来说，离合器 C_0 接合，将行星架与太阳轮连接在一起，超速行星齿轮排自锁，作为一体转动，传动比为 1。C_2 接合时，动力传给太阳轮。当制动器 B_3 制动时，制动后排行星架，如图 4-5 (a) 齿轮机构来所示，太阳轮顺时针输入，行星架制动，齿圈逆时针减速输出。

参见图 4-5 (a)，自动变速器倒挡时动力传动线路为：输入轴—超速行星排—中间轴—离合器 C_0—公用太阳轮—后排齿圈—输出轴。

整个传动过程中，经过太阳轮与齿圈反向传动，变速器处于倒挡，其传动比是 2.393。

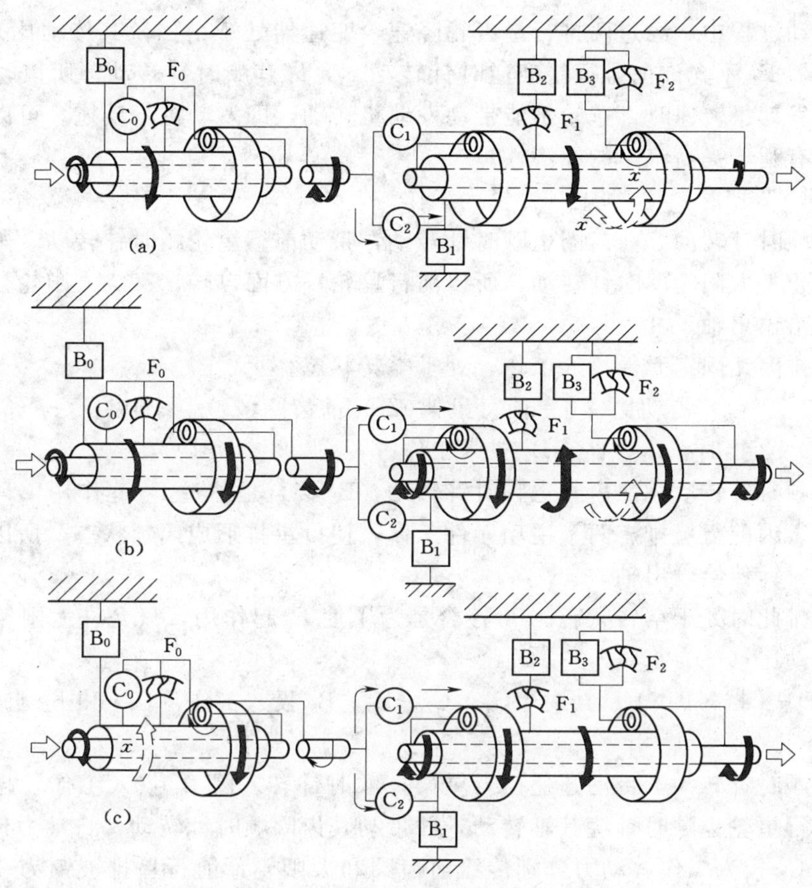

图 4－5　A340E 自动变速器各挡传动原理

(a) R 挡；(b) 1 挡；(c) 4 挡

(3) 选挡手柄位于 N 位置。选挡手柄位于 N 位置，中断动力输出，有的汽车在此位置可以启动发动机。

(4) 选挡手柄位于 D 位置。选挡手柄位于 D 位置时，自动变速器可以根据节气门开度及车速等信号，自动在各挡之间转换，通常把选挡手柄位于此位置的一挡称为 D－1 挡，依此类推，分别称为 D－2 挡、D－3 挡、D－4 挡。

1) 在 D－1 挡时，控制系统使离合器 C_0、C_1 接合，单向离合器 F_2 参加工作。

对超速行星排来说，离合器 C_0 接合，将行星架与太阳轮连接存一起，超速行星齿轮排自锁，作为一体转动，传动比为1。对三挡变速部分来说，中间轴通过离合器 C_1 带动前排齿圈转动，齿圈通过行星轮带动公用太阳轮转动，仅看前行星齿轮排，齿圈顺时针输入，带动太阳轮逆时针转动。再单独看后排行星齿轮机构，太阳轮将动力传到后排行星齿轮机构后，由于单向离合器 F_2 不允许前排行星架逆时针转动，所以当太阳轮逆时针转动时，行星架不转，齿圈顺时针转动，带动输出轴转动，向外输出。

自动变速器 D－1 挡动力传动线路［见图 4－5 (b)］为：输入轴——超速行星齿轮排——中间轴——离合器 C_1——前排齿圈——$\left\{\begin{array}{l}\text{公用太阳轮—后排齿轮}\\ \text{前排行星架}\end{array}\right\}$——输出轴。

整个传动过程中，经过两排行星齿轮降速，变速器处于一挡，其传动比是2.531。由于单向离合器F_2不允许前排行星架逆时针转动，允许其顺时针转动，所以，当车轮转速对应的高于发动机转速时，车轮不能带动发动机转动，即发动机不反拖。可以延长汽车的滑行距离，有利于提高汽车的经济性。

2）在D-2挡时，C_1、B_2、F_1投入工作。

中间轴顺时针转动，前齿圈也顺时针转动，带动前行星轮顺时针转动。因B_2和F_1投入工作，防止了太阳轮反时针转动，所以前行星轮一方面自转，又绕太阳轮公转，动力经前行星架传给输出轴。

后行星排因无固定元件投入工作，处于空转状态。

传动比(i_2)=前行星架(Zc)/前齿圈(Z_2)=1.531

3）在D-3挡时，C_1、C_2、B_2投入工作。

中间轴顺时针转动，前齿圈也顺时针转动，B_2接合是通过F_1起作用，只允许太阳轮顺时针转动。因前行星排有两个主动元件工作，使行星排形成闭锁状态，所以前行星架直接将动力顺时针传给输出轴。

后行星排此时处于空转状态。B_2接合是为了使F_i起作用，只允许太阳轮等元件顺时针转动。传动比（i_3）=1.0。

4）在D-4挡，即O/D挡时，C_1、C_2、B_2、B_0投入工作，（C_0和F_0自由），参见图4-5（c）。

输入轴顺时针转动，带动超速挡行星架也顺时针转。因B_0投入工作，超速挡太阳轮被制动，其行星轮也顺时针绕其轴转动，并带动其齿圈顺时针转动，将动力传给中间轴。

因C_1、C_2投入工作，动力分别传给前齿圈和太阳轮，前行星排被锁为一体，使其同速同向旋转，动力直接传给输出轴。此时，后行星排因无固定元件，处于空转状态。

传动比(i_{OD})=超速齿圈(Z_2)/超速行星架(Zc)=0.705

F_0的安装方向与其他挡位的F轮相反，目的各有不同。其内外圈都能转动，其外圈顺转自由，内圈顺转即锁止。当在超速挡放松加速踏板滑行时，反拖的动力经中间轴和齿圈顺时针输入，其行星轮绕太阳轮公转，成为“空挡”。发动机即不投入反拖制动，可加大滑行能力。因而F_0又叫超速挡离合器。

超速挡使用是有条件的，其使用时机是：

好路、水温和油温正常、车速在70km/h以上，OD/SW-ON，即自动换入超速挡。其好处可使发动机转速降低，磨损减小，油耗降低。

(5) 选挡手柄位于2位置。手柄在2挡位时，C_1、B_1、B_2、F_1投入工作。

即固定于2挡位工作，防止频繁地换挡，减轻制动器和离合器额外的磨损，多在较坏的上、或长距离上、下坡时使用。

多了B_1，用来同定太阳轮，使其不能顿转和逆转。于是，前齿圈带动行星轮顺时针绕太阳轮公转，动力经前行星架和输出轴顺时针输出，此为正向传动输出。

当下长坡时，放松加速踏板，利用发动机反拖制动时，因多了B_1对太阳轮正反向转动的制动作用，反拖效能好，故而命名“反拖制动器”。反拖辅助制动减速，是将发动机瞬时变为空气压缩机，利用其阻力降低车速，可减轻汽车制动系统制动器的磨损，并停止

喷油，降低油耗。

反拖的驱动路线与正向相同，旋转方向也相同，只是多了一级制动 B_1，防止太阳轮正向或反向转动，保持定值的传动比。其反向传动比是正向传动比的倒数，相当于一个超速挡，反拖减速作用较大。

(6) 选挡手柄位于 L 位置。变速杆位于 L 挡位 1 挡、C_1、B_3、F_2 投入工作。

即固定于 1 挡位工作，防止频繁地换挡，减轻制动器和离合器的额外磨损，多在最坏路上、或长距离上、下坡时使用。

加多了 B_3，用来彻底固定后行星架，使其不能顺转和逆转。于是，前齿圈带动前行星架和输出轴顺时针转动。同时，太阳轮反转又推动后齿圈和输出轴顺时针转动，形成了两级降速，此为正向传动输出。

反拖时的驱动路线与正向相同，只是多了一级制动 B_3，防止后行星架正向或反向转动，保持定值的两级传动比，因反拖传动比是正向传动比的倒数，其反拖制动减速的作用更强。此时的发动机变为空气压缩机，供油系统停止喷油，能有效的降低车速，并降低了油耗。减少了用行车制动的次数，因而减小正常制动系统制动器的磨损。

2. Ravigneanx（拉威挪）式行星齿轮变速机构

除了上述的辛普森式外，现在汽车如一达、高尔夫等轿车广泛应用拉威挪式行星齿轮变速机构。拉威挪式行星齿轮变速机构如图 4－6 所示，它只有一组行星齿轮排，在行星齿轮排中它由大小两个太阳轮、长短两个行星齿轮（共用一个行星架）和一个齿圈组成。小太阳轮可驱动短行星齿轮，短行星齿轮又与长行星齿轮啮合，长行星齿轮可驱动齿圈转动。大太阳轮也与长行星齿轮啮合。输入轴前端与液力变矩器涡轮相连，后面通过离合器 C_1 与大太阳轮接合，通过离合器 C_2 与小太阳轮接合。制动器 B_1 是带式制动器，它可以制动大太阳轮。单向离合器 F 不允许行星架逆时针转动，允许行星架顺时针转动。制动器 B_2 可制动行星架。输入轴可以通过离合器 C_3 将动力直接传给行星架。齿圈输出，通过齿轮将动力传给主减速器。

下面介绍各挡传动工作原理：

(1) 前进挡的工作原理。图 4－7 (a) 所示为前进 1 挡，离合器 C_2 接合、单向离合器 F 参加工作。

离合器 C_2 接合，输入轴的动力通过它传给小太阳轮，单向离合器 F 不允许行星架逆时针转动。小太阳轮顺时针转动，带动短行星齿轮逆时针转动，并力图使行星架逆时针转动，由于单向离合器不允许行星架逆时针转动，所以绕行星架逆时针转动的短行星齿轮带动长行星齿轮顺时针转动，长行星齿轮带动齿圈顺时针转动。齿圈经过齿轮将动力传给主减速器主动锥齿轮，自动变速器处于 1 挡。

(2) R 挡的工作原理。当选挡手柄位于 R 位置时，自动变速器处于倒挡。如图 4－7 (b) 所示，在 R 挡时离合器 C_1 接合、制动器 B_2 制动。

当离合器 C_1 接合时，输入轴的动力将通过它传给大太阳轮，制动器 B_2 制动行星架，对于行星齿轮排来说，大太阳轮通过长行星齿轮带动齿圈转动，从行星齿轮传动原理我们已经知道，此种传动输入输出转向相反，自动变速器处于倒挡。

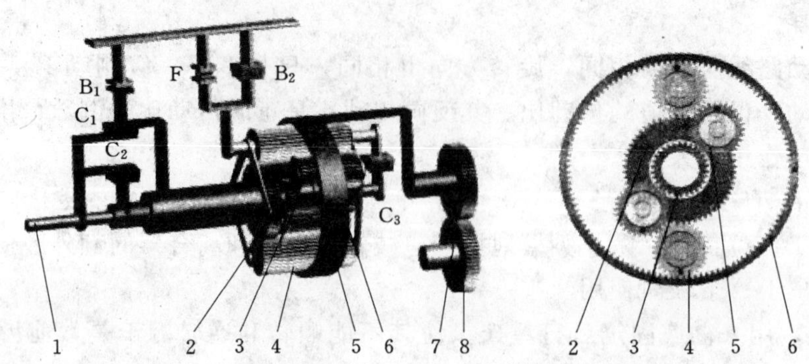

图 4-6　拉威挪式行星齿轮变速机构示意图

1—输入轴；2—大太阳轮；3—小太阳轮；4—长行星轮；5—短行星轮；6—齿圈；7—输出齿轮；8—主减速器齿圈；B_1—1 号制动器；B_2—2 号制动器；F—单向离合器；C_1—1 号离合器；C_2—2 号离合器；C_3—3 号离合器

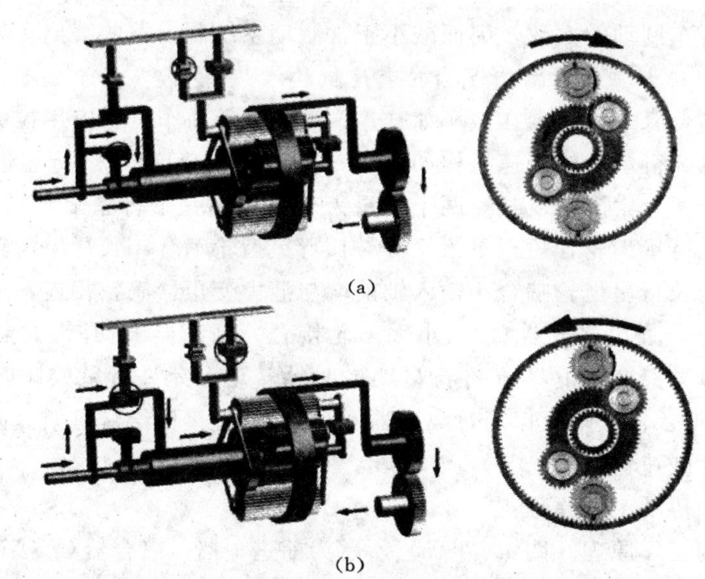

图 4-7　拉威挪式自动变速器各挡传递原理

(a) 1 挡；(b) 倒挡

3. 定轴斜齿轮变速机构

图 4-8 是定轴斜齿轮变速机构的传动示意。

变速机构有输入轴 11、输出轴 13、中间轴 16 三根轴，它们均与发动机曲轴平行排列，输入轴 11 前端的花键与变矩器 1 的涡轮相连接，输入轴 3 挡齿轮 4 与 3 挡离合器 5 的传动鼓制成一体（离合器外鼓为转鼓，内鼓为传动鼓），通过滚针轴承空套在输入轴上，3 挡离合器 5 和 4 挡离合器 6 转鼓制成一体，离合器由活塞、摩擦片、钢片、回位弹簧等组成，钢片通过外花键与转鼓内花键接合，随转鼓一起转动，摩擦片通过内花键与传动鼓的外花键接合，随传动鼓一起转动，离合器转鼓通过花键与输入轴相连接，输入轴 4 挡离

合器传动鼓、4挡齿轮7和倒挡齿轮8制成一体，通过滚针轴承空套在输入轴上输入轴常啮齿轮10其中心孔有花键，通过花键与输入轴相连接，随输入轴一起转动。输出轴13其前端有与输出轴制成一体的主减速器主动齿轮28，它与主减速器从动齿轮27啮合输出，输出轴1挡齿轮2其内孔有花键，通过花键与输出轴连接在一起，输出轴3挡齿轮3其内孔有花键，通过花键与输出轴相连接，输出轴4挡齿轮21与输入轴4挡齿轮常啮合，其上有短齿，它通过滚针轴承空套在输出轴上，输出轴倒挡齿轮19通过滚针轴承空套在输出轴2挡齿轮上，它与倒挡惰轮9常啮合，输出轴倒挡齿轮上也有短齿，接合套20能够左右移动，左移一输出4挡齿轮短齿啮合，将输出轴4挡齿轮的动力传给输出轴上的花键鼓带动输出轴转动，右移与输出轴倒挡齿轮短齿啮合，将输出轴倒挡齿轮的动力传给输出轴上的花键鼓带动输出轴转动，输出轴2挡齿轮15通过花键与输出轴相连接，P挡锁止齿轮通过花键与输出轴连接，当选挡手柄位于P位置时，停车爪卡入P挡锁止齿轮的齿槽内，锁止变速器输出轴，使汽车驻车，输出轴常啮齿轮14通过滚针轴承窄套在P挡齿轮上。

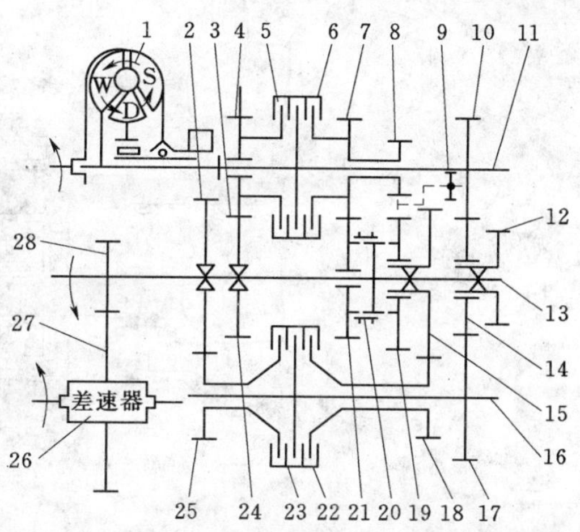

图4-8　本田轿车定轴斜齿轮变速机构示意图

1—液力变矩器；2—输出轴1挡齿轮；3—输出轴3挡齿轮；4—输入轴3挡齿轮；5—3挡离合器；6—4挡离合器；7—输入轴四挡齿轮；8—输入轴倒挡齿轮；9—倒挡惰轮；10—输入轴常啮齿轮；11—输入轴；12—P挡锁止齿轮；13—输出轴；14—中间轴常啮齿轮；15—输出轴2挡齿轮；16—中间轴；17—中间轴常啮齿轮；18—中间轴2挡齿轮；19—输出轴倒挡齿轮；20—接合套；21—输出轴4挡齿轮；22—2挡离合器；23—1挡离合器；24—输入轴3挡齿轮；25—中间轴1挡齿轮；26—差速器；27—主减速器从动齿轮；28—主减速器主动齿轮

中间轴16通过轴承支承在变速器壳体上，中间轴1挡齿轮25和1挡离合器23传动鼓制成一体，通过滚针轴承空套在中间轴上，中间轴1、2挡离合器23、22转鼓为一体，转鼓中心有花键，通过花键与中间轴相连接，中间轴2挡离合器传动鼓和中间轴2挡齿轮18制成一体，通过滚针轴承空套在中间轴上。中间轴常啮齿轮17通过花键与中间轴相连接。

倒挡油缸里装有活塞，活塞可通过拨叉驱动接合套20移动，倒挡惰轮9分别与输入轴倒挡齿轮8和输出轴倒挡齿轮19啮合。

其工作原理是：

(1) 前进挡。图4-9所示为前进1挡传动示意图。

1挡时1挡离合器充油接合，将中间轴与中间轴1挡齿轮连接在一起。动力从输入轴、输入轴常啮齿轮、输出轴常啮齿轮、中间轴常啮齿轮、中间轴、1挡离合器、中间轴1挡齿轮、输出轴～挡齿轮、输出轴、输出轴主减速器齿轮输出。

(2) 倒挡传动。倒挡传动示意图见图4-10。

倒挡时，4挡离合器充油接合，将输入轴与输入轴4挡齿轮连接在一起，同时，油缸通液压油，在油压的作用下，通过拨叉使接合套向右移动，使输出轴上的倒挡齿轮与输出

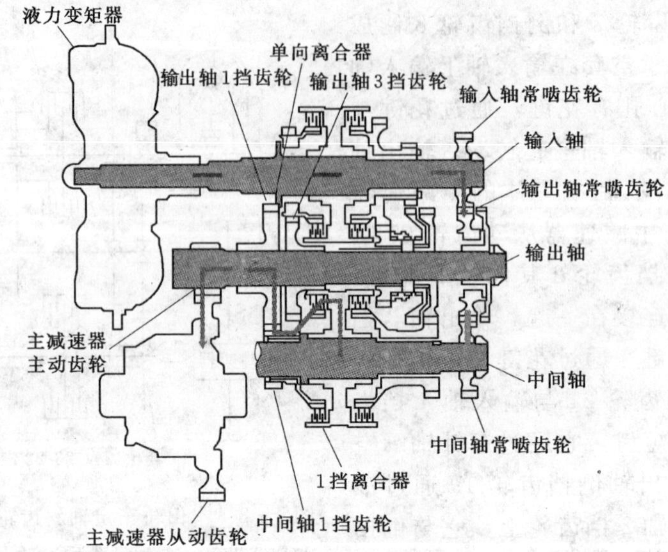

图4-9　1挡传动

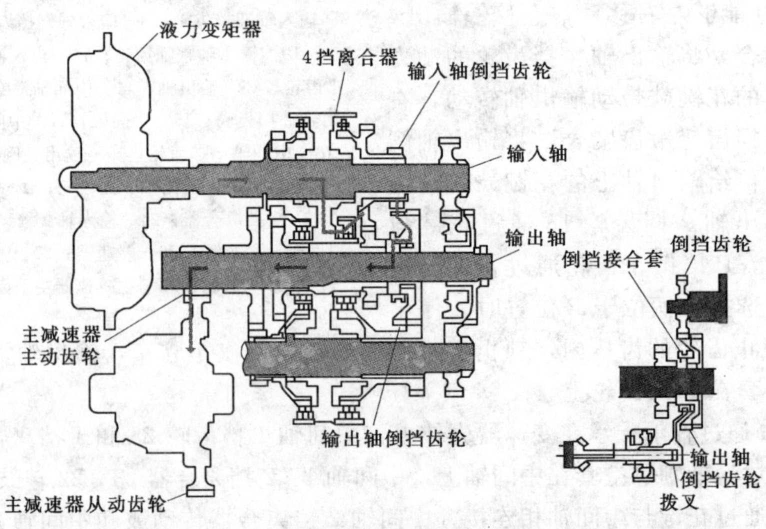

图4-10　倒挡传动

轴连接在一起。动力从输入轴、4挡离合器、输入轴倒挡齿轮、倒挡惰轮、输出轴倒挡齿轮、接合套、花键毂、输出轴、输出轴主减速器齿轮输出。

本田雅阁自动变速器各挡执行元件工作情况见表4-1。

表4-1　　本田雅阁轿车自动变速器各挡执行元件工作情况

挡位	执行元件						
	1挡离合器	2挡离合器	3挡离合器	4挡		倒挡齿轮	P挡锁止齿轮
				齿轮	离合器		
P							√
R					√	√	

续表

挡位		执行元件						
		1挡离合器	2挡离合器	3挡离合器	4挡		倒挡齿轮	P挡锁止齿轮
					齿轮	离合器		
N								
D_4	1挡	√						
	2挡		√					
	3挡			√				
	4挡				√	√		
D_3	1挡	√						
	2挡		√					
	3挡			√				
2			√					
1		√						

当油泵主动齿轮在液力变矩器泵轮的驱动下逆时针方向旋转时见图4-11，主动齿轮带动从动齿轮转动，在齿轮脱离啮合的一腔，容积由小变大，产生吸力，将自动变速器油从自动变速器油底壳经滤网滤清后吸入油泵进油腔，转动的齿轮齿间携带着自动变速器油液至月牙形凸台，月牙形凸台将泵室分为主、从齿轮至月牙形凸台两部分，因为齿轮至月牙形凸台间的间隙非常小，因此泵室里的自动变速器油由进油腔被带到出油腔，在齿轮进入啮合的一腔，容积由大变小，油压升高，把油以一定压力泵出。只要发动机运转，连续油流就不断被泵出，且油泵转速随发动机转速改变而改变，其排油量也随之变化，在油泵的输出油路中通常装有安全阀，其作用是限制油泵最高输出压力，以保证液压系统的安全。

(3) 叶片泵。叶片泵由定子、转子、叶片、壳体及泵盖等组成，如图4-12所示。它具有运转平稳、噪声小、泵油流量均匀、容积效率高等优点；但它结构复杂，对液压油的

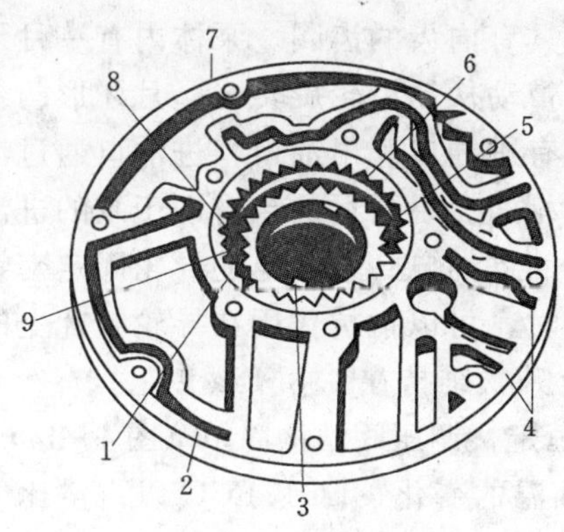

图4-11　内啮合齿轮泵工作图

1—从动齿轮；2、4—油道；3—凸起；5—进油腔；6—月牙形凸台；7—泵体；8—出油腔；9—主动齿轮

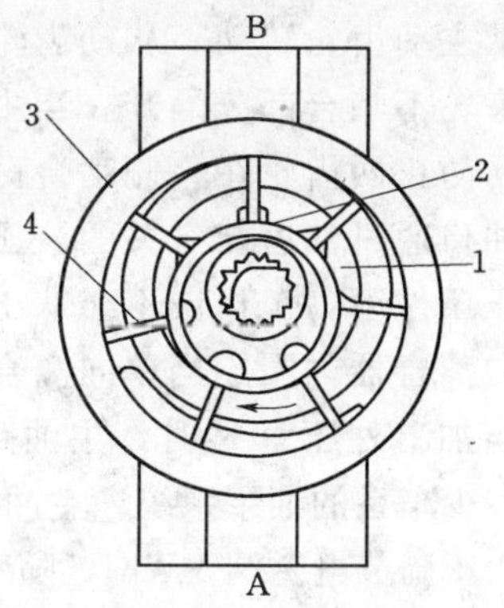

图4-12　叶片泵

1—转子；2—定位环；3—定子；4—叶片；A—进油口；B—出油口

污染比较敏感。转子由变矩器壳体后端的轴套带动，绕其中心旋转，定子是固定不动的，二者不同心有一定的偏心距。当转子旋转时，叶片在离心力及叶片底部的油压作用下向外张开，紧靠在定子内表面上，并随着转子旋转，在转子叶片槽内作往复运动。这样相邻叶片之间便形成密封的工作腔。如果转子朝顺时针方向旋转，在转子与定子中心连线的右半部的工作腔容积逐渐增大，产生真空吸油，中心线左半部的工作腔容积逐渐减小，将油压出。

4. 主油路调压阀

主油路调压阀是根据车速和发动机负荷的变化，将系统压力调节至规定值，形成稳定的工作压力，由主油路调压阀调节的压力称为系统油压，它是自动变速器最基本、最重要的压力。

如图 4－14 所示，利用弹簧和滑阀配合，使主油路油压（P_H）稳定，并控制在一定范围内。怠速时应大于 500kPa；高速时应达 1200～1400kPa；倒车时因地形难料的需要，油压应达 1600～1800kPa。其结构有简有繁，多为阶梯形滑阀，可接收多路油压的变化，满足工况的需求，其调压原理如下：

(1) 由于 $B_{环面}>A_{环面}$，产生 $F_{上}$；当 $F_{上}>F_{下}$ 时，泄油、调压；$F_{上}<F_{下}$ 时，不泄油、稳压。

(2) 当加上外压力 D 时，主油路油压下降，一般是维持在 0.5～0.8MPa 内。

4.2　电控液力自动变速器的控制系统

4.2.1　自动变速器控制系统的主要件

1. 油泵

应用于自动变速器的油泵有齿轮泵、转子泵和叶片泵三种类型。

(1) 齿轮泵。如图 4－13 所示为内啮合齿轮泵，它由主动齿轮 5、从动齿轮 4、泵体 2 和泵盖 7 等组成。主动齿轮是个具有外齿的圆柱齿轮，内圆有凸耳，液力变矩器的泵轮通过凸耳带动主动齿轮转动。从动齿轮是一个具有内齿的齿圈。泵体内有一月牙形凸台，将主、从动齿轮不啮合部分隔开。当主动齿轮带动从动齿轮旋转时，月牙形凸台形成小齿轮部分导圆，防止两齿轮在一侧啮合。壳体上有进油口和出油口，进油口通过油道与滤油网相通，出油口通过油道与有关的液压控制阀相通。月牙形凸台有助于泵的进油口和出油口分开，高压条件下，工作液不会从出油口流回进油口。泵盖上的导轮固定套管花键用以支承导轮单向离合器内圈，当单向离合器锁住时，可以抵抗作用在导轮叶片上的反向转矩。

(2) 当加上外压力 R 时，主油路油压上升，维持在 0.8MPa 以上。

(3) 不少车系的油泵系统，主油路油压恒定，调压阀结构简单（图 4－14）。有专门的油压开关和油压调节电磁阀 PWM，随工况和油温的变化，ECT/ECU 以占空比方式调节离合器和制动器的控制油压，使离合器和制动器平顺接合，控制油压按折线关系升压变化。

2. 手控阀

手控阀由驾驶员通过选挡手柄直接操纵，其作用是控制液压系统接通不同的油路，从而改变自动变速器的工作范围。图 4－15 是丰田 A340 自动变速器上应用的一个手控阀，

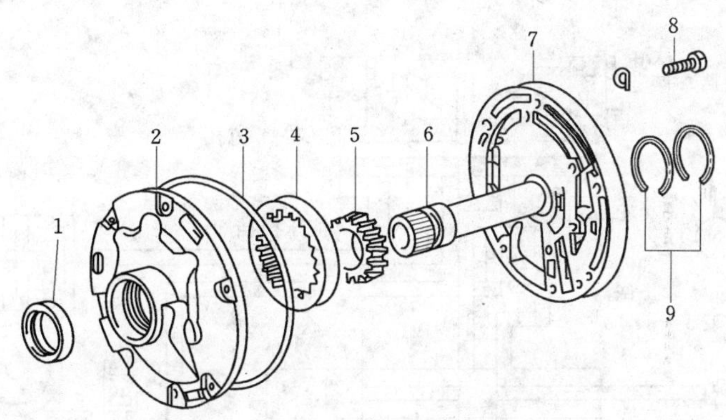

图 4-13　内啮合齿轮泵

1—密封圈；2—泵体；3—O 形密封圈；4—从动齿轮；5—主动齿轮；6—导轮固定导管；7—泵盖；8—固定螺栓；9—密封环

它有 P、R、N、D、2、L 六个位置，在不同的位置接通不同的油路，如在 N 位置时，关闭主油路通向离合器 C_0、C_1 的油路，使自动变速器具有空挡。在 D 位置时，手控阀接通了主油路通向离合器 C_1 及 1 挡、2 挡换拿当阀的油路。

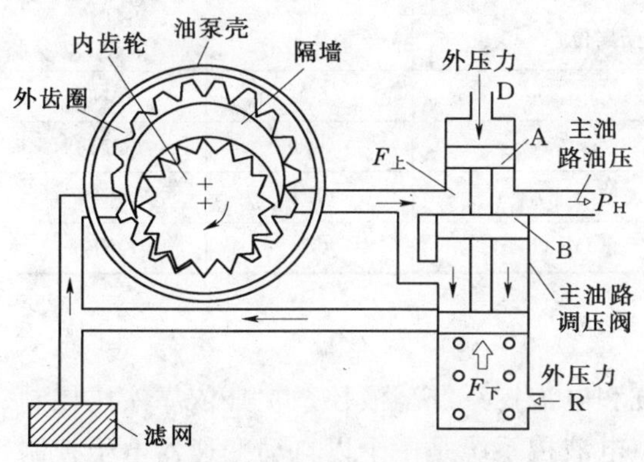

图 4-14　油泵和主油路调压阀

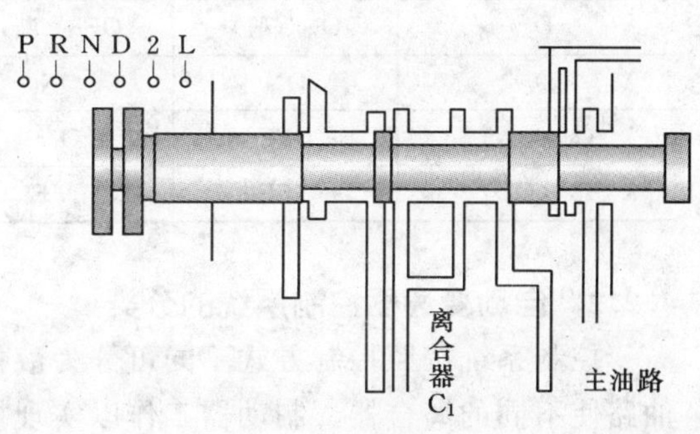

图 4-15　手控阀

3. *液压换挡阀和换挡电磁阀*

(1) 它为多柱式滑阀，完成充油和排油的任务，能实现两个挡位的自动转换。换挡阀两端作用着由电脑 ECT/ECU 控制的换挡电磁阀 A、B 的控制油压。当两端油压的升高或降低时，换挡阀位移，油路即发生改变，使不同的离合器、制动器起作用，从而改变行星齿轮的组合，实现换挡。换挡阀一端弹簧力 F 的作用是，保证无油压时，滑阀能单向位移，保持在低挡位置，如图 4-16 所示。

(2) 3 个液压换挡阀能实现 4 个挡位的自动转换。即：1 挡、2 挡换挡阀；2 挡、3 档换挡阀；3 挡、4 挡换挡阀。它控制着多路换挡油道，相互沟通、截止或锁止。

(3) 3 个液压换挡阀的两端作用着两个换挡电磁阀 A、B 的控制油压，其 A、B 阀的通断组合方式，因车而异。4 个挡位用两个换挡电磁阀控制，有 4 种组合，如表 4-2 所示。挡位数多可采用增加电磁阀的个数来实现组合。

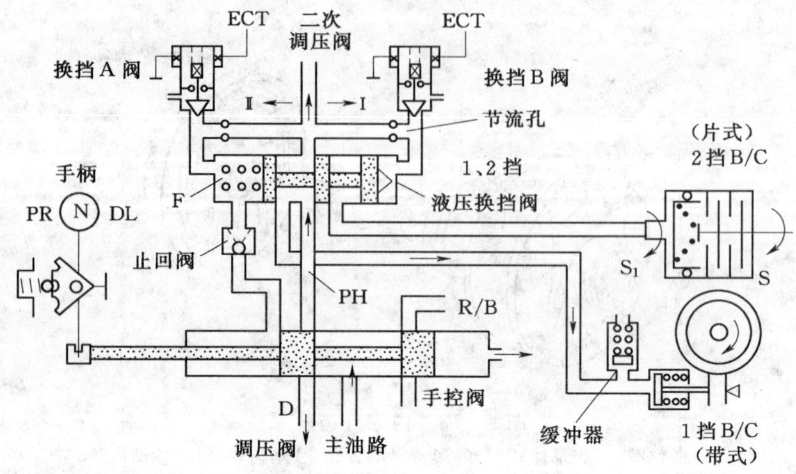

图 4-16　电控液动换挡原理

表 4-2　　换挡电磁阀的组合

丰田车系电磁阀组合			通用车系电磁阀组合		
挡位＼电磁阀	A 阀	B 阀	挡位＼电磁阀	A 阀	B 阀
D_1	ON（通）	OFF（断）	D_1	ON	ON
D_2	ON	ON	D_2	OFF	ON
D_3	OFF	ON	D_3	OFF	OFF
D_4（OD）	OFF	OFF	D_4（OD）	ON	OFF

4.2.2　自动变速器控制系统的分类

控制系统按照控制方式不同可分为液控系统和电液控系统。液控系统是依靠液压控制油路使不同的离合器、制动器工作以实现换挡。电液控系统是一个以自动变速器电子控制单元为核心的控制系统，传感器将各种信号送给电子控制单元，电子控制单元控制执行器—电磁阀改变控制油路，使不同的离合器、制动器工作以实现换挡。

4.2.3　自动变速器控制系统的基本原理

图 4-17 为电液控自动变速器基本原理示意图。

置传感器感受节气门开度信号，车速传感器感受车速信号，这些信号送给自动变速器电子控制单元，电子控制单元将这些信号经过处理后发出指令，控制电磁阀 A 阀和 B 阀移动，改变控制油路使不同的离合器、制动器起作用，改变行星齿轮机构的组合形成不同的挡位。

例如节气门开度大，车速低时，节气门位置传感器和车速传感器将节气门开度大的信号和车速低的信号送给自动变速器电子控制单元，自动变速器电子控制单元发出指令，电磁阀 B 通电，打开换挡阀右侧油压的通道，让换挡阀右端泄压；电磁阀 A 不通电，工作油压加到换挡阀的左端，阀在油压以及弹簧的作用力下右移，接通了低挡油路，使变速机

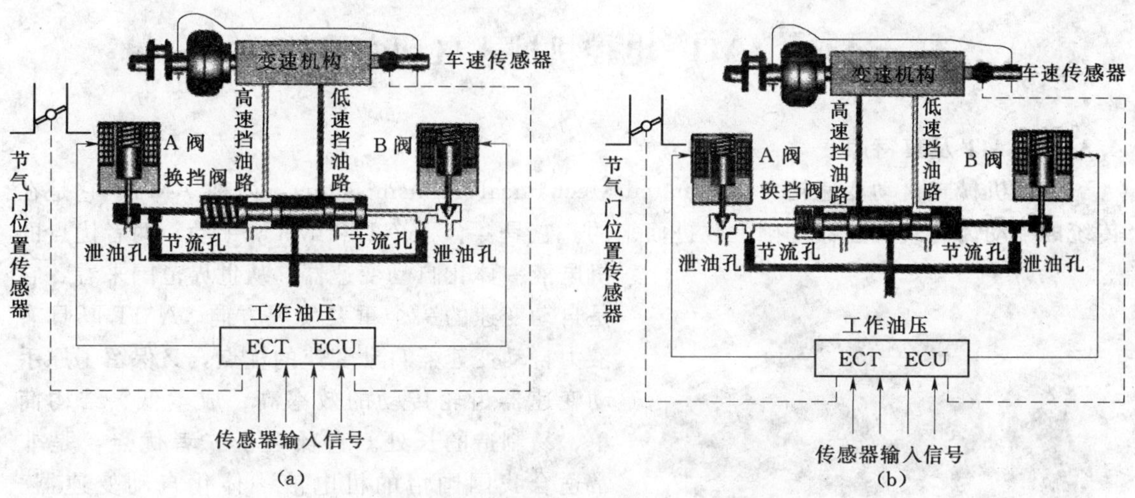

图 4-17　电液控自动变速器基本原理

(a) 低速工作状态；(b) 高速工作状态

构的低挡离合器或制动器接合，变速机构挂上低挡。

当车速高，节气门开度小时，自动变速器电子控制单元使电磁阀 A 通电，换挡阀左侧泄压，电磁阀 B 不通电，换挡阀右侧加控制油压，阀芯在油压差的作用下左移，接通了高挡油路，使变速机构的高挡离合器、制动器接合，变速机构挂上高挡。

4.2.4　自动变速器电子控制单元的功能

（1）换挡控制。电子控制单元接收各传感器传来的信号后，进行逻辑判断，然后发出指令，使两个电磁阀进行不同的通断电组合，使变速器具有不同的挡位。

（2）锁止控制。一般当车速高于 60km/h，变速器在二挡以上，发动机水温高于 60℃时，自动变速器电子控制单元控制液力变矩器锁止离合器工作，以提高汽车行驶的经济性。

（3）油压控制。控制离合器、制动器接合油压，减少换挡冲击，提高自动变速器离合器换挡的平顺性。

（4）自诊系统。当传感器、电磁阀等电元件有故障时，自动变速器电子控制单元通过仪表盘上的故障灯报警，并以故障码的形式存储在电子控制单元中，可通过诊断接口和仪器，读取故障码和数据流。

（5）发动机转矩控制。在自动变速器换挡时，通过电喷电子控制单元，使发动机转矩瞬时变小，保证换挡的平顺性。当这一功能失效时，会造成换挡冲击。

（6）巡航行驶控制。当有巡航工作时，实际车速低于设定车速 4km/h，巡航电子控制单元通过自动变速器电子控制单元，解除超速挡、解除锁止离合器，降挡后以便重新复位行驶。

（7）失效保护。当自动变速器电子控制单元失效后，所有的电磁阀都不通电工作，此时，可操作选挡手柄，使自动变速器处于几个固定的前进挡和倒挡。

4.3　AMT-电控机械式自动变速箱

4.3.1　AMT及其特点

电控机械式自动变速箱（Automated Mechanical Transmission），简称AMT。它是在传统的手动齿轮式变速器基础上改进而来的。它是糅合了AT和MT（手动）两者优点的机电液一体化自动变速器。从世界范围来看，它是自动变速的一个重要发展方向。AMT既具有液力自动变速器自动变速的优点，又保留了原手动变速器齿轮传动的效率高、成本低、结构简单、易制造的长处。它糅合了二者优点，是非常适合我国国情的机电液一体化自动变速器。由于它是在现生产的机械变速器上进行改造，保留了绝大部分原总成部件，只改变其中手动操作系统的换挡杆部分，因而生产继承性好，改造的投入费用少，非常容易被生产厂家接受。它的缺点是非动力换挡，但可以通过电控软件方面来得到一定弥补。在几种自动变速器中，AMT的性价比最高，AMT的实物示意图如图4-18所示。

图4-18　AMT实物结构示意图

AMT用先进的电子技术改造传统的手动变速器，不仅保留了原齿轮变速器效率高，低成本的长处，而且还具备了液力自动变速器采用自动换挡所带来的全部优点。它以特有的经济、方便、安全、舒适性而备受所有驾驶者的欢迎，成为各国开发的热点。

4.3.2　AMT的组成及基本结构

AMT的基本组成结构见图4-19。

(1) 执行机构：包括电动机（步进电动机和直流电动机）、电磁阀（普通电磁阀和高速电磁阀）、液压缸（离合器动缸和选、换挡油缸）等。

(2) 传感器：包括速度传感器（发动机转速传感器、输入轴转速传感器、车速传感器）、油门开度传感器、挡位传感器等。

(3) 电控单元（ECU）：包括CPU、ROM、RAM、I/O接口等。

4.3.3　AMT的工作原理

驾驶员通过加速踏板和操纵杆向电子控制单元（ECU）传递控制信号，电子控制单元采集发动机转速传感器、车速传感器等信号，时刻掌握着车辆的行驶状态，电子控制单元（ECU）根据这些信号按存储于其中的最佳程序，最佳换挡规律、离合器模糊控制规律、发动机供油自适应调节规律等，对发动机供油、离合器的分离与结合、变速器换挡三者的动作与时序实现最佳匹配。从而获得优良的燃油经济性与动力性能以及平稳起步与迅速换挡的能力，以达到驾驶员所期望的结果。

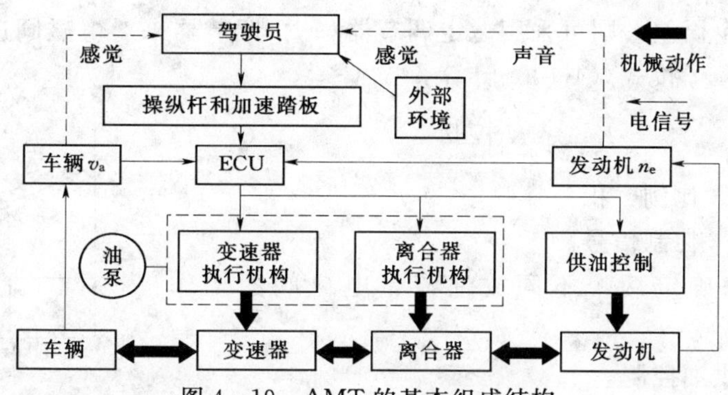

图 4-19　AMT 的基本组成结构

4.3.4　AMT 的电子控制单元

1. 硬件组成

图 4-20 是一款 AMT 的 ECU 的单元框图，它由电源电路、CPU 与内部存储器、传感器输入电路、输出驱动电路组成，由于传感器的类型很多，输入电路也较为复杂。同时输出电路也增加了发动机供油控制等等相应电路。

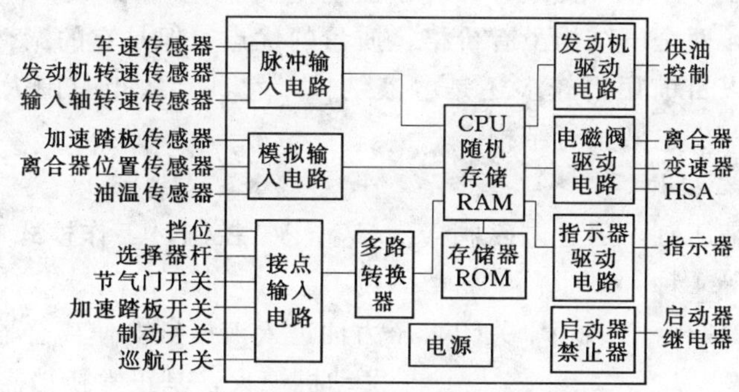

图 4-20　AMT 的 ECU 控制单元框图

2. 控制软件

(1) 变速控制。

各种最佳的控制换挡规律存储于 ECU 中，然后根据两参数或三参数控制换挡。驾驶员干预的意图主要通过踩加速板来完成，必要时也可以通过选择器。

(2) 离合器控制。

1) 为了补偿离合器片的磨损，需要确切了解离合器接合的起点，它是离合器控制的非常重要参考点。

2) 车辆起步与换挡时离合器的接合控制。

3) 离合器的分离控制。

4) 二次离合（相当于手动换挡的两脚离合器）控制。

离合器的接合过程：它是按照存储于 ECU 中最佳接合规律来选定相应的目标接合行程的时间历程，即离合器的接合速度 V_c，接合速度取决于发动机转速、输入轴转速、电子节气门的开度以及离合器传递的转矩特性 $T_c=f(t)$ 等参数，如果在相应的采样周期 T_0 内，执行结构所要求的目标接合行程 r 与实际接合行程 x 间有一定的间隙与误差，为了减少或消除这个误差，则可采用一定调节器如 PI 调节器来对电磁阀进行脉宽自动校正（图 4－21）。脉宽 t_w 按式（4－1）计算：

$$t_w = K_p e + K_i \int e dt \qquad (4-1)$$

式中　K_p，K_i——比例、积分常数；

e——控制信号。

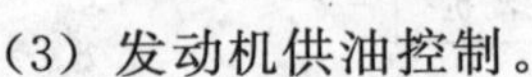

由 t_w 的值来确定两个不同放油流量电磁阀的工作脉宽。

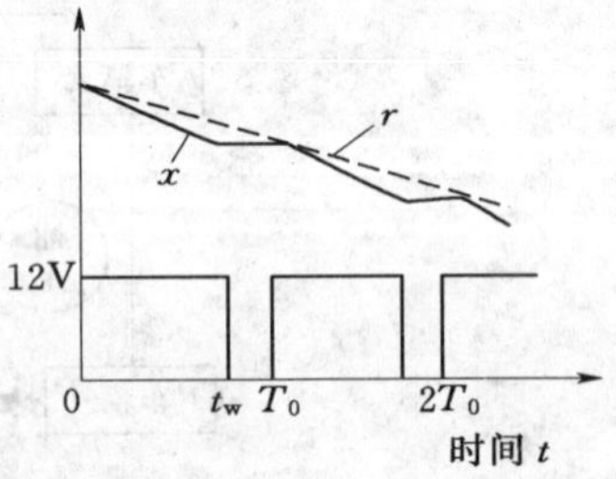

图 4－21　离合器行程脉宽控制

（3）发动机供油控制。

电喷发动机是用间断供油与延迟点火实现对供油的控制，分为三个逻辑特性：发动机启动、加速控制和换挡控制。

换挡控制主要是对它的转速进行相应控制，它的作用是使它适应新的输入轴转速，从而降低换挡后离合器接合的冲击，来提高换挡的平滑性。

4.3.5　AMT 的典型执行机构

AMT 的执行机构有电—液、电—气和全电 3 种，电气结构中，由于气体的可压缩性，换挡速度较慢，而全电结构虽有价格、质量的优点，但是它的调整相对比较困难，不适合批量生产，所以目前用得较多还是电液结构，它具有扭矩范围大，换挡速度快等优点，这里主要介绍一下电液执行结构。

1. 离合器的执行机构

它是单杆单动液压缸，通过电磁阀 V_1，V_2，V_3 控制，工作模式有分离、保持分离、接合以及保持接合等 4 种。

（1）分离。V_1 打开，V_2，V_3 关闭，压力油进入液压缸 5 使离合器分离，目的是防止发动机熄火，是正常换挡需要。

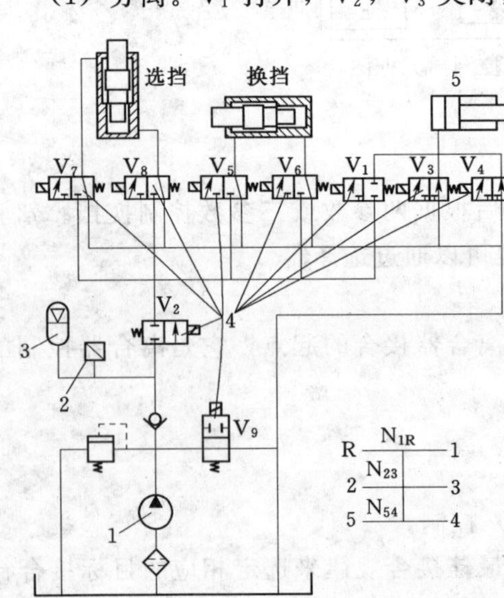

图 4－22　AMT 的液压系统

1—液压泵；2—压力继电器；3—蓄能器；4—电磁阀；5—离合器液压缸

（2）保持分离。V_1，V_2，V_3 全部关闭，液压缸内油压封闭，活塞不运动，离合器保持分离。

（3）接合。V_1 关闭，V_3，V_4 分别或同时工作，通过 ECU 对其进行脉宽调制，如脉宽越宽，接合速度越快，由传感器将其实际行程反馈给 ECU，ECU 通过判断如果与最佳接合规律不一致，则进行修正，以配合汽车起步以及换挡等。

（4）保持接合。以保证确实在新挡位行驶。

2. 变速器的执行机构

一般有平行式与相互正交两种，后者称为 X－Y，它们都有 3 个停止位置，成矩阵方式排列，对于 5 个前进挡 1 个倒挡的 AMT 而言，正交式比平行式可省略两个活塞缸，从而在结构上比较简单、较紧凑，但是正交式由于插入了选挡动作，所以它的时间比平行式稍长，它的液压缸是单杆复动式，用2位三通来控制油路，可使活塞正确、可靠地停于3个位置，其运动通过内部杆件传至拨叉换挡与手动变速器相同（图4-22）。现以从1挡换到2挡为例来说明简要过程：先分离离合器，与此同时发动机收油，这时ECU发出换挡阀 V_5，V_6 同时进液压油指令，摘下1挡进入空挡 N_{1R}，这时ECU又发出 V_7、V_8 进液压油指令，使杆从 N_{1R} 进入 N_{23} 位置；挡位进入空挡后，换挡阀 V_6 继续通油，而换挡阀 V_5 放油，从而换入2挡；换挡开关接通，ECU令离合器接合，发动自适应地恢复供油。

3. *发动机执行机构*

对于电喷发动机，AMT与它时进行共享资源，基于CAN总线通信使其在换挡时，按规定要求进行收油或加油，并使发动机点火延迟来提高换挡质量以及降低污染。

4.4　无级变速器

对于需要不断变化行驶速度的汽车来说，设置变速器是非常必要的，不依靠齿轮切换变速而能够无级连续变速是人们一直追求的理想形式，为此人们进行不断地探索，先后出现了双锥体球、盘、环柱体及皮带等多种形式，但由于摩擦面的摩擦系数和零件承受单位压力的限制，加之工艺和控制上的问题，不能传递较大的功率，所以使其在汽车上的应用受到影响。1982年荷兰的范道尔纳（Van Doome's Transmission b. v.）公司，首先研制成功金属带式无级变速器，并于1987年开发为商品投放市场，命名为CVT（Continuously Variable Transmission）变速器。

目前，许多大汽车公司都在开发研究无级变速器，相信不久的将来，无级变速器将在中小型轿车上得到广泛的应用。

4.4.1　带式无级变速器的变速原理

带式无级传动装置的基本结构和工作原理如图4-23所示。与三角带传动相似，它由主动、从动两个带轮及传动带组成，每个带轮由两个锥形盘组成，一个锥形盘固定不动，另一个锥形盘可以轴向移动，当两锥形盘间距变小，其传动半径变大；反之，当两锥形盘间距变大，其传动半径变小，传动装置中的主、从动带轮中心距是固定不变的。

传动装置的传动比为从动带轮半径与主动带轮之比，或主、从动带轮旋转角速度之比按式（4-2）计算：

$$i= r_2/r_1=\omega_1/\omega_2 \tag{4-2}$$

当主动带轮的半径小，而从动轮半径大时，传动比大，传动装置降速传动；如果使主动带轮半径增大、从动带轮半径减小，则传动比也将随之减小，传动装置增速传动。

改变带轮传动半径的方法是通过改变带轮两锥盘的轴向宽度来实现的。根据需要在主、从动带轮的可移动锥盘上分别作用着轴向力 F_x 和 F_e，由于力的大小是可控制的，则带轮两锥盘的宽度也是可改变的。如果轴向力 F_x 使主动带轮两锥盘间距变小，则带轮的传动半径增大；轴向力 F_e 使从动带轮两锥盘间距尺寸变大，则从动带轮的传动半径减小，传动比也随之变小。连续变化的力使锥盘间的轴向距离可连续变化，所以传动装置的传动

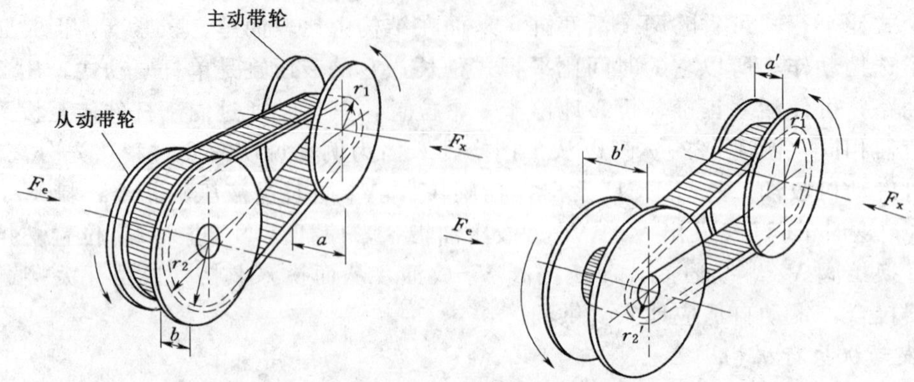

图 4-23　带式无级变速器变速原理

比也可实现连续变化。一般无级变速器可提供的变速比是 4.69～0.44，这样的变速范围仍不能满足汽车对传动系传动比变化范要求，另外，作为一个功能齐全的变速器还需要具有倒挡，所以仍需在无级传动装置后加装主减速器和变向传动装置。

4.4.2　无级变速器传动带的结构

1. 范道尔纳（Van Doome）式传动带

以往的传动带使用橡胶材料，存在着可靠性与耐久性差的缺陷。荷兰的范道尔纳公司开发的金属传动带有效地克服了上述缺陷，将无级变速传动推向实用化。范道尔纳型金属传动带如图 4-24 所示，它由钢带环和钢片组成，若干个厚约 2mm 的钢片无间隙紧密排列，在钢片的左右侧凹槽中穿有富有柔性的钢带环。钢带环由若干条 0.2mm 的钢带叠合而成，外层钢带环长度长，内层钢带环长度短。钢片侧面与带轮锥形盘的锥面接触，接触表面具有一定粗糙度，带轮的固定锥形盘和可移动锥形盘夹紧钢片，当带轮转动时，通过摩擦将带轮的输入转矩传给钢片，钢片推挤前面的钢片，将作用力一片一片向前传递，将主动带轮的转矩传递到从动带轮，这种力的传递方式改变了传统传动带内部受拉力作用，它既能传递较大的动力，又能保持动力传递的平顺性。由于采用钢片叠制结构，其传动带轮的最小接触半径可为 30mm，与链传动相比具有重量轻、噪声小和可高速运行的优点。其不足之处是当高速运转时，钢片上产生的离心力过大，钢带环要具有足够大的强度。

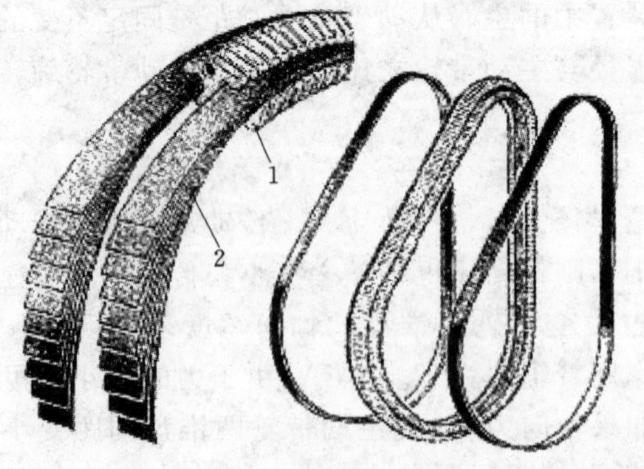

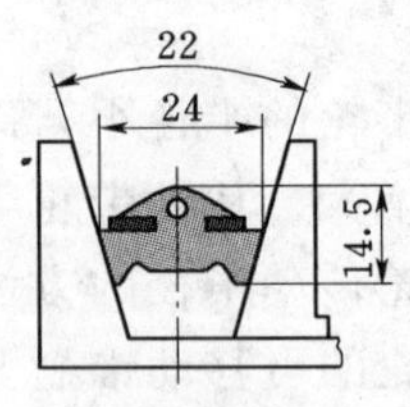

图 4-24　范道尔纳式金属传动带

1—钢带；2—钢片

2. 鲍格瓦纳（Borg Wamer）链式传动带

鲍格瓦纳链式传动带结构如图 4-25 所示，它由钢片、销子、铰接片等件组成，其整体结构与链条传动相似；但动力传递不是使用链轮，而是使用带轮。钢片的作用与范道尔纳钢片的作用相同，钢片的侧面与带轮的锥型盘接触，利用摩擦传递动力。钢片的形状如图 4-25 中的 1 所示，两侧接触面为摩擦接触面。铰接钢片相互接触插入承载钢片的矩形孔内，由销钉将铰接钢片连接。带轮与钢片间的摩擦力经销钉传递给铰接钢片，对后面的链带形成拉力。当铰接链运动到弯曲处，由于销钉随之出现转动，可平滑吸收铰接链的角度变化。铰接片上的突起部分用于挟持承载钢片，以防止当承载钢片与带轮接触时出现倾倒。其不足之处是铰接片与销钉。

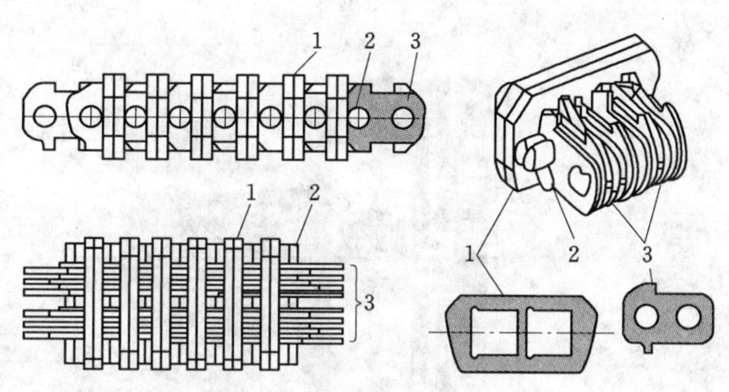

图 4-25　鲍格瓦纳链式传动带

1—钢片；2—销子；3—铰接片

4.4.3　无级变速器的组成与结构

1. 组成

如图 4-26 所示为无级变速器工作原理示意图，它主要由变速传动机构、控制系统（液控单元、电子控制单元）等组成。

发动机的动力通过飞轮及减振盘传给输入轴 10，太阳轮 9 与输入轴固接在一起，随输入轴一起转动，前进挡离合器 4 内装有钢片与摩擦片，摩擦片通过花键与太阳轮接合，钢片通过花键与前进挡离合器鼓接合，行星齿轮轴及架 7 通过花键固定在前进挡离合器鼓上，齿圈 6 套在行星齿轮上，齿圈上有外花键，倒挡制动器 5 的摩擦片套在齿圈的外花键上，倒挡制动器的钢片通过花键套在倒挡制动器鼓上，即变速器壳体上。当前进挡离合器接合时，行星齿轮的太阳轮与行星架连接在一起，行星齿轮机构自锁，输入轴带动前进挡离合器鼓转动，前进挡离合器鼓的转向与输入轴相同；当制动器制动时，齿圈被固定，太阳轮带动行星架转动，由于行星架上有两排行星齿轮，所以行星架的转向与太阳轮转向相反，即前进挡离合器鼓的转向与太阳轮转向相反，变速器输出倒挡。主动带轮固定盘 3 通过花键与前进挡离合器鼓连接在一起，随前进挡离合器鼓转动，主动带轮滑动盘 2 可在伺服油缸 1 的作用下轴向移动，改变主动带轮有效直径，从动带轮固定盘与中间轴连接在一起，固定带轮可带动中间轴转动，从动带轮滑动盘可在伺服油缸的作用下轴向移动，改变从动带轮有效直径，范道尔纳型金属钢带 11 连接主动带轮与从动带轮，起步离合器 20 鼓通过花键连接在中间轴上，随中间轴一起转动，起步离合器的钢片通过花键连接在起步离合器鼓上，起步离合器的摩擦片通过花键与中间减速主动齿轮连接，当起步离合器接合时，中间轴可带动中间减速主动齿轮转动，而起步离合器分离时，就切断变速器的动力输出，起步离合器具有普通车上离合器的功能。中间减速从动齿轮 14 与主减速器主动齿轮 19 连接在输出轴 18 上，主减速器主动齿轮与主减速器从动齿轮啮合，差速器壳通过螺栓

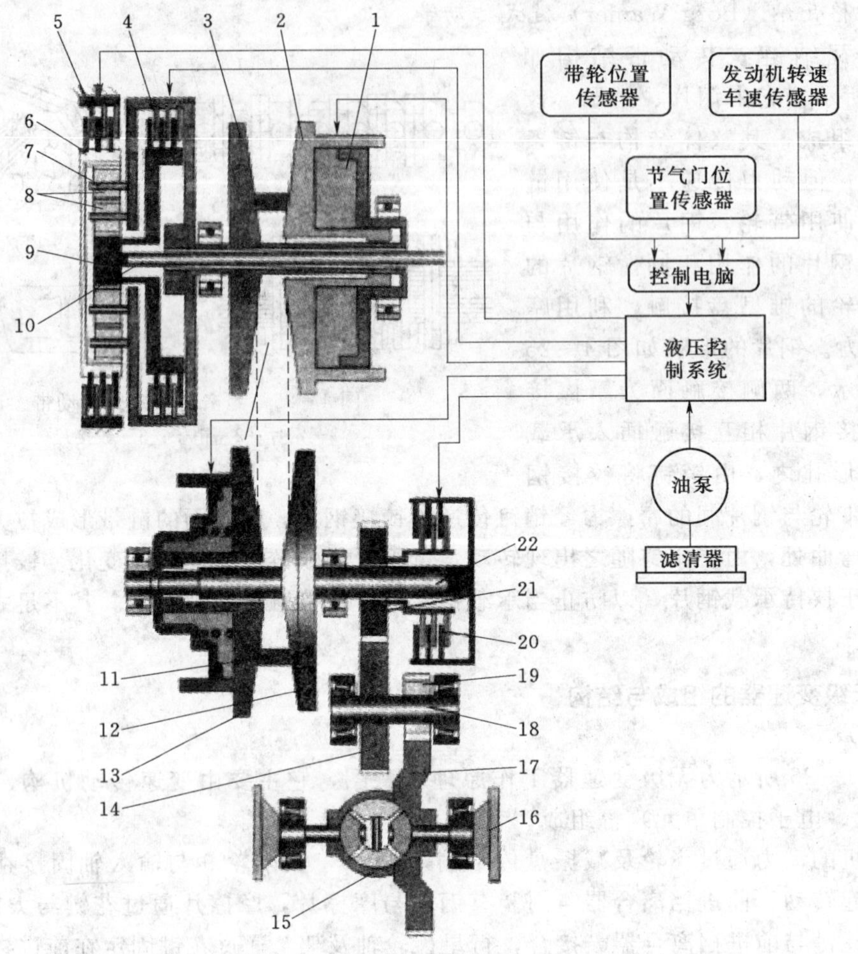

图 4-26　无级变速器工作原理示意图（选挡手柄在 P、N 位置）

1—主动带轮伺服油缸；2—主动带轮滑动盘；3—主动带轮固定盘；4—前进挡离合器；5—倒挡制动器；6—齿圈；7—行星齿轮轴及架；8—行星齿轮；9—太阳轮；10—输入轴；11—钢带；12—从动带轮固定盘；13—从动带轮滑动盘；14—中间减速从动齿轮；15—差速器；16—驱动轴法兰盘；17—主减速器从动齿轮；18—输出轴；19—主减速器主动齿轮；20—起步离合器；21—中间减速主动齿轮；22—中间轴

连接在主减速器从动齿轮上，在差速器壳内安装有行星齿轮与半轴齿轮等差速机构。在阀体内装有压力控制电磁阀、滑阀等电液控元件，控制无级变速器变速。

2. 变速传动机构工作原理

(1) 当选挡手柄在 P、N 位置时，如图 4-26 所示，离合器、制动器不接合，发动机飞轮仅带动输入轴及太阳轮旋转，无动力输出。另外，当选挡手柄在 P 位置时，停车爪将中间轴主动齿轮锁止，即将车轮制动，防止溜车。

(2) 当选挡手柄在前进挡位置时，如图 4-27 所示，控制系统使前进挡离合器充油接合，动力由输入轴传递给主动带轮，同时，控制系统控制起步离合器随着节气门开度增大而逐渐接合，将动力传给主减速器，使汽车起步平稳。选挡手柄在 D 位置时，控制系统

根据节气门开度、车速等信号，控制伺服油缸的油压，从而改变主动带轮和从动带轮的有效直径，即无级改变传动比，发动机的动力通过输入轴、太阳轮与行星架、主动带轮、从动带轮、起步离合器、减速齿轮、主减速器、差速器和半轴等传给驱动轮，使汽车向前行驶；当选挡手柄位于s位置时，变速器使汽车具有良好的加速性能；当选挡手柄位于L位置时，发动机反拖，变速器具有较大传动比，使汽车具有良好的爬坡能力。

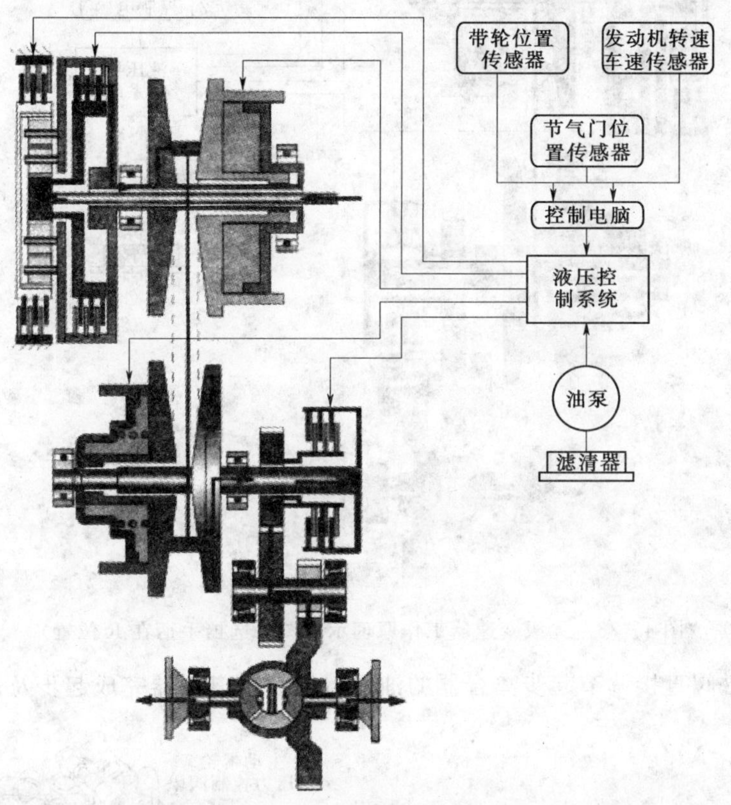

图4-27　无级变速器工作原理示意图（选挡手柄在D、S、L位置）

(3) 当选挡手柄在R位置时，如图4-28所示，控制系统使倒挡离合器充油接合，在行星齿轮排中，由于齿圈制动，太阳轮主动，行星架（具有两排行星齿轮）从动，所以输入转向与输出转向相反，使主动带轮反向转动，变速器具有倒挡。

3. *液控系统工作原理*

液控系统由油泵、控制阀体、主阀体和手动阀体等组成。

(1) 油泵由螺栓固定在主阀体上，如图4-29所示，油泵为转子泵，内转子由变速器输入轴驱动旋转，内转子带动外转子转动向外泵油，为变速器提供工作油压。

(2) 控制阀体。控制阀体由主动带轮压力控制阀、从动带轮压力控制阀、主动带轮电磁阀、从动带轮电磁阀和起步离合器电磁阀等组成，如图4-30所示。主动带轮电磁阀调节主引带轮压力控制阀的控制油压，使主动带轮压力控制阀输出不同的油压，改变主动带轮的有效直径，从动带轮电磁阀调节从动带轮压力控制阀的控制油压，使从动带轮压力控制阀输出：不同调油压，改变从动带轮的有效直径，从而无级改变自动变速器的传动比。

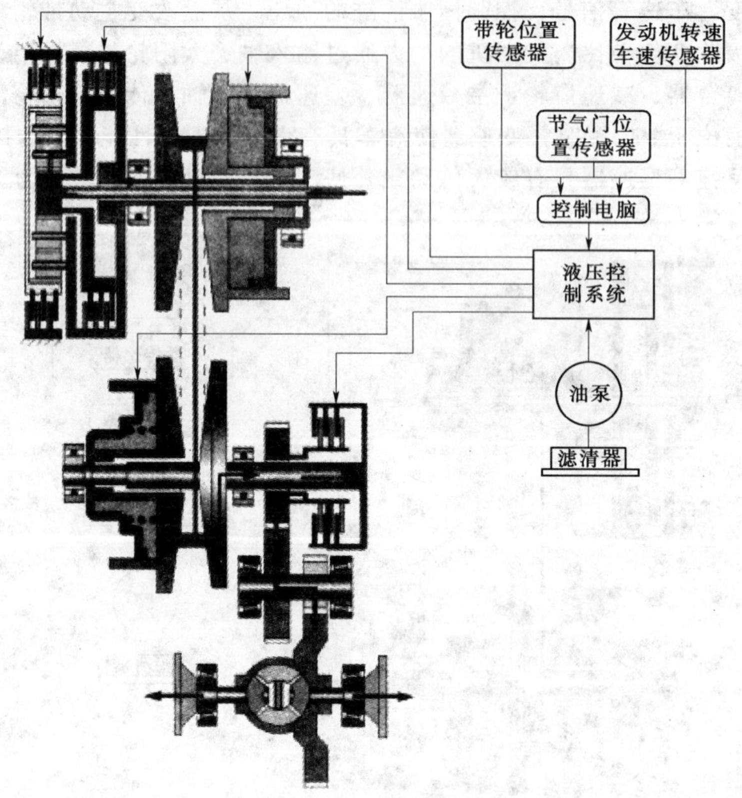

图 4-28　无级变速器工作原理示意图（选挡手柄在 R 位置）

起步离合器电磁阀直接调节起步离合器的油压，使起步离合器完成起步及传力等工作。

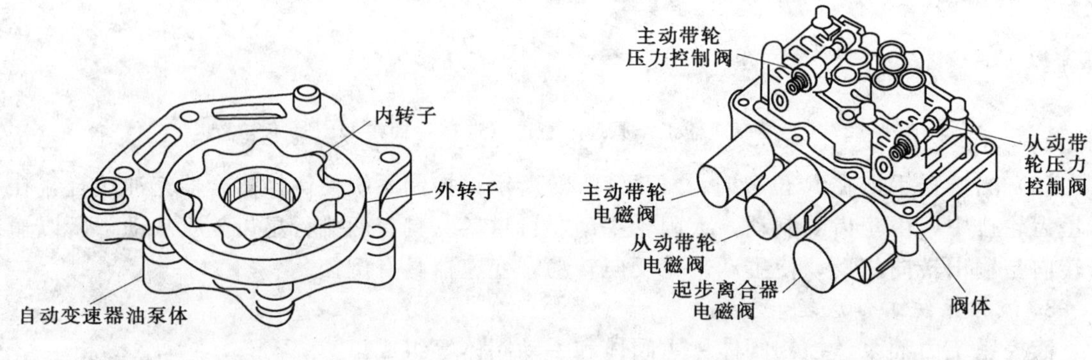

图 4-29　油泵　　　　图 4-30　控制阀体

（3）主阀体。主阀体由主油路调压阀、主油路控制油压阀、离合器减压阀、换挡限止阀、起步离合器蓄压器、起步离合器换挡阀、起步离合器后备阀和润滑阀等组成，如图 4-31 所示。

主油路控制油压阀根据带轮电磁阀提供的油压，调节主油路调压阀的控制油压，使主油路调压阀输出主油路油压，主油路油压通过带轮压力调节器调节后进入带轮，同时也分别进入润滑阀、离合器减压阀、起步离合器后备阀等。离合器减压阀降低输入油压，为离

合器、制动器及带轮电磁阀提供工作油压。润滑阀降低输入油压，为行星架、离合器、钢带等提供润滑油压。起步离合器蓄压阀缓冲起步离合器油压，使起步离合器接合柔和。换挡限止阀、起步离合器换挡阀、起步离合器后备阀等的作用是为了当电子控制系统出现故障时，对起步离合器进行液压控制。

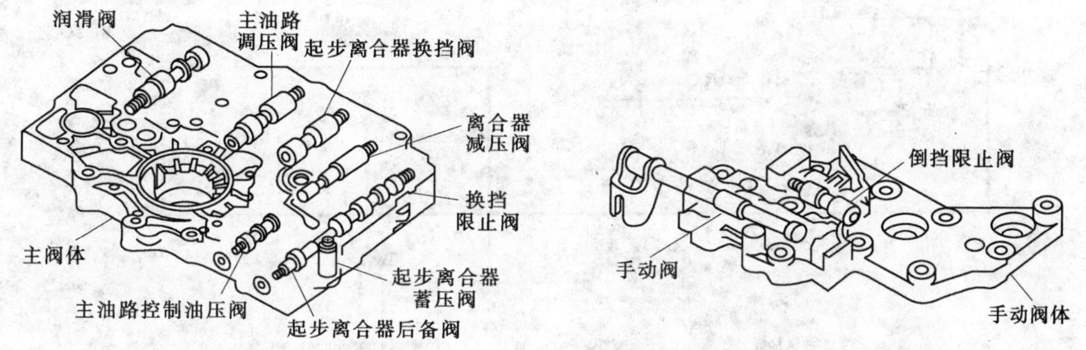

图 4-31　主阀体　　　　图 4-32　手动阀体

（4）手动阀体。手动阀体由手动阀、倒挡限止阀等组成，如图 4-32 所示。手动阀有 P、R、N、D、S、L 位置，它主要切换进入前进离合器和倒挡离合器的油路，使前进挡离合器或倒挡制动器工作。倒挡限止阀由倒挡限止电磁阀提供的倒挡锁止压力进行控制，当车辆 10km/h 的速度行驶时，倒挡限止阀截止通向倒挡制动器的液压回路，防止误挂倒挡。其液控框图见图 4-33，选挡手柄位于 D、R 位置油路图见图 4-34、图 4-35。

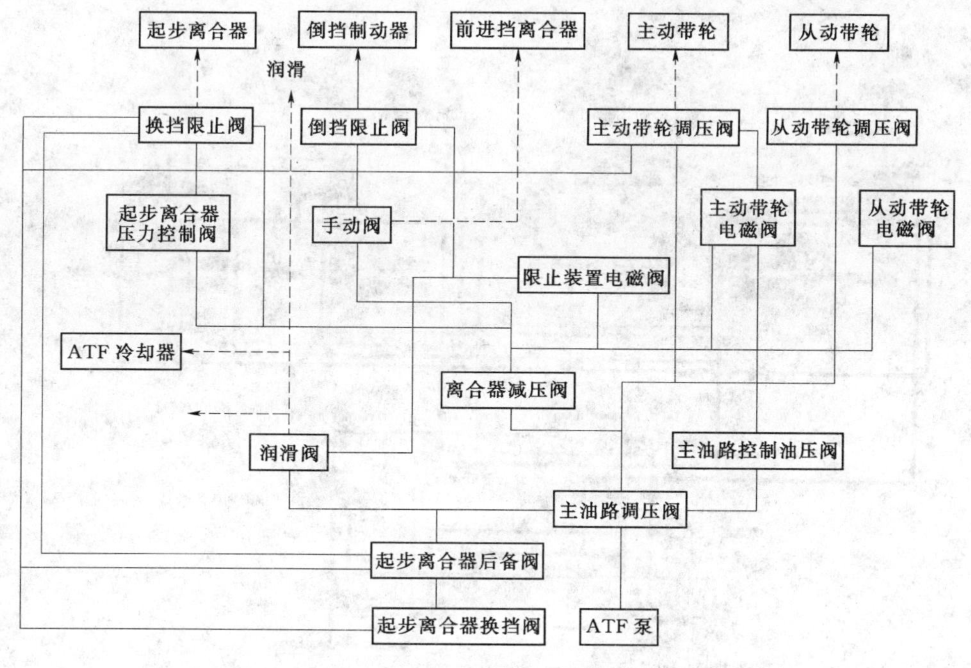

图 4-33　液控框图

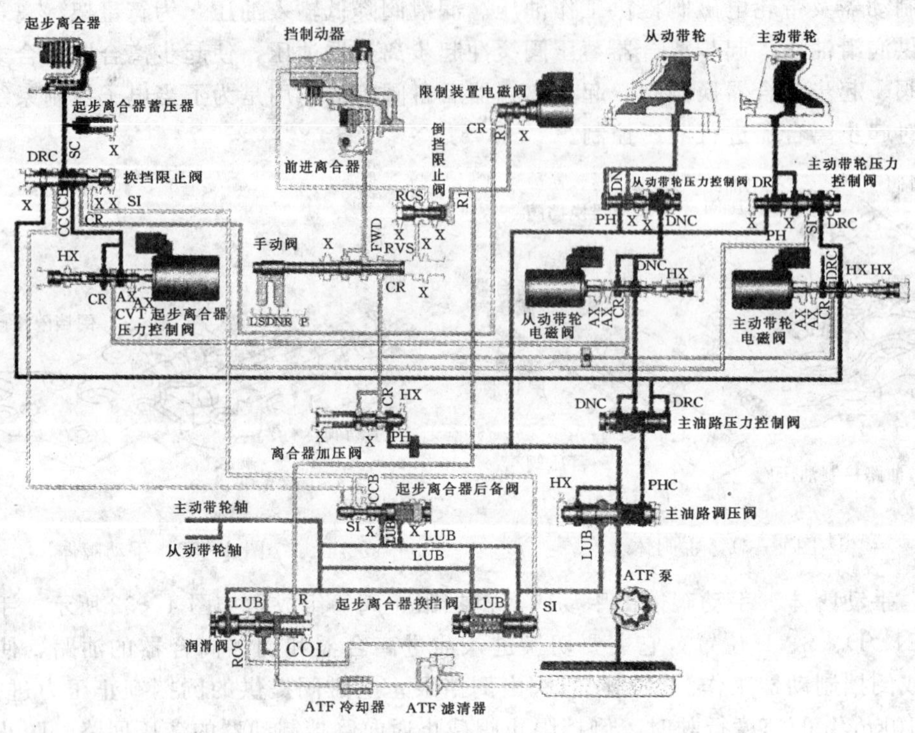

图 4－34　油路图（选挡手柄位于 D 位置时低速）

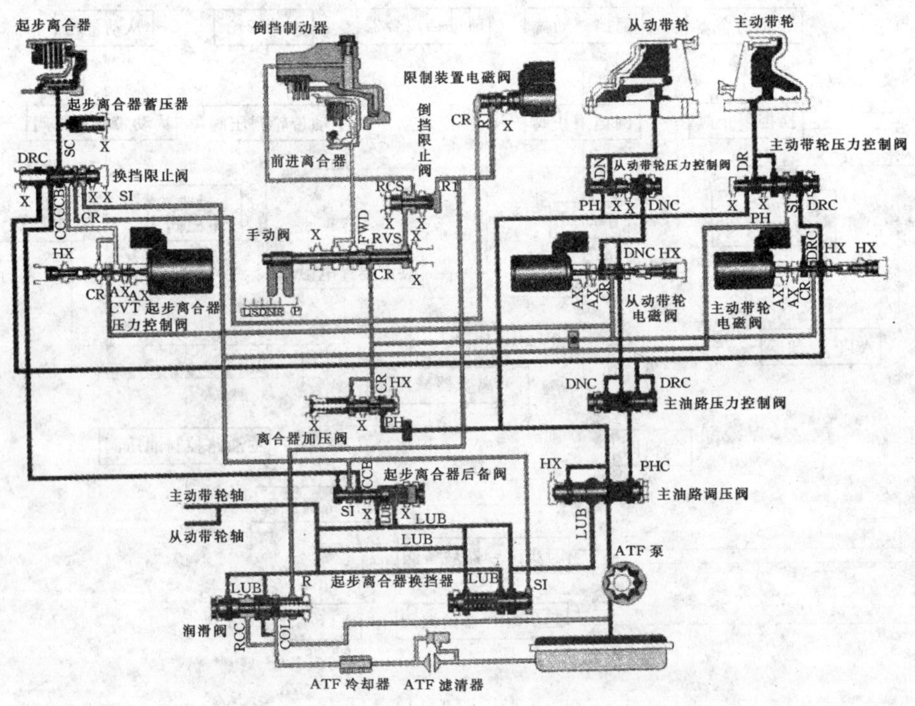

图 4－35　油路图（选挡手柄位于 R 位置时低速）

4.5 双离合自动变速器

双离合自动变速器（Dual Clutch Tnsmission）简称 DCT，又称为 DSG（Direct Shift Gearbox）的缩写，中文为“直接换挡变速器”，如图 4-36 所示，是基于双轴式常啮齿轮手动变速器 MT 演变而成的，它保留了结构简单、传动效率高的优点，并升华为电控液动换挡控制，改善了换挡品质，提高了加速性能，降低了油耗及故障率，双离合自动变速器的制造成本较低，继承性好，设备投资少，具有广阔的推广前景。

4.5.1 双离合组成

根据齿轮轴布置方式的不同，DCT 结构有三轴式和两轴式等多种形式，图 4-36 为三轴式 DCT 变速器，看上去类似传统的三轴式变速箱。然而使用了创新的双离合器结构之后就完全不同，它主要由双离合器、空心轴及其内部的心轴、两个平行的分变速器、控制器和油泵组成。其中双离合器、空心轴及心轴和分变速器为核心机械部件。发动机力矩通过双离合器后进入 DCT 的输入端。外圈的离合器 1 与心轴连接，内圈的离合器 2 与空心轴连接。1 挡、2 挡、5 挡和倒挡与心轴构成分变速器 1，2 挡、4 挡和 6 挡构成分变速器 2，两个分变速器的输出端同时与主减速齿轮啮合。

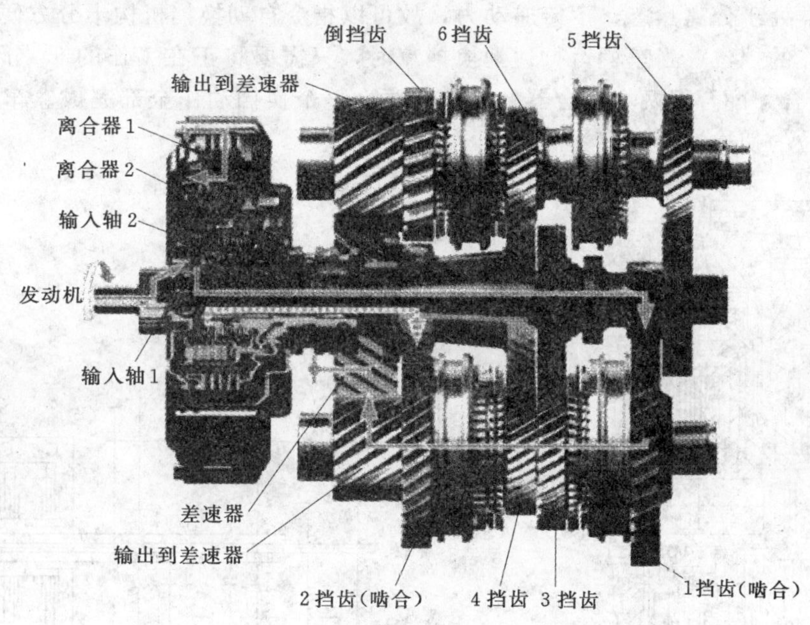

图 4-36　DCT 变速器的结构

4.5.2 双离合工作原理

双离合自动变速系统的基本工作原理相当于采用两个变速器和两个离合器，一个变速器处于工作状态时，另一个变速器空转。通过两个离合器的切换来实现两个变速器交替投入工作状态，可以在不中断动力传递的条件下完成换挡过程。

两个多片油浴式摩擦式离合器 C_1 和 C_2，通过扭转减振盘连接飞轮，其输出端分别驱动齿轮组的奇数挡和偶数挡。C_1 和 C_2 的分离与接合，由 TCU 控制作用在活塞上的油压来实现，如图 4-37 所示。

如图 4-38 所示为一个典型的双离合自动变速器的传动简图。变速器有 6 个前进挡和一个倒挡，有两个并排布置的油浴式离合器 C_1、C_2，变速器的挡位按奇数挡（1 挡、3 挡、5 挡、R 挡）与偶数挡（2 挡、4 挡、6 挡）分开配置，并分别与两个油浴式离合器相连。其 1 挡、3 挡、5 挡、R 挡与 C_1 连接在一起，而 2 挡、4 挡、6 挡连接在 C_2 上。C_2 的输出轴为一个实心轴，C_1 的输出轴是套左 C_2 输出轴外面的一个空心轴，两个输出轴是同心的，这样的结构使变速器变得更加紧凑。另外，还有 4 个同步器，由液压（或步进电机）控制换挡机构（图中未画出）进行挡位的切换及离合器操纵机构等。

当不需传递动力时，C_1、C_2 都分离，不传递动力。当车辆起步时，自动换挡机构将挡位切换为一挡，然后 C_1 接合，车辆开始起步运行。车辆换入 1 挡运行后，此时 C_2 处于分离状态，不传递动力。当车辆加速，达到接近 2 挡的换挡点时，由 ECU 控制自动换挡机构将挡位提前换入 2 挡。当达到 2 挡换挡点时，C_1 开始分离，同时 C_2 开始接合，2 个离合器交替切换，直到 C_1 完全分离，C_2 完全接合，整个换挡过程结束。车辆进入 2 挡运行后，车辆自动变速器电子控制单元可以根据相关传感器信号掌握车辆当前运行状态，进而判断车辆即将进入运行的挡位是升到 3 挡还是降到 1 挡，而 1 挡和 3 挡均连接在 C_1 上，因为该离合器处于分离状态，不传递动力，故可以指令自动换挡机构十分方便地预先换入即将进入工作的挡位，当车辆运行达到换挡点时，只需要将正在工作的 C_2 分离，同时将另一个 C_1 接合，配合好两个离合器的切换时序，整个换挡动作全部完成。车辆继续运行时，其他挡位的切换过程也都类似。

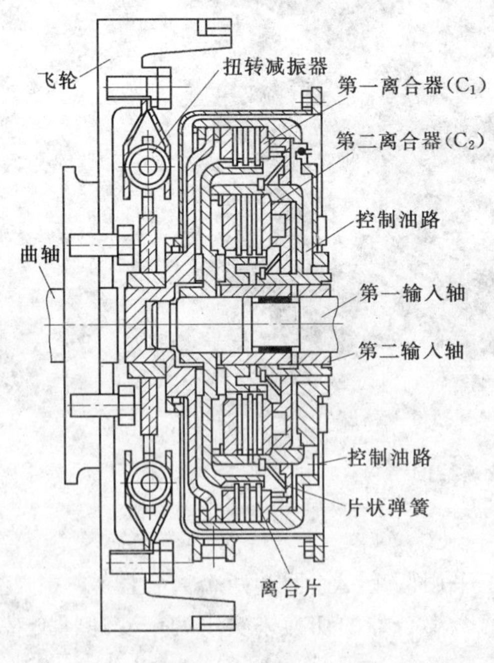

图 4-37　双离合器

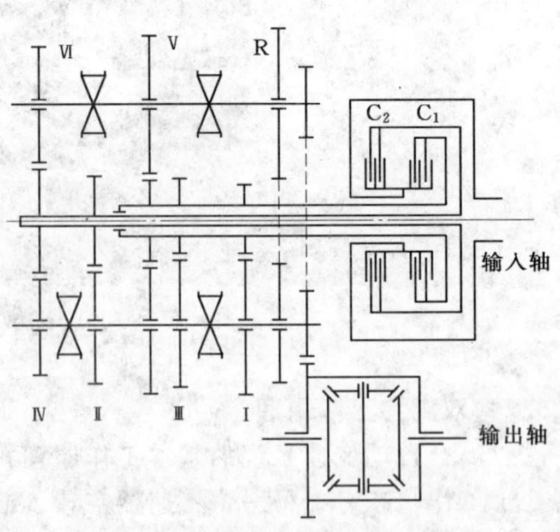

图 4-38　三轴式 DCT 结构简图

4.5.3　双离合系统的控制

变速手柄的挡位排列方式是 P、R、N、D、S 传统方式，如图 4－39 所示。有的车系还加装了手动换挡开关，在 D 挡位时，手柄也可利用手动通道上下微动，手动依次升挡或降挡行驶。

图 4－39　变速手柄的挡位

DCT 系统的控制框图如图 4－40 所示，变速器控制单元（Transmission Control Unit，TCU）采集各传感器的信号，实时在线的对车辆的运行状态进行综合处理和判断，然后控制换挡机构、离合器操纵机构进行换挡。两个离合器以及换挡机构的工作动力由液压动力源供给。它是在传统固定轴式变速器和双离合器的基础上，应用电子技术和自动变速理论，以电子控制单元为核心，通过液压、电动或气动执行系统控制两个离合器的分离与接合、选换挡操作以及发动机转速的自动调节，来实现汽车起步、换挡的自动操纵。DCT 系统控制的基本思想是：根据驾驶员的意图（加速踏板、制动踏板、模式开关等）和车辆的状态（发动机转速、输入轴转速、车速、挡位），依据设定的换挡规律，借助于相应的执行机构（发动机转速控制执行机构、变速器选换挡执行机构、第一离合器和第二离合器分离和接合执行机构），对车辆的动力传动系统（发动机、第一离合器、第二离合器、变速器）进行联合操纵，控制框图见图 4－40。

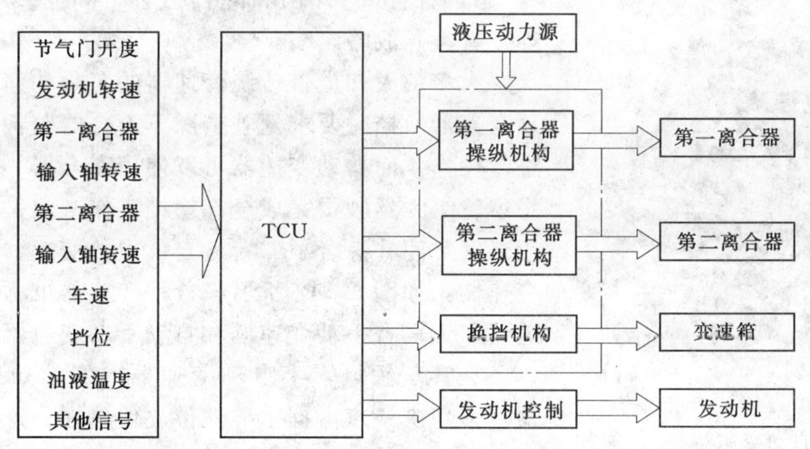

图 4－40　双离合器自动变速系统控制原理图

4.5.4　双离合电控液动换挡系统的原理

发动机不运转时—液压换挡系统无油压，电磁阀断电关闭，液压滑阀在 F 力的作用下，处在中间位置，两个离合器都是泄油状态，如图 4－41 所示。

发动机运转时，液压油作用在液压滑阀的两端，油压平衡，滑阀不动，仍为泄油

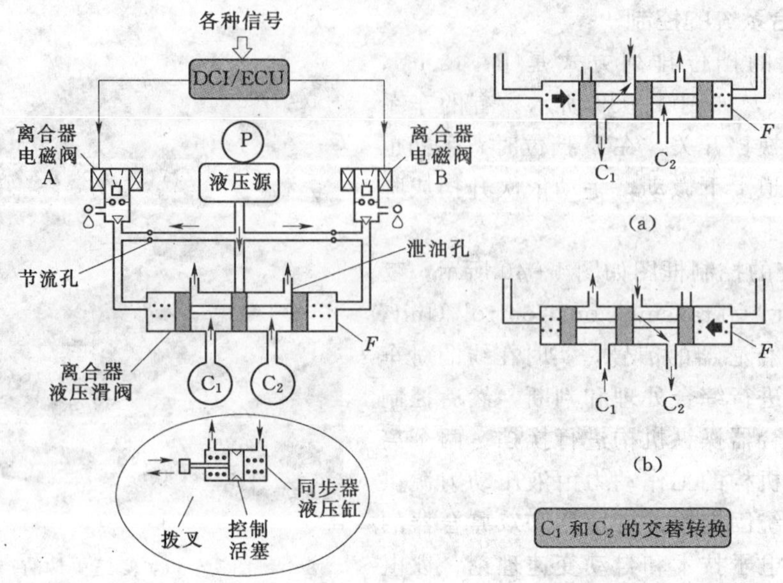

图 4-41　DCT 电控液动换挡原理框图

状态。

汽车起步时，变速手柄在 D 挡，电脑接到节气门传感器 TPS 起步信号，使电磁阀 B 通电开启泄油，液压滑阀右移，离合器 C_1 充油接合，同步器也向前接合，换入一挡行驶。

汽车一挡需要升挡时，电磁阀 A 通电开启泄油，B 阀断电关闭充油，液压滑阀左移，离合器 C_2 充油接合，同步器也向前接合，换入二挡行驶。

其他挡位的升挡和降挡过程，和同步器的控制原理，皆类同故略。

图 4-42　M-NCT 双离合自动变速器

大多数人知道带传统变速器的车是如何工作的。手动变速器换挡时要求驾驶员踩下离合器踏板，用换挡杆进行操作。而自动变速器可以使用离合器、变矩器和行星齿轮组为驾驶员完成全部换挡工作。但是还有一种介于二者之间并综合了二者各自优点的变速器：双离合器变速器，如图 4-42 所示。这种变速器也称为半自动变速器、无离合手动变速器和自动手动变速器。

在赛车领域，半自动变速器（例如顺序手动变速器）多年来一直占据主导地位。但是在量产车中，这还是一种相对较新的技术。被称作双离合器变速器或直接换挡变速器的这些特定设计采用的就是这种技术。

1. 双离合器变速器的结构

双离合器变速器相当于将两个手动变速器的功能集成到一个变速器中。为更好地理解这个意思，首先介绍一下传统手动变速器是如何工作的是非常有益处的。在标准的装备换挡杆的车辆中，驾驶员想从某个挡位切换到另一个挡位时，他首先需要踩下离合器踏板。

这将使一个单离合器开始工作，将发动机与变速器脱开并中断传递到变速器的动力。然后驾驶员用换挡杆选择一个新挡位，这是一个驱使齿套从一个齿轮移动另一个不同尺寸齿轮的过程。一个被称为同步器的在啮合前发挥作用，使齿面线速度一致，以防止发生齿面碰撞。一旦切入了新的挡位，驾驶员松掉离合器踏板，这将重新使发动机和变速器连接，将动力传递到车轮。因此在传统的手动变速器中，不存在从发动机到车轮的连续不断的动力传递。相反，在换挡过程中，动力传递经历了传递一中断一传递的变化过程，这将引起被称作"换挡冲击"或"转矩中断"的现象。对一个不熟练的驾驶员来说，这可能导致换挡时乘员一次次被推向前和抛向后。

与手动变速器形成对照的是，双离合器变速器使用两个离合器，但没有离合器踏板。最新的电子系统和液压系统控制着离合器，正如标准的自动变速器中的一样。在双离合器变速器中，离合器是独立工作的。如图 4-43 所示，一个离合器控制了奇数挡位（如 1 挡、3 挡、5 挡和倒挡），而另一个离合器控制了偶数挡位（如 2 挡、4 挡和 6 挡）。使用了这个布局，由于变速器控制器根据速度变化，提前啮合了下一个顺序挡位，因此换挡时将没有动力中断。

图 4-43　双离合器自动变速器结构简图

双离合器变速器主要由双离合器、机械部分变速器、自动换挡机构、电子控制液压控制系统组成。其中最具创意的核心部分是双离合器和机械部分变速器中的两轴式的输入轴。这个精巧的两轴式结构分开了奇数挡和偶数挡。不像传统的手动变速器将所有挡位集中在一根输入轴上，双离合器变速器将奇数挡和偶数挡分布在两根输入轴上。外部输入轴被挖空，给内部输入轴留出嵌入的空间。以 6 挡变速器为例，内部输入轴上安装了 1 挡、3 挡、5 挡和倒挡的齿轮，外部输入轴上安装了 2 挡、4 挡和 6 挡的齿轮。这使得快速换挡成为可能，维持了换挡时的动力传递。标准的手动变速器是做不到这点的，因为它必须使用一个离合器来控制所有的奇数挡和偶数挡。

传统的自动变速器必须装备一个变矩器来将发动机转矩传递到变速器，然而双离合器变速器并不需要这样的变矩器。目前已上市的双离合器变速器使用了湿式多片式的离合器。湿式离合器就是将离合器零部件浸入润滑油中以减少摩擦和限制热量的产生。一些制造商正开发使用干式离合器的双离合器变速器，干式离合器通常跟手动变速器相关，但目前所有装备双离合器变速器的量产车均使用湿式离合器，如图 4-44 所示。

类似于变矩器，湿式多片式离合器是利用液压压力来驱动齿轮的。当离合器结合时，离合器活塞内的液压使一组螺旋弹簧零件受力，这将驱使一组离合器盘和摩擦盘压在同定的压力盘上，油压的建立是由变速器控制器指令电磁阀来控制的。摩擦片内缘处有内花键齿，以便与离合器鼓上的外花键相啮合。离合器毂与齿轮组相连，这样就可以接受传递过来的力。为分离离合器，离合器活塞中的液压就会降低，在弹簧的作用下，离合器就会分开。奥迪的 DSG 变速器在湿式多片式离合器中既有小的螺旋弹簧也有大的膜片弹簧。

双离合器变速器中有 2 个离合器，它们的工作状态是相反的，不会发生 2 个离合器同时接合的情形，如图 4-45 所示。

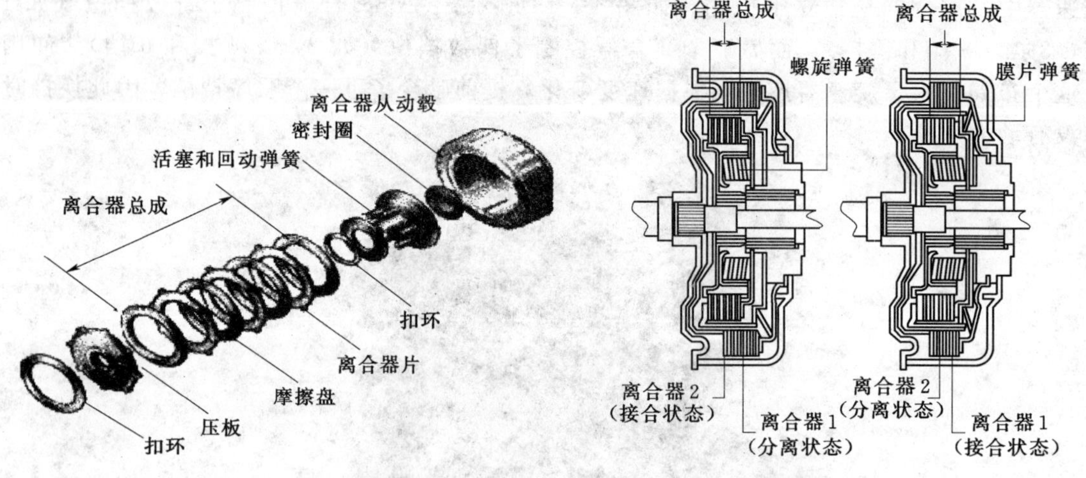

图 4-44　湿式离合器结构图　　　　图 4-45　双离合器变速器的工作过程

双离合器变速器的挡位切换是由挡位选择器来操作的，挡位选择器实际上是个液压马达，推动拨叉就可以进入相应的挡位，由液压控制系统来控制它们的工作。以一个典型的 6 挡双离合器变速器为例，液压控制系统中由 6 个油压调节电磁阀用来调节 2 个离合器和 4 个挡位选择器中的油压压力，还有 5 个开关电磁阀，分别控制挡位选择器和离合器的工作。

2. 双离合器式自动变速器工作原理

(1) 换挡工作过程。

首先，我们以一个较典型的双离合器式自动变速器原理为例，介绍一下双离合器的换挡工作原理。

如图 4-46 所示，为一个双离合器式自动变速器的工作原理图，它为了实现动力换挡，将挡位按奇数挡（1 挡、3 挡、5 挡）与偶数挡（2 挡、4 挡）分开配置，分别与两个湿式离合器相连。其 1 挡、3 挡、5 挡与离合器 C_1 连接在一起，而 2 挡、4 挡连接在离合器 C_2 上。离合器 C_1 的输出轴为一个实心轴，而离合器 C_2 的输出轴是套在 C_1 输出轴外面的一个空心轴，两个输出轴是同心的。

在车辆处于停车状态时，两个离合器都是常开式的，即在平时两个离合器均处于分离

状态，不传递动力。当车辆起步时，因 C_1 分离，自动换挡机构将挡位切换为 1 挡，然后离合器 C_1 接合，车辆开始起步运行，这时的控制过程与电控机械式自动变速器类似。车辆换入 1 挡运行后，因为此时离合器 C_2 处于分离状态，不传递动力，当车辆加速，达到接近 2 挡的换挡点时，自动换挡机构可以将挡位提前换入 2 挡，离合器 C_1 开始分离，同时离合器 C_2 开始接合，两个离合器交替切换，直到离合器 C_1 完全分离，离合器 C_2 完全接合，整个换挡过程结束，与目前的 AT 自动变速器相同。车辆进入 2 挡运行后，车辆自动变速器电控单元可以根据相关传感器信号知道车辆当前运行状态，进而判断车辆即将进入运行的挡位，如果车辆加速，则下一个挡位为 3 挡，如果车辆减速，则下一个档位为 1 挡。而 1 挡和 3 挡均连接在离合器 C_1 上，因为该离合器处于分离状态，不传递动力，故可以指令自动换挡机构十分方便地预先换入即将进入工作的挡位，当车辆运行达到换挡点时，只需要将正在工作的离合器 C_2 分离，同时将另一个离合器 C_1 接合，配合好两个离合器的切换时序，整个换挡动作全部完成。车辆继续运行时，其他挡位的切换过程也都类似，在此就不再一一叙述。

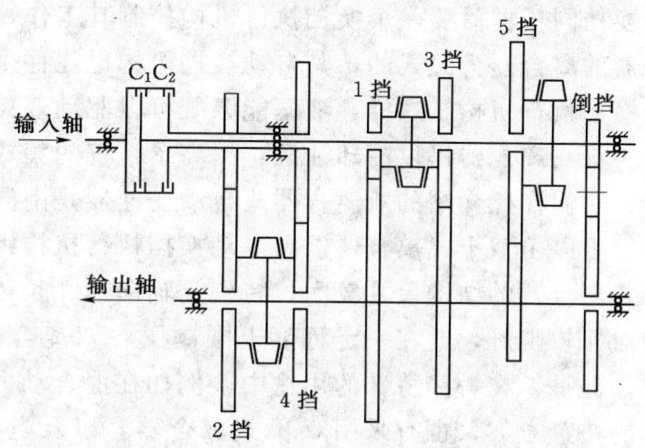

图 4-46 双离合器自动变速器工作原理图

(2) 离合器切换控制。

在换挡过程中，发动机的动力始终不断地被传递到车轮，所以这样完成的换挡过程为动力换挡。但是在两个离合器切换过程中，与 AT 自动变速器一样，必然存在工作重叠的部分，其控制压力的切换过程如图 4-47 所示。如何控制好 C_1 与 C_2 的配合时序，是双离合器控制策略中最重要的问题之一，在这方面，我们经过摸索，已经总结出了成熟的控制规律。如果两个离合器重叠量过大，则会出现双锁死的情况，会产生破坏作用；如果两个离合器重叠量过少，则仍会出现少量动力切换中断的情况。所以，需要对两个离合器的工作进行精确的调节。在车辆起步、爬行等工况中，也可以对离合器进行滑差控制，即可以控制离合器在不完全接合的状态下通过滑磨传递动力。我们在这方面也已经掌握了成功的经验。

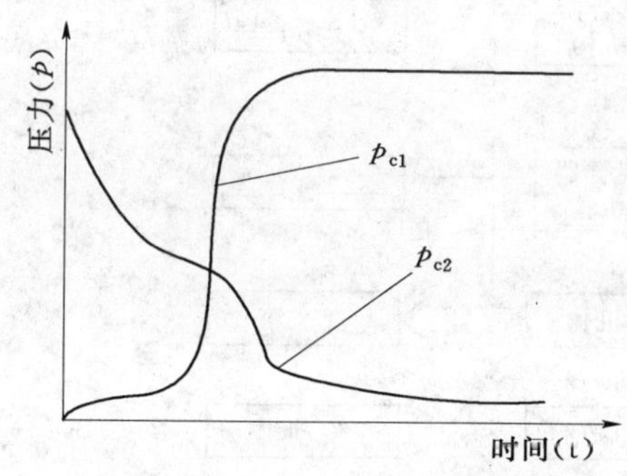

图 4-47 双离合器工作切换过程

(3) 换挡机构与扭转减震器。

双离合器式自动变速器在挡位切换时的同步器与齿轮的啮合动作同样也要实现自动化操作，而且它的工作原理和结构设计与电控机械式自动变速器中的换挡机构几乎完全相同，可以借用已经成熟的经验。并且，在双离合器式自动变速器中不再有选挡过程，每一个换挡同步器需要一个换挡执行机构控制其工作，直接推动同步器换挡。因为这种自动变速器的离合器为湿式的，其自动换挡机构也往往采用液压控制方式，利用电磁阀来控制液压换挡执行机构。这样，液压能源既可以驱动双离合器，也可以驱动换挡执行机构，还可以为湿式离合器提供冷却油源，提高了系统的集成度。

我们在此介绍的双离合器式自动变速器是南湿式离合器和液压换挡机构构成的，它同样也可以由双干式离合器以及电动换挡执行机构组成，其工作原理完全相同。但是，由于干式离合器的结构尺寸较大，特别是轴向尺寸长，而且两个离合器的操纵机构布置起来也相对比较困难，这在一定程度上限制了在双离合器式自动变速器中采用干式离合器的可能。但是，在一些特殊的用途中，例如在混合动力车辆的传动系统中，考虑两个离合器具体的布置方案，也有采用双 T 式离合器，以及电控换挡执行机构等，这要根据具体的车型来决定。

因为在双离合器式自动变速器中没有液力变矩器，所以必须采用扭转减振器来吸收扭转振动。这个扭转减振器通常布置在发动机飞轮和湿式离合器的动力输入部件之间，这样，我们在设计扭转减振器的过程中，可以应用双质量飞轮的设计原理，设计基于双质量飞轮的扭转减振器，它的第一质量由质量减少了的发动机飞轮构成，而它的第二质量则由湿式离合器构成。通过精确设计扭转减振器和湿式离合器的参数，既可以将其结构高度集成化，减小安装尺寸，又可以大大地改善其吸收扭转振动的效果。

(4) 系统框图。

双离合器式自动变速器的控制系统框图如图 4-48 所示。

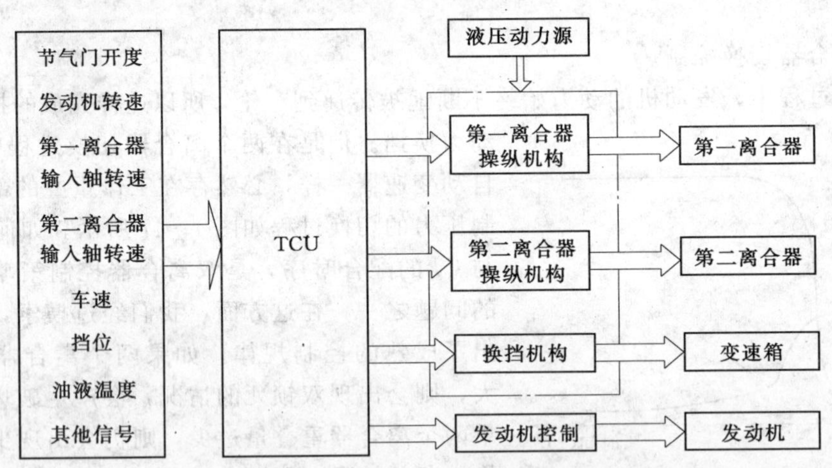

图 4-48　双离合器式自动变速器控制系统框图

电控单元（TCU）采集各个传感器的信号，实时在线地对车辆的运行状态进行判断。在需要进行换挡等操作时，TCU 发出指令，控制离合器及换挡操纵机构操纵两个离合器和变速器进行工作。湿式离合器和换挡操纵机构的动力由液压动力源提供。

双离合器式自动变速器在换挡工作过程中同样也需要对发动机进行控制。对电喷发动机的控制往往需要通过 CAN 总线等进行整体匹配；而对于还没有电喷化的发动机，如目前大部分的柴油机等，则需要增加电子油门进行控制。

3. 双离合器变速器的工作过程

目前唯一量产的双离合器变速器是德国大众的双离合变速器如图 4－49 所示。下面以双离合变速器为例，简单介绍双离合器变速器的工作过程。

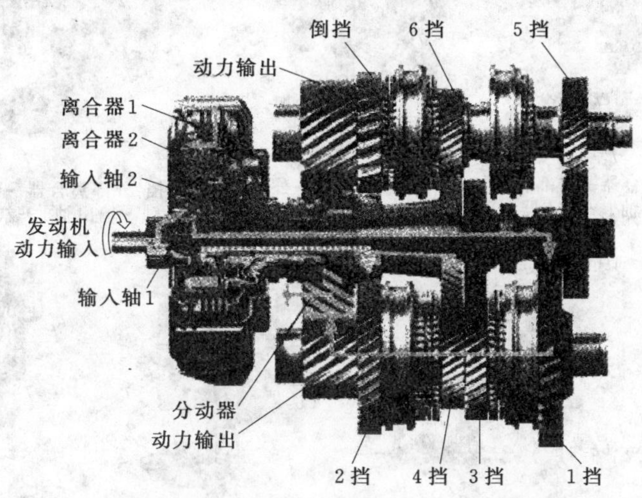

图 4－49　德国大众的双离合变速器

在 1 挡起步行驶时，动力传递路线如图 4－49 中直线和箭头所示，外部离合器接合，通过内部输入轴到 1 挡齿轮，再输出到差速器。同时，图中虚线和箭头所示的路线是 2 挡时的动力传输路线，由于离合器 2 是分离的，这条路线实际上还没有动力在传输，是预先选好挡位，为接下来的升挡作准备的。当变速器进入 2 挡后，退出 1 挡，同时 3 挡预先结合。所以在 DSG 变速器的工作过程中总是有 2 个挡位是结合的，一个正在工作，另一个则为下一步做好准备。

双离合变速器在降挡时，同样有 2 个挡位是结合的，如果 6 挡正在工作，则 5 挡作为预选挡位而结合。双离合变速器的升挡或降挡是由变速器控制器（TCU）进行判断的，踩油门踏板时，变速器控制器判定为升挡过程，作好升挡准备；踩制动踏板时，变速器控制器判定为降挡过程，作好降挡准备。

一般变速器升挡总是一挡一挡地进行的，而降挡经常会跳跃地降挡，双离合变速器在手动控制模式下也可以进行跳跃降挡，例如，从 6 挡降到 3 挡，连续按 3 下降挡按钮，变速器就会从 6 挡直接降到 3 挡，但是如果从 6 挡降到 2 挡时，变速器会降到 5 挡，再从 5 挡直接降到 2 挡。在跳跃降挡时，如果起始挡位和最终挡位属于同一个离合器控制的，则会通过另一离合器控制的挡位转换一下，如果起始挡位和最终挡位不是属于同一个离合器控制的，则可以直接跳跃降至所定挡位。各个挡位的动力传递如图 4－50 所示。

驾驶员也可以选择一个全自动模式，将所有挡位变化的任务交予变速器控制器处理。在这种模式中，驾驶经验与传统的自动变速器非常类似。由于双离合器变速器能逐步退出一个挡位并逐步进入下一个挡位，换挡冲击被减少了。更重要的是，挡位变化发生在负载情况下，因此持续不断的动力传递得以维持。

4. 双离合器变速器的应用和特点性能

（1）双离合器式自动变速器的应用。

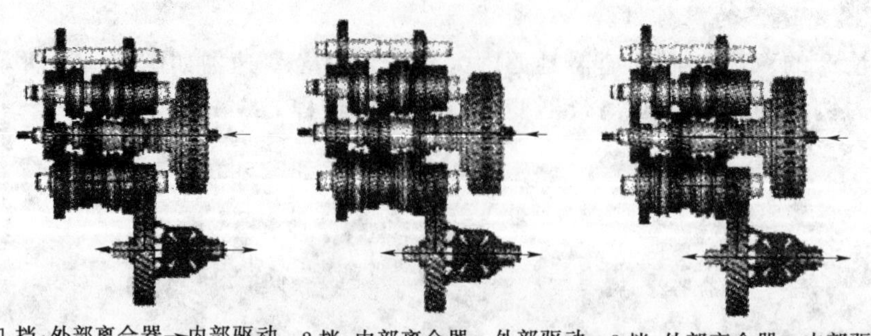

1 挡：外部离合器→内部驱动轴→输入轴 1→差速器　2 挡：内部离合器→外部驱动轴→输出轴 1→差速器　3 挡：外部离合器→内部驱动轴→输出轴 1→差速器

4 挡：内部离合器→外部驱动轴→输出轴 1→差速器

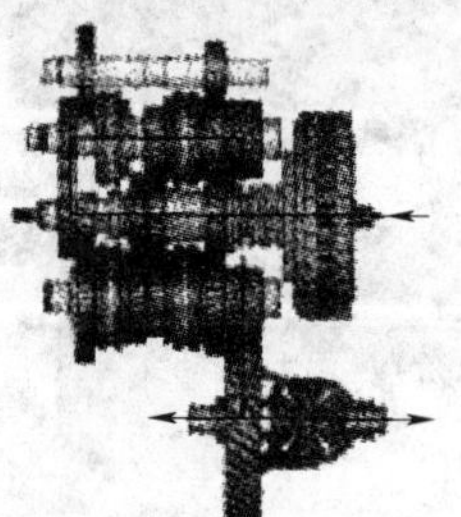

5 挡：外部离合器→内部驱动轴→输出轴 2→差速器

6 挡：外部离合器→外部驱动轴→输出轴 2→差速器

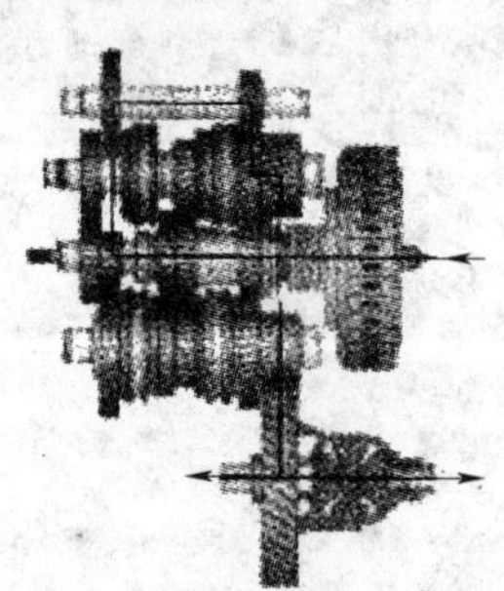

倒挡：外部离合器→内部驱动轴→倒挡轴→输出

图 4-50　双离合变速器各挡位动力传递路线

双离合器式自动变速器也是基于平行轴式手动变速器发展而来的，它继承了手动变速器传动效率高、安装空间紧凑、重量轻、价格便宜等许多优点，而且实现了换挡过程的动力换挡，即在换挡过程中不中断动力，保留了 AT、CVT 等换挡品质好的优点。这使得车辆在换挡过程中，发动机的动力始终可以传递到车轮，换挡迅速平稳，不仅保证了车辆的加速性，而且由于车辆不再产生由于换挡引起的急剧减速情况，也极大地改善了车辆运行的舒适性。这对电控机械式自动变速器来说，是一个巨大的改进。

运用这种双离合器式自动变速器动力换挡的原理，不但可以直接开发设计自动变速器，而且它的一些结构构成也是目前国内外重点研究的混合动力车辆项目中传动系统的基本组成部分。因此，研究这种双离合器的工作过程和控制规律，对于开发新型的自动变速器和促进车辆混合动力传动技术的研究，既有实用价值，又具有理论意义。

双离合器式自动变速器的应用范围很大，它既可以应用在大型车、中型车上，而且由于它很短的换挡时间，也可以应用在运动车上。并且，通常在较高扭矩的车辆中，它的应用更为有利。这是因为，它的两个传动轴一般情况下是同心的，即中间的一个传动轴是实心的，而套在它外面的则是一个空心轴，由于轴的刚度、强度以及结构尺寸等方面的原因，较大的传动轴轴径有利于双离合器式自动变速器的设计，多适合发动机排量较大的车辆。

对于较小发动机排量的车辆，如果要开发设计双离合器式自动变速器，也可以采用双中间轴的布置方案，这种方案不再采用轴套轴的方式，而是采用了两个独立的中间轴，其刚度和强度都不再有问题，而且这样设计的双离合器式自动变速器轴向尺寸非常紧凑。

(2) 双离合变速器(DCT)的性能特点。

双离合器变速器不仅继承了手动变速器传动效率高的特点，并且比手动变速器换挡更快，通过两套动力传递路线进行交错传递。与传统的手动变速器相比，DCT使用更为方便，因为说到底，它还是一个自动变速器，只是使用了DCT的新技术，使得手动变速器具备自动性能，同时大大改善了汽车燃油经济性，DCT比手动变速器换挡更加快捷、顺畅，动力输出不间断。

与传统的自动变速器相比，DCT自动变速器有着明显的区别，DCT没有采用转矩变换器，自动转换更加灵活，而且也不是在传统概念自动变速器基础上开发出来的，设计DCT的工程师们开创了全新的技术。

与无级变速的CVT相比，DCT可以承受更高的转矩要求。

总体而言，双离合器变速器的行为就像一个标准的手动变速器：它具有装配了齿轮的输入轴、输出轴和倒挡轴，同步器和离合器，只是少了一个离合器踏板，多了执行换挡的变速器控制器、电磁阀和液压单元。在没有离合器踏板的情况，驾驶员也可以通过方向盘上的扳键、按钮或换挡杆来“告诉”变速器控制器(TCU)进行换挡。

驾驶员的体验是DCT很多优点的一个。少于8ms的升挡时间使很多人感觉到在市面上所有的整车中装备DCT的能提供最优的动态加速性。当然通过减少换挡冲击，DCT在负载情况下，因此持续不断的动力传递得以维持。

5. 双离合器变速器的应用和特点性能

(1) 双离合器式自动变速器的应用。

双离合器式自动变速器也是基于平行轴式手动变速器发展而来的，它继承了手动变速器传动效率高、安装空间紧凑、重量轻、价格便宜等许多优点，而且实现了换挡过程的动力换挡，即在换挡过程中不中断动力，保留了AT、CVT等换挡品质好的优点。这使得车辆在换挡过程中，发动机的动力始终可以传递到车轮，换挡迅速平稳，不仅保证了车辆的加速性，而且由于车辆不再产生由于换挡引起的急剧减速情况，也极大地改善了车辆运行的舒适性。这对电控机械式自动变速器来说，是一个巨大的改进。

运用这种双离合器式自动变速器动力换挡的原理，不但可以直接开发设计自动变速器，而且它的一些结构构成也是目前国内外重点研究的混合动力车辆项目中传动系统的基本组成部分。因此，研究这种双离合器的工作过程和控制规律，对于开发新型的自动变速器和促进车辆混合动力传动技术的研究，既有实用价值，又具有理论意义。

双离合器式自动变速器的应用范围很大，它既可以应用在大型车、中型车上，而且由于它很短的换挡时间，也可以应用在运动车上。并且，通常在较高扭矩的车辆中，它的应用更为有利。这是因为，它的两个传动轴一般情况下是同心的，即中间的一个传动轴是实心的，而套在它外面的则是一个空心轴，由于轴的刚度、强度以及结构尺寸等方面的原因，较大的传动轴轴径有利于双离合器式自动变速器的设计，多适合发动机排量较大的车辆。

对于较小发动机排量的车辆，如果要开发设计双离合器式自动变速器，也可以采用双中间轴的布置方案，这种方案不再采用轴套轴的方式，而是采用了两个独立的中间轴，其刚度和强度都不再有问题，而且这样设计的双离合器式自动变速器轴向尺寸非常紧凑。

(2) 双离合变速器（DCT）的性能特点。

双离合器变速器不仅继承了手动变速器传动效率高的特点，并且比手动变速器换挡更快，通过两套动力传递路线进行交错传递。

与传统的手动变速器相比，DCT 使用更为方便，因为说到底，它还是一个自动变速器，只是使用了 DCT 的新技术，使得手动变速器具备自动性能，同时大大改善了汽车燃油经济性，DCT 比手动变速器换挡更加快捷、顺畅，动力输出不间断。

与传统的自动变速器相比，DCT 自动变速器有着明显的区别，DCT 没有采用转矩变换器，自动转换更加灵活，而且也不是在传统概念自动变速器基础上开发出来的，设计 DCT 的工程师们开创了全新的技术。

与无级变速的 CVT 相比，DCT 可以承受更高的转矩要求。

总体而言，双离合器变速器的行为就像一个标准的手动变速器：它具有装配了齿轮的输入轴、输出轴和倒挡轴，同步器和离合器，只是少了一个离合器踏板，多了执行换挡的变速器控制器、电磁阀和液压单元。在没有离合器踏板的情况，驾驶员也可以通过方向盘上的扳键、按钮或换挡杆来“告诉”变速器控制器（TCU）进行换挡。

驾驶员的体验是 DCT 很多优点的一个。少于 8ms 的升挡时间使很多人感觉到在市面上所有的整车中装备 DCT 的能提供最优的动态加速性。当然通过减少换挡冲击，DCT 也提供了更为平顺的换挡。

可能 DCT 最引人注目的优势是改善了燃油消耗。由于换挡过程中没有动力中断，燃油效率显著提高。有数据表明 6 挡 DCT 与传统 5 挡自动变速器相比，燃油效率可增加 10%。与无级变速的 CVT 变速器相比，DCT 可以承受更高的转矩要求。在欧洲由于消费者更为关注驾驶感受和燃油经济性，DCT 被认为是一个理想的解决方案。

预测数据表明到 2012 年，DCT 的市场份额将上升为 25%，而 CVT 仅为 1%。

DCT 是基于平行轴式手动变速器发展而来的，它保留了手动变速器结构简单、传动效率高等优点，并且通过自动控制实现了动力换挡过程，具有很好的换挡品质，解决了 AMT 非动力换挡的缺点。DCT 也可以非常好地保护现有手动变速器的生产设备投资，适合我国国情，势必会更为整车及变速器厂所关注。

第二篇　汽车底盘控制部分

第五章　汽车防滑与安全性控制系统

5.1　汽车防滑与安全性控制系统概述

汽车操纵稳定性是保证汽车行驶安全的重要性能，是提高行车速度的重要保证，汽防滑控制是提高操纵稳定性的重要措施，主要包括制动防抱死系统（ABS）、电子制动力分配系统（EBD）、驱动防滑转控制系统（ARS）和电控汽车稳定行驶系统（ESP）等。但不是所有汽车都必须安装这四个系统，目前看 ABS 和 EBD 的应用非常普遍。ARS 和 ESP 应用在高档车。

1. 制动防抱死系统（ABS）

汽车在遇到障碍或突发事件等紧急情形时，要求在很短的距离和时间内停车，如果制动强度过大，将会使车轮抱死。后轮抱死将使车辆丧失方向稳定性（甩尾侧滑），前轮抱死则使车辆失去转向能力（转向盘失控）。ABS 的主要作用就是根据汽车的行驶状态和车轮的转动情况，在制动过程中自动调节各车轮的制动力，使车轮滑移率被控制在一个狭小的理想范围内，车轮不会抱死，使其纵向制动力和侧向附着能力保持较大值，充分利用轮胎与路面之间的纵向和侧向附着力提高汽车抗侧滑的能力，改善汽车的操纵性和方向稳定性，缩短制动距离，有效提高行车安全性。随着人们对汽车安全性能要求的不断提高，ABS 已逐渐成为乘用车的标准装备。

2. 电子制动力分配系统（EBD）

通常情况下，各个车轮与地面的附着条件不同。EBD 的功能就是在汽车制动的瞬间，由传感器检测前后轮的转动状态，并由电子控制单元计算出各轮胎与路面间的附着力大小，然后分别调节各个车轮制动器的制动转矩，使之达到与路面附着力的理想匹配，以进一步缩短制动距离，同时保证车辆制动时的稳定性。EBD 与 ABS 结合，可大大提高 ABS 的功效。紧急制动时，EBD 会在 ABS 作用之前，依据车辆的质量分布和路面条件，有效分配制动力，使各个车轮得到理想的制动力。因此，EBD 的作用就是在 ABS 的基础上，平衡每一个车轮的有效地面附着力，改善制动力的平衡，防止出现甩尾和侧滑，并缩短汽车制动距离，使汽车的行驶安全性能更高。

3. 驱动防滑控制系统（ASR）

汽车驱动防滑控制系统是在 ABS 基础上发展起来的，其作用是汽车在起步、急加速时，防止驱动车轮打滑。ASR 能够提高车辆的牵引性、操纵性、稳定性，减少轮胎磨损和事故风险（尤其在坏路面上），增加行驶安全性，使得汽车在附着状况不好的路面上能顺利起步和行驶。

4. 电控行驶稳定系统（ESP）

ESP 整合了 ABS 和 ASR 的功能，起到了一种综合控制系统的作用。当车辆转弯受侧向力时，ESP 能降低车辆打滑的危险，使汽车安全稳定行驶。该系统将汽车的制动、驱动、悬架、转向、发动机等主要总成的控制系统在功能、结构上有机地结合起来，使汽车在各种恶劣工况下都有最佳行驶性能。

5.2 制动防抱死系统

5.2.1 制动防抱死系统的优点

为了提高汽车的制动性能，防止汽车制动时车轮抱死，现代汽车加装制动防抱死系统，通常简写为 ABS（Anti-Lock Brake System），使用 ABS 有以下优点。

（1）改善了汽车制动时的方向稳定性。汽车制动时的方向稳定性是指汽车阻止外界干扰保持原来行驶方向的能力，即抵抗制动跑偏、侧滑、甩尾的能力。ABS 使汽车在制动过程中车轮将不再被抱死，车轮具有一定的横向附着系数，车轮能提供一定的横向作用力，特别是能很好地防止后轮在制动过程中丧失横向附着力，保证了汽车在制动过程中具有良好的方向稳定性。

（2）缩短了制动距离。制动防抱死系统能够有效地利用各个车轮的最大纵向附着力，使汽车获得更大的制动力，所以，一般情况下都能使制动距离缩短，特别是在良好的路面上，缩短制动距离就更为显著。

（3）增加了汽车制动时的转向操纵能力。汽车制动系统中加装了 ABS 后，在制动过程中防止汽车转向轮被制动抱死，使其保持一定的横向附着力，汽车就能按照驾驶员操作实现转向，汽车在制动过程中就具有了转向操纵能力，从而实现制动加转向。

（4）减少了轮胎磨损。由于使用了 ABS，车轮在制动过程中不是完全拖滑而是滑转，因此轮胎磨损小，另外，轮胎磨损也比较均匀。

5.2.2 制动防抱死系统的分类

ABS 按控制通道数（图 5-1），可分为一传感器一通道、二传感器二通道、三传感器三通道、四传感器二通道、四传感器三通道、四传感器四通道等形式。

由于四通道式可对每个车轮进行单独控制，更加安全可靠，被广泛采用。图 5-2 所示为四通道、四传感器式 ABS，在 ABS 系统中，对能够独立进行制动压力调节的制动管路称为控制通道。如果某个车轮的制动压力占用一个控制通道，可以单独进行调节，则称之为独立控制或单轮控制。如果两个车轮的制动压力是一同进行调节的（共同占用 ECU 的一个控制通道），则称之为同时控制或一同控制。如果同时控制的两个车轮在同一轴上，

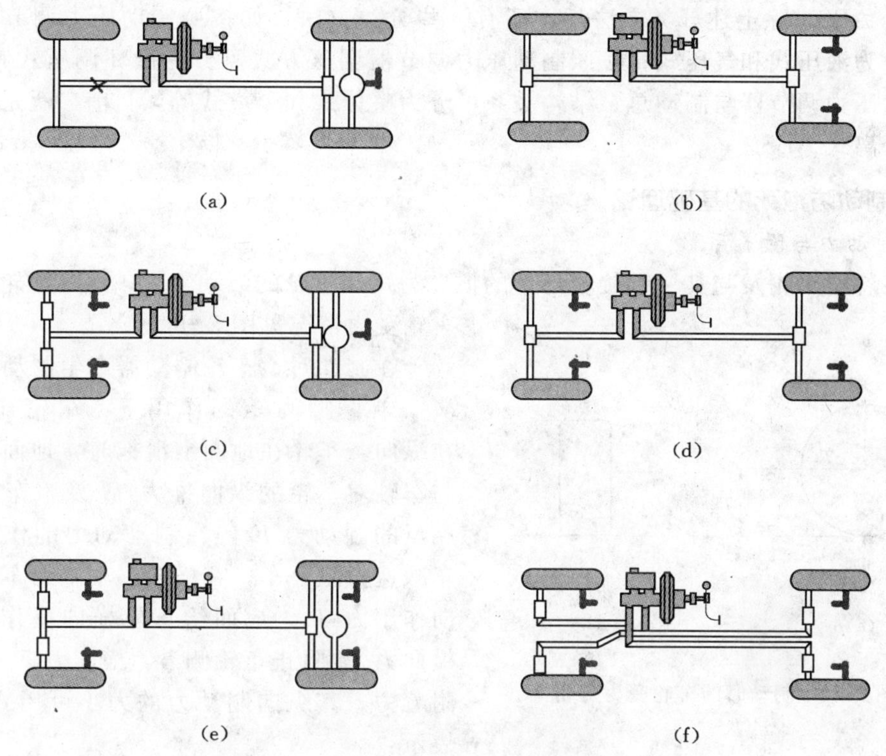

图 5-1　ABS 控制通道数

(a) 一传感器一通道；(b) 二传感器二通道；(c) 三传感器三通道；(d) 四传感器二通道；(e) 四传感器三通道；(f) 四传感器四通道

称之为同轴控制或轴控制。

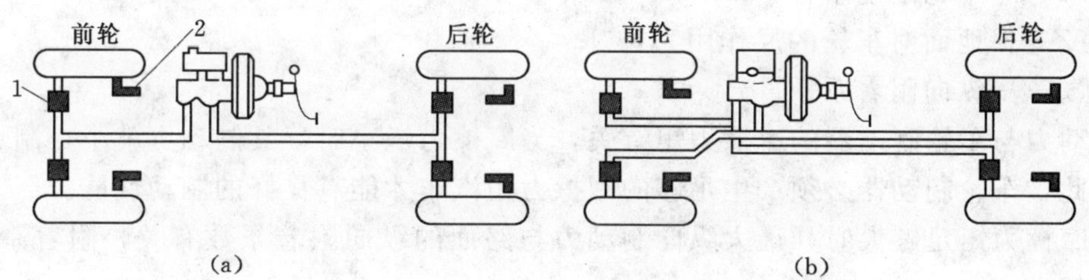

图 5-2　四通道 4 个轮速传感器的 ABS

(a) 前后布置；(b) 对角布置

1—压力调节装置；2—轮速传感器

汽车在左右附着系数不同的路面上行驶时，由于两边车轮与路面间的附着力不同，制动时两个车轮制动抱死的时间不一样，附着系数小的车轮先抱死，附着系数大的车轮后抱死。在两个车轮一同控制时，如果以保证附着系数较小的车轮不发生抱死为原则进行制动压力调节，则称这两个车轮按低选原则一同控制；如果以保证附着系数较大的车轮不发生抱死为原则进行制动压力调节，则称这两个车轮按高选原则一同控制。因此，在一同控制中，有低选原则和高选原则之分。

对于 ABS，除上述分类方法外，还有一些分类方法，如按照制动压力调节器的动力来源可分为液压式和气压式；按照制动压力调节器调压方式可分为循环调压式和变容式；按照制动压力调节器与制动总泵结构关系可分为整体式和分离式等，目前广泛采用循环调压式、分离式 ABS。

5.2.3　制动防抱死的基础理论

1. 制动力与附着系数

如果忽略车轮及与其一起旋转部件的惯性力矩和车轮的滚动阻力，汽车前轮制动时的车轮受力情况见图 5-3。

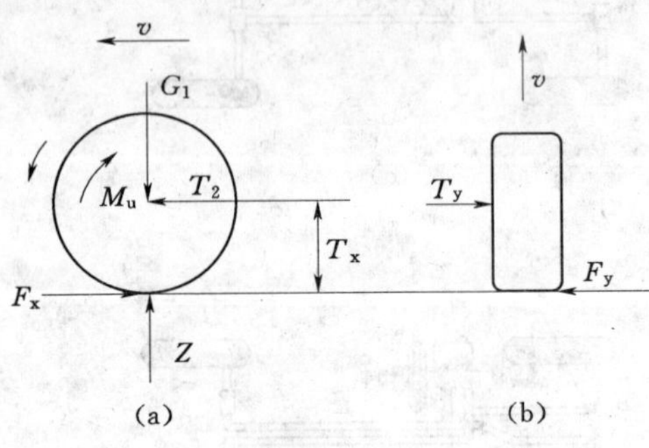

图 5-3　制动时的车轮受力分析

在制动时，车轮制动器产生制动摩擦力矩 M_u，在摩擦力矩的作用下，车轮开始制动，在纵向，车轮在地面上滑拖时，地面产生一个与车轴对车轮的纵向推力 T_x 及汽车行驶方向相反的制动力 F_x，在制动动力的作用下，汽车减速直至停车；在横向，车轴给车轮一个横向作用力 T_y，地面给车轮横向反作用力 F_y，横向力 F_y 阻止车轮侧滑，横向力 F_y 称为横向附着力。其纵向制动力的大小可用式（5-1）表示：

$$F_x=\frac{M_u}{r}\leqslant Z\varphi_x \tag{5-1}$$

式中　F_x——制动力，N；

M_u——车轮制动器摩擦力矩，N·m；

r——车轮滚动半径，m；

Z——地面对车轮的反作用力，N；

φ_x——纵向附着系数。

制动力与车轮制动器的摩擦力矩有关，当摩擦力矩小时，其制动力就小，制动距离就长，因此，车轮制动器必须产生足够的摩擦力矩汽车才能有良好的制动性能。

当摩擦力矩足够大时，最大纵向制动力与路面的纵向附着系数有关，附着系数越大，制动力越大。

其横向附着力的大小为式（5-2）：

$$F_y=Z\varphi_y \tag{5-2}$$

式中　F_y——横向附着力，N；

φ_y——横向附着系数。

由上式可知，地面的横向附着系数直接影响横向附着力的大小，横向附着系数大，则横向附着力大，横向附着力对防止汽车侧滑、甩尾起着决定性的作用。

2. 滑移率与附着系数的关系

汽车在制动过程中，车轮在路上是边滚边滑的过程，汽车未制动时，车轮处于纯滚动状态；当车轮制动抱死时，车轮在路面上的运动处于纯滑动状态。为了定量的描述汽车制

动时车轮的运动状态，引入车轮滑移率的概念，滑移率的定义为式（5-3）：

$$S=\frac{V-V_{\omega}}{V}\times100\%=\frac{V-r\omega}{V}\times100\% \tag{5-3}$$

式中　S——滑移率；

V——车速，m/s；

V_{ω}——车轮速度，m/s；

r——车轮滚动半径，m；

ω——车轮转动角速度，rad/s。

从公式可以看出，所谓滑移率就是汽车在制动过程中，车轮的滑动位移占总位移的比例。

当车轮完全转动时，$V=V_{\omega}$，$S=0$，车轮完全转动，不产生制动。

当车轮制动抱死时，$r\omega=0$，$S=100\%$，车轮完全抱死，车轮在地上滑拖。

当车轮又滑又转时，如 $S=15\%\sim30\%$ 则表示车轮在制动过程中有15%～30%的位移是抱死，有70%～85%的位移是转动。

车轮滑移率的大小对车轮与地面间的附着系数有很大影响，附着系数随路面性质不同呈大幅度变化，干燥路面附着系数大，潮湿路面附着系数小，冰雪路面附着系数更小。

下面以典型的干燥硬实路面上附着系数与滑移率的关系进行介绍，见图5-4。

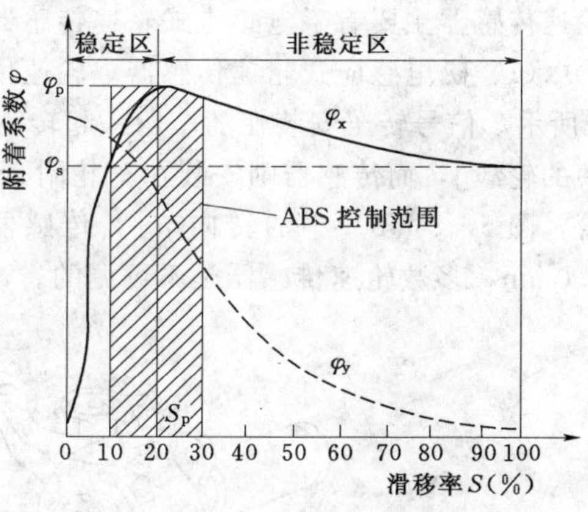

图5-4　干燥硬实路面上附着系数和滑移率的关系

（1）纵向附着系数。

1）当滑移率为0～10%时，滑移率越大，附着系数越大。

2）当滑移率为10%～30%时，纵向附着系数最大，该最大值称为峰值附着系数，用 φ_p 表示，此时与其相对应的车轮滑移率称为峰值附着系数滑移率，用 S_p 表示。

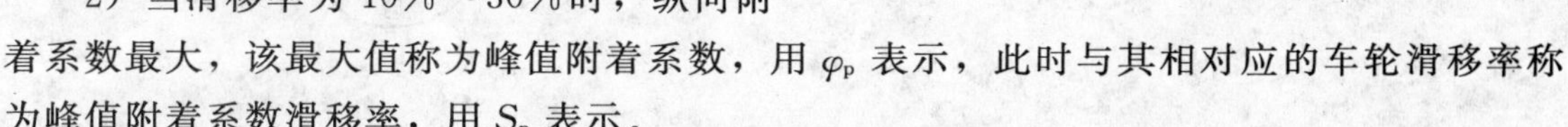

3）当滑移率大于30%时，纵向附着系数逐渐变小。通常把车轮完全抱死即车轮在路上滑动的附着系数称为滑动附着系数，用 φ_s 表示。车轮抱死时的滑动附着系数一般总是小于峰值附着系数，通常干燥硬实路面上的 φ_s 比 φ_p 10%～20%，潮湿的硬实路面上 φ_s 比 φ_p 小20%～30%。

（2）横向附着系数。

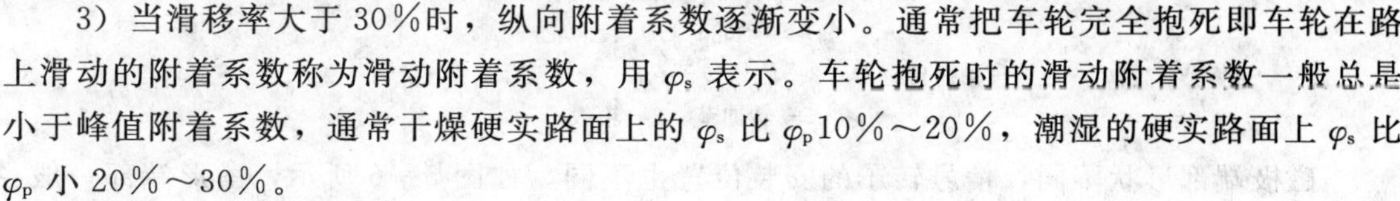

横向附着系数用 φ_y 表示，横向附着系数随滑移率的增大而变小，当滑移率为100%即车轮完全抱死时，附着系数为0，即完全失去了横向附着的能力。

1）当滑移率为10%～30%时，纵向附着系数最大，横向附着系数一定，是一个较稳定状态。

2）当滑移率为100%时，即车轮完全抱死时，纵向附着系数变小，制动距离增大，横向附着系数为0，汽车完全失去横向附着能力，后轮很容易产生横向甩尾，失去方向稳定性。同时也失去了转向能力，驾驶员不能控制汽车行驶方向。

3. 理想的制动系统

制动开始，让制动力迅速增加，使滑移率达到最佳状态，即纵向附着系数最大，制动力最大，而后调节制动压力，使车轮抱死（制动压力增大）、转动（制动压力减小）循环，使滑移率维持在10%～30%范围内，始终让车轮在纵向保持具有最大附着系数，使纵向产生最大制动力，同时在侧向具有一定的侧向附着能力。从而缩短制动距离，保持制动时的方向稳定性，同时在制动时具有改变行驶方向的能力。

5.2.4　制动防抱死系统主要零部件的结构和工作原理

1. 轮速传感器

轮速传感器用于检测车轮的转速，并将转速信号输入ECU。轮速传感器一般都安装在车轮处，但有些驱动车轮的轮速传感器安装在主减速器或变速器中。目前ABS系统的轮速传感器主要有磁电感应式轮速传感器和霍尔效应式轮速传感器两种形式。

（1）磁电感应式轮速传感器。轮速传感器在驱动轮和转向轮上的安装位置，如图5-5所示，信号转子安装在随车轮一起转动的部件上［图5-5（a）中的半轴，图5-5（b）中的轮毂］，而传感器则安装在车轮附近不随车轮转动的部件上［图5-5（a）中半轴套管，图5-5（b）中的转向节］，传感器与信号转子之间的间隙很小，通常只有0.5～1.0mm，多数轮速传感器是不可调的。

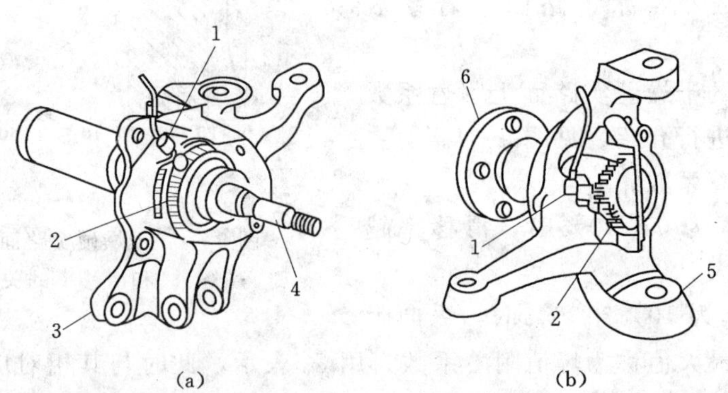

图5-5　轮速传感器在驱动轮和转向轮上的安装位置
（a）驱动轮；（b）转向轮
1—轮速传感器；2—信号转子；3—悬架支承；4—半轴；
5—转向节；6—轮毂

磁极端部形状不同，信号转子的安装位置也不同，如图5-6所示，凿形端部一般径向垂直于信号转子安装，菱形端部其轴向相切于信号转子安装，柱形端部其轴向垂直于信号转子安装。

磁电感应式轮速传感器结构简单、成本低，但输出信号的幅值随转速的变化而变化，在规定的转速变化范围内，其输出信号的幅值一般在1～15V范围内。

（2）霍尔效应式轮速传感器。霍尔效应式轮速传感器具有输出信号不受转速影响、频率响应高、抗电磁波干扰能力强等优点，被广泛应用于ABS轮速检测及其他控制系统的

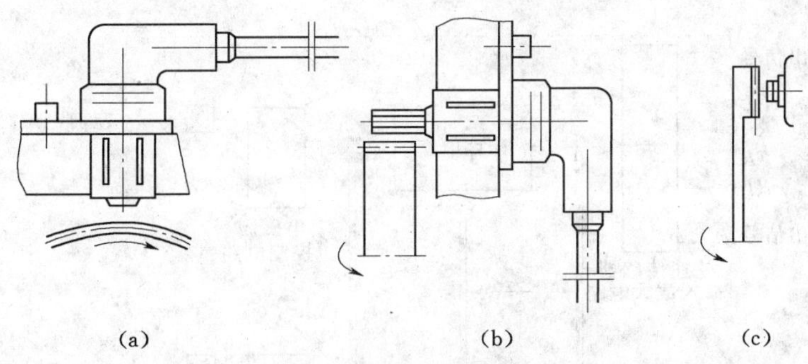

图 5-6　轮速传感器的安装形式

(a) 凿形；(b) 菱形；(c) 柱形

转速检测中。

霍尔效应式轮速传感器由传感器和信号转子组成，传感器由永久磁铁、霍尔元件和电子电路等组成，信号转子由多齿的轮盘组成，如图 5-7 所示，永久磁铁的磁力线穿过霍尔元件通向信号转子，在图 5-7 (a) 所示位置时，穿过霍尔元件的磁力线分散，磁场相对较弱；在图 5-7 (b) 所示位置时，穿过霍尔元件的磁力线集中，磁场相对较强。信号转子转动过程中，使得通过霍尔元件的磁力线密度发生变化，因而引起霍尔电压的变化。此信号由电子电路转换成标准的脉冲电压。

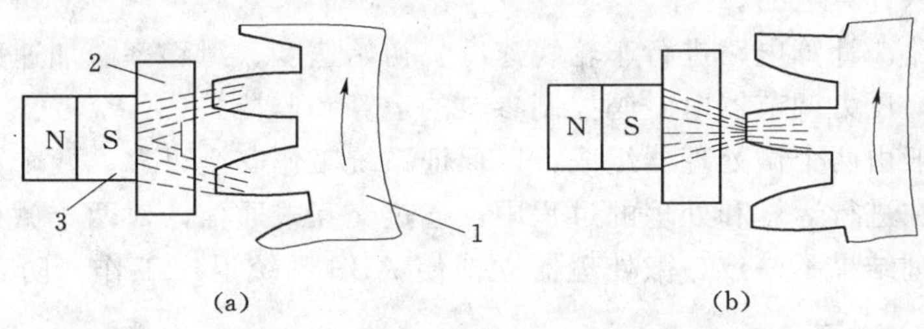

图 5-7　霍尔效应式轮速传感器工作原理

(a) 霍尔元件感受磁场较弱时；(b) 霍尔元件感受磁场较强时

1—信号转子；2—霍尔元件；3—永久磁铁

2. 电子控制单元

ECU 主要用于接收轮速传感器及其他传感器输入的信号，进行放大、计算、比较，按照特定的控制逻辑，分析判断后输出控制指令，控制制动压力调节器进行压力调节，此外 ECU 还具有故障监控报警和故障自诊等功能。ABS ECU 组成框图参见图 5-8。

ABS ECU 的硬件由安装在印刷电路板上的一系列电子元器件构成，目前大多数是由集成度高、运算速度快的数字电路构成，它们封装在金属壳体内，形成一个独立的整体；软件则是固存在只读存储器 (ROM) 中的一系列控制程序和参数。

(1) 输入级电路。输入级电路是由低通滤波、整形、放大等组成的输入放大电路，用于对轮速传感器输入的交变信号进行预处理，并将模拟信号变成微机使用的数字信号。

输入电路还接收点火开关、制动开关、液位开关等外部信号。输入电路除传送轮速传感器监测信号外，还接收电磁阀继电器、电动泵继电器等工作电路的监测信号，并将这些

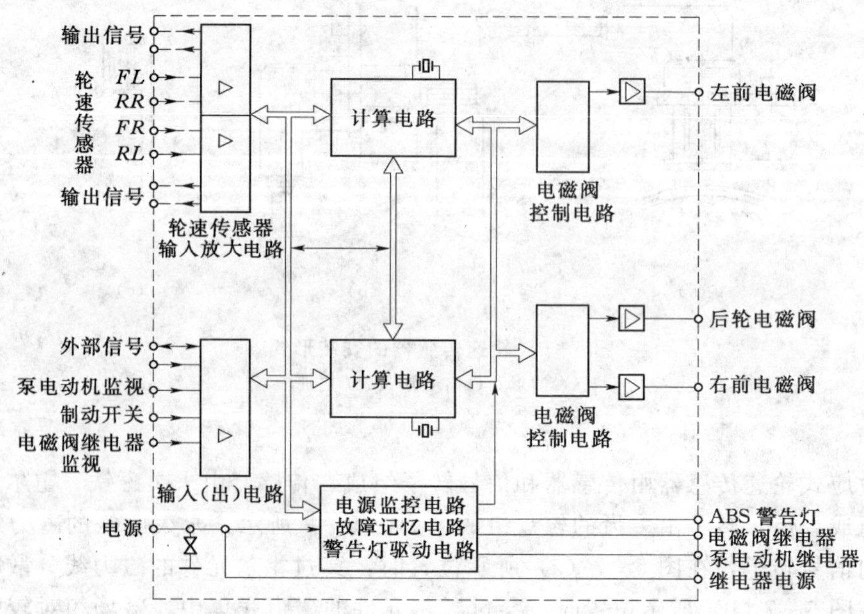

图 5-8　ABS ECU 组成框图

信号经处理后送入计算电路。

(2) 计算电路。计算电路进行车轮线速度、初始速度、滑移率、加速度和减速度的运算、分析、处理，压力调节器电磁阀控制参数的运算和监控。

计算电路一般由两个微处理器组成，以保证系统工作安全可靠。两个微处理器接收同样的输入信号，在进行运算和处理的过程中，通过交互式通信，对两个微处理器的结果进行比较，如果处理结果不一致，微处理器立即使 ABS 系统退出工作，防止系统发生故障后导致错误控制。

计算电路不仅能检测 ECU 内部的工作过程，还能监测系统中有关部件的工作状况，如轮速传感器、电动泵工作电路、电磁阀继电器工作电路等。当监测到这些电路工作不正常时，也立即向安全保护电路输出停止 ABS 系统工作的指令。

(3) 输出级电路。输出级电路将计算电路输出的控制信号（如压力增加、保持、减小），转换成模拟控制信号，通过控制功率放大器向执行器（电磁阀）提供控制电流，驱动执行器工作。

(4) 安全保护电路。安全保护电路由电源控制、故障记忆、继电器驱动和 ABS 报警灯驱动等电路组成。

安全保护电路接收汽车电源的电压信号，对电源电压是否稳定在规定的范围内进行监控，同时将 12V 或 14V 电源电压变成 ECU 内部需要的 SV 标准电压。同时还对继电器电路、ABS 报警灯电路进行控制。当 ABS 出现故障时，能根据微处理器的指令，切断有关继电器的电源电路，使 ABS 停止工作，恢复常规制动功能，起到失效保护作用。同时，将仪表板上的 ABS 报警灯点亮，提醒驾驶员 ABS 系统出现故障，应进行检修。并将故障信息存储在存储器内，以便进行自诊断时，将存储的故障信息调出，供维修时使用。

3. 电磁阀

电磁阀的作用是控制油路。ABS 上使用的电磁阀有二位二通电磁阀、三位三通电磁阀和四位四通电磁阀等，下面分别介绍二位二通电磁阀和三位三通电磁阀。

（1）二位二通电磁阀。二位二通电磁阀是指电磁阀由两个位置（开启、关闭），两个通道（进油通道、出油通道）。如图 5－9 所示，二位二通电磁阀有常开电磁阀和常闭电磁阀两种，它们主要由电磁线圈、铁心、球阀和弹簧等组成，常开电磁阀中设有一项杆，顶杆和限位杆与活动铁心固定在一起，在不通电时，活动铁心在弹簧弹力的作用下下移，限位杆触到壳体上，进液口常开；常闭电磁阀上没有限位杆，在不通电时，活动铁心在弹力的作用下上移，关闭进液口，进液口常闭。

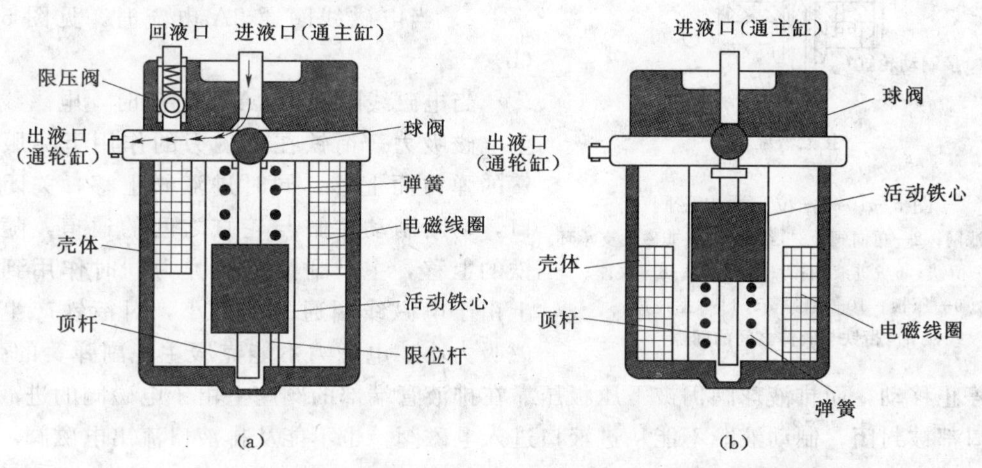

图 5－9　二位二通电磁阀

(a) 常开二位二通电磁阀；(b) 常闭二位二通电磁阀

常开电磁阀和常闭电磁阀工作原理基本相同，下面以常开电磁阀为例介绍其工作原理：

当电磁线圈未通电时，活动铁心在弹簧弹力的作用下下移，直到限位杆与缓冲垫圈相抵为止。顶杆下移时，球阀随之下移，使电磁阀处于开启状态，制动液可以从进液口经过球阀从出液口流出。

当电磁线圈通电时，活动铁心在电磁力的作用下克服弹簧弹力的作用上移，顶杆随活动铁心一起上移，在推杆的作用下球阀上移，球阀与阀座接触，关闭进液口与出液口通道。

限压阀的作用是限制电磁阀的最高压力，当制动液压力过高时，限压阀打开泄压，以免压力过高损坏电磁阀。

（2）三位三通电磁阀。三位三通电磁阀如图 5－10 所示，它有三个位置。三个接口分别与制动主缸、制动轮缸和贮液罐连接，主弹簧 11 上端支承在阀体上，下端支承在上压板上，上压板上有进液阀 6。副弹簧 10 支承在上下压板之间，下压板上有排液阀 7。电磁线圈 3 由蓄电池提供电源，由 ABS ECU 控制其通电电流的大小，当电磁线圈通电产生电磁力时，衔铁 5 可在电磁力的作用下移动，衔铁控制阀门的开关。其工作原理如下。

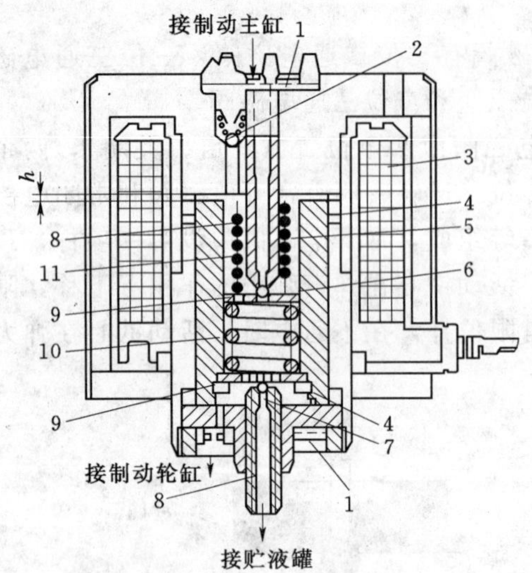

图 5-10　三位三通电磁阀

1—过滤网；2—单向阀；3—线圈；4—非磁性支承环；5—衔铁；6—进液阀；7—排液阀；8—阀座；9—压板；10—副弹簧；11—主弹簧；h—衔铁与阀体之间的间隙

1）当电磁线圈不通电时见图 5-11（a）。

当电磁线圈不通电时，衔铁在主、副弹簧预紧力的作用下处于下极限位置，并通过其下端的凸肩带动下压板，将排液球阀压靠在排液管端部的阀座上，排液阀处于关闭状态，切断了电磁阀与贮液罐之间的通道；而上压板及进液阀则受主弹簧的作用下移，进液阀处于开启状态，制动主缸的制动液可以从进液口进入电磁阀，再从出液口流出进入制动轮缸。

2）当电磁线圈通 2A 电流时，见图 5-11（b）。

当电磁线圈中通 2A 的电流时，电磁线圈产生电磁吸力，衔铁在电磁力的作用下克服主弹簧的弹力而上移，同时进液阀上移，关闭进液口，切断制动主缸与轮缸之间的通道，随着衔铁的上移，主、副弹簧的弹力同时作用到衔铁上由于电磁线圈通的电流小，对衔铁产生的电磁吸力小，电磁力不能克服主、副弹簧的弹力，衔铁停止移动，而排液球阀仍被下压板压靠在排液管端部的阀座上由于电磁阀的进液口和排液口都被封闭，制动液既不能从进液口进入电磁阀，也不能从排液口流出电磁阀，保持回路中的压力不再增减。

3）电磁线圈通 5A 电流时见图 5-11（c）。

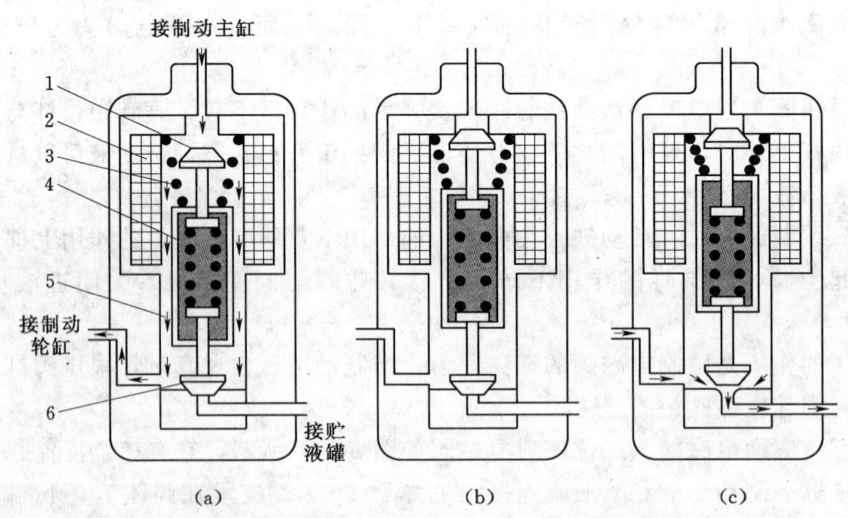

图 5-11　三位三通电磁阀工作原理示意图

（a）电流为 0；（b）电流为 2A；（c）电流为 5A

1—进液阀；2—线圈；3—主弹簧；4—副弹簧；5—衔铁；6—排液阀

当电磁线圈中通5A电流时，电磁线圈对衔铁产生较大的电磁吸力，衔铁将克服主、副弹簧的弹力而上移至极限位置，在衔铁的带动下，下压板上移，使排液阀不再压靠在排液管端部的阀座上，排液阀将处于开启状态，而进液阀仍被上压板压靠在进液管端部的阀座上，进液阀处于关闭状态。轮缸的制动液从出液口流回电磁阀，然后从排液管流出电磁阀，进入贮液罐，从而降低制动压力。

4. 液压泵

不同的ABS系统，其液压泵的功用就不同，一种是将制动轮缸的制动液泵回制动主缸，实现制动“减压”，即循环调压泵；另一种是液压泵的作用是向蓄能器提供制动液，将制动液加压，为ABS工作提供能量，即增压泵。按结构形式不同，液压泵可分为柱塞泵、活塞泵等数种。

图5-12是柱塞泵，它是否工作由ECU控制。柱塞泵主要由直流电机、柱塞泵（偏心轮、柱塞、进液阀、出油阀）等组成。当柱塞6在偏心轮5的带动下向下移动时，柱塞上腔室的容积增大，真空吸力逐渐增大，出油阀关闭，进液阀打开，从贮液罐2来的制动液被吸入柱塞上方的工作腔室内；当柱塞在偏心轮的带动下向上移动时，柱塞上方工作腔室的容积减小，其内部压力逐渐增大，进液阀关闭，出油阀打开，工作腔室内的制动液在提高压力后被挤出腔室，从出油口排出，进入高压油路8。

5.2.5　典型液压制动防抱死系统

1. 采用三位三通电磁阀的丰田凌志LS400（不带防滑驱动系统）

ABS在车上的布置参见图5-13。其控制管路图参见图5-14，从图可以看出，该ABS采用三通道四传感器控制方式。

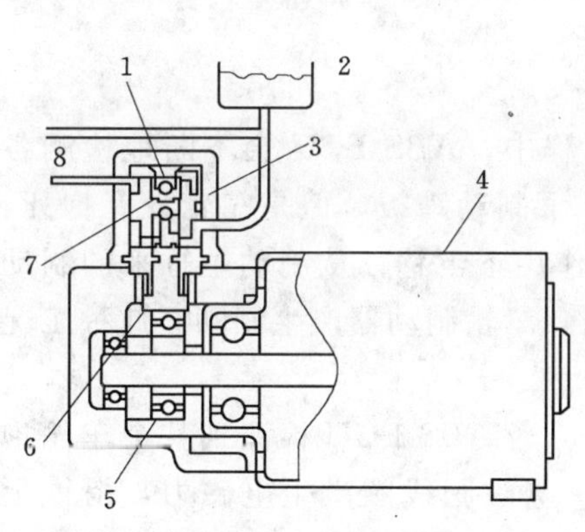

图5-12　柱塞泵

1—出油阀；2—贮液罐；3—液压泵；4—泵电机；5—偏心轮；6—柱塞；7—柱塞室；8—高压油路

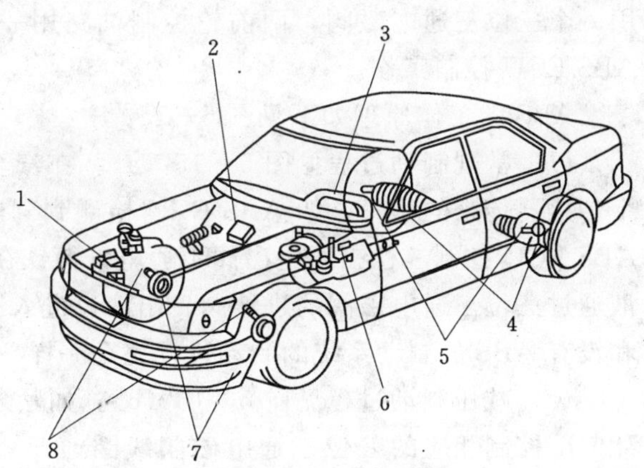

图5-13　ABS在车上的布置（LS400）

1—ABS执行器；2—ABS ECU；3—ABS指示灯；4—后车轮制动器；5—后轮速传感器；6—制动灯开关；7—前车轮制动器；8—前轮速传感器

左前轮和右前轮各自独立控制一条油路，两后轮共用一条控制油路，三条控制油路各

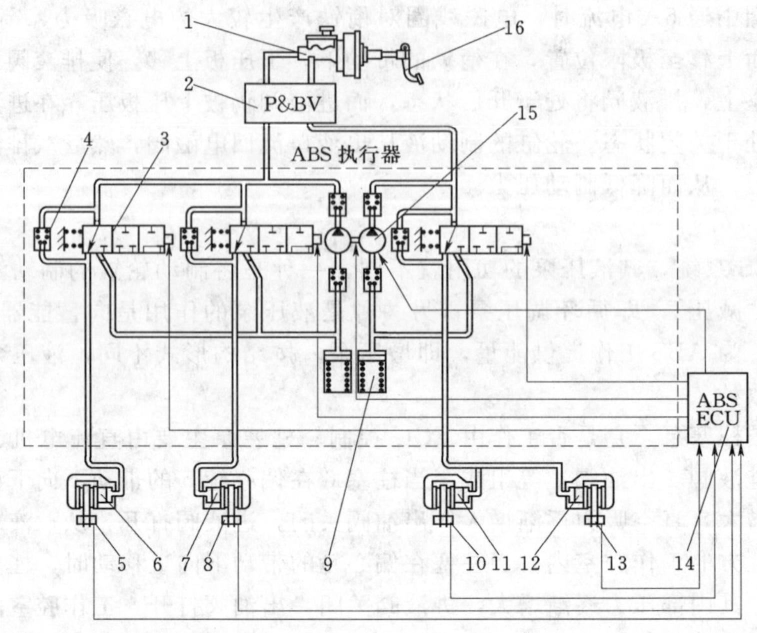

图 5－14　LS400 汽车 ABS 控制管路

1—制动主缸；2—P 和 BV 阀；3—三位三通电磁阀；4—单向阀；5—左前轮轮速传感器；6—左前轮动轮缸；7—右前轮制动轮缸；8—右前轮轮速传感器；9—贮液罐；10—左后轮轮速传感器；11—左后轮制动轮；12—右后轮制动轮缸；13—右后轮轮速传感器；14—ABS ECU；15—液压泵；16—制动踏板

用一个三位三通电磁阀，两前轮控制油路用一个电动泵，后轮用一个电动泵，电动泵由 ABS ECU 控制工作。

ABS 的工作原理如下见图 5－15：

(1) 常规制动过程见图 5－15 (a)。在汽车行驶过程中，ABS ECU 会不断地检测各个传感器传来的信号，如 ABS ECU 检测到驾驶员踩下了制动踏板，但是车轮没有抱死，ABS ECU 控制三位三通电磁阀不通电，衔铁在弹簧的作用下下移，从制动主缸来的制动液通过三位三通电磁阀的进液阀、出液口进入制动轮缸，车轮制动器产生制动。此种工况和没有 ABS 的制动系统的制动过程完全一样。

(2) 减压制动过程见图 5－15 (b)。如紧急制动时，当 ABS ECU 检测到某个车轮抱死时，控制相应的三位三通电磁阀线圈通 5A 的电流，电磁阀线圈产生电磁力，衔铁上移，带动进液阀、排液阀上移。进液阀上移切断制动主缸与制动轮缸之间的油路，使制动主缸的液压不能加到制动轮缸上；排液阀上移，打开了制动轮缸与贮液罐之间的油路，制动液将通过三位三通电磁阀进入贮液罐。同时，ABS ECU 控制液压泵工作，将制动液从贮液罐中吸出，然后将制动液泵入制动主缸，由于制动轮缸的制动液压下降，车轮制动器的摩擦力矩小于制动力矩，车轮开始转动，ABS 系统处于减压状态。

(3) 保压制动过程见图 5－15 (c)。当需要保持某一工况（如保持增压或保持减压）时，ABS ECU 控制相应的三位三通电磁阀线圈通 2A 的电流，电磁阀线圈产生的电磁力

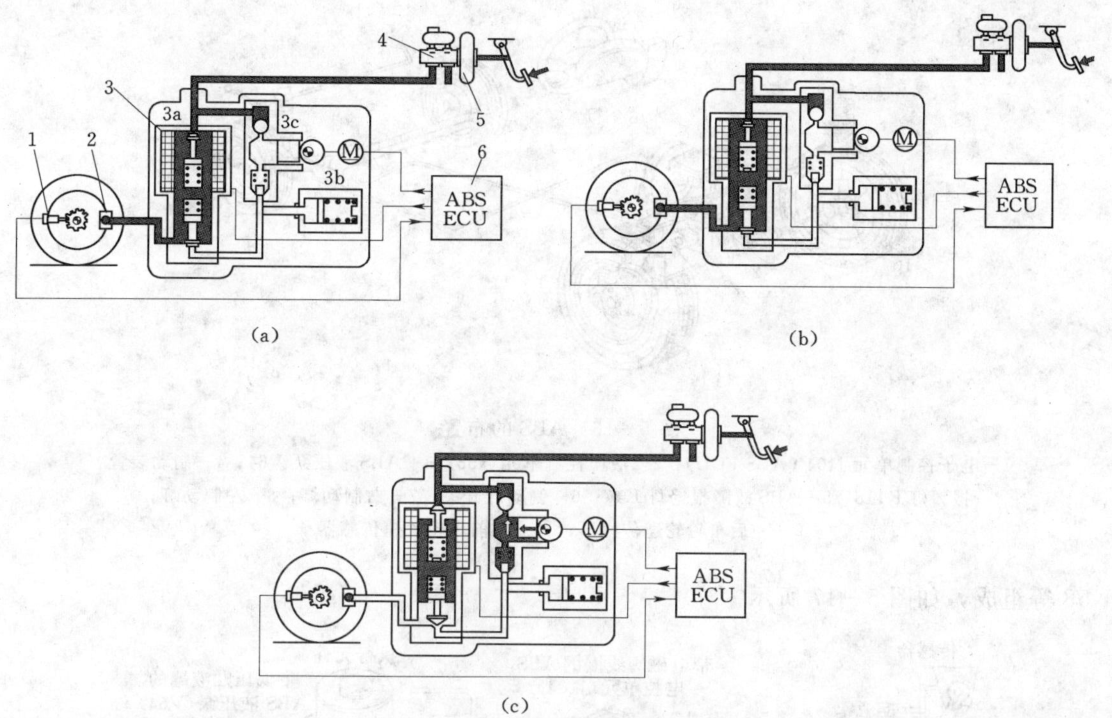

图 5-15　ABS工作原理示意图（LS400）

(a) 常规制动；(b) 减压；(c) 保压

1—轮速传感器；2—制动轮缸；3—ABS执行器（a—三位三通电磁阀；b—贮液罐；c—液压泵）；4—制动主缸；5—制动踏板；6—ABS ECU

小，衔铁上移距离小，使进液阀和排液阀均关闭，既切断制动主缸与制动轮缸之间的油路，也切断了制动轮缸与贮液罐之间的油路，使制动轮缸的制动液压既不增大也不变小，保持不变，车轮维持转动或抱死工况，ABS系统处于保压状态。

(4) 增压制动过程见图 5-15 (a)。当需要增压抱死时，ABS ECU 控制相应的三位三通电磁阀线圈断电，电磁阀线圈电磁力消失，衔铁在弹簧的作用下下移，关闭制动轮缸与贮液罐之间的油路，打开制动主缸与制动轮缸之间的油路，从制动主缸来的制动液通过三位三通电磁阀进入制动轮缸，轮缸制动液压上升，车轮制动器再次抱死，ABS系统处于增压状态。

ABS在实际工作过程中不断地以 3～12 次/s 的频率进行“增压”、“保压”、“减压”循环，从而使车轮的滑移率保持在 10%～30%的最佳制动状态。ABS 的布置如图 5-15 所示。

2. 采用二位二通电磁阀型的桑塔纳 2000GSi ABS

桑塔纳 2000GSi ABS 系统如图 5-16 所示，采用的是三通道的 ABS 调节回路，前轮单独调节，后轮以两轮中地面附着系数低的一侧为依据统一调节。

ABS系统主要由 ABS 控制器［包括电子控制单元 J104、液压控制单元 N55、ABS 液压泵（简称 ABS 泵）V64 等］、4 个轮速传感器、ABS 故障报警灯 K47、制动装置报警灯

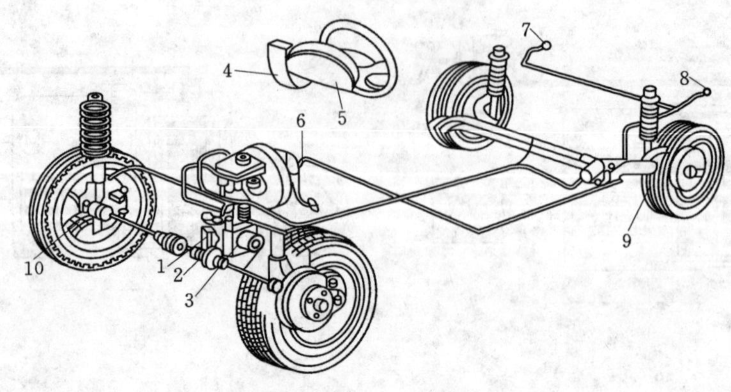

图 5－16　ABS 的布置

1—电子控制单元 J104（ABS ECU）；2—液压控制单元 N55；3—ABS 液压泵 V64；4—制动装置报警灯 K118；5—ABS 故障报警灯 K47；6—制动灯开关；7—右制动灯；8—左制动灯；9—左后车轮轮速传感器；10—右前车轮轮速传感器

K58 等组成，如图 5－17 所示。

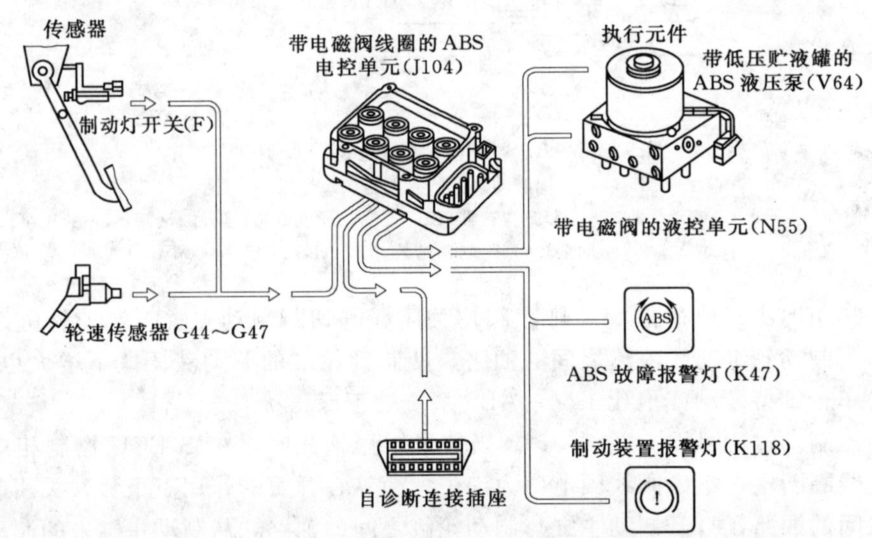

图 5－17　ABS 系统的组成

控制油路见图 5－18。其工作原理如下：

(1) 常规制动。汽车正常行驶或常规制动（ABS 未投入工作）时，制动压力调节器的工作状态如图 5－19 所示。在 ABS ECU 控制下，进液阀、回液阀和回液泵电动机均不通电，电磁阀在回位弹簧弹力作用下，进液阀打开、出液阀关闭。进液阀打开，将制动主缸与制动轮缸之间的油液管路构成通路；出液阀关闭将制动轮缸与贮液罐之间的油液管路关闭。

当踩下制动踏板时，制动主缸中制动油液压力升高，制动液从制动主缸经过二位二通进液电磁阀进入制动轮缸，制动轮缸制动液的压力随制动主缸制动液的压力升高而升高。

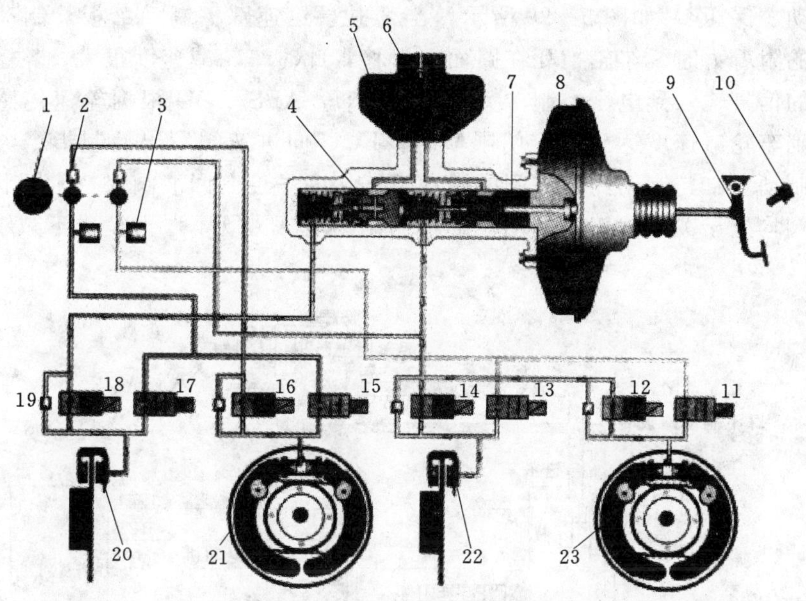

图 5-18　桑塔纳 2000ABS 油路

1—双联电动液压泵；2—单向阀；3—贮液罐；4—前制动缸活塞；5—贮液罐；6—液位传感器；7—后制动主缸活塞；8—真空助力器；9—制动踏板；10—制动开关；11—左后出液电磁阀；12—左后进液电磁阀；13—右前出液电磁阀；14—右前进液电磁阀；15—右后出液电磁阀；16—右后进液电磁阀；17—左前出液电磁阀；18—左前进液电磁阀；19—单向阀；20—左前车轮制动器；21—右后车轮制动器；22—右前车轮制动器；23—左后车轮制动器

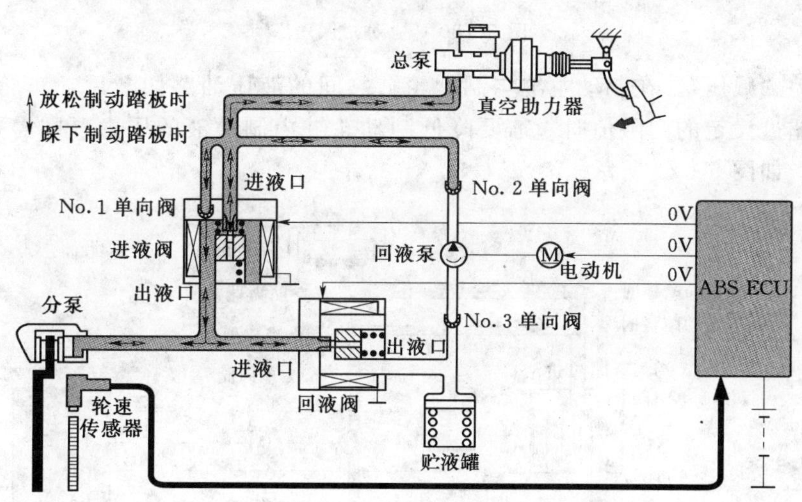

图 5-19　常规制动

当放松制动踏板时，制动轮缸中具有一定压力的制动液通过两条通道流回制动主缸。一条通道是制动轮缸、二位二通进液电磁阀、制动主缸；另一条通道是制动轮缸、1 号单向阀、制动主缸。

在常规制动时，虽然 ABS 没有投入工作，其执行元件处于初始状态，但是 ABS 随时都在监测轮速传感器信号，判定是否进入防抱死制动状态。

（2）制动“保压”。如图 5－20 所示，当驾驶员迅速踩下制动踏板，制动力大于车轮与地面之间的附着力时，车轮抱死在路面上滑移，此时车轮减速度很大，轮速传感器将车轮将要抱死的信号输入到电子控制单元 ABS/ECU，ABS/ECU 根据轮速传感器输入的信号，计算得到车轮减速度达到设定门限值时，ECU 向进液阀发出控制指令，使进液阀关闭，从而使制动主缸与制动轮缸之间的液压液路切断。控制回液阀保持常闭状态。由于进液阀和回液阀均处于关闭状态，制动轮缸中的制动液压力既不增大，也不减小，制动压力处于“保压”。

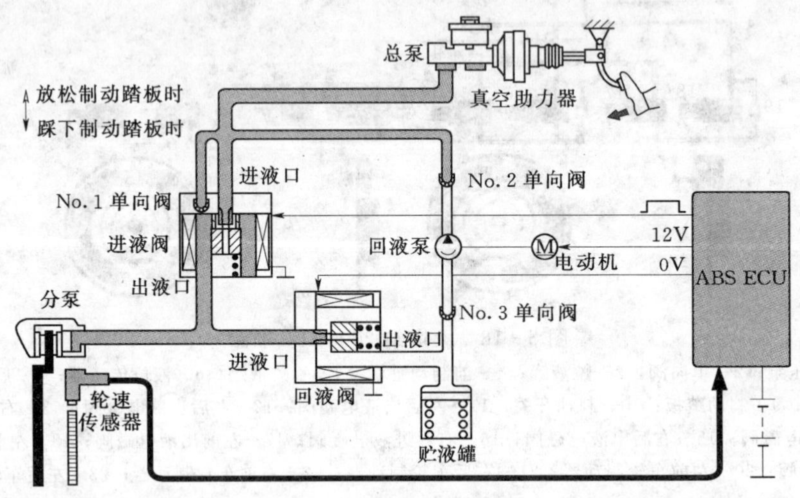

图 5－20　制动“保压”

（3）制动“减压”。在制动主缸与制动轮缸之间的液压油路切断后，车轮滑移率将逐渐增大，当超过设定的门限值时，需要降低制动轮缸内制动液的压力（即需要减压），使滑移率减小，如图 5－21 所示。

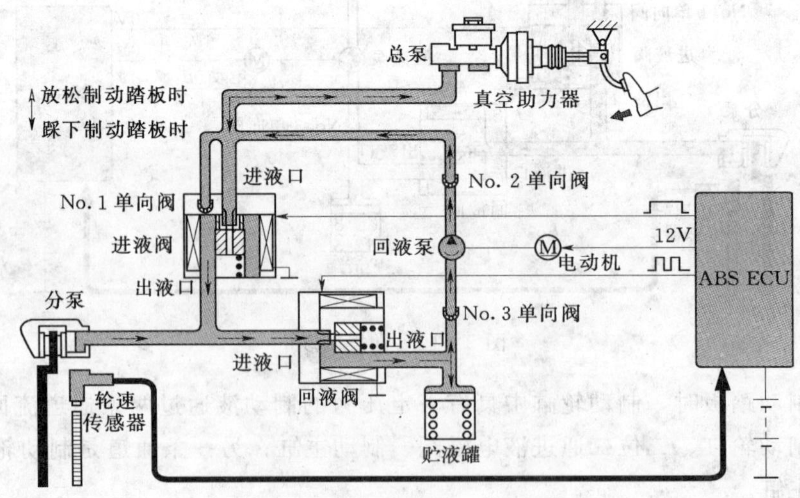

图 5－21　制动“减压”

"减压"是通过将制动轮缸内部分制动液泄放回到低压贮液罐并利用电动回液泵将制动液泵回到制动主缸来实现。

控制"减压"时，ABS ECU 使进液阀阀门保持关闭；回液阀（常闭电磁阀）阀门打开，使制动轮缸内制动液压力降低，从而车轮抱死滑移成分减少，滚动成分增加。

制动轮缸内的制动液经过回液阀泄放到贮液罐，推动活塞并压缩弹簧向下移动，使贮液罐储液容积增大，暂时储存制动液。ABS ECU 向回液泵驱动电动机接通 12V 电源，电动回液泵运转便将贮液罐中的制动液泵回制动主缸。

随着制动轮缸中的制动液流回制动主缸，制动管路中制动液的压力随之降低，从而达到防止车轮抱死滑移的目的。

(4) 制动"增压"。制动减压使制动轮缸内制动液压力降低后，制动力减小，车轮加速度越来越大，为了得到最佳制动效果，需要制动系统进入增压状态，增加制动力。

在"减压"控制后，当 ABS ECU 根据轮速传感器信号计算得到的车轮加速度达到设定门限值时，将发出控制指令使回液阀保持常闭状态，切断制动轮缸与贮液罐之间的液压通道，与此同时，ABS ECU 向进液阀驱动模块电路发出高电平信号，驱动模块电路使进液阀阀门打开，将制动主缸与制动轮缸之间的管路构成通路，使制动轮缸的压力随制动主缸制动液压力升高而升高，从而进入升压状态，如图 5-22 所示。

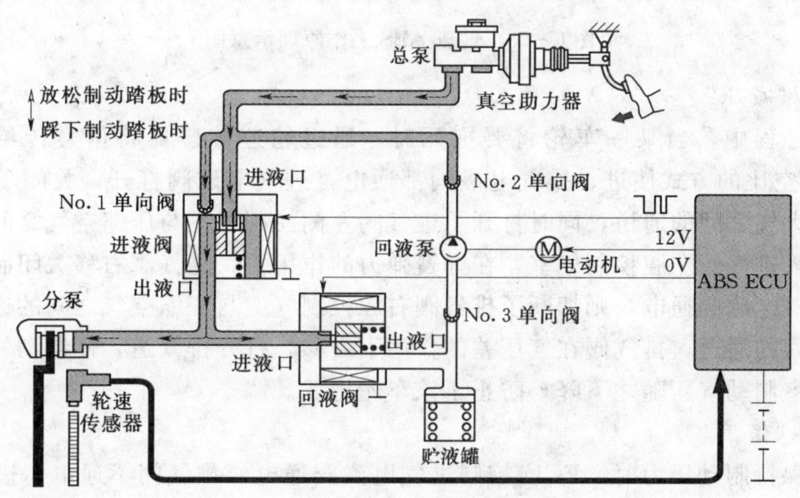

图 5-22　制动"增压"

ABS"保压"、"减压"和"增压"循环过程每秒钟进行 2～7 次。当制动液从制动入制动轮缸时，制动踏板下沉，当制动液从制动轮缸泵回制动主缸时，制动踏板上升，动踏板在 ABS 工作时有振动感。

5.2.6　气压 ABS 简介

气压制动防抱死系统工作原理与液压制动防抱死系统工作原理基本相同，不同之，作介质是否循环使用，液压制动控制系统为了防止制动油液消耗，用专设的油泵循环使用制动液；而气压制动控制系统，因气源充足，直接将工作后的压缩空气放掉。可见，气压制动控制系统的结构较简单，且故障率少。

图5－23所示为气压制动ABS工作原理示意图，气压ABS执行器由五孔阀体、进气膜片、进气阀、排气膜片、排气阀、进气电磁阀（常闭）、排气电磁阀（常开）等组成。其工作原理如下：

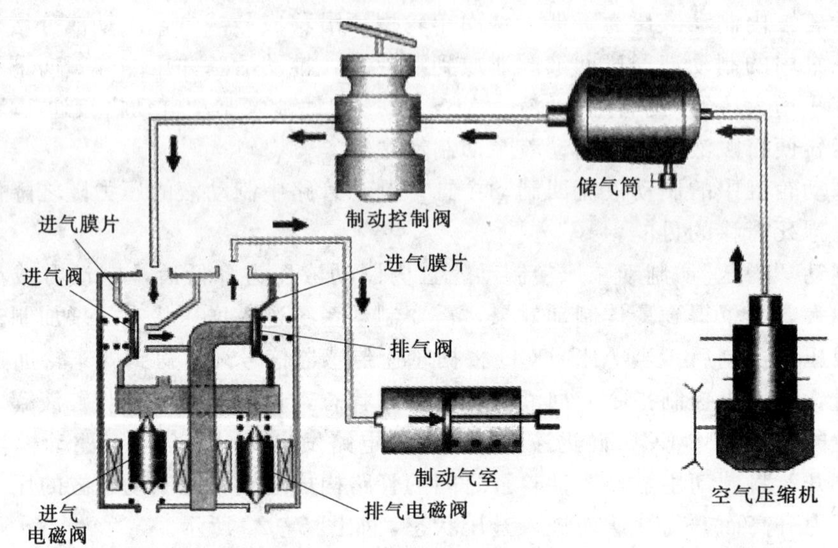

图5－23　气压ABS工作原理示意图

1. 制动“减压”

在制动过程中，当某一车轮将要抱死时，通过轮速传感器将信号传给电脑ECU，ECU即以占空比的方式使进、排气电磁阀都通电，进气电磁阀打开，关闭了进气阀左侧控制气室与大气之间的通道，同时打开了进气阀左侧控制气室与压缩空气之间的通道，压缩空气即进入进气阀左腔控制气室，在弹簧弹力的作用下，进气阀右移关闭制动气室进气通道；而排气电磁阀通电，则切断了排气阀右腔控制气室与压缩空气之间的通道，并打开了与大气之间的通道，排气阀在气压差的作用下右移，打开排气道，使制动气室与大气相通，制动气室制动气压随之下降，防止了该车轮抱死。

2. 制动“保压”

当需要保持制动压力时，ECU控制进气电磁阀通电，排气阀不通电，进气电磁阀通电，切断进气阀左侧控制气室与大气的通道，压缩空气进入进气阀左侧控制气室，在弹簧弹力的作用下进气阀关闭，切断制动阀与制动气室的通道。排气阀不通电，打开了排气阀右侧控制气室与压缩空气之间的通道，在弹簧弹力及压缩空气的共同作用下，排气阀关闭，此时，制动气室中的气压保持不变（双阀关闭）。

3. 制动“升压”

两个电磁阀均不通电，来自制动控制阀的压缩空气进入进气阀的右侧，因进气电磁阀处于关闭状态，切断了压缩空气与进气阀左侧控制气室的通道，在压力差的作用下，进气阀左移，打开了压缩空气与制动气室之间的通道，压缩空气进入制动气室，产生制动。又因排气电磁阀也未导通，处于开启状态，压缩空气进入排气阀右侧控制气室，在其弹簧弹力和气压的共同作用下，排气阀保持可靠的关闭。可见，ABS防抱死的调压过程是：降

压——保压——升压，三个连续的工作过程，防止车轮制动抱死，使车轮在制动时处于最佳工作状态，提高了制动效能。气压 ABS 各阀工作情况见表 5-1。

表 5-1　　气压 ABS 各阀工作情况表

工　况	进气电磁阀	排气电磁阀	进气阀	排气阀	制动气室压力
不制动	不通电、关闭	不通电、开启	关闭	关闭	无压力
制动	不通电、关闭	不通电、开启	开启	关闭	随动气压
降压	通电、开启	通电、关闭	关闭	开启	压力降低
保压	导通、开启	不通电、开启	关闭	关闭	压力保持
升压	不通电、关闭	不通电、开启	开启	关闭	压力升高

5.3　驱动防滑转控制系统

现代汽车为了追求高速性能，发动机的功率都比较高，而且还有继续增加的趋势，若汽车行驶在附着系数较小的路面上起步或急加速时，对后桥驱动的汽车后轮可能产生滑转，汽车将会产生不规则的旋转运动，对前桥驱动的汽车前轮可能产生滑转，汽车将会失去转向的能力。因此，为了保证大功率汽车在低附着系数道路上的行驶安全性能，通常采用驱动防滑技术（Acceleration Slip Regulation），简称 ASR。ASR 可以独立设计，但是大多数与 ABS 组合在一起使用，常用 ABS/ASR 表示，统称为防滑控制系统。

5.3.1　驱动轮滑转分析

汽车行驶依靠发动机输出转矩，通过传动系传到驱动轮上，驱动轮旋转作用到地面上产生一个向后的作用力，按照作用力与反作用力原理，路面将给驱动轮一个与汽车行驶方向相反的作用力，此力称为驱动力 F_t，驱动力与驱动轮上的转矩 M_n 成正比，与驱动轮滚动半径 r 成反比，驱动轮上的转矩越大，驱动力就越大，同制动力一样，驱动力不能无限增大，它受地面所能给出的附着力限制，地面所能给出的最大附着力等于驱动轮上的载荷 Z 与地面附着系数 φ 之积，上述关系式为式（5-4）：

$$F_t=\frac{M_n}{r}\leqslant Z\varphi \tag{5-4}$$

式中　F_t——汽车驱动力，N；

M_n——作用在驱动轮上的转矩，N·m；

r——驱动轮滚动半径，m；

Z——驱动轮上的载荷，N；

φ——车轮与地面间的附着系数。

随着驱动轮输出转矩不断增大，当驱动轮上的驱动力大于地面所能给出的附着力时，驱动轮就会开始滑转，附着系数与驱动滑移率 S_d 之间的关系见图 5-24，驱动滑移率 S_d 表达式如下：

$$S_d=\frac{v_w-v}{v_w}\times100\%=\frac{r\omega-v}{r\omega}\times100\% \tag{5-5}$$

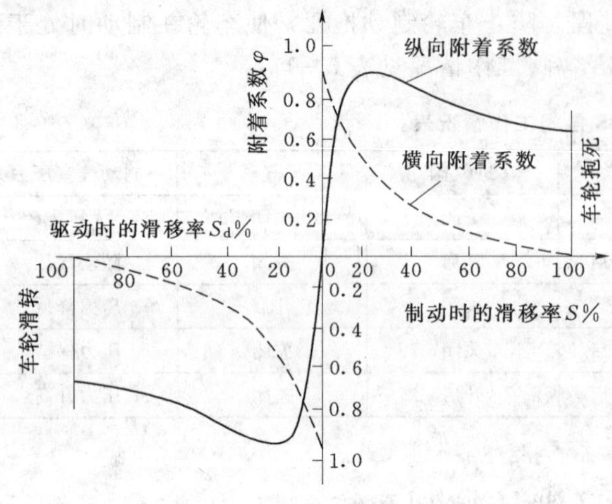

图 5-24　附着系数与驱动滑移率 S_d

式中　S_d——滑移率；

v——车速，m/s；

v_w——车轮速度，m/s；

r——车轮滚动半径，m；

ω——车轮转动角速度，rad/s。

当车轮在地面上纯滚动时，$v=r\omega$，驱动滑移率 $S_d=0$；当车轮在地面上完全滑转时，$v=0$，驱动滑移率 $S_d=100\%$；当车轮在地面上边滚边滑时，$r\omega>v$，$0<S_d<100\%$，在车轮转动过程中，滑转所占的比例越大，驱动滑移率 S 就越大。

从图 5-25 可以看出，与制动时相似，当滑移率在 10%～20%时，纵向附着系数达到峰值，此时的横向附着系数也比较大，而当滑移率在 100%时，即车轮完全滑转时，纵向附着系数变小，且横向附着系数几乎为零，为了最大限度地利用附着系数，获得较大的驱动力，得到较好的方向稳定性和转向控制能力，防止驱动时车轮滑转，必须将滑移率控制在 10%～20%范围内 ASR 就是一个让汽车在驱动轮打滑时，控制驱动轮滑移率在 10%～20%范围的系统，装有 ASR 的汽车有以下优点：

(1) 在汽车行驶打滑时驱动轮可提供最大的驱动力，提高了汽车的动力性。

(2) 提高了汽车的操纵稳定性，特别是在附着力较小的路面上起步、加速等工况时尤为突出。

(3) 减少轮胎的磨损和发动机的油耗。

5.3.2　防滑控制方式

ASR 控制驱动轮最佳滑移率的方式主要有以下三种。

1. 对发动机输出转矩进行控制

当驱动轮打滑时，降低发动机转矩输出，阻止车轮打滑，通常通过以下几种方法降低发动机转矩输出：

(1) 减少节气门开度，减少进气量，以降低发动机输出转矩。

(2) 减少或中断燃油，以降低发动机输出转矩。

(3) 减小点火提前角或中断点火，以降低发动机输出转矩。

上述的几种方法中，从加速圆滑、燃烧完全和减少污染角度看，减少节气门开度为最好，但减少节气门开度反应速度较慢；调整点火和燃油喷射量反应速度快，能补偿调整节气门的不足，但推迟点火时间易造成失火，燃烧不完全，增加排气净化装置中的三元催化器的负担，如果只减少燃油喷射量，因受燃烧室内废气的影响，又会使燃烧过程延迟。

2. 对驱动轮进行制动控制

通过对产生滑转的驱动轮直接实施制动，使其停止滑转。

对驱动轮进行制动控制还能起到差速锁的作用，当左右驱动轮行驶在不同附着系数路面上时，若汽车加速，尽管高附着系数侧车轮能够产生较大的驱动力，但是由于差速器的作用，高附着系数侧车轮只能产生与低附着系数侧车轮一样较小的驱动力，汽车无法行驶，如果这时对低附着系数的车轮施加制动，根据差速器的转矩特性，可在高附着系数侧车轮上等值的增加一个驱动力，这样可以提高汽车的动力性。

5.3.3　液压驱动防滑系统组成

凌志轿车的制动防抱死系统 ABS 与防滑驱动系统 ASR 组合使用，主要由轮速传感器、ABS/ASR ECU、ASR 执行器、ABS 执行器、主节气门开度传感器、副节气门开度传感器、副节气门电机等组成，各部件在车上的安装位置如图 5－25 所示。

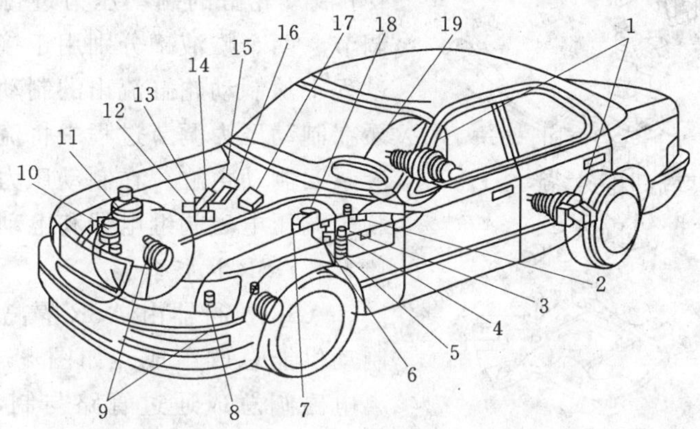

图 5－25　凌志 LS400 型轿车 ABS/ASR 各部件在车上的安装位置

1—后轮速传感器；2—制动灯开关；3—空挡启动开关；4—ASR 供液泵；5—ASR 供液泵电动机继电器；6—ASR 蓄能器；7—制动液位开关；8—ASR 制动主继电器；9—前轮速传感器；10—ABS 执行器；11—ASR 执行器；12—副节气门位置传感器；13—主节气门位置传感器；14—副节气门电机；15—ASR 副节气门继电器；16—ABS/ASR ECU；17—发动机和变速器 ECU；18—ASR 关断开关；19—ASR 警告灯、关断指示灯

1. 轮速传感器

在四个车轮上各安装一个磁电感应式轮速传感器，向 ABS/ASR ECU 提供各车轮的转速信号。

2. ABS/ASR ECU

ABS/ASR ECU 集制动防抱死与驱动防滑转控制于一体，有三个八位微处理器，通过一个串行缓冲寄存器进行通信，各微处理器之间可进行相互监测，ABS/ASR ECU 接收处理各车轮轮速传感输入的车轮转速信号，形成相应的控制指令，驱动制动压力调节器及节气门控制电动机，进行制动防抱死和驱动防滑转控制。ABS/ASR ECU 还接收设置在制动主缸储液室中的液位开关、设置在 ASR 制动供能总成中的压力开关等输入的检测信号，由发动机和变速器 ECU 输入的主、副节气门开度信号等。

ABS/ASR ECU 定期对系统中的主要电气部件进行检测，对系统状态进行监控，若系统出现故障，会自动停止 ABS 或 ASR 工作，避免对系统进行错误控制，同时点亮警告灯，以提醒驾驶员注意，并将故障信息存入存储器，在进行自诊断时通过代码显示各种故障。

ABS/ASR ECU 主要对制动压力调节器装置中的 4 个三位三通电磁阀和电动回液泵、ASR 隔离电磁阀总成中的 3 个二位二通隔离电磁阀、ASR 制动供能总成中的电动供液泵以及副节气门控制步进电动机等进行控制。

3. ABS 执行器

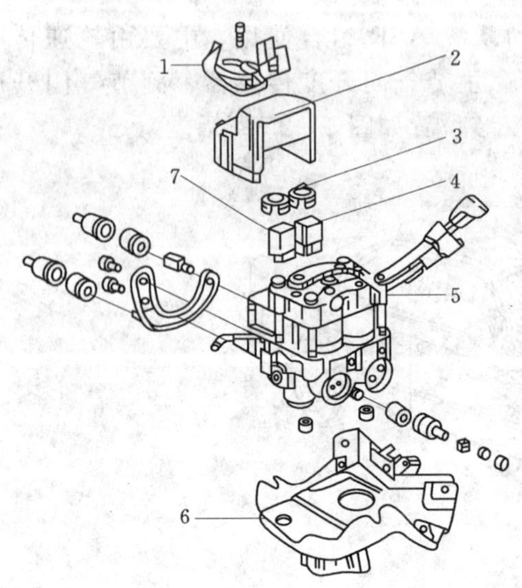

图 5-26　ABS 执行器

1—线束夹；2—继电器保护罩；3—继电器罩盖；
4—调压电磁阀继电器；5—贮液罐；
6—支架；7—电动回液泵继电器

ABS 执行器主要由 4 个三位三通调压电磁阀、2 个贮液罐、1 个电动双联回液泵组成，如图 5-26 所示。4 个三位三通调压电磁阀分别对 4 个制动轮缸的制动压力进行增压、保压和减压调节。两个贮液罐分别用于接纳在制动压力调节过程中从制动轮缸流出的制动液，电动双联回液泵在制动压力调节过程中将流入贮液罐中的制动液泵回制动主缸。在制动压力调节器装置 3 上安装了调压电磁阀继电器和电动回液泵继电器。

4. ASR 执行器

ASR 执行器由 ASR 隔离电磁阀总成和 ASR 制动供能总成组成。如图 5—27 所示，ASR 隔离电磁阀总成通过管路与制动主缸、ABS 执行器和 ASR 制动供能总成相连，主要由制动主缸隔离电磁阀、蓄能器隔离电磁阀和储液室隔离电磁阀组成。在未进行驱动防滑转制动时，三个隔离电磁阀不通电，制动主缸电磁阀处于接通状态，将制动主缸至 ABS 执行器中制动液通道接通，蓄能隔离电磁阀处于截止状态，将 ASR 制动供能总成至 ABS 执行器中的制动液通道关闭，储液室隔离电磁阀处于截止状态，将制动总泵中储液室与 ABS 执行器中的贮液罐通道关闭。

在 ASR 工作过程中，三个隔离电磁阀在 ABS/ASR ECU 的控制下全部通电，此时制动主缸隔离电磁阀处于关闭状态，以防止制动液流回制动主缸，蓄能器隔离电磁阀处于接通状态，将蓄能器升压后的制动液通过电磁阀送到后轮制动轮缸，储液室隔离电磁阀也处于接通状态，便将贮液罐及制动轮缸的制动液送回制动主缸。

ASR 制动供能总成主要由电动供液泵和蓄能器组成，如图 5-28 所示。通过管路与制动主缸储液室和 ASR 隔离电磁阀总成相连，电动供液泵将制动液自储液室以一定的压力泵入蓄能器，作为驱动防滑转工作时的制动能源。

压力开关（或称为压力传感器）安装在 ASR 隔离电磁阀总成旁边，其信号送入 ABS/ASR ECU，用来控制 ASR 电动供液泵是否运转。压力开关为接触型，当压力高于 13.24MPa 时开关断开，当压力低于 9.32MPa 时开关闭合，接通供液泵电动机电路，电动泵工作使蓄能泵压力升高。

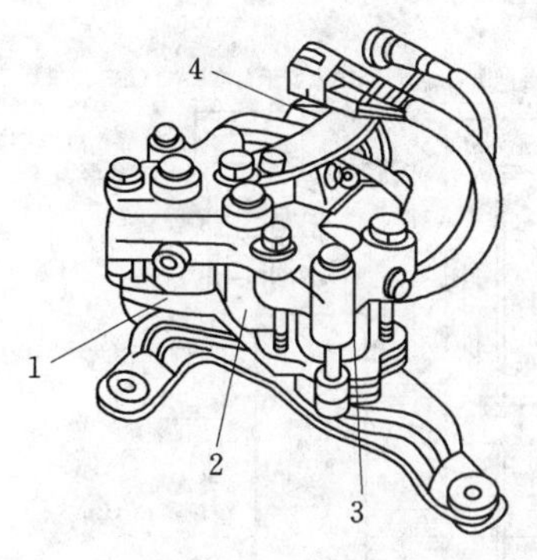

图 5-27　ASR 隔离电磁阀总成
1—储液室隔离电磁阀；2—蓄能器隔离电磁阀；3—制动主缸隔离电磁阀；4—压力开关

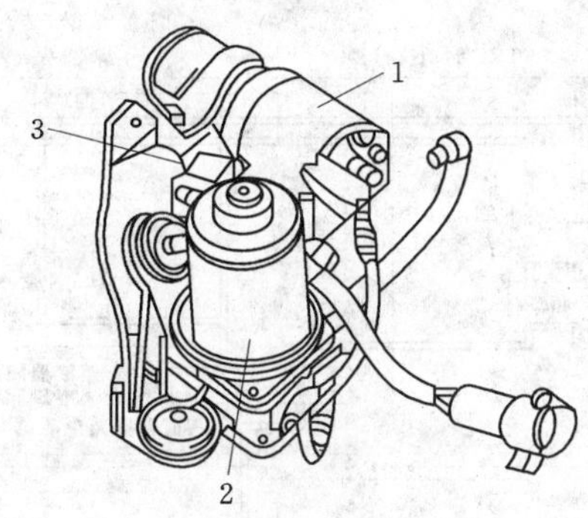

图 5-28　ASR 制动供能总成
1—蓄能器；2—泵电动机；3—继电器

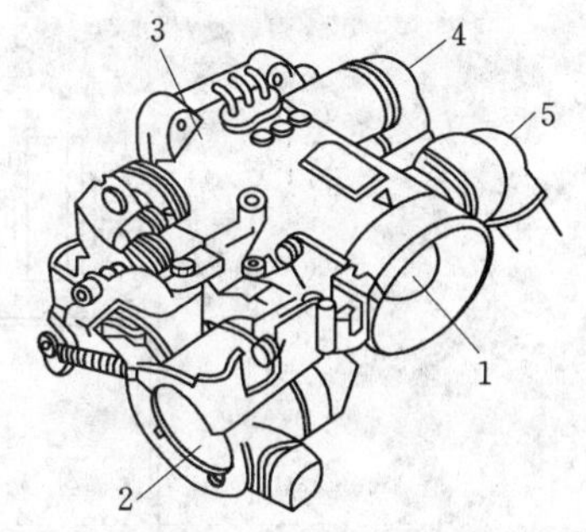

图 5-29　副节气门安装位置
1—副节气门；2—步进电动机；3—节气门体；4—主节气门位置传感器；5—副节气门位置传感器

5. 副节气门装置

副节气门安装在节气门体上，如图 5-29 所示，位于主节气门的前方，它由步进电机控制，副节气门位置传感器将节气门开度信号传给发动机电脑。它的主要作用是在驱动防滑转过程中 对发动机输出的转矩进行调节，在 ASR 不工作时，步进电机不通电，副节气门在弹簧弹力的作用下全开，发动机的进气量由驾驶员通过节气门踏板控制，在 ASR 工作时，步进电机根据 ABS/ASR ECU 的指令旋转，控制副节气门的开度，从而控制发动机的进气量，以调节发动机的输出转矩，副节气门的各种开度如图 5-30 所示。

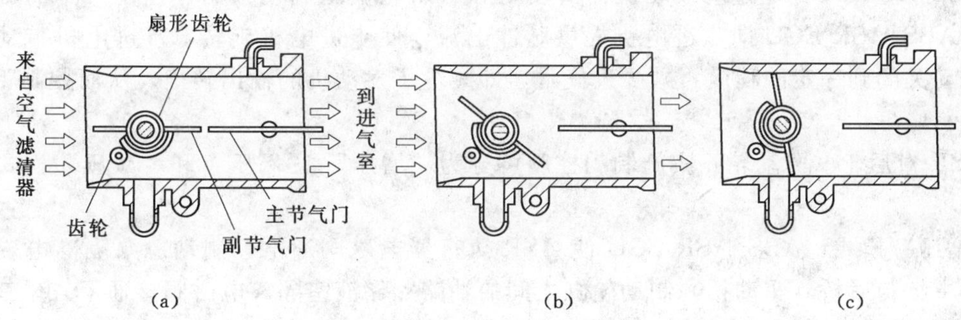

图 5-30　副节气门的各种位置
(a) 全开位置；(b) 半开位置；(c) 全关位置

目前，轿车发动机上广泛采用智能型电子节气门机构，因此 ABS/ASR ECU 可通过 EFI ECU 直接控制节气门的开度，省去副节气门装置，使控制系统硬件大大简化。发动机与底盘系统的控制将被动力系统所取代，是一综合性网络系统。

5.3.4　工作原理

1. 当驱动轮正常驱动不打滑时

当驱动轮正常驱动不打滑时，ASR 不工作，各电磁阀如图 5-31 所示，汽车正常行驶，如此时制动，ABS 正常工作。

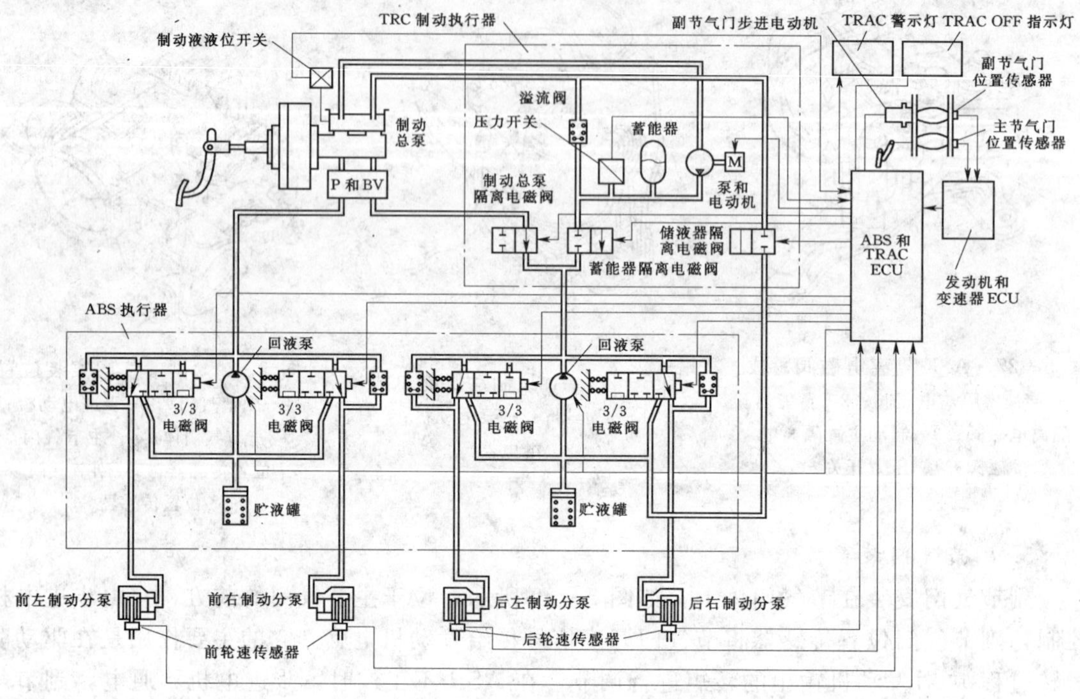

图 5-31　ABS/ASR 控制系统原理图

2. 当驱动轮驱动打滑时

ABS/ASR ECU 通过对发动机输出转矩和对后轮实施制动控制，控制汽车的驱动滑移率。ABS/ASR ECU 向步进电机提供脉冲电流，使步进电机旋转，步进电机带动副节气门转动关闭到一定的程度，减少进气量，即减少了发动机的输出转矩，从而控制驱动轮打滑。

ASR 对后轮（驱动轮）实施制动控制可分为“增压”、“保压”和“减压”模式三个过程。

“增压”模式：ABS/ASR ECU 使 ASR 执行器电磁阀通电，制动总泵隔离电磁阀切断制动主缸与后桥（驱动桥）制动轮缸之间的油路，储液室隔离电磁阀接通了三位三通电磁阀与制动主缸储液室间的油路，蓄压器关断电磁阀接通了蓄压器与后桥制动轮缸间的油路，与此同时，ABS/ASR ECU 也使后轮的三位三通电磁阀处于增压位置（右后轮三位三通电磁阀位于图示的右位，左后轮三位三通电磁阀位于图示的左位），高压制动液从蓄压器、蓄压器隔离电磁阀、后轮三位三通电磁阀进入后轮制动轮缸，后轮产生制动，从而减少驱动打滑。

“保压”模式：当后轮制动轮缸内的油压增加或减少时，ABS/ASR ECU 根据车速传感器传来的信号，检测当前车速是否在控制目标内，如在控制目标内，ABS/ASR ECU 三位三通电磁阀处于中位，使后制动轮缸的油压不再增大也不再减少，维持一定的制动，控制后轮在目标转速内。

"减压"模式 ABS/ASR ECU 根据车速信号，判断出当需要减压时，ABS/ASR ECU 使后轮的三位三通电磁阀处于减压位置（右后轮三位三通电磁阀位于图示的左位，左后轮三位三通电磁阀位于图示的右位），切断了后轮制动轮缸与蓄压器之间的油路，接通了后轮制动轮缸与制动储液室之间的油路，后轮制动轮缸的制动液通过三位三通电磁阀、储液室隔离电磁阀进入制动储液室，制动轮缸油压减少，车轮又可以加速旋转。通过上述的增压、保压和减压三个模式，ASR 控制后轮的驱动滑移率在 10%～20%。

当 ABS/ASR ECU 检测到后轮不打滑时，ASR 停止工作，各电磁阀又恢复到图 5-31 所示的位置。

5.3.5　气压制动驱动防滑控制系统（ASR）

气压制动驱动防滑控制系统（ASR）防滑转装置由 ABS/ASR 共用电脑 ECU、ASR 压力调节器、直流步进式伺服电机、控制按钮开关等组成，见图 5-32。ASR 压力调节器串接在驱动轮的制动管路中，用来对驱动轮单独进行压力调节；而伺服电机则连接在高压喷油泵的供油拉杆上，用来对发动机输出转矩进行调节。

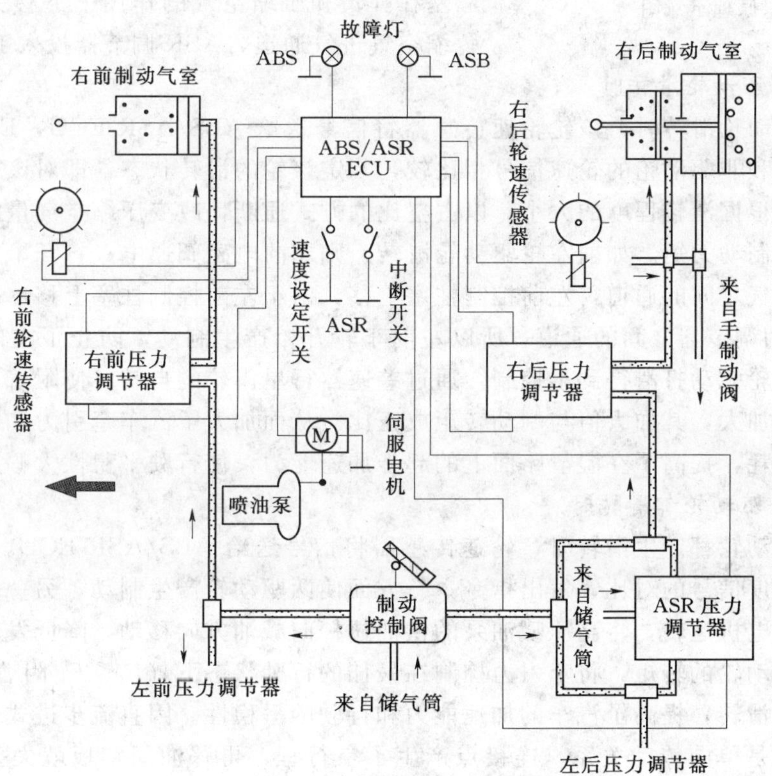

图 5-32　气压 ABS ASR 工作原理示意图

ASR 装置只在湿滑路面上行驶时，在一定的车速范围内对两驱动轮进行防滑转调节，多在 30km/h 以内车速区工作。当车速较高时，因行驶惯性较大，就没有必要调节了。为此，增设了车速设定开关和中断开关，以便司机根据路面情况和滑转时的车速值，选定 ASR 装置的使用时机。当打开车速设定开关后，汽车即处于防滑转状态；又当汽车在良

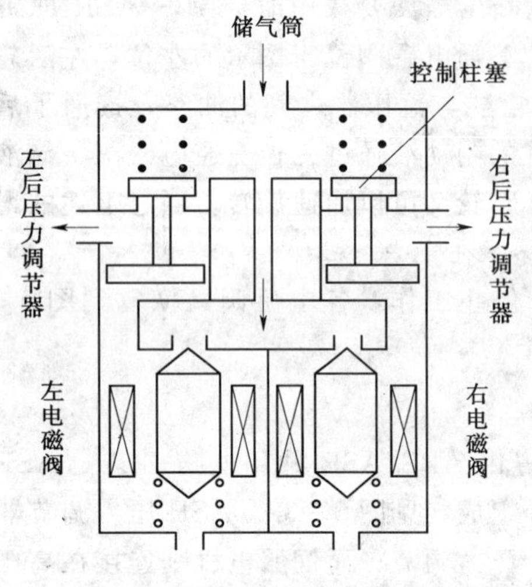

图 5-33　气压 ASR 压力调节器原理示意图

好的道路上行驶时，可打开中断开关，汽车就停止防滑转控制。

ASR 压力调节器由五孔阀体、两个二位三通电磁阀、两个控制柱塞及回位弹簧等组成，见图 5-33，装于汽车后部的车架上，串接在制动阀与两后驱动轮的压力调节器之间。每组电磁阀各控制一个驱动轮的制动气室（中经 ABS 压力调节器），气源直接由储气筒供给，它实际上是一个压缩空气的继动截止阀。由于防滑转控制不是全制动气压，故采用控制通道较小的继动控制柱塞阀。其工作原理如下。

1. 当驱动轮不滑转时

两个电磁阀都不通电，为关闭状态，控制柱塞在弹簧和压缩空气的作用下下移关闭，切断压缩空气进气通道，ASR 调节器投入工作。

2. 当某一驱动轮滑转时

当某一驱动轮滑转时，该轮轮速传感器将信号送给 ABS/ASR ECU，ECU 将该信号与另一驱动轮和非驱动轮的轮速信号相比较，判定该轮的滑转状态，即对该轮的电磁阀进行导通控制，根据滑转程度的大小，以占空比的方式通断，改变压缩空气量的多少，对该轮施加定量的制动力矩。如前左轮驱动轮滑转，则左前电磁阀通电，打开了左前控制柱塞下腔与压缩空气之间的通道，左前控制柱塞上移，由于左前控制柱塞上移，打开了压缩空气与 ABS 压力调节器之间的通道，所以左前车轮开始产生制动，防止了左前车轮驱动打滑。由于左前轮驱动打滑得到了控制，通过差速器行星齿轮的自转，使附着良好的右前驱动轮的牵引力加大，其加大值与制动转矩成正比。从而加大了汽车牵引力和爬坡能力，减小了轮胎的消耗，提高了在湿滑路面上的起步加速能力，使行驶平稳性大幅度的提高。

3. 当两个驱动轮都滑转时

当两个驱动轮都产生滑转时，轮速传感器将信号送给 ABS/ASR ECU，ECU 通过和非驱动轮角速度信号的对比，发出指令，一方面使两驱动轮产生制动，另一方面，控制直流步进式伺服电机运转，将高压喷油泵的供油拉杆向减油方向移动，降低发动机的转速和转矩，减小驱动轮的转矩，将牵引力控制在最佳的行驶状态下（$F_t \leqslant F_v$ 附着力），防止了两个驱动轮的滑转，提高了汽车的加速能力和行驶的平稳性。因直流步进式伺服电机与供油拉杆的连接是单向传动关系，连接点产生了空行程，再踩油门踏板就失去了加油的能力，只能依靠直流步进式伺服电机来随动操纵供油量的多少。

5.4　电控汽车稳定行驶系统

ESP 是电控汽车稳定行驶系统（Electronic Stability Program）的英文缩写，在许多高级轿车均安装 ESP 系统。ESP 系统属于汽车主动安全控制系统，它是 ABS＋EBD＋

ASR 的发展与延伸，其主要作用如下：

(1) 适时监控功能。监控驾驶员的操控动作、路面反应、汽车运动状态、制动状态等。

(2) 主动干预功能。主动调控发动机转矩、车轮驱动力、制动力，抑制汽车的前轮或后轮侧滑，抑制汽车转向不足或转向过度。

(3) 事先提醒功能。当驾驶员操控不当或路面异常时，汽车出现失控现象，ESP 系统警告灯点亮和蜂鸣器鸣叫提醒。

5.4.1 电控汽车稳定行驶系统电控元件的组成

电控汽车稳定行驶系统（ESP）由传感器、电控 ECU 及执行器等组成，见图 5－34，其组成有以下特点：

(1) 传感器包括转向盘转角传感器、轮速传感器、纵向和横向加减速度传感器、横摆率传感器、制动压力传感器、制动开关信号、ESP 开关信号等，并和动力系统联网控制。

(2) ABS、EBD、ASR、ESP 的电脑为一体，组成了一个综合信息处理系统，根据汽车失稳程度，计算出恢复汽车稳态所需的各项调节参数（转矩、驱动力、制动力等）。

(3) 利用了 ABS 和 ASR 系统所有的电控液压部件，如 ABS 系统的 8 个调压电磁阀（2/2 阀）、ASR 系统的两个控制电磁阀（3/3 阀）、供能电机和油泵及蓄压器等。

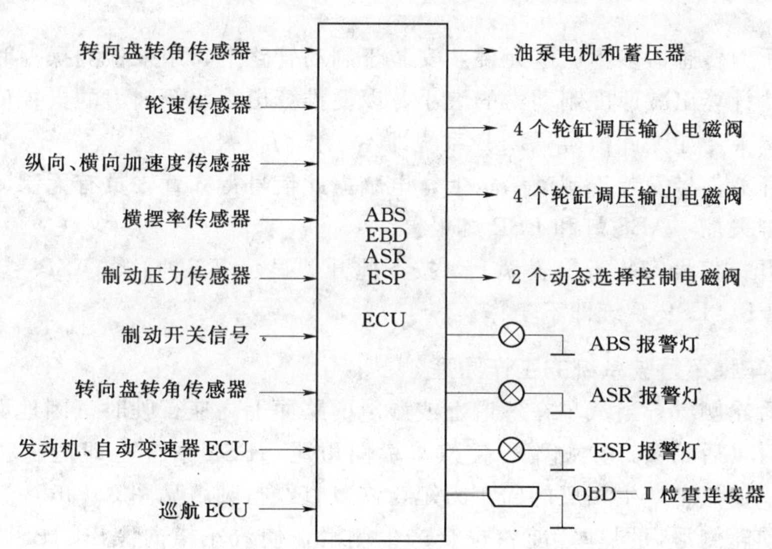

图 5－34　ESP 系统电控元件的组成

(4) ESP 和 ASR 系统的制动油压的建立有两种方式。一为用单级油泵和蓄压器方式，油泵间歇的工作（丰田车系）；二为不用蓄压器，用泵油量大的双级回流油泵，油泵需频繁的工作（大众车系）。

(5) 液压系统中增加了两个动态选择控制电磁阀—行驶中当 ABS、ASR、ESP 各系统工作时，进行转换控制，关断或导通制动主缸油路，使供能装置（蓄压器）的油液进入需用的轮缸调压电磁阀中。

（6）ASR 系统只对两个驱动轮进行调压控制，以防止滑转为主体；而 ESP 系统和 ABS 系统一样，对驱动轮和非驱动轮都能进行调压控制，以防止侧滑为主体。

5.4.2　电控汽车稳定行驶系统传感器

（1）轮速传感器多为磁电式，安装于四个车轮的轮毂上，检测车轮的角速度值，提供车轮抱死或滑转的电压信号。如无此信号，则 ABS、ASR、ESP 系统即不工作而报警。

（2）转向盘角度传感器多为光电管式，安装于转向盘的轴上，提供有转向动作和转向角大小的信号，转角总值约 3 圈，左右各 1.5 圈。如果无此信号，电脑无法认定汽车的行驶方向，EPS 系统即不工作而报警。

（3）纵向和横向加减速度传感器多为压电陶瓷片式，利用其挠曲变形而产生电信号。安装于汽车质心 C 附近地板下方的中间位置，用来测量汽车纵向横向的加减速度值，判定汽车的运动状态。如无此信号，电脑无法得知汽车实际行驶状态，ESP 系统即不工作而报警。

（4）横摆率传感器安装于汽车行李仓的前部，与汽车的垂直轴线一致，用来检测汽车绕垂直轴线摆动的角度值（侧滑量）。多为 HL 式，灵敏度极高，没有横摆时（侧滑），HL 电压为常数，横摆时永久磁铁左右运动，引起 HL 电压的变化，电压值与横摆率的大小成比例。如无此信号，电脑无法了解汽车是否发生横向摆动（侧滑），ESP 系统即不工作而报警。

（5）制动压力传感器多为压电元件，安装于制动管路上，用来检测操控时制动油压的高低。电脑据此计算出减速度制动力的大小，以便推算出克服侧向力的操控值，对汽车不正常行驶进行调节。如无此信号，ESP 系统即不工作而报警。

（6）制动开关信号安装于制动踏板上，电脑据此信号得知驾驶员有无制动动作。如无此信号，制动灯失控，ABS 灯和 ESP 灯报警。

（7）ESP 开关信号安装于仪表盘上，按下此开关显示 ESP/ON，ESP 系统投入工作；再按下 ESP/OFF，ESP 系统即不工作。

5.4.3　电控汽车稳定行驶系统的工作原理

（1）抑制后轮侧滑。当汽车在弯道上或湿滑的路面上高速行驶时，因地面的原因，附着力变化无常时，后轮会产生侧滑，使汽车横向甩尾。ESP 系统立即把制动力施加到转弯的外前轮上，使汽车产生相反的回正力矩，恢复直线行驶，见图 5－35。

（2）抑制前轮侧滑。同理，前轮也会产生侧滑，使汽车横向漂出。ESP 系统立即把制动力施加到两个非驱动的后轮上，使汽车产生相反的回正力矩，恢复直线行驶，见图 5－35（b）。

因前轮为驱动轮，应使后轮采用先拉后摆的办法恢复直行，对两后轮还可以用占空比方式调节制动力的大小。

（3）抑制转向不足。汽车高速行驶出现障碍物时，驾驶员向左急转向，但惯性力是向前的，与转向轮方向不一致，会出现转向不足状态，ESP 系统立即制动左后轮（内弧线后轮），产生向左的转矩，迅速向左转向，消除转向不足状态，见图 5－36。

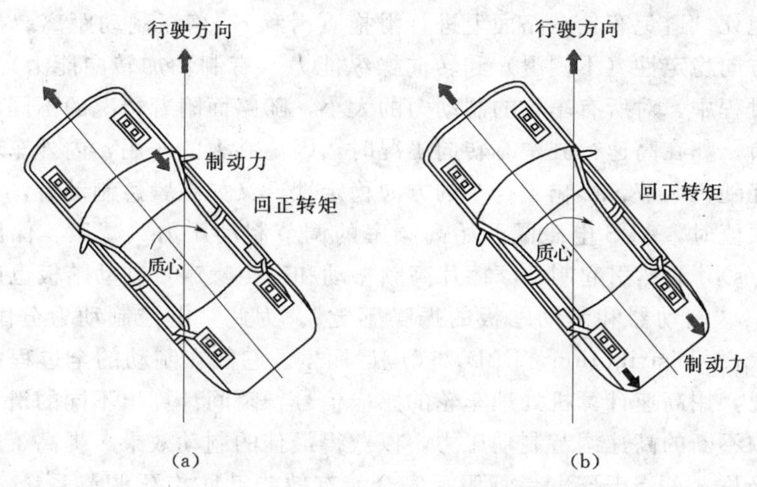

图 5-35　抑制后轮和前轮侧滑

(a) 抑制后轮侧滑；(b) 抑制前轮侧滑

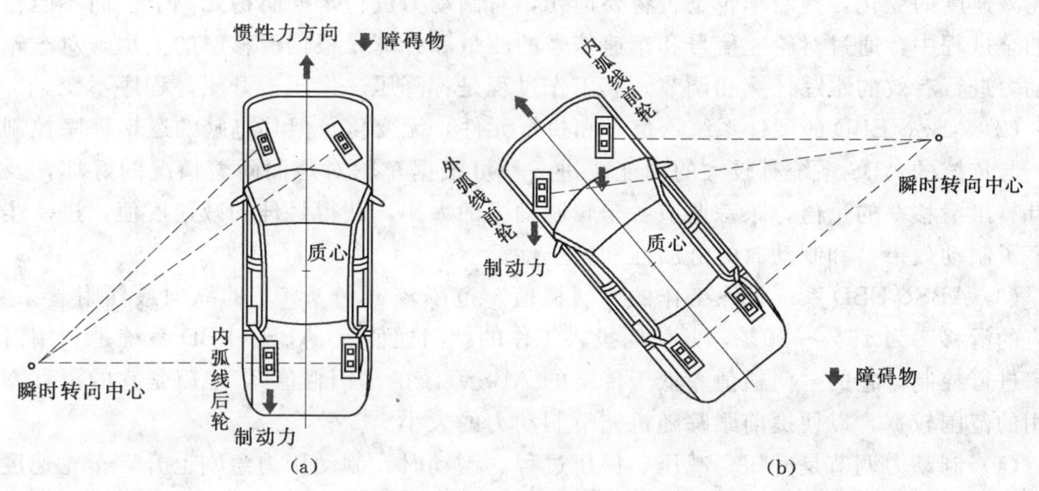

图 5-36　抑制转向不足和转向过度

(a) 抑制转向不足；(b) 抑制转向过度

(4) 抑制转向过度。当汽车向左急转向绕过障碍物后，绕过了障碍物后，需急速向右转向恢复直线行驶，ESP 系统立即制动右前轮（内弧线前轮），恢复商行状态。当惯性分力较大时，会使汽车产生转向过度状态，严重时会造成向左甩尾现象。ESP 系统又立即制动左前轮（外弧线前轮），产生向左的转矩，消除转向过度，使汽车平稳地回到直线行驶状态，抑制了转向过度。

5.5　电控制动力分配系统

防抱死制动系统只是在制动过程中，当制动力将要达到极限值时，才开始调节制动压力，防止车轮抱死，避免车轮在路面上进行滑拖（滑移），缩短制动距离、提高了汽车在制动过程中的方向稳定性（不侧滑）和转向操纵能力（有制动加转向能力）。但是，它不能在制动的全过程中，对所有车轮的制动力的大小，随路面附着情况的不同，随机进行有效的分配和调节。如在高速行驶中有转向工况时，因离心力的作用，内外车轮附着力的差异，制动力不能随机调节，影响了行车的方向稳定性。又如在紧急制动时，当制动力达到将要抱死的极限值时，ABS 电磁阀开始高频率的调节制动压力（减压、保压、增压，频率达 10～12 次/s），必然引起制动摩擦片高频振动和产生噪声，制动踏板也产生强烈弹脚反应，此即谓："制动器和制动踏板的振噪感觉"。为此，电控制动力分配系统（Electronic Brake - force Distribution，EBD）就应运而生。它能在制动的全过程中，根据四个车轮的附着情况，用高速计算机处理车轮的感应信号，瞬间计算出不同的滑移率和摩擦力数值，在运动中不断的高速调节制动压力，以获得最佳的制动效果，提高了制动的平稳性和安全性。故又称：ABS＋EBD＝舒服、安全、有效制动防抱死调节系统。EBD 与传统的 ABS 系统主要有以下不同：

（1）传统的 ABS 电脑软件系统的逻辑程序控制能力简单——它只是在制动时，根据车轮减速度的变化，判断车轮是否将要抱死，对制动力进行末期防抱死调节。而不能在制动的全过程中，通过对轮速信号和车速信号的测量和计算，根据滑移率的大小，对车轮的制动力进行有效的跟踪计算和调节。其工作过程是：降压—保压—升压，程序不变。

（2）ABS&EBD 的硬件系统（信号和执行元件）无变化。但其电脑的逻辑程序控制系统，与传统的 ABS 系统有较大的功能改进——可根据车轮对地面附着情况的好坏，及时的计算出滑移率的量值，跟踪调节各车轮制动力的大小，获得最佳的减速度值，进一步地提高了制动效果，和制动时的舒服性和安全性。

（3）ABS&EBD 系统投入工作的"门槛值"范围较宽——汽车的纵向最佳附着系数，对应的滑移率为 15％～30％，此值叫投入工作的"门槛值"。ABS&EBD 系统是利用滑移率来进行控制，它的"门槛值"低于传统的 ABS 系统的"门槛值"，也就是它的滑移率起作用的范围较宽，以便提前跟踪随机调节制动力的大小。

（4）制动力调节是升压、减压、保压过程。制动时，制动压力急剧上升，车轮速度急剧下降，滑移率值急剧上升，从稳定区进入非稳定区，车轮加大滑移。ABS&EBD 系统迅速降压，使车轮的滑移率回复到稳定区，并保持一定制动压力。为了加大制动效果，随即又将制动压力升高，稍微超过稳定界限，又再次降压，使滑移率值又回到稳定区，如此反复。其升降频率可达 10～20 次/s，将车轮滑移率值保持在最佳范围内，以获得最佳制动效果。可见，在制动过程中，只要附着力和滑移率有所变化，制动力即跟踪调节，滑移率加大即降压，滑移率减小即升压，反复进行，使制动力保持在最佳滑移区内。当制动力达到将要抱死的极限值时，即以减压—保压—升压的控制方式，来实现 ABS 防抱死控制。

（5）ABS&EBD 系统仍然是 4 个控制通道和 4 个电磁式轮速传感器，产生交变电压脉冲信号，检测轮速的高低，并计算实际车速的高低和滑移率 5 值的大小。并设有检测车轮转角大小的传感器。

（6）其制动压力调节器都是循环调压方式，调压电磁阀可用电流控制的 4 个三位三通式（3/3 式）或用电压控制的八个二位二通式（2/2 式）。

(7) 桑塔纳 2000GSi 型轿车 ABS/EBD 电路，如图 5-37 所示。

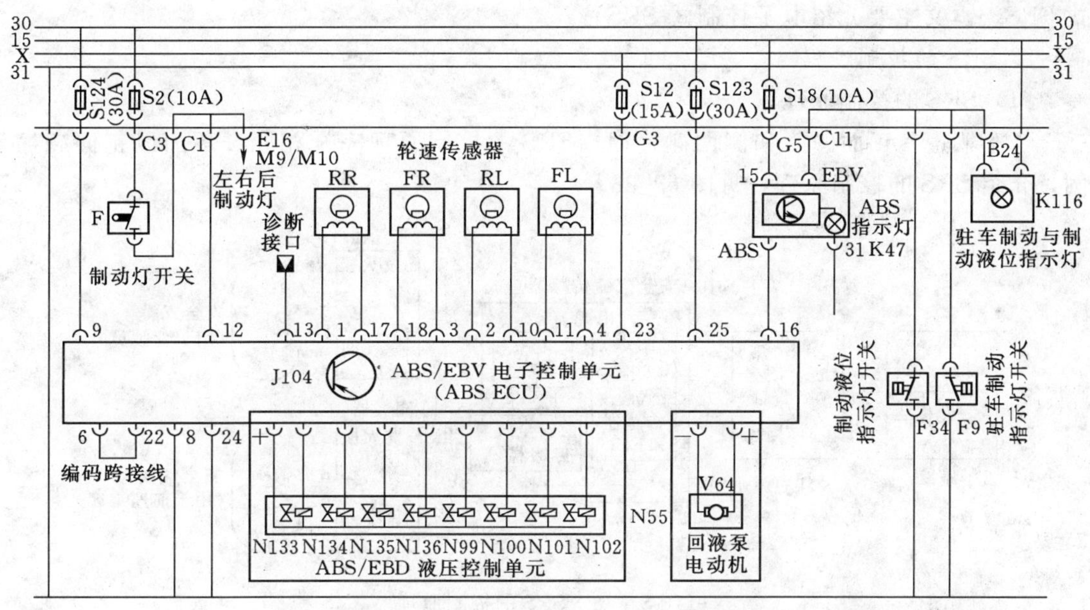

图 5-37　桑塔纳 2000GSi 型轿车 ABS/EBD 电路图

5.6　汽车安全气囊与防撞预警系统

5.6.1　汽车安全气囊系统

安全气囊 (Supplemental Restraint System，SRS)，也称辅助乘员保护系统：SRS 属于被动安全装置，当汽车发生正面碰撞和侧前方碰撞时，其保护作用十分明显。安全统计结果表明，当汽车发生正面碰撞，由于巨大的惯性力对驾驶员所造成的伤害中，胸部以上受伤的概率达 75%以上。所以，SRS 在设计时，主要是针对驾驶员的头部和颈部而设计的。近几年来，随着汽车技术的发展与普及，人们对汽车安全性能要求越来越高，现代汽车大都配置了 SRS。部分国家已在交通法规中明确规定轿车必须配置 SRS，随着世界汽车市场的激烈竞争，以及 SRS 制造成本的降低，SRS 将作为标准配置装配到汽车上。

1. SRS 的类型

(1) 按照碰撞类型分类。

根据碰撞类型的不同，SRS 可分为正面防护 SRS、侧面防护 SRS 和顶部防护 SRS。正面防护 SRS 是目前应用最广泛的一种，而侧面防护 SRS 和顶部防护 SRS 现已逐渐普及。

(2) 按照 SRS 数目分类。

按照 SRS 数目不同可分为单气囊系统（只安装在驾驶员侧）、双气囊系统（驾驶员侧和副驾驶员侧各有一个安全气囊）和多气囊系统。

(3) 按照 SRS 控制类型分类。

按照 SRS 控制类型可分为机械式和电子控制式 SRS，现代汽车大都采用了电子控制式 SRS。本文主要介绍电子控制式 SRS。

2. SRS 的控制过程

(1) SRS 的控制原理。

当车辆遭受正面碰撞和侧面碰撞时，SRS 的控制原理完全相同。下面以正面碰撞为例，介绍 SRS 的控制原理，见图 5－38。

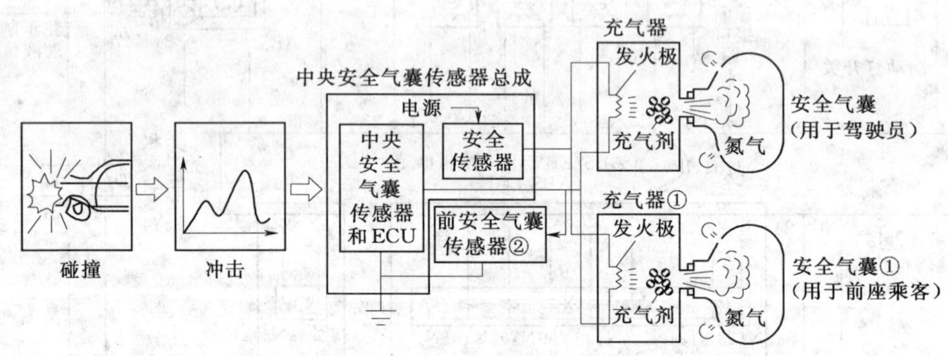

图 5－38　SRS 的控制原理

注　1. 仅限前座乘客安全气囊的型号；2. 仅限某些型号

当车辆遭受前方一定角度的碰撞时，安装在汽车前部和 SRS ECU 内部的碰撞传感器都将检测到汽车突然减速的信号，并将信号输入 SRS ECU，用于判断是否发生碰撞。当汽车遭受碰撞且减速度达到设定阈值时，SRS ECU 发出控制指令，接通气囊组件中的点火器电路，使点火剂受热爆炸，迅速产生大量热量，使充气剂受热分解并释放出大量氮气充入气囊，气囊膨开，保护驾驶员和乘员。

(2) SRS 的控制过程。

德国 BOSCH（博世）公司用奥迪轿车试验研究表明：当汽车以 50km/h 的速度与前面障碍物碰撞时，SRS 的动作时序见图 5－39。

1) 碰撞约 10ms 后，SRS 达到引爆极限，点火器引爆点火剂并产生大量热量，使充气剂受热分解，驾驶员尚未动作。

2) 碰撞约 40ms 后，气囊完全充满气体，体积最大，驾驶员向前移动，安全带斜系在驾驶员身上并拉紧，部分冲击能量已被吸收。

3) 碰撞约 60ms 后，驾驶员头部及身体上部压向气囊，气囊的排气孔在气体和人体压力作用下排气节流吸收人体与气囊之间弹性碰撞产生的动能。

4) 碰撞约 110ms 后，大部分气体已从气囊逸出，驾驶员身体上部回到座椅靠背上，汽车前方恢复视野。

5) 碰撞约 120ms 后，碰撞危害解除，车速降为零。

综上所述，从开始充气到完全充满约为 30ms；从汽车遭受碰撞开始到气囊收缩为止，所用时间仅为 120ms 左右，而人们眨一下眼皮所用时间约为 200ms。因此，SRS 在碰撞过程中动作时间极短，气囊动作状态和经历时间无法用肉眼确认。

(3) SRS 有效范围。

SRS并非在所有碰撞情况下都能发挥作用。正面防护SRS只有在汽车正前方或斜前方±30°范围内发生碰撞，纵向减速度达到设定阈值，且安全传感器和任意一只前碰撞传感器接通时，才能引爆气囊充气。在下列条件之一的情况下，正面安全气囊不会引爆充气。

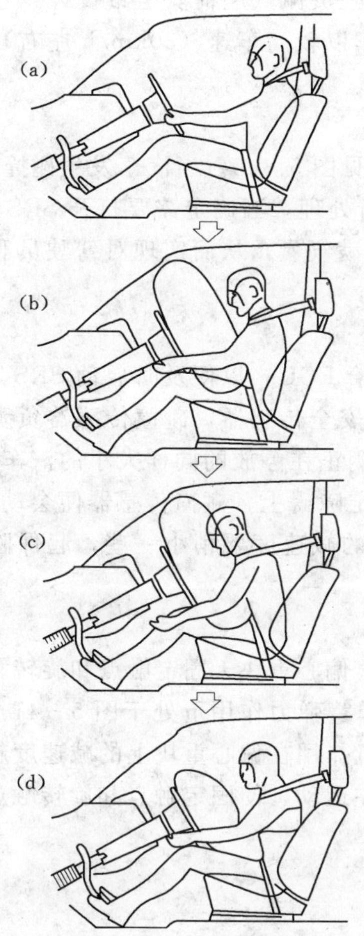

图5-39 安全气囊的动作时序
(a) 10ms后；(b) 40ms后；
(c) 60ms后；(d) 110ms后

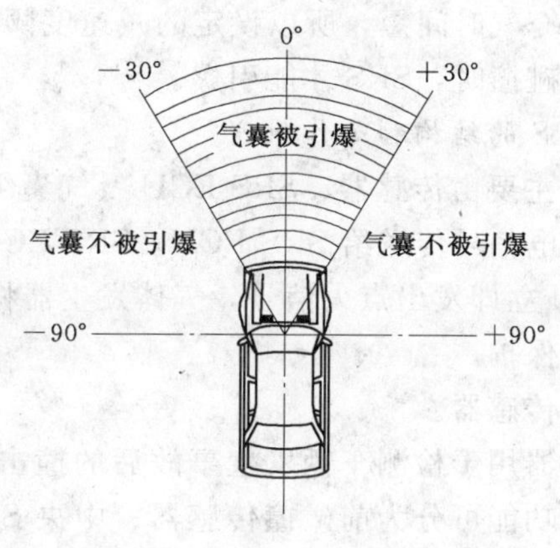

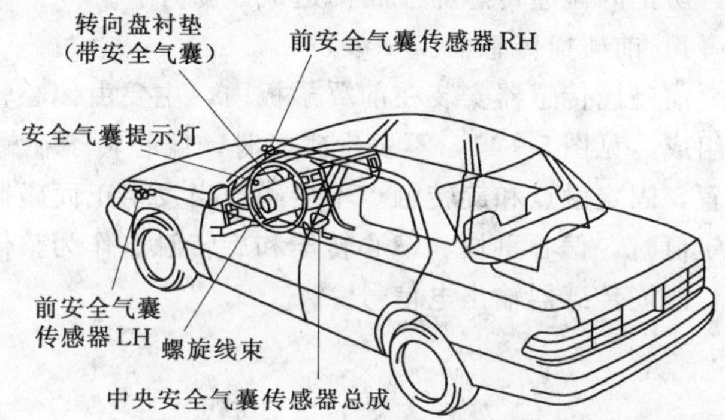

图5-40 SRS主要部件的车上布置

1) 汽车遭受侧面碰撞超过斜前方30°时。

2) 汽车遭受横向碰撞时。

3) 汽车遭受后方碰撞时。

4) 汽车发生绕纵向轴线侧翻时。

5) 纵向减速度未达到设定阈值时。

6) 所有前碰撞传感器都未接通或SRS ECU内部的安全传感器未接通时。

7) 汽车正常行驶、正常制动或在路面不平的道路条件下行驶时。

（4）减速度阈值的设定。

减速度阈值根据安全气囊的性能设定，不同车型 SRS 的减速度阈值有所不同。在美国，因为 SRS 是按驾驶员不佩戴座椅安全带进行设计，气囊体积大、充气时间长，所以 SRS 应在较低的减速度阈值时引爆气囊，即汽车以较低车速（20km/h 左右）行驶而发生碰撞时，SRS 就应引爆。在日本和欧洲，由于 SRS 按驾驶员佩戴座椅安全带设计，气囊体积小、充气时间短，所以设定的减速度阈值较高，汽车以较高车速（30km/h 左右）行驶而发生碰撞时，SRS 才能引爆。

3. SRS 的结构和工作原理

SRS 主要由传感器、SRS ECU 及气囊组件等组成，见图 5－40。当汽车发生碰撞时，传感器将电信号传送给 SRS ECU，SRS ECU 将信号进行处理，当确定需要打开 SRS 时，SRS ECU 立即发出点火信号，气体发生器将大量气体充满气囊，从而实现对驾驶员和乘客的安全保护。

（1）传感器。

传感器用于检测车辆发生事故后的撞击信号，输送给 ECU，以便及时启动 SRS。传感器按其功能可分为前碰撞传感器、中央 SRS 传感器和安全传感器，碰撞传感器负责检测碰撞的激烈程度，如果汽车以 40km/h 的车速撞到一辆正在停放的同样大小的汽车上，或以不低于 22km/h 的车速迎面撞到一个不可变形的固定障碍上，碰撞传感器便会动作，接通搭铁回路；安全传感器，也称触发传感器，其闭合的减速度要稍小一些，起保险作用，防止因碰撞传感器短路而造成误膨开。

1）前碰撞传感器。

前碰撞传感器安装在前翼子板内，主要由偏心转子、偏心重块、固定触点和旋转触点等组成，见图 5－41，不发生碰撞时，偏心转子在螺旋弹簧弹力作用下处于图 5－41（a）位置，固定触点和旋转触点不接触；当发生正面碰撞，且作用在偏心重块上的减速度超过预定值时，偏心重块、偏心转子和旋转触点作为整体向左运动，使固定触点和旋转触点接触，碰撞传感器输出电信号。

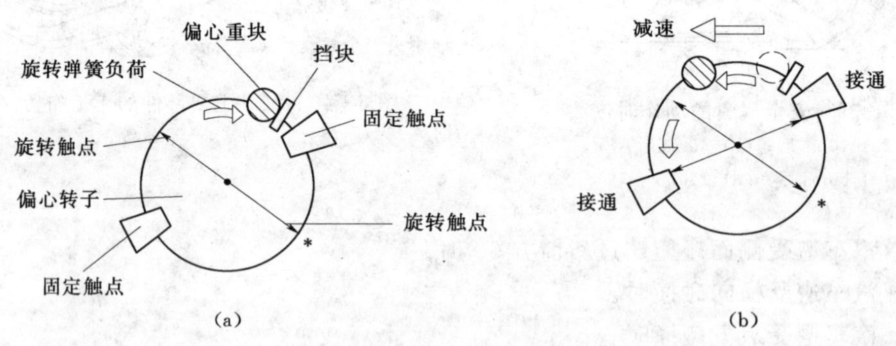

图 5－41　前碰撞传感器

（a）不工作状态；（b）工作状态

2）中央 SRS 传感器。

中央SRS传感器有应变电阻片的半导体型和机械型两种。半导体型传感器由应变电阻片和集成电路组成，见图5-42。传感器测量减速度，并将其转换为电信号送至点火控制电路，用于判断SRS是否需要膨开。机械型传感器在正面碰撞中受到超过预定值的减速力时，其触点接触并启动SRS。

3）安全传感器。

安全传感器有机械型和汞开关型，见图5-43。

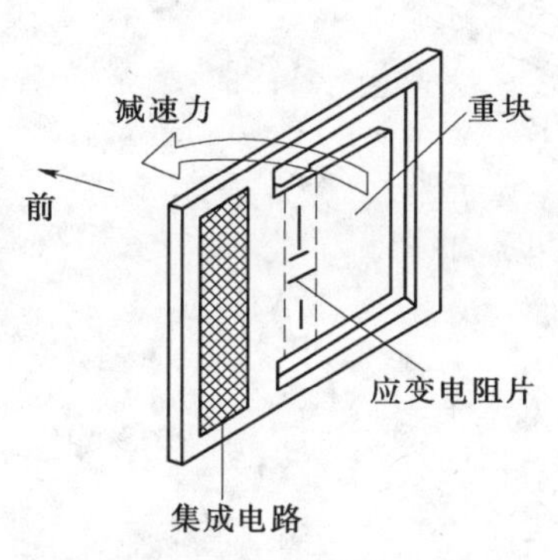

图5-42　中央SRS传感器

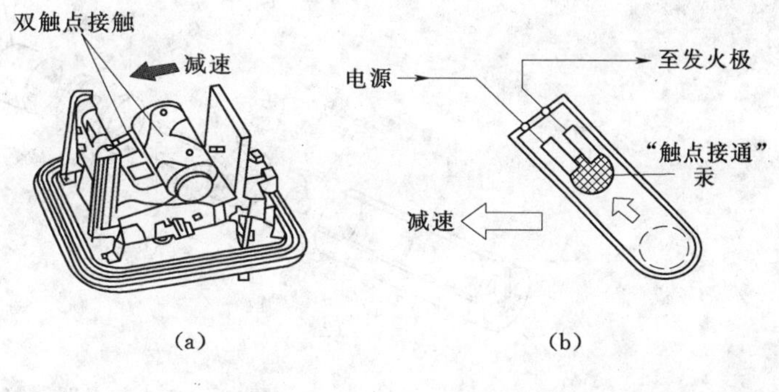

图5-43　安全传感器
（a）机械型；（b）汞开关型

（2）SRS组件。

SRS组件主要由气体发生器、点火器、气囊、饰盖和底板组成。驾驶员SRS组件位于转向盘中心处，乘客SRS组件位于仪表板右侧手套盒的上方。

1）气体发生器。

在点火器引爆点火剂时，气体发生器产生气体向SRS充气，使SRS膨开。气体发生器用专用螺栓和专用螺母固定在SRS支架上，装配时只能用专用工具进行装配。气体发生器由上盖、下盖、充气剂（片状叠氮化钠）和金属滤网组成，见图5-44。上盖上制有若干个充气孔，充气孔有长方孔和圆孔两种。下盖上制有安装孔，以便将气体发生器安装到SRS支架上。上盖与下盖用冷压工艺压装成一体，壳体内装充气剂、滤网和点火器。金属滤网安放在气体发生器的内表面，用以过滤充气剂和点火剂燃烧后的渣粒。

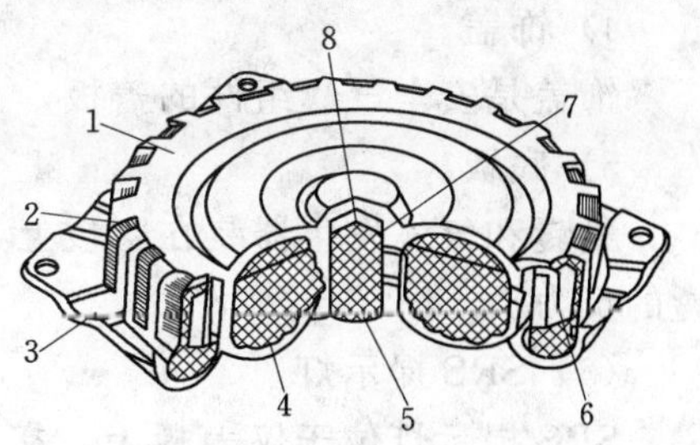

图5-44　气体发生器
1—上盖；2—充气孔；3—下盖；4—充气剂；5—点火器药筒；6—金属滤网；7—电热丝；8—引爆炸药

目前，大多数气体发生器都是利用热效反应产生氮气而充入SRS。在点火器引爆点火剂的瞬间，点火剂会产生大量热量，叠氮化钠受热立即分解释放氮气，并从充气孔充入SRS。

2）点火器。

点火器外包铝箔，安装在气体发生器内部中央位置，见图 5-45。点火剂包括引爆炸药和引药，引出导线与 SRS 连接器连接，连接器中设有短路片（铜质弹簧片）。当拔下连接器或连接器未完全接合时，短路片将两根引线短接，防止静电或导电将电热丝电路接通而造成安全气囊误膨开。

当 SRS ECU 发出点火指令时，电热丝电路接通，电热丝迅速红热引爆引药，引爆炸药瞬间爆炸产生热量，药筒内温度和压力急剧升高并冲破药筒，使充气剂受热分解释放氮气充入安全气囊。

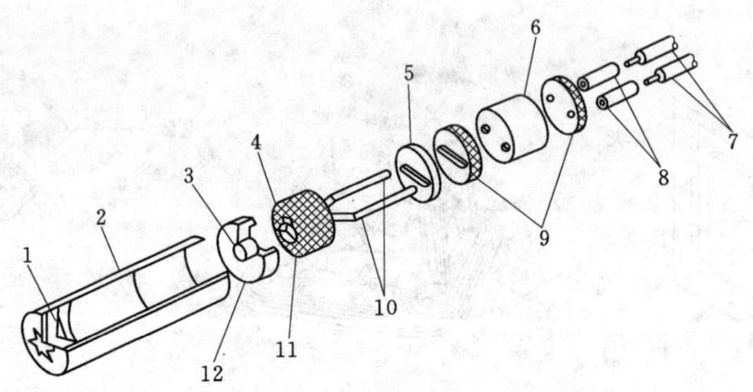

图 5-45　点火器

1—引爆炸药；2—药筒；3—引药；4—电热丝；5—陶瓷片；6—永久磁铁；7—引出导线；8—绝缘套管；9—绝缘垫片；10—电极；11—电热头；12—药托

3）气囊。

气囊按布置位置的不同可分为驾驶侧气囊、乘客侧气囊、后排气囊、侧面气囊、顶部气囊等；按大小可分为保护整个上身的大型气囊和主要保护面部的小型护面气囊。护面气囊成本较低，但一定要和座椅安全带配合使用才有保护作用。欧洲汽车多采用小型气囊。美国汽车则针对未使用安全带设计，采用了大型气囊。

驾驶员侧气囊多采用尼龙布涂氯丁橡胶或有机硅制成。橡胶涂层起密封和引燃作用，气囊背面有 2 个泄气孔。乘客侧气囊没有涂层，靠尼龙布本身的孔隙泄气。

4）饰盖。

饰盖是安全气囊组件的盖板，上面模制有撕缝，以便气囊能冲破饰盖膨开。

5）底板。

气囊和气体发生器装在底板上，底板装在转向盘或车身上，气囊膨开时，底板承受气囊的反力。

（3）SRS 提示灯。

SRS 提示灯位于仪表板上，接通点火开关时，诊断单元对系统进行自检，SRS 提示灯点亮 6s 后熄灭表示系统正常。否则，表示安全气囊出现故障，应进行检修。

若 ECU 出现异常，不能控制 SRS 提示灯，SRS 提示灯便在其他电路的直接控制下作出异常显示，如 ECU 无点火电压，提示灯常亮；ECU 无内部工作电压，提示灯常亮；ECU 不工作，提示灯在看门狗电路的控制下以 3 次/s 的频率闪烁；ECU 未接通，提示灯经线束连接器的短接条接通。

（4）ECU。

ECU 主要由 SRS 逻辑模块、信号处理电路、备用电源电路、保护电路和稳压电路等组成，安全传感器一般与 SRS ECU 一起制作在 SRS 控制组件中。SRS 控制组件的内部结构见图 5-46。

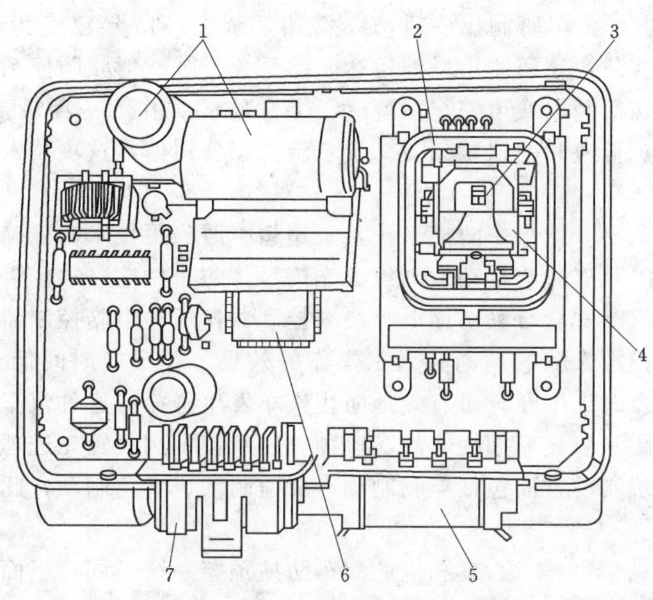

图 5-46　SRS 控制组件

1—能量存储装置（电容）；2—安全传感器总成；3—传感器触点；4—传感器平衡块；5—四端子连接器；6—逻辑模块；7—SRS ECU 连接器

5.6.2　汽车防撞预警系统

1. 几种常见的汽车防撞预警系统

汽车防撞预警系统是在汽车行驶过程中，对汽车的前后以及左右方向的危险物进行检测，在汽车与危险物具有发生碰撞危险的情况下进行声光报警，提示驾驶员危险物的方向以及危险程度，以便让驾驶员采取相应的措施，避免追尾碰撞和侧挂等交通事故的发生，如图 5-47 所示。它通常由三部分组成。

图 5-47　汽车防撞系统示意图

测距装置：测距装置采用雷达、超声波、激光、红外线等测定障碍物与汽车的距离。

处理装置：电脑根据事先储存的程序，判断出有碰撞的危险时，向驾驶员发出警报。如果驾驶员未能及时采取措施，则向制动器、转向器等发出指令，以保证汽车的安全。

执行装置：警报器一般采用灯光信号或伴随声音信号。执行装置可根据电脑发出的指令使制动器制动，或使汽车转向。

从20世纪90年代以来，世界各国投入大量人力、物力从事汽车防撞系统的研究，目前已取得了显著的成果，开发了若干新产品，使汽车的行驶安全性大大提高。

美国的Delco电子公司研制出一种汽车雷达系统，1995年已经为卡车推出了雷达系统的产品。美国一些公司还研制出微波雷达防撞系统、脉冲射频防撞系统等。

沃尔沃汽车公司研制出城市安全系统（City Safety），作为一项最新的主动安全技术，它能够帮助司机避免低速时的追尾碰撞。沃尔沃汽车公司估计这项技术能够避免一半的追尾碰撞事故。

中国某公司研制出一款汽车防撞系统，采用超声波测距技术，准确测出与障碍物的距离。当达到标定危险距离时会自动发出声、光信号，防止碰撞事故。

国内还有一款汽车安全行驶防撞电脑模糊控制器，通过电脑控制器对行驶中的轿车实施控制，完全达到模拟人脑的判断和人工操作的效果。其反应时间低于0.2s，大大快于人脑的反应，制动及时、果断，可有效地防止汽车发生碰撞。这种汽车防撞电脑模糊控制系统采用主动式测距和快捷模糊控制法、模糊识别及模糊判决等先进理论和技术，完全模拟人的动作。该系统制动方面包括点刹制动、减速制动、紧急制动，此外还有照明显示装置等。

由于不同的信息采集技术，其相应的汽车防撞预警系统不同，下面对各种防撞预警系统的原理、特点等方面进行分析。

(1) 超声波汽车防撞预警系统。

超声波一般指频率在20kHz以上的机械波，具有穿透性较强、衰减小、反射能力强等特点。超声波测距仪器一般由发射器、接收器和信号处理装置3部分组成。工作时，超声波发射器不断发出一系列连续的脉冲，并给测量逻辑电路提供一个短脉冲。超声波接收器则在接收到遇障碍物反射回来的反射波后，也向测量逻辑电路提供一个短脉冲。最后由信号处理装置对接收的信号依据时间差进行处理，自动计算出车与障碍物之间的距离。

超声波测距原理简单、成本低、制作方便，但在高速行驶的汽车上的应用具有一定局限性，这是因为超声波的传输速度受天气影响较大，不同的天气条件下传播速度不一样。对于远距离的障碍物，由于反射波过于微弱，使得灵敏度下降，超声波的发射角度小，直线传播方式所测得的区域小。故超声波测距一般应用于短距离测距，最佳距离为4～5m，一般应用在汽车倒车防撞系统上。目前很多车上都装有超声波倒车防撞系统。

(2) 雷达汽车防撞预警系统。

雷达汽车防撞预警系统利用电磁波发射后遇到障碍物反射的回波对其不断检测和计算与前方或后方障碍物的相对速度和距离，经过分析判断对构成危险的目标按程度不同进行报警。该系统由收发天线、定向耦合器、混频器、调频振荡器和处理单元组成。当发射机采用微波调频连续波体制时，在车辆行进中，雷达窄波束向前发射调频连续波信号，当发射信号遇到目标时，被反射回来为同一天线接收，经混频放大处理后，可用其差拍信号间相差来表示雷达与目标的距离，把对应的脉冲信号经微处理器处理计算可得到距离数值，再根据差频信号相差与相对速度关系，计算出目标对雷达的相对速度，微处理器将上述两个物理量代入危险时间函数数字模型后，即可算出危险时间。图5-48所示为装在车后的

倒车雷达。

图 5－48　倒车雷达

雷达探测性能稳定，不容易受对象表面形状和颜色的影响。它具有测量时间短、量程大（可达到 10km 以上）、精度高等优点。但是周围车辆、障碍物都会对其产生电磁波干扰，车载雷达彼此之间也存在干扰。此系统庞大，造价昂贵。在高速路上，隔离带和路两边的金属在很大程度上限制了此系统的应用。

（3）激光汽车防撞预警系统。

目前在汽车上应用较广的激光测距系统可分为非成像式激光雷达和成像式激光雷达。非成像式激光雷达根据激光束传播时间确定距离。它的工作原理是：从高功率窄脉冲激光器发出的激光脉冲经发射物镜聚焦成一定形状的光束后，用扫描镜左右扫描向空间发射，照射在前方车辆或其他目标上，其反射光经扫描镜、接收物镜及回输光纤，被导入到信号处理装置内的光电二极管，利用计数器计数激光二极管启动脉冲与光电二极管的接收脉冲间的时间差，即可求得目标距离。利用扫描镜系统中的位置探测器测定反射镜的角度即可测出目标的方位。

激光汽车防撞预警系统是一种光子雷达系统，它具有测量时间短、量程较大、精度高等优点，在许多领域得到了广泛应用。但是高速运动的车体中，振动幅度比较大和激光在雾天会被吸收以及对人眼的伤害，极大程度限制了激光汽车防撞预警系统的使用。此系统体积也比较大，在车上安装受到了限制。

（4）机器视觉汽车防撞预警系统。

机器视觉汽车防撞预警系统由图像传感器、图像采集装置、图像分析处理装置以及报警装置组成。通过 CCD 摄像机模仿人眼的光电探测汽车周围的图像，然后利用高速的数字信号处理器（DSP）来分析处理，由于汽车防撞预警系统要求实时性能高，故要求数字信号处理器处理速度高。利用图像分析、图像识别、图像跟踪的方法，对危险物进行识别和跟踪，并及时计算出危险物与本车的距离、相对速度、相对加速度等，利用专家系统的报警决策提前 4～5s 对危险情况报警。

机器视觉汽车防撞预警系统具有尺寸小、质量轻、功耗小、视觉范围广的特点。由于模仿人体视觉原理，测量精度高。但是受到软件、硬件的条件制约，成像速度比较慢，并且在雾天、雨天、雪天等恶劣天气条件下，与人眼一样视野较近，限制了它在高速行驶领域的应用。但是随着信号处理器的增强，媒体处理器系列的出现，将会取代超声波、雷达等，推进汽车安全技术的发展。图 5－49 所示就是使用摄像头检测车辆与前方障碍物之间的距离。

（5）红外汽车防撞预警系统。

红外汽车防撞预警系统由红外热成像传感器、视频采集卡、数字信号处理器、微处理

图 5-49　使用摄像头检测与前车的距离

器、报警终端等部分组成。其中红外热成像原理为在中红外区域（波长 3～5μm）或远红外区域（波长 8～12μm），通过探测物体发出的红外辐射，热成像仪产生一个实时的图像，从而提供一种景物的热图像。红外线产生于发热物体。它除可感受波长在 380～780μm 的可见光外，还可感受 770～1350μm 的红外光。凶红外线光波的波长比可见光长，它可以帮助我们看到肉眼观察不到的事物，并将不可见的辐射图像转变为人眼可见的、清晰的图像。热成像仪非常灵敏，能探测到小于 0.1℃的温差。热成像利用光学器件将场景中的物体发出的红外能量聚焦在红外探测器上，然后将来自每个探测器元件的红外数据转换成标准的视频格式。通过视频采集卡将红外热成像转换成数字信息，并送到数字信号处理器（DSP）处理分析，分析结果送到微处理器判断危险物、危险级别。提前 4～5s 对危险情况报警，提示驾驶员采取正确措施。

由于红外热成像系统探测的是热而不是光，所以可全天候使用，这一特点将促进它在汽车防撞预警系统中的广泛应用，解决上面超声波、雷达、激光、机器视觉的致命缺陷，也增强了汽车在雾天、雨天、雪天等恶劣气候下的安全行驶。红外线夜视系统已经在奔驰车 S-Class 使用，但是对红外热成像的处理、分析、辨识等方面在软件、硬件上要求高。图 5-50 所示是利用红外检测汽车与障碍物之间距离的实物图。

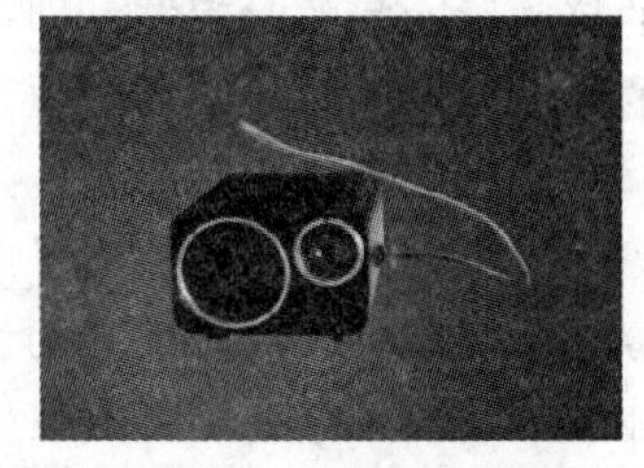
图 5-50　利用红外检测汽车与障碍物之间的距离

目前汽车防撞预警系统的主要研多热点如下。

1）毫米波雷达的研究，汽车用雷达采用 30GHz 以上的毫米波雷达，一方面可缩小从天线辐射的电磁波射束角幅度，减少由于不需要的反射所引起的误动作和干扰；另一方面由于多普勒频移大，相对速度的测量精度高。目前主要应用在宽带无线数据通信及毫米波制导武器上，但是仍然没有摆脱雷达的固有的缺陷，抗干扰能力差，检测视角范围小，在汽车行驶中的抖动无法适应，还有在公路转弯处的前后检测受到弯道的限制。

2）毫米波雷达和图像传感器的结合，有图像传感器根据路面的方向，从而控制激光或者毫米波雷达的转动方向，让激光或者毫米波雷达跟随汽车行驶车道转动。有效地解决了激光或者毫米波雷达的固有部分缺陷，即检测方向直线，视角角度小甚至为 0 的缺陷，但是要求图像传感器和对雷达云台控制技术高。

3）在算法上的研究和改进，如果毫米波的线性调频连续波、双线极大值匹配法、双拼检测法、高精度相位检测法、窄带补偿方法、二次相差法等在测精度上和抗干扰上有所提高。

2. 汽车防撞预警系统的发展方向

汽车防撞系统是高科技的产物，它将伴随微电子、光纤、红外技术的进步而得到新的发展。汽车防撞系统未来的发展方向如下。

(1) 为满足汽车高速行驶，进一步增大探测距离。增加视觉角度，提高监控范围提高抗干扰能力，减少误报。

(2) 增加驾驶员和汽车检测，因为碰撞事故中驾驶员的疲劳驾驶和汽车的性能也有关系。

(3) 降低成本和售价，供用车改装和新车安装使用。

(4) 与自动驾驶仪形成反馈系统，按时间响应，排除人为影响，正确保持车距或作出机动避让。

(5) 向智能化方向进一步拓展。

汽车防撞预警系统的应用将推动汽车的智能化、信息化，也对无人驾驶技术起到促进作用，从而让人们的行车生活处于安全、舒适、快捷之中。

第六章　电 控 悬 架 系 统

6.1　电控悬架系统概述

当汽车在不同的路面上行驶时，由于悬架实现了车身和车轮之间的弹性支承，有效地降低了车身与车轮的振动，从而改善了汽车行驶的平顺性和操纵稳定性。

理想的悬架应在不同的使用条件下具有不同的弹簧刚度和减振器阻尼，既能满足平顺性要求，又能满足操纵稳定性要求。被动悬架因具有固定的悬架刚度和阻尼系数，在结构设计上只能在满足平顺性和操纵稳定性之间进行矛盾折中，无法达到悬架控制的理想目标。电控悬架能克服传统的被动悬架的不足，可根据不同的路面条件，不同的载质量，不同的行驶速度等来控制悬架的刚度、调节减振器阻尼力的大小以及调整车身高度，从而使车辆的平顺性和操纵稳定性在各种行驶条件下达到最佳的组合。

电控悬架根据其是否有源控制，可分为半主动悬架和全主动悬架两大类。

1. 半主动悬架

半主动悬架可根据汽车运行时的振动及工况变化情况，对悬架阻尼参数进行自动调整。为了减少执行元件所需的功率，一般都采用调节减振器的阻尼，使阻尼系数在几毫秒内由最小变至最大，使汽车振动频率被控制在理想的范围内。半主动悬架为无源控制，在汽车转向、起步及制动等工况时，不能对悬架的刚度和阻尼进行有效的控制。

2. 全主动悬架

全主动悬架简称主动悬架，为有源控制，见图 6－1。包括提供能量的设备和可控制作用力的附加装置。主动悬架可根据汽车载质量、路面状况（振动情况）、行驶速度、运行工况（启动、制动、转向等）变化时，自动调整悬架的刚度和阻尼以及车身高度，能同时满足汽车的行驶平顺性和操纵稳定性等各方面的要求。

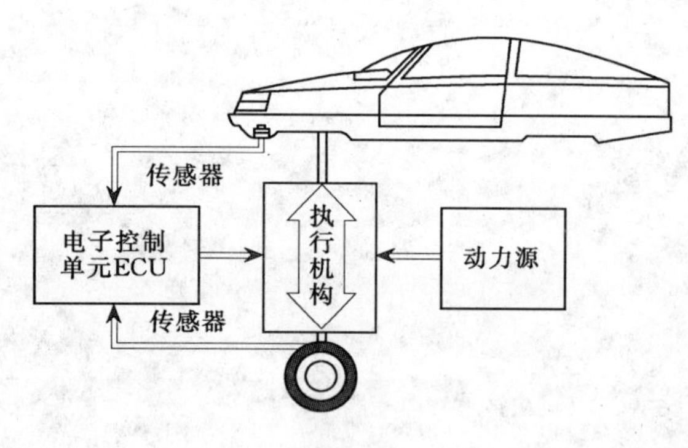

图 6－1　主动悬架

主动悬架控制方法主要有反馈控制、预测控制和决策控制 3 种。

（1）反馈控制。进行主动悬架研究通常采用的 1/4 汽车模型和反馈控制框图，见图 6－2。主动悬架反馈控制方法实现了执行机构实时连续调节，对控制系统的稳定性、精确性和反应速度要求较高，需测量的信息和计算量较大。通常采用最优控制算法和自适应控制算法，将“悬架控制”处理成为跟踪问题或随机干扰滤波器问题。最优控制算法是应用

状态空间问题，采用状态变量表达加权的二次性能指标，通过求解优化问题获得控制执行机构的最优控制规律，该规律在某种意义上是一定的性能指标（通常是车体加速度均方值）达到最小。自适应控制算法是通过对车体和悬架系统的状态监测，在线积累与控制有关的信息，并修正控制系统的结构参数和控制规律，使给定的性能指标尽可能达到最优并保持最优。

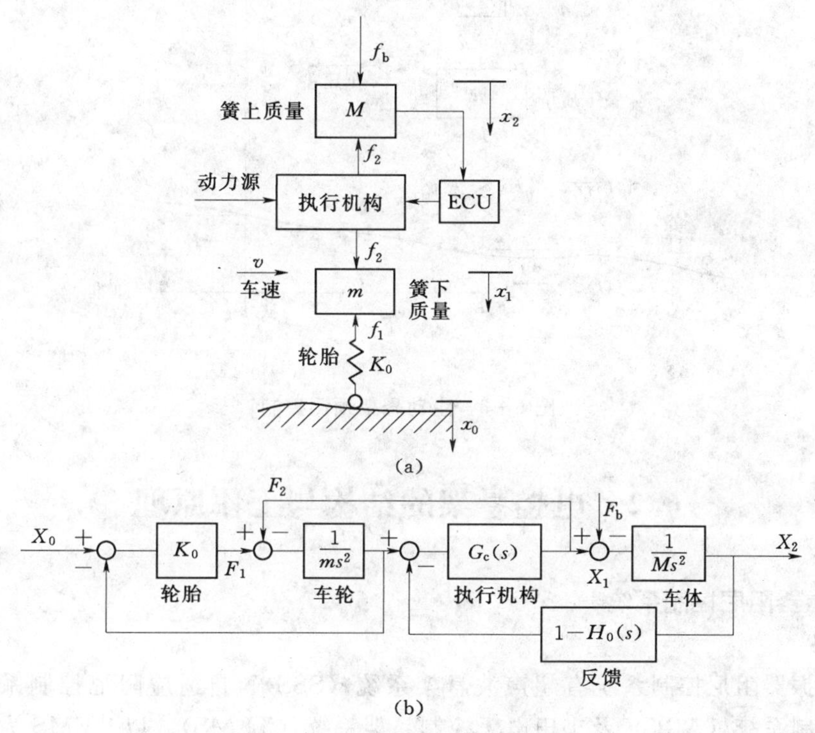

图 6-2　主动悬架反馈控制

(a) 主动悬架模型；(b) 反馈控制系统框图

（2）预测控制，见图 6-3。是在反馈控制的基础上，由附加的预测时间 L/v（L 为测量距离，v 为车速）的遥测传感器及有关的电子系统构成。该系统发出有关控制指令所需的未来信息可预先测量到，而不是当“干扰”经历车轮时再“响应”，能使执行机构的动作与实际要求同步，不仅可以减少动力需求，对车轮也有较好的路面形状跟踪性能，对车体有较平缓的瞬态响应。因此，预测控制是降低路面干扰对车轮和车体冲击的有效方法。若在前馈部分中对全部未来干扰积分函数进行计算，称为无限预测；若未来干扰是由确定性或由白噪声输入已知成型滤波器产生的，仅仅需要计算 $[0, L/v]$ 范围内的积分，则称为有限预测。

（3）决策控制。该方法预先测量汽车在不同路面和工况下行驶的振动响应，并通过优化计算得到所需的最佳悬架刚度和阻尼系数，存入主动悬架控制系统 ECU 的 ROM 中。实际应用中，ECU 不断地检测汽车行驶过程中的振动响应，即刻查出对应工况下应选的最优或次优悬架刚度和减振器阻尼系数，控制执行机构作出响应。

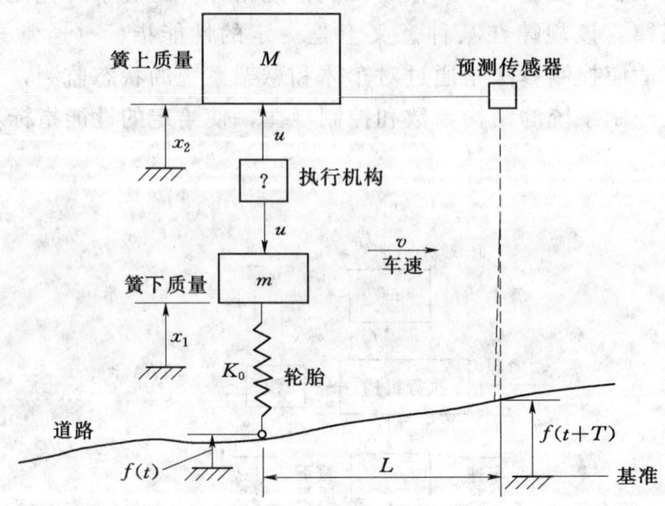

图 6-3　主动悬架预测控制

6.2　电控悬架的结构与工作原理

6.2.1　减振器阻尼控制系统

1. 类型

常见减振器阻尼控制系统有超声波悬架系统（SSS）、自适应阻尼控制系统（ADS）、自动行驶控制系统（ARC）及丰田电子控制悬架系统（TEMS）。以 TEMS 为重点介绍减振器阻尼控制系统。

2. 结构原理

TEMS 主要由模式选择开关、VSS、转向传感器、TPS、制动灯开关、NSW、ECU、执行器、可调阻尼减振器及 TEMS 指示灯等组成，见图 6-4。

ECU 根据汽车行驶过程中各种传感器提供的状态信号计算车辆行驶状态（如加速或减速、高速或低速、转弯及空挡等），以确定减振器阻尼力的大小，并通过执行器进行调节。

（1）模式选择开关。

模式选择开关位于驾驶座旁，由驾驶员根据汽车行驶状态选择悬架运行模式，即 NOR-MAL（标准）或 SPORT（跑车），从而决定减振器阻尼力的大小。其工作电路见图 6-5，施加在 ECU 端子 SW-S 的电压，跑车模式为 12V，标准模式为 OV，ECU 根据该信号判定选择的模式。

（2）转向传感器。

转向传感器用于检测转向盘的转动角度、转动速度、中间位置及转动方向。ECU 根据转向传感器和车速传感器信号判断汽车转向时转向力的大小，以控制车身的

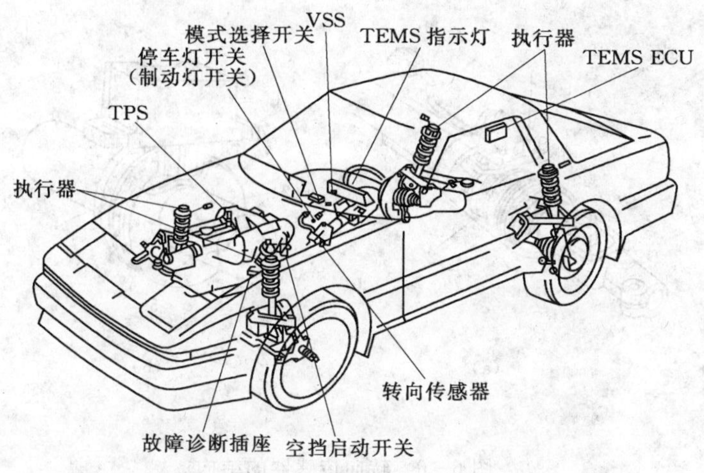

图 6-4　TEMS 部件的车上布置

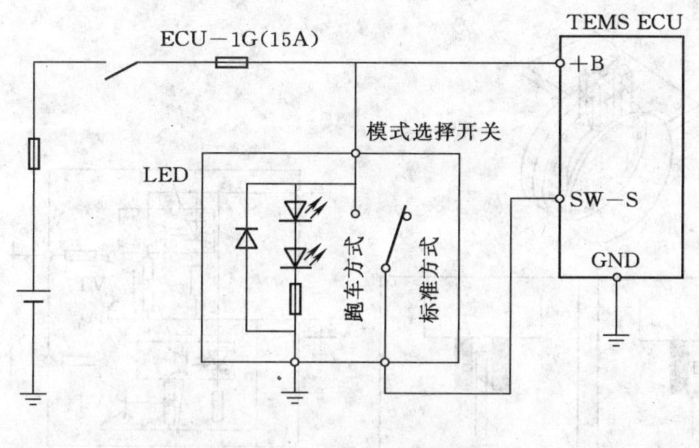

图 6-5　模式选择开关电路

倾角。

转向传感器结构见图 6-6，在压入转向轴的圆盘中间装有窄缝圆盘，由发光二极管和光敏二极管组成的遮光器两个为 1 组，从上面套装在窄缝圆盘上。窄缝圆盘上等距离均匀排列着窄缝，窄缝圆盘随转向轴转动时，遮光器产生接通、断开的交变信号（图 6-7），该信号与转向轴转向角成一定比例，ECU 根据此信号计算转向盘的转角和转速，同时传感器采用两组遮光器，可根据检测到的脉冲信号相位差判定转向盘的转动方向。

(3) ECU。

ECU 由数字电路构成，见图 6-8。输入信号全为数字信号，经由输入电路整形后送入微机，输出信号有变换减振器阻尼力的执行器驱动信号及表示阻尼力状态的指示器驱动信号，从微机经输出电路输出。

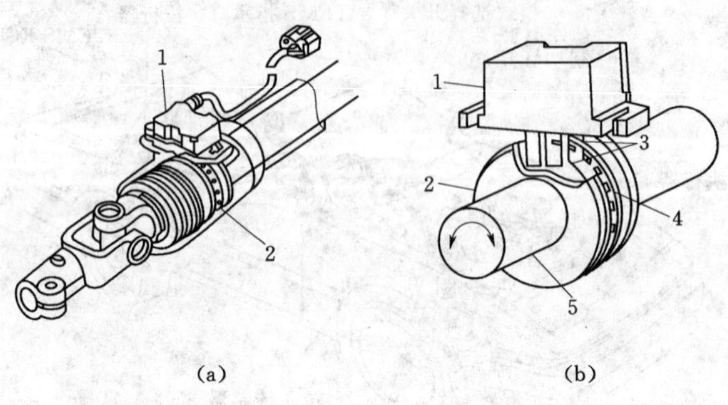

图 6-6　转向传感器的结构

(a) 安装位置；(b) 结构

1—转向传感器；2—传感器圆盘；3—遮光器；4—窄缝；5—转向轴

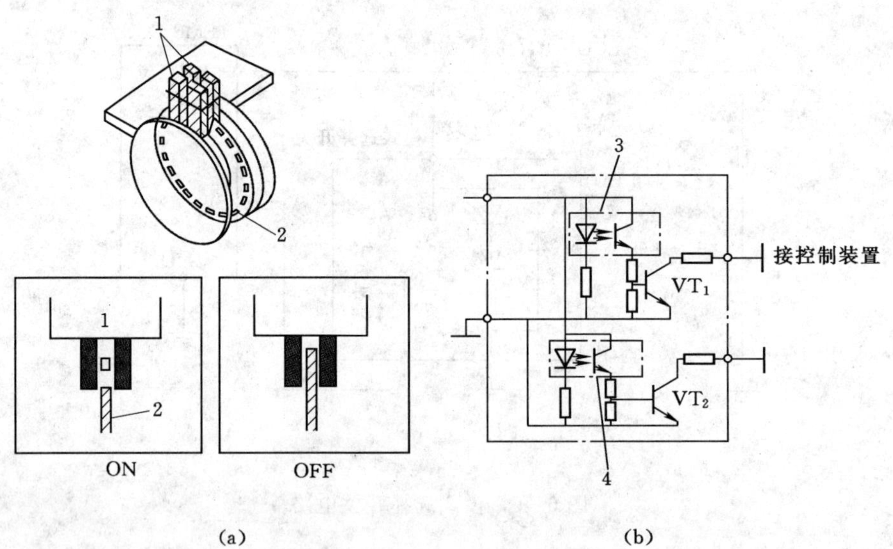

图 6-7　转向传感器工作原理

(a) 原理；(b) 电路

1—遮光器；2—窄缝圆盘；3—1 号遮光器；4—2 号遮光器

(4) 执行器。

执行器位于减振器支柱顶部，各减振器上的执行器并联连接，用于驱动与回转阀相连的调节杆。执行器由直流电动机、小齿轮、减速齿轮、控制杆和电磁铁等组成，见图 6-9。

根据电动机和电磁铁的供电方式，可形成 3 级阻尼，见表 6-1。ECU 对电动机发出控制信号，电动机通过小齿轮带动减速齿轮转动，挡块下端伸入减速齿轮的凹槽中，用于

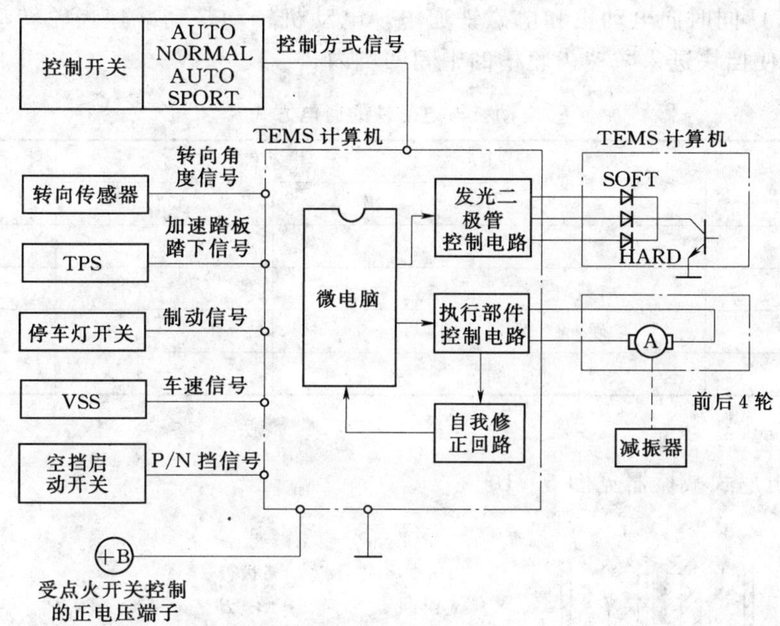

图 6-8　ECU 数字电路

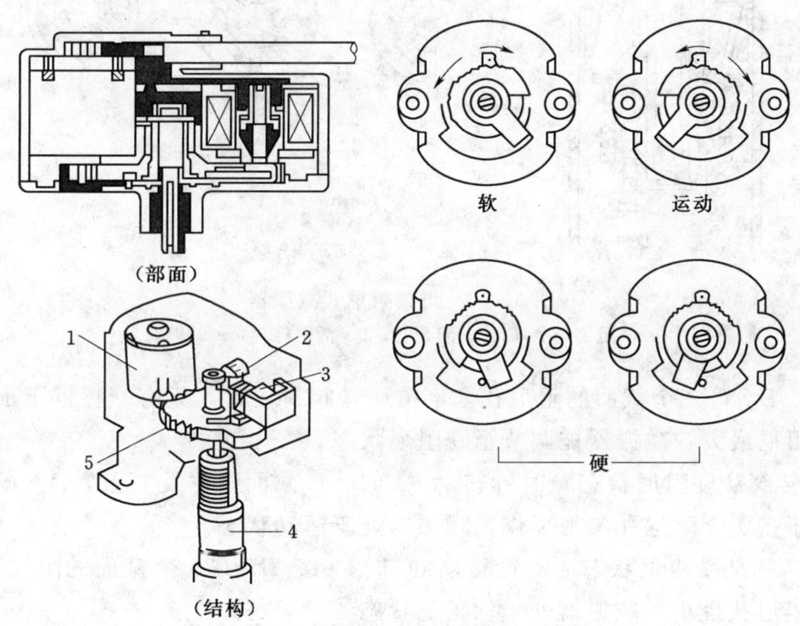

图 6-9　执行器

1—直流电动机；2—挡块；3—挡块用电磁铁；

4—减振器；5—减速齿轮

确定减速齿轮停止位置，从而确定控制杆位置。当 ECU 发出软阻尼信号时，电动机带动减速齿轮逆时针转动，直到减速齿轮上凹槽的另一侧靠在挡块上为止。当 ECU 发出硬阻尼信号时，ECU同时向电动机和电磁铁通电，电动机转动带动减速齿轮转动，同时电磁铁吸引挡块，使挡块进入减速齿轮槽的中间凹坑内。

表6-1　电动机与电磁铁的通电方式

目前角度	驱动角度	电动机		电磁铁
		正极	负极	
—	软	—	+	OFF
—	运动	+	—	OFF
软	硬	+	—	ON
运动	硬	—	+	ON

（5）减振器。

1）可调阻尼式减振器见图6-10。

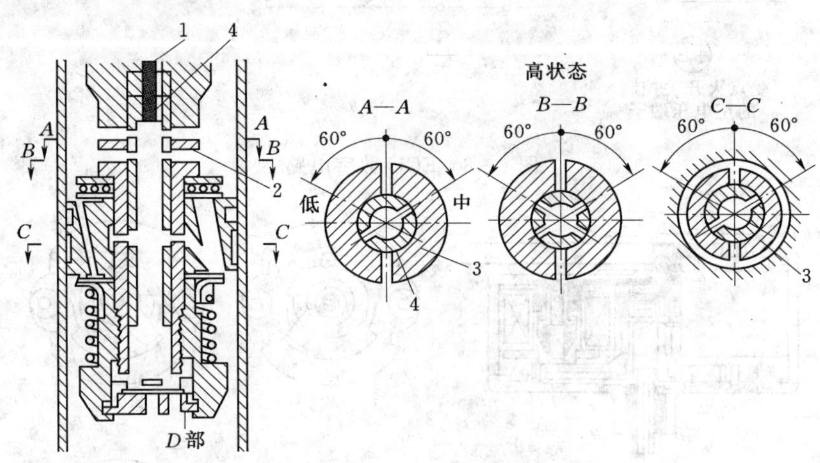

图6-10　可调阻尼式减振器

1—阻尼调节杆；2—阻尼孔；3—活塞杆；4—回转阀

a. 当A、B、C三个截面的阻尼孔全部被回转阀封住时，只有减振器下面的阻尼孔在工作，此时阻尼最大，减振器被调节至硬阻尼状态。

b. 当回转阀从硬阻尼状态顺时针转动60°时，B截面阻尼孔打开，A、C截面阻尼孔仍关闭。由于多1个阻尼孔参加工作，减振器处于运动状态。

c. 当回转阀从硬阻尼状态逆时针转动60°时，A、B、C 3个截面的阻尼孔全部打开，此时减振器阻尼孔最小，减振器处于软阻尼状态。

2）压电式减振器（图6-11）。减振器阻尼力控制系统能根据车辆行驶状态信息，进行减振器阻尼力控制。但车辆在粗糙或不平路面行驶时，要求减振器阻尼力控制系统应具有检测并分辨行车路面条件的能力，以及较高的阻尼力选择响应能力。为此采用压电式减压器。

压电式减振器主要由压电传感器、压电执行器和阻尼力变换阀三部分组成。压电传感器和压电执行器的压电元件为压电陶瓷元件，主要成分是铅、锆和钛，利用压电效应原理

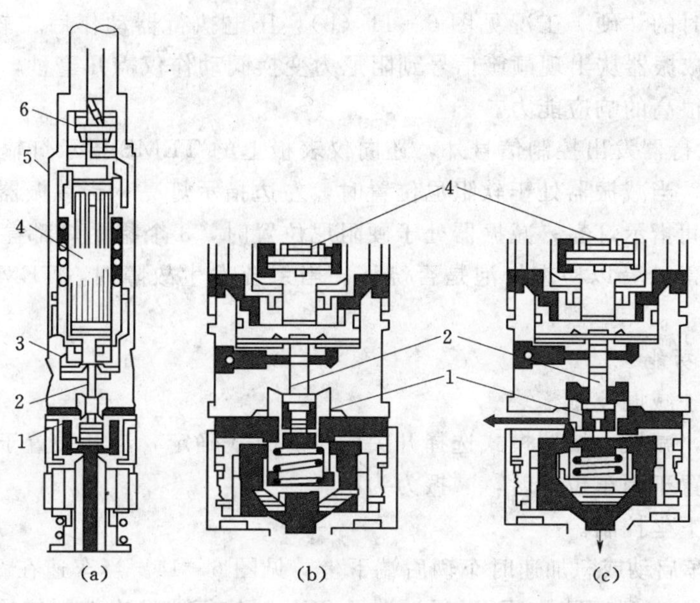

图 6-11　压电式减振器
(a) 结构；(b) 硬工况；(c) 软工况
1—阻尼力变换阀；2—挺杆；3—活塞；4—压电执行器；5—活塞杆；6—压电传感器

进行工作。当在压电元件上施加外力时，压电元件将产生电压，此现象称正压电效应；而给压电元件施加电压，压电元件将产生位移，此现象称为负压电效应。当由颠簸路面而引起的冲击力作用在减振器支撑杆上时，由于压电正效应的作用，在压电传感器上约 2μs 内产生电压信号。图 6-12 为压电传感器的结构，压电元件有 5 层，每层厚度为 0.5mm。ECU 接收到压电传感器的电压信号后，立即对压电执行器施加电压。压电执行器由 88 个压电元件组成，见图 6-13。根据 ECU 发出的指令被施加电压后，由于压电负效应，在约 5μs 内产生 50μs 左右的位移。此位移经活塞和推杆放大后，使阻尼力变换阀动作。压

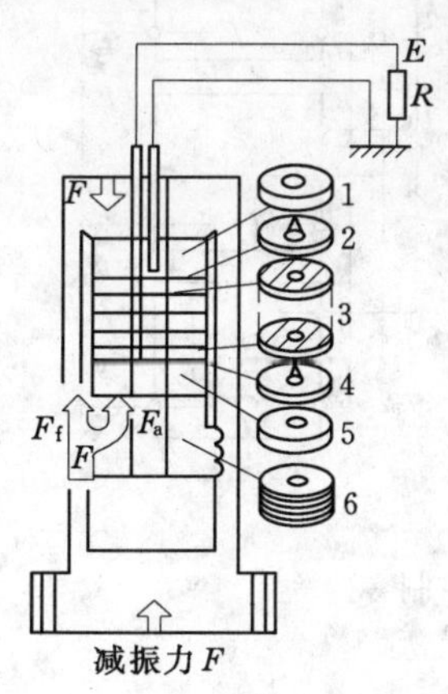

图 6-12　压电传感器
1、5—绝缘体；2、4—电极；
3—压电元件；6—螺钉

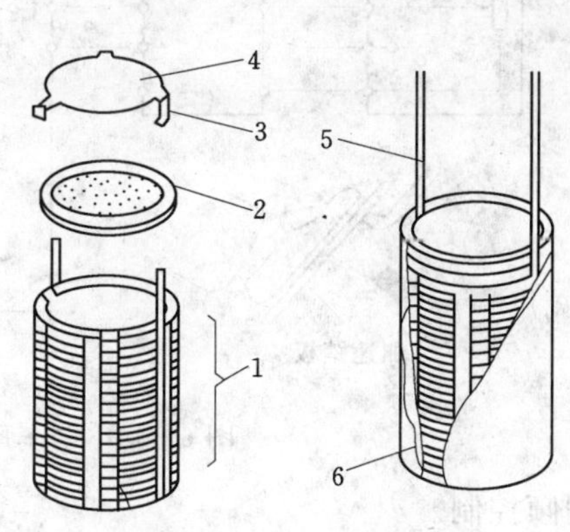

图 6-13　压电执行器
1—引线；2—压电元件；3—凸缘；
4—电极板；5—引线；6—绝缘管

电执行器未动作时的“硬”工况见图 6－11（b），压电执行器动作后“软”工况见图 6－11（c）。压电式减振器从出现颠簸信号到阻尼力变换阀动作仅需几毫秒，因此减振器阻尼力控制系统具有很高的响应能力。

ECU 除向执行器发出控制信号外，还向仪表板上的 TEMS 指示灯输出信号。仪表板上有 3 个指示灯，当减振器处于软阻尼位置时，左边指示灯亮；当减振器处于运动阻尼位置时，左边和中间指示灯亮；减振器处于硬阻尼位置时，3 个指示灯都亮。另外，接通点火开关时指示灯亮 2s，以检查灯泡是否烧坏。当系统发生故障时，TEMS 指示灯亮以提示驾驶员。

3. 系统控制功能

（1）正常行驶减振控制。

正常行驶时，减振力按照模式选择开关的设置方式确定，当开关置于标准位置时，减振力为软；开关置于跑车位置时，减振力为中。

（2）防车尾下坐控制。

用于防止汽车启动或急加速时车辆后端下坐，见图 6－14。当车速在 20km/h 以下，且节气门开度较大或突然打开时，ECU 通过端子 SOL 对执行器发出控制信号，不管模式选择开关原先设置为何种方式，减振器减振力都将设置为硬。3s 后或车速超过 50km/h，防车尾下坐控制取消。电流从 ECU 端子 S＋或 S－进入执行器，减振器减振力恢复原始状态。

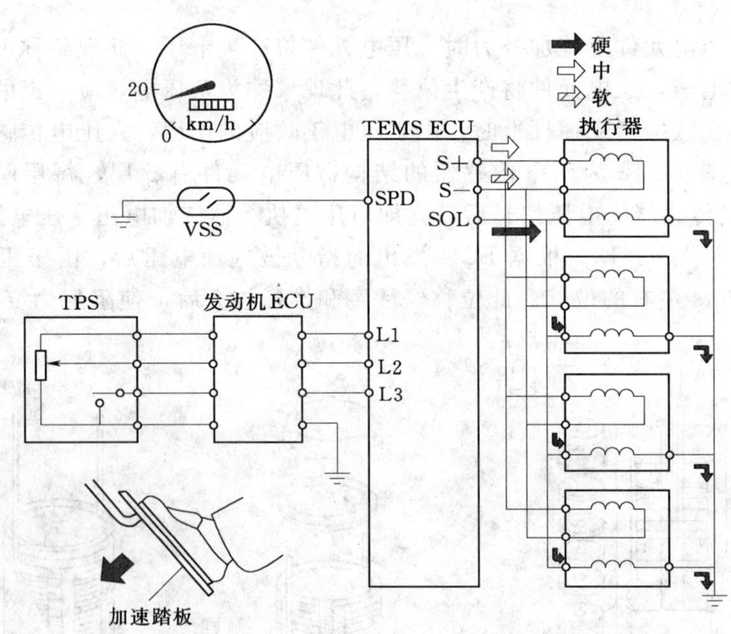

图 6－14　防车尾下坐控制

（3）防侧倾控制。

用于防止汽车转弯或沿 S 弯路行驶时的车身侧倾，见图 6－15。车速传感器信号输入到 ECU 的端子 SPD，转向传感器信号输入到 ECU 的端子 SS_1 和 SS_2，ECU 根据上述信号进行判定，然后通过端子 SOL 对执行器发出控制信号，不管模式选择开关原先设置为

何种方式，减振器减振力都将设置为硬，从而限制车辆侧倾。该项控制执行 2s 后取消。电流从 ECU 端子 S+或 S−进入执行器，减振器减振力恢复原始状态。

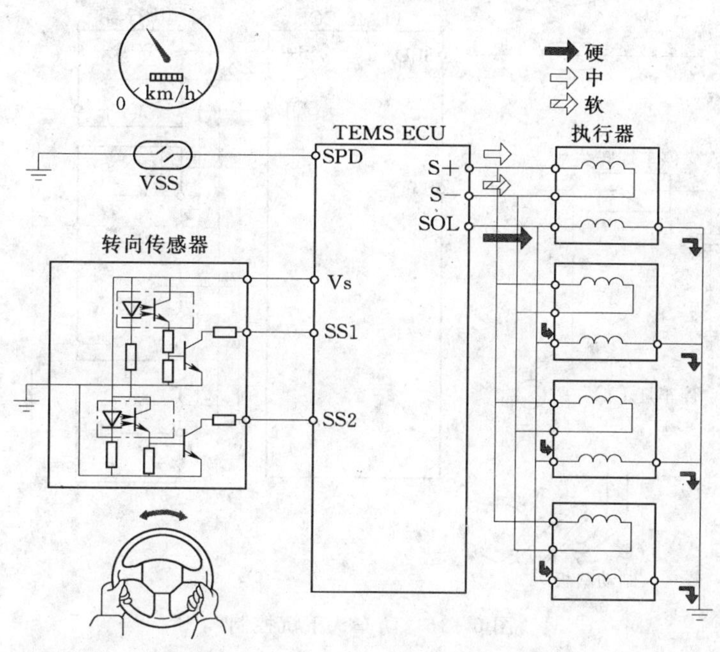

图 6-15　防侧倾控制

(4) 防车头下沉控制。

用于防止汽车制动时汽车头部下沉程度，见图 6-16。当 ECU 判定车速达到或超过 60km/h 时，若制动信号由停车灯开关输入，则 ECU 通过端子 SOL 对执行器发出控制信号，不管模式选择开关原先设置为何种方式，减振器减振力都设置为硬，从而限制汽车头部下沉。该项控制在停车灯熄灭 2s 后取消。电流从 ECU 端子 S+或 S−进入执行器，减振器减振力恢复原状态。

(5) 高速控制（仅限于标准控制）。

用于提高高速行车中的方向稳定性，见图 6-17。当 ECU 判定车速达到或超过 120km/h 时，使电流由 ECU 端子 S+流出，由端子 S−流回，将执行器从“软”改为“中”，稍微增加减振力，提高高速行车中的方向稳定性。当车速降至 100km/h 以下时，高速控制取消，电流从 ECU 端子 S−进入执行器，减振器减振力恢复原状态。

(6) 防换挡时车尾下坐（A/T 车型）。

当 ECU 判定车速低于 10km/h，且换挡杆在 P 或 N 位置时，ECU 通过端子 SOL 对执行器发出控制信号，不管模式选择开关原先设置为何种方式，减振器减振力都将设置为硬，从而限制车辆后端下坐，见图 6-18。当换挡杆从 P 或 N 位换至其他挡位或车速达到或超过 15km/h 时，该控制取消。电流从 ECU 端子 S+或 S−进入执行器，减振器减振力恢复原状态。

6.2.2　车身高度控制系统

车身高度控制系统可根据车内乘员或车辆载质量情况自动调整车身高度，以保持汽车

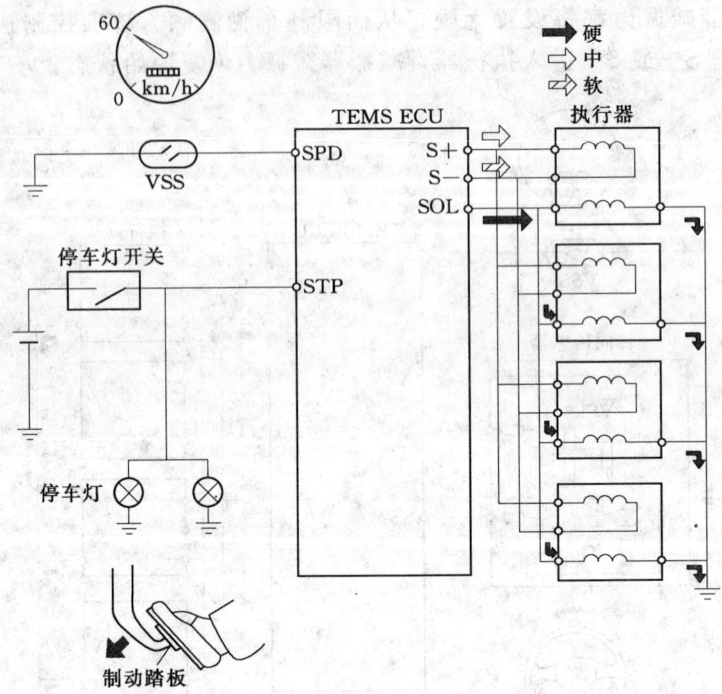

图 6-16 防车头下沉控制

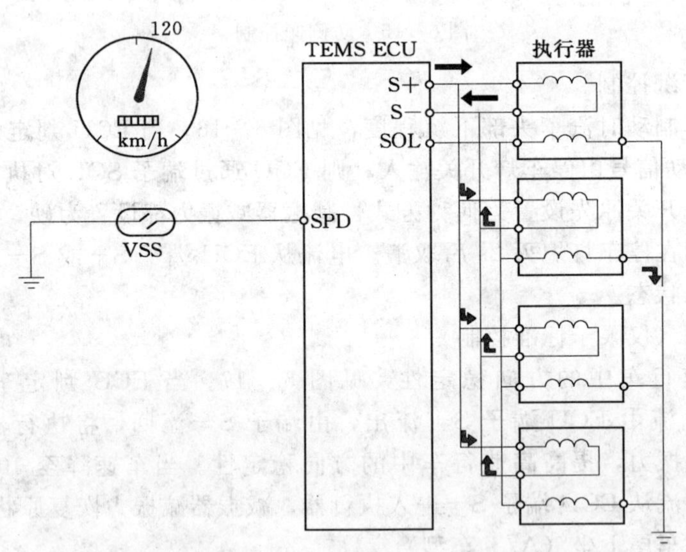

图 6-17 高速控制

行驶所需要的高度及汽车行驶状态的稳定。车身高度控制有两种类型，一种是对汽车全部车轮的悬架系统进行高度控制；另一种是仅对两个后轮的悬架系统进行高度控制。下面主要介绍汽车四轮悬架系统的车身高度控制。

1. 车身高度控制系统的组成及工作原理

汽车空气悬架的车身高度控制系统主要由车身高度传感器、ECU、电磁阀、空气压

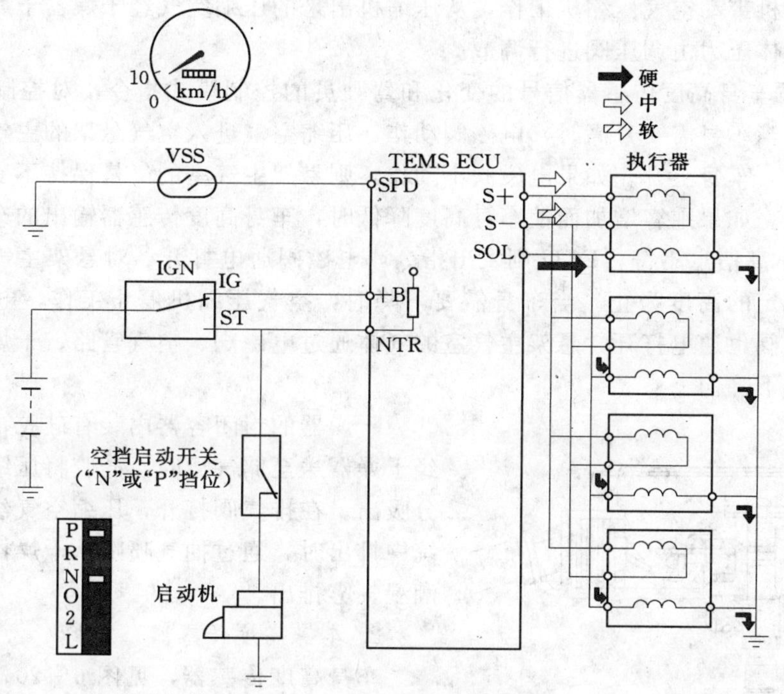

图 6－18　防换挡时车尾下坐

缩机、排气阀、干燥器、进气阀、储气罐、调压阀及气室等组成，见图 6－19。

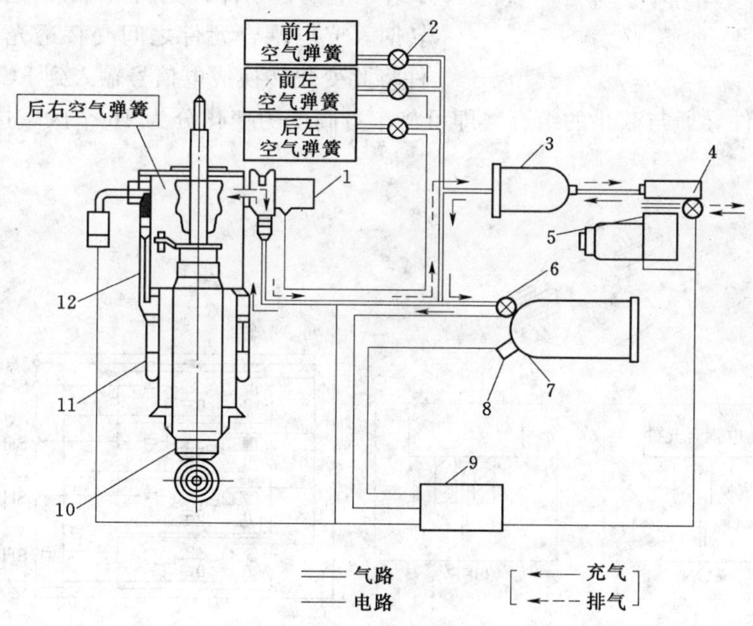

图 6－19　车身高度控制系统

1、2—电磁阀；3—干燥器；4—排气阀；5—空气压缩机；6—进气阀；7—储气罐；8—调压阀；9—ECU；10—减振器；11—伸缩膜；12—车身高度传感器

直流电动机带动空气压缩机工作，从压缩机出来的压缩空气经干燥器干燥后进人储气罐，储气罐气体压力由调压阀进行调节。

ECU根据车身高度传感器信号的变化和驾驶员的控制模式指令，对控制车高的电磁阀发出指令。当车身需要升高时，电磁阀动作，压缩空气进入空气悬架的主气室，主气室的充气量增加，车身上升。如果电磁阀不动作，则悬架主气室的气量保持不变，车身维持在一定的高度。如果乘客增加而使车身高度降低时，车身高度传感器输出的车高信号将与ECU存储的车高信息不符，ECU则发出指令，电磁阀通电打开，对悬架主气室充气，直到车高达到规定的高度为止。当车身需要下降时，空气压缩机停止工作，电磁阀通电打开，同时排气阀也通电打开，悬架主气室的气体通过电磁阀、空气管路、干燥器、排气阀而排出，车身下降。

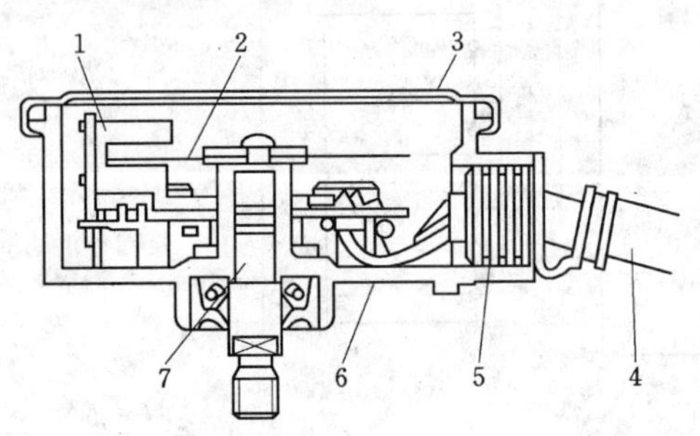

图6-20 光电式车身高度传感器
1—光电耦合元件；2—遮光盘；3—盖；4—电缆；5—金属封油环；6—壳；7—轴

干燥器的封闭容器内装有硅胶，在压缩空气经干燥器送至储气罐时，硅胶将压缩空气中的水分吸出。在排气阀打开，压缩空气经排气阀从系统中排出时，通过抽气喷嘴从干燥器内将吸出的潮湿气雾排出。

2. 车身高度传感器

车身高度传感器，见图6-20。车身高度传感器内部有一个靠连杆带动旋转的轴，在轴上装有一个开有许多槽的遮光板，遮光板的两侧装有4组光电耦合元件，见图6-21。当连杆带动轴旋转时，光电耦合元件之间交替透光，光电耦合元件将此变化转换成电信号输入到ECU中。利用这4组光电耦合元件导通与截止的组合，即可将车身高度的变化分为16个区域进行检测。

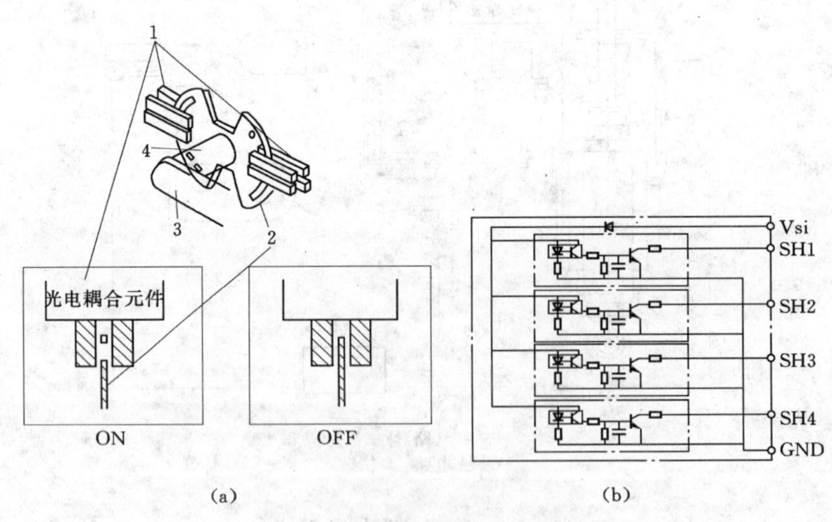

图6-21 车身高度传感器
(a) 工作原理；(b) 工作电路
1—光电耦合元件；2—遮光盘；3—连杆；4—轴

ECU根据车身高度传感器输入的信号，控制压缩机及排气阀，以此增加或减少悬架主气室内的空气量，从而保持车身高度一定。因为减振器在行车过程中总是振动的，很难判定当时车身所处的区域，所以ECU每隔数十毫秒就检测一次车身高度传感器输出的信号，并对一定时间各信号所占区域的百分比进行计算，以判断车身实际所处的区域。传感器不同组合下的车速范围，见表6-2。

表6-2　　传感器不同组合下的车速范围

车高	光电耦合组件的状态				车高范围	计算机的判断结果
	No.1（SH1）	No.2（SH2）	No.3（SH3）	No.4（SH4）		
高↑⋮↓低	OFF	OFF	ON	OFF	15	…OVER HIGH
	OFF	OFF	ON	ON	14	…HIGH
	ON	OFF	ON	ON	13	
	ON	OFF	ON	OFF	12	
	ON	OFF	OFF	OFF	11	
	ON	OFF	OFF	ON	10	
	ON	ON	OFF	ON	9	…NORMAL
	ON	ON	OFF	OFF	8	
	ON	ON	ON	OFF	7	
	ON	ON	ON	ON	6	
	OFF	ON	ON	ON	5	…LOW
	OFF	ON	ON	OFF	4	
	OFF	ON	OFF	OFF	3	
	OFF	ON	OFF	ON	2	
	OFF	OFF	OFF	ON	1	
	OFF	OFF	OFF	OFF	0	…OVER LOW

车身两度传感器的安装位置及工作状态见图6-22。拉紧螺栓的上端与传感器的连杆铰链，下端与后悬架臂相连。当车身上下振动时，拉紧螺栓带动连杆使传感器的轴左右旋转，光电耦合元件则把旋转信号转换成车高信号输出。

拆下拉紧螺栓，拧松拉紧螺栓锁紧螺母，旋转拉紧螺栓的螺旋接头可改变拉紧螺栓的长度，从而调整车身高度的设定值。

6.2.3 电子调节空气悬架

电子调节空气悬架（EMAS）具有“软”、“硬”两种弹性，可调节减振器具有“软”、“中”、“硬”3种不同的阻尼特性。汽车行驶过程中，ECU根据各种传感器输入的信号，选择最佳的空气弹簧弹性和减振器阻尼特性的组合，见表6-3。该系统还具有车身高度调节功能，见表6-4。

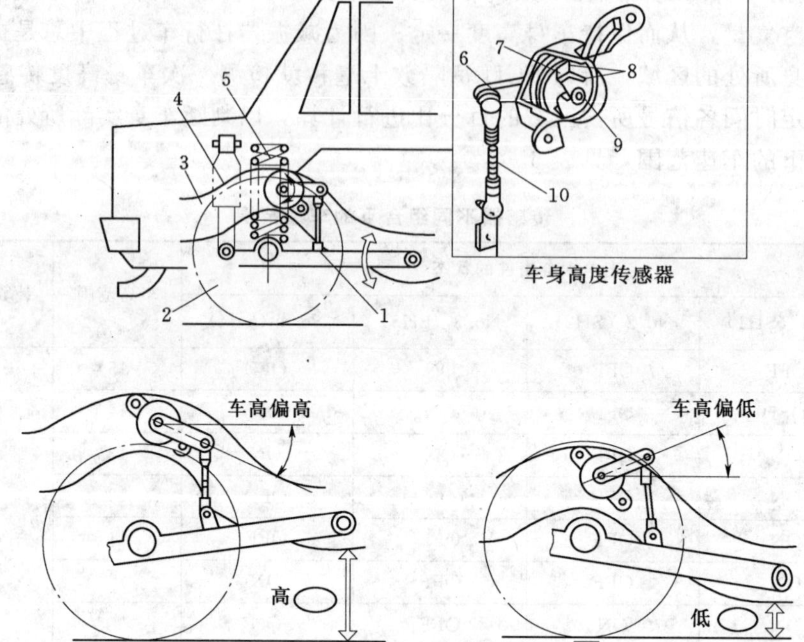

图 6-22　车身高度传感器安装位置及工作状态

1—后悬架臂；2—轮胎；3—车架；4—减振器；5—螺旋弹簧；
6—连杆；7—槽；8—光电元件；9—遮光盘；10—拉紧螺栓

表 6-3　　弹簧刚度和减振器阻尼力控制

控制项目	功　能
防侧倾控制	使弹簧刚度和减振力变成“坚硬”状态。该项控制能抑制侧倾而使汽车的姿势变化减至最小，以改善操纵性
防点头控制	使弹簧刚度和减振力变成“坚硬”状态。该项控制能抑制汽车制动时“点头”，使汽车的姿势变化减至最小
防下坐控制	使弹簧刚度和减振力变成“坚硬”状态。该项控制能抑制汽车加速时后部下坐使汽车的姿势变化减至最小
高车速控制	使弹簧刚度变成“坚硬”状态和使减振力变成“中等”状态。该项控制能改善汽车高车速时的行驶稳定性和操纵性
不平整道路控制	使弹簧刚度和减振力视需要变成“中等”或“坚硬”状态，以抑制汽车车身在悬架上下垂，从而改善汽车在不平坦道路上行驶时的乘坐舒适性
颠动控制	使弹簧刚度和减振力变成“中等”或“坚硬”状态。能抑制汽车在不平坦道路上行驶时的颠动
跳振控制	使弹簧刚度和减振力变成“中等”或“坚硬”状态。该项控制能抑制汽车在不平坦道路上行驶时的上下跳振

表 6-4　　车身高度控制

控制项目	功　能
自动高度控制	不管乘客和行李质量情况如何，使汽车高度保持某一个恒定的高度位置。操作高度控制开关能使汽车的目标高度变为“正常”或“高”的状态
高车速控制	当高度控制开关在“HIGH（高）”位置时，汽车高度会降低到“正常”状态，改善高车速行驶时的空气动力学和稳定性
点火开关 OFF 控制	当点火开关关断后因乘客质量和行李质量变化而使汽车高度变为高于目标高度时，能使汽车高度降低到目标高度，改善汽车驻车时的姿势

1. EMAS 的组成

EMAS 主要由信号输入装置、ECU 和执行元件组成见图 6-23，组成部件功能见表 6-5，部件的车上布置见图 6-24。

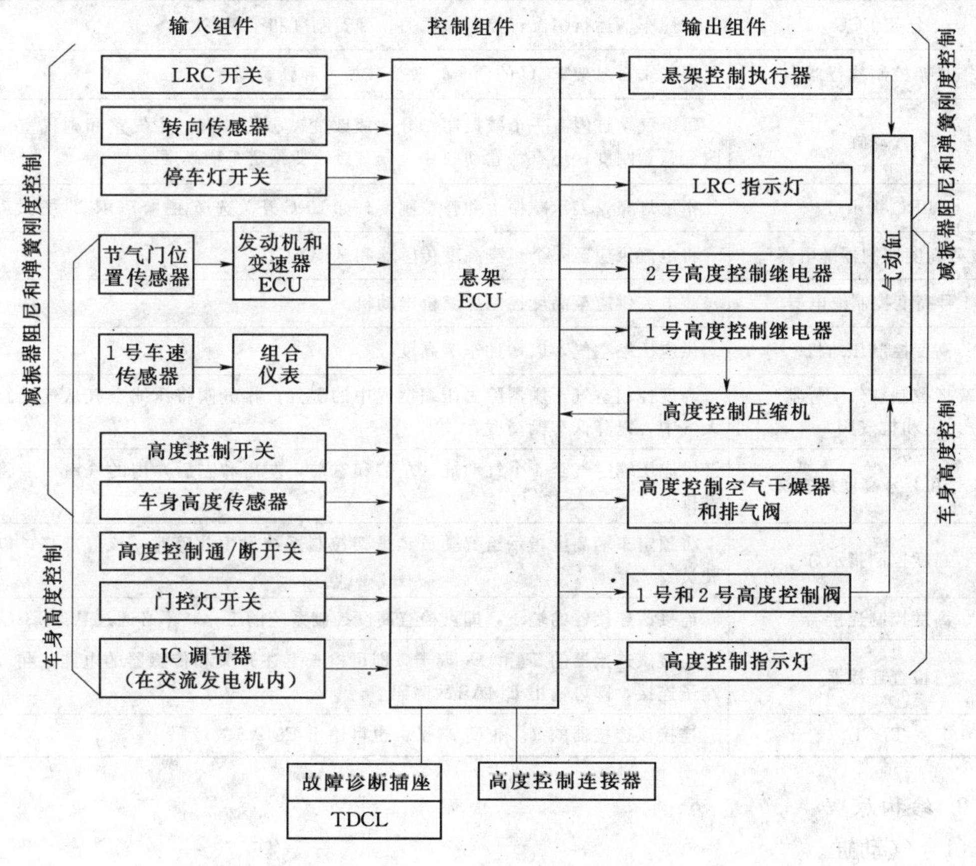

图 6-23　EMAS 的组成

表 6-5　　EMAS 组成部件功能

部　　件	功　　能
LRC（乘坐控制开关）	有两个位置：NORM 和 SPORT，驾驶员以此选择减振器减振力和弹簧刚度
转向传感器	检测转向盘转动方向和最大转向角
停车灯开关	将制动信号送至悬架 ECU

续表

部　　件	功　　能
节气门位置传感器，发动机和变速器 ECU	检测节气门开度，并通过发动机和变速器 ECU，将适当信号送至悬架 ECU
1 号车速传感器和组合仪表	通过组合仪表将车速信号送至悬架 ECU
车身高度传感器	传感下悬架臂位置，以检测车辆高度
高度控制开关	有两个位置：NORM 和 HIGH，驾驶员以此选择所需要的车身高度
高度控制通/断开关	允许或禁止车辆高度控制工作
门控灯开关	检测车门位置（开或关）
IC 调节器（在交流发电机内）	检测发电机是否运转
悬架 ECU	按照车辆运行情况，控制减振力、弹簧刚度和车辆高度
悬架控制执行器	根据来自悬架 ECU 的信号，改变减振力和弹簧刚度
气动缸	每个气动缸内有一个减振器，分 3 级改变减振力；有一主气室和副气室，分 2 级改变弹簧刚度；还有一卷动膜片，分 2 级改变预定车辆高度
LRC 指示灯	指示灯亮，表示减振力和弹簧刚度，如 LRC 开关选择在“SPORT”方式
2 号高度控制器继电器	将电流供应至 4 个车身高度传感器和悬架 ECU
1 号高度控制继电器	将电流供应至高度控制压缩机电动机
高度控制压缩机	供应压缩空气，以增加车辆高度
高度控制空气干燥器和排气阀	高度控制空气干燥器除去压缩空气中的湿气；排气阀将压缩空气从气动缸排出至大气中，以降低车辆高度
1 号和 2 号高度控制阀	供应压缩空气至 4 个气动缸（左前和右前，左后和右后）内的气室以及将其从气室排出
高度控制指示灯	将预定车辆高度指示给驾驶员。悬架控制系统发生故障时，该灯点亮，以警告驾驶员
高度控制连接器	连接该连接器的端子，即可检查高度控制系统的工作，不必通过悬架 ECU
检查连接器	连接该连接器的 T_s 和 E_1 端子，即可检查上述开关和传感器的电路。将 T_c 和 E_1 端子连接，即可输出 EMAS 故障码
TDCL	连接该连接器的 T_c 和 E_1 端子，也可输出 EMAS 故障码

2. 结构原理

(1) 气动缸。

气动缸见图 6－25，. 主、辅气室为一体，悬架上端与车身相连，下端与车轮相连，随着车身与车轮的相对运动，主气室的容积在不断变化。主、辅气室之间通过一个通路有气体相互流动，改变主、辅气室之间气体通路的大小，使主气室被压缩的空气量发生变化，即可改变空气悬架的刚度。减振器活塞通过中心杆和悬架控制执行器连接，执行器带动阻尼调节杆转动可改变活塞上阻尼孔的大小，从而改变减振器的阻尼系数，其结构原理与上述减振器阻尼控制系统基本相同。

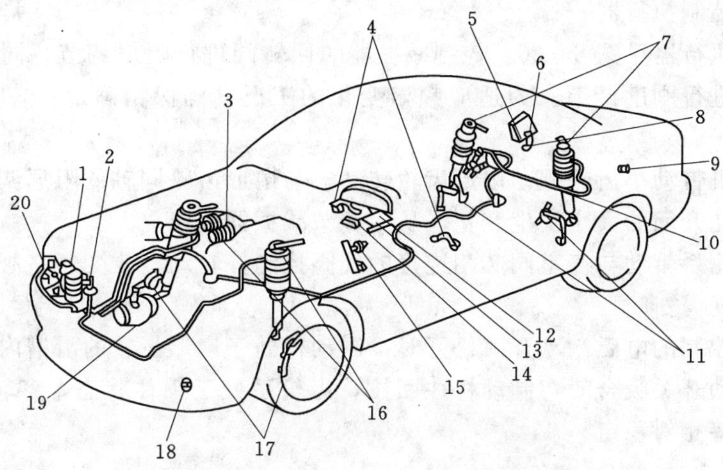

图 6-24 EMAS部件的车上布置

1—高度控制压缩机；2—1号高度控制阀；3—主TPS；4—门控灯开关；5—悬架ECU；6—2号高度控制继电器；7—后悬架控制执行器；8—高度控制连接器；9—高度控制开关；10—2号控制阀和溢流阀；11—后高度控制传感器；12—LRC开关；13—高度控制开关；14—转向传感器；15—停车灯开关；16—前悬架控制执行器；17—前高度控制传感器；18—1号高度控制继电器；19—IC调节器；20—干燥器和排气阀

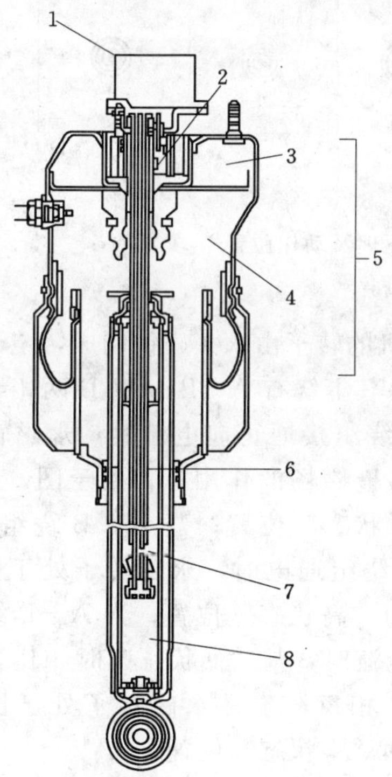

图 6-25 气动缸

1—悬架控制执行器；2—空气阀；3—副气室；4—主气室；5—气动缸；6—旋转滑阀控制杆；7—活塞量孔；8—减振器

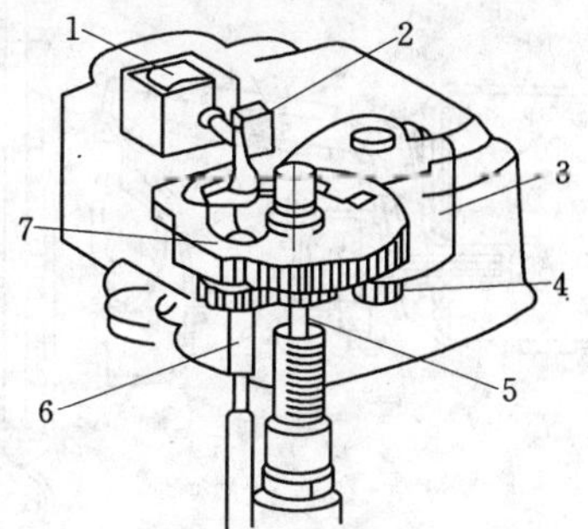

图 6-26 悬架控制执行器

1—电磁线圈；2—制动杆；3—步进电动机；4—小齿轮；5—阻尼调节杆；6—气阀控制杆；7—扇形齿轮

(2) 悬架控制执行器。

悬架控制执行器见图 6－26。控制减振器的回转阀进行阻尼调节，同时还驱动主、辅气室的阀芯，进行刚度调节。为适应频繁变化的工况，确保精确定位，采用直流步进电动机。

步进电动机带动小齿轮驱动扇形齿轮转动，与扇形齿轮同轴的阻尼调节杆带动回转阀转动，使阻尼孔开闭的大小发生变化，从而调节减振器的阻尼。

同时，齿轮系带动与气室阀芯相连接的气阀控制杆转动，改变气室阀芯的角度，从而调节悬架的刚度。

电磁线圈控制的电磁制动开关松开时，制动杆处于扇形齿轮的滑槽内，扇形齿轮可以转动；电磁制动开关吸合时，制动杆往回拉，齿轮系处于锁住状态，各转阀均不能转动，使悬架参数保持相对稳定。

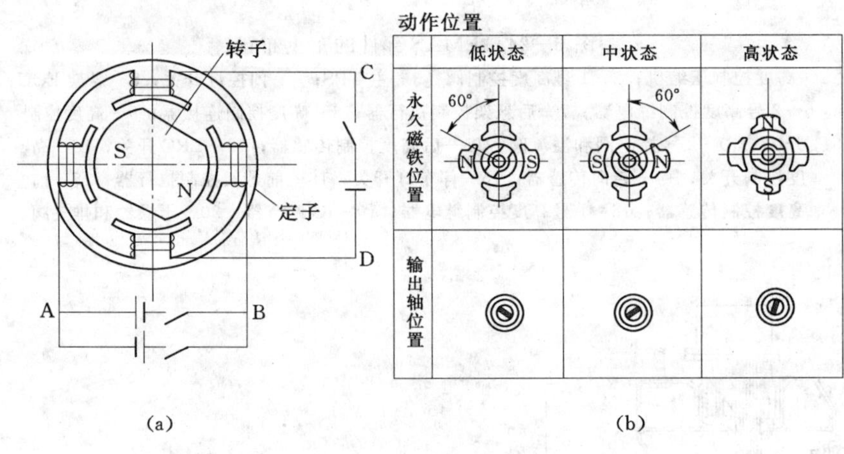

图 6－27　步进电动机的工作原理及动作位置

(a) 工作原理；(b) 动作位置

步进电动机的工作原理见图 6－27。步进电动机的转子由永久磁铁制成，定子有两对磁极，其上绕有 A—B、C—D 两相绕组，当 A—B 绕组接通正向电流时，永磁转子将在定子磁极磁场的作用下，处于图 6－27 (b) 的“低状态”位置；当 A—B 绕组不通电，C—D 绕组通电时，永磁转子处于图 6－27 (b) 的“高状态”位置；当 A—B 绕组接通反向电流时，与“低状态”时相比，左右磁极磁性相反，于是永磁转子处于图 6－27 (b) 的“中状态”位置。

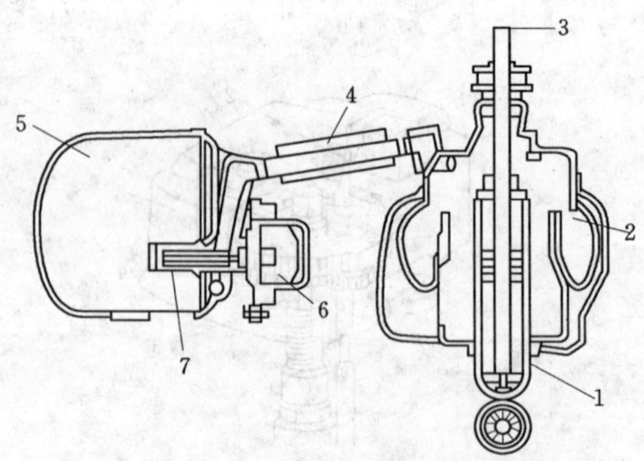

图 6－28　主、辅气室分开式空气悬架

1—减振器；2—主气室；3—阻尼调节杆；4—连接管；5—辅气室；6—步进电动机；7—气阀体

另一种结构形式的空气悬架结构见图 6－28，主气室与辅气室为分开式结构，中间由连接管相通，主、辅气室的气体通路仍

由步进电动机转动气阀体进行控制。

步进电动机在3个不同位置时该悬架刚度变化情况见图6-29。

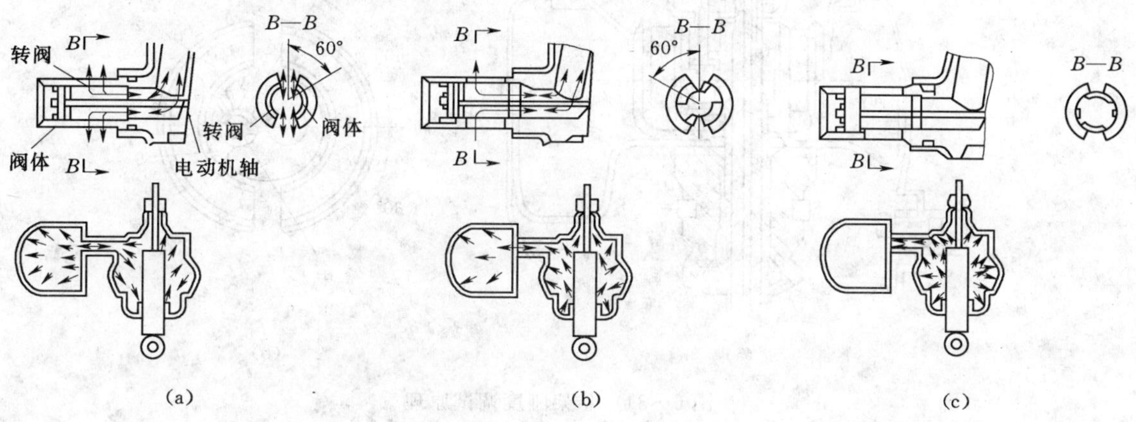

图6-29 悬架刚度调节

(a) 低刚度；(b) 中刚度；(c) 高刚度

①气阀体的小通气孔与辅气室相通，主、辅气室间气体流量增大，悬架刚度处于低状态，见图6-29 (a)。

②气阀体的小通气孔与辅气室相通，主、辅气室间气体流通有阻尼存在，悬架刚度处于中状态，见图6-29 (b)。

③气阀体完全关闭，只有主气室参加工作，悬架刚度处于高状态，见图6-29 (c)。

(3) 控制原理。

ECU根据来自各传感器的信号和LRC开关及高度控制开关（图6-30）的位置信号，控制减振器阻尼、弹簧刚度和车身高度，见表6-6。

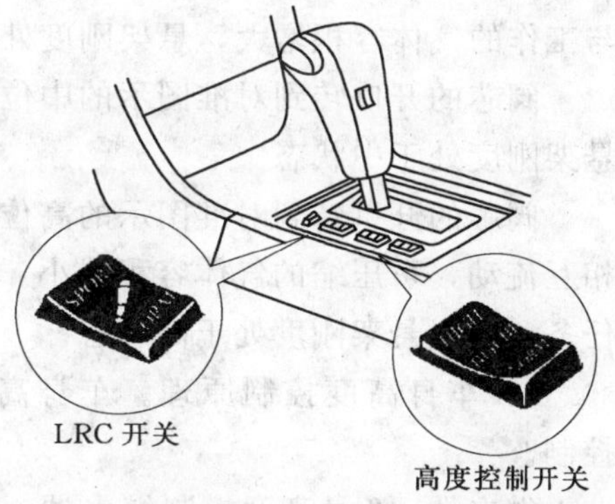

图6-30 LRC开关及高度控制开关

表6-6 减震器阻尼、弹簧刚度和车身高度控制方式

开关位置		减振力	弹簧刚度	预定车辆高度
LRC开关	NORMAL	软	软	—
	SPORT	中	硬	—
高度控制开关	NORMAL	—	—	标准
	HIGH	—	—	高

1) 悬架刚度调节原理，见图6-31。主、辅气室之间的气阀体上有大小两个通路，悬架控制执行器带动气阀体控制杆转动，使阀芯转过一个角度，改变通路的大小，即可改变主、辅气室之间的气体流量，使悬架刚度发生变化，有低、中、高3种状态。

阀芯的开口转到对准图示的低位置时，气体通路的大气体通路打开，主气室的气体经

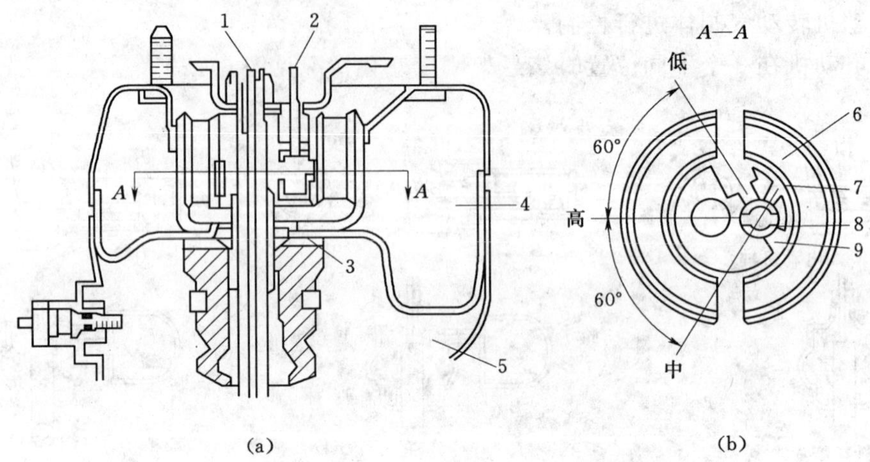

图 6-31　悬架刚度调试原理

1—阻尼调节杆；2—气阀控制杆；3—手、辅气室通路；4—辅气室；5—主气室；6—气阀体；7—小气体通路；8—阀体；9—大气体通路

阀芯的中间孔、阀体的侧面孔通道与辅气室的气体相通，两气室之间的流量大，相当于参与工作的气体容积增大，悬架刚度处于低状态。

阀芯的开口转到对准图示的中位置时，小气体通路打开，两气室之间的气体流量小，悬架刚度处于中状态。

阀芯的开口转到对准图示的高位置时，两气室之间的气体通路全部被封住，气体不能相互流动，可压缩的气体容积减小。悬架在振动过程中，只有主气室的气体单独承担缓冲任务，所以悬架刚度处于高状态。

2）车身高度控制原理。车身高度控制系统由压缩机、干燥器、排气阀、1 号高度控制。

继电器、2 号高度控制继电器、高度控制阀、气动缸、车身高度传感器及悬架 ECU 等组成。车身高度控制系统空气流通情况见图 6-32，高度控制电路见图 6-33。

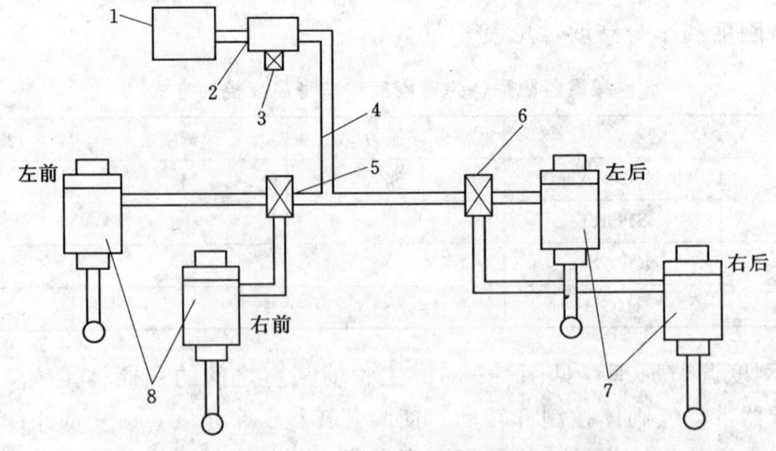

图 6-32　车身高度控制系统空气流通图

1—压缩机；2—干燥器；3—排气阀；4—空气阀；5—1 号高度控制阀；6—2 号高度控制阀；7、8—气动缸

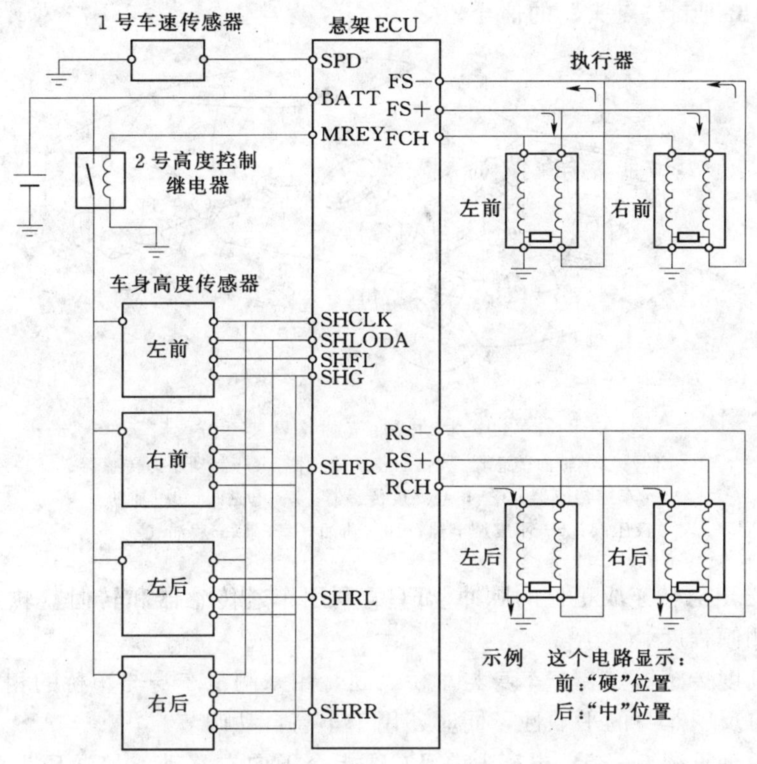

图6－33　车身高度控制电路

当IGN接通时，ECU使2号高度控制继电器线圈通电，2号高度控制继电器触点闭合，使前、后、左、右4个高度传感器通电。当汽车高度需要上升时，从ECU连接器的端子RCMP发出一个信号，使1号高度控制继电器接通，1号高度控制继电器触点闭合，压缩机控制电路接通产生压缩空气。ECU使高度控制电磁阀线圈通电后，电磁线圈将高度控制阀打开并将压缩空气引向气动缸，从而使汽车高度上升。

当汽车高度需要下降时，ECU不仅使高度控制阀电磁线圈通电，而且还使排气阀电磁线圈通电，排气阀电磁线圈使排气阀打开，将气缸中的压缩空气排入大气。

1号高度控制阀用于前悬架控制，用两个电磁阀分别控制左右两个气动缸。2号高度控制阀用于后悬架控制，也采用两个电磁阀。为了防止空气管路中产生不正常的压力，2号高度控制阀中采用了1个溢流阀。

6.2.4　油气弹簧悬架

油气弹簧以气体作为弹性介质，而用油液作为传力介质，一般由气体弹簧和相当于液力减振器的液压缸组成。通过油液压缩气室中的空气实现变刚度特性，通过电磁阀控制油液管路中的小孔节流实现变阻尼特性。主动式油气弹簧悬架布置见图6－34，该系统采用了5个检测行车状态的传感器。

(1) 转向传感器安装于转向柱上，用于测量转向盘转角信号，并将信号送入ECU。

(2) 加速度传感器与加速踏板连接，将测得信号送给ECU。

(3) 制动压力传感器安装于制动管路中，制动时向ECU发送一个阶跃信号表示制

动，使 ECU 输出抑制“点头”的信号。

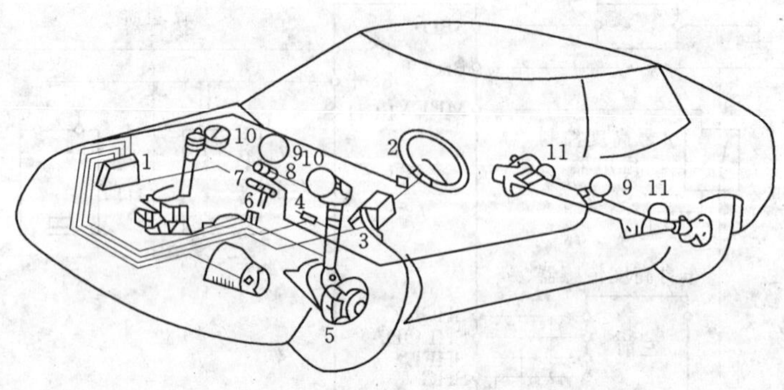

图 6－34　主动式油气弹簧悬架系统

1—ECU；2—转向传感器；3—加速度传感器；4—制动压力传感器；5—车速传感器；6—车身高度传感器；7—电磁阀；8—辅助液压阀；9—刚度调节器；10—前油气室；11—后油气室

（4）VSS 送出与转速成正比的脉冲，ECU 利用车速传感器和转向盘转角信号，可以计算出车身的侧倾程度。

（5）车身高度传感器安装于车身与车桥之间，用来测量车身与车桥的相对高度，其变化频率和幅度可反映车身的平顺性，同时还用于车高自动调节。

系统工作原理见图 6－35，电磁阀在 ECU 指令下向右移动，接通压力油道，使辅助液压阀的阀芯向左移动，中间的油气室与主油气室连通，使总的气室容积增加，气压减小，从而刚度变小。a、b 节流孔是阻尼器，系统处于“软”状态，见图 6－35（a）；电磁阀中无电流通过，在弹簧作用下，阀芯左移，关闭压力油道，原来用于推动液压阀的压力油通过电磁阀的左边油道泄出，辅助液压阀阀芯右移，关闭刚度调节器，气室总容积减小，刚度增大，系统处于“硬”状态，见图 6－35（b）。

在正常行车状态时，系统处于“软”状态，以提高乘坐舒适性。当车辆起步、转向、制动和高速行驶时，系统处于“硬”状态，以提高车辆的操纵稳定性。

6.2.5　带路况预测传感器的主动悬架系统

具有路况预测传感器的主动悬架系统可在汽车到达之前对路面情况进行预测处理，因而大大改善了悬架的工作性能。带路况预测传感器的主动悬架系统见图 6－36，包括 1 个悬架弹簧和 1 个单向液压执行器，控制阀 6 通过油管 8 与单向液压执行器的油压腔相通。油管上还接有去管 8a，该去管与蓄能器 11 相连，蓄能器内充有气体，该气体具有弹簧作用。另外，支管中间还设有主节流孔 12，以限制蓄能器和油压腔之间的油流，从而形成减振作用。在油管和蓄能器之间还设有旁通管路 8b，该旁路上带有选择阀 10 和副节流孔 9，副节流孔的直径大于主节流孔的直径。当选择阀打开时，油流通过选择阀的副节流孔，在蓄能器和油压腔之间流动，从而减小振动阻尼。因此，悬架系统在选择阀的作用下，具有两种不同的阻尼参数。

控制阀的开度随控制电流的大小而改变，以控制进入油管的油量，进而控制施加到液压执行器的油压，随着输入控制阀的电流的增加，液压执行器承载能力也增加。

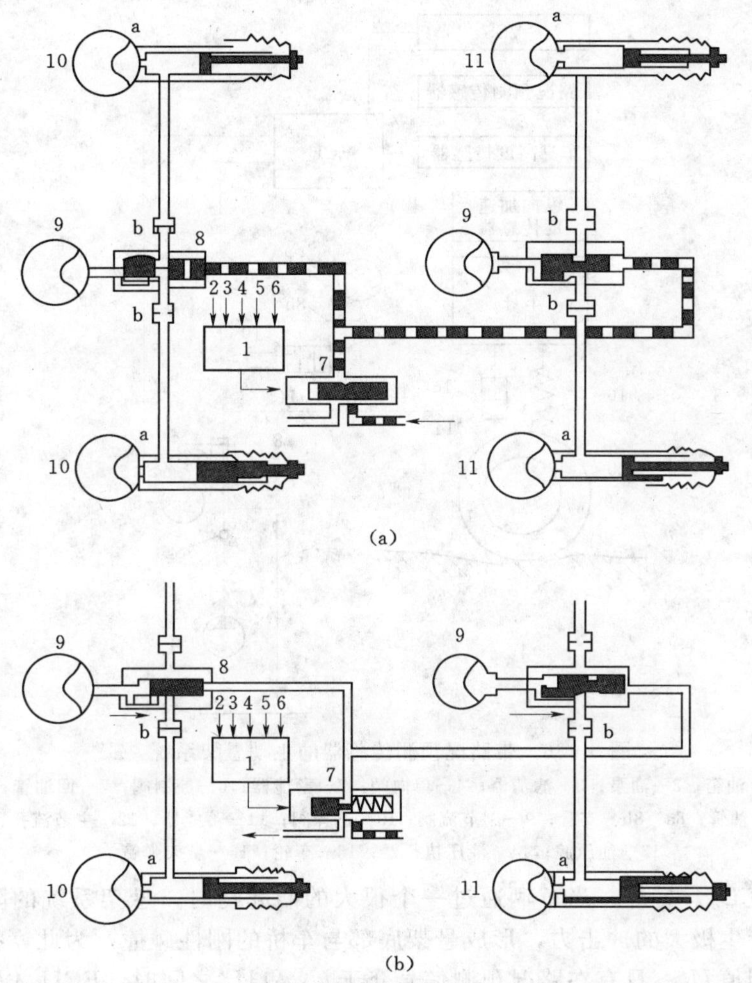

图 6－35　主动式油气弹簧悬架系统工作原理

(a) 软状态；(b) 硬状态

1—ECU；2—转向传感器；3—加速度传感器；4—制动压力传感器；5—车速传感器；6—车身高度传感器；7—电磁阀；8—辅助液压阀；9—刚度调节器；10—前油气室；11—后油气室

各车轮上设置的检测车身纵向加速度的传感器信号、路面预测传感器测出的车辆前方是否有凸起物及其大小的信号、车身高度传感器信号及车速信号等送人 ECU，ECU 据此对设置在各车轮上的控制阀和选择阀进行控制。

路况预测传感器的设置情况见图 6－37，该传感器通常为超声波传感器，频率为 40kHz 左右，安装在车身前面，对其下方的路面状况进行检测。

在车辆正常行驶时，选择阀关闭，液压执行器的油压腔通过主节流孔与蓄能器相通，可吸收并降低因路面不平而引起的微小振动。当路况预测传感器发现路面上有引起振动的凸起物时，ECU 便控制选择阀打开，并将悬架系统的阻尼系数减小到一特定值。

路况预测传感器的输出信号见图 6－38，其幅值与路面凸起物的大小成正比。如果完全按照传感器输出信号进行控制，悬架系统的阻尼变化会过于频繁。因此，控制系统中设

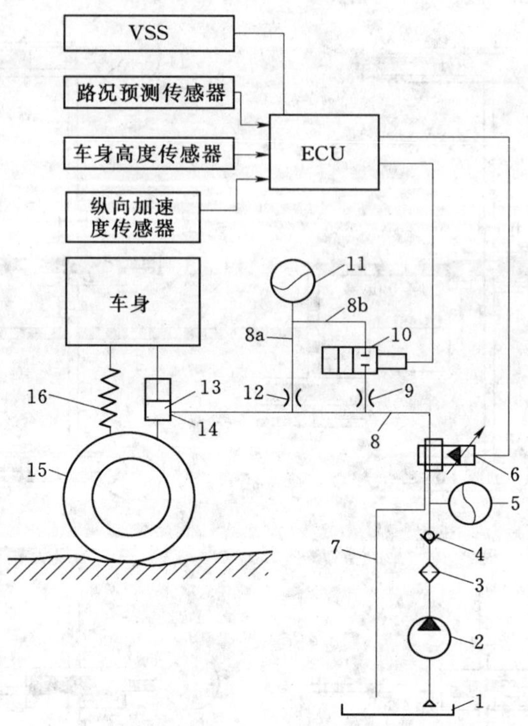

图 6-36　带路况预测传感器的主动悬架系统

1—油箱；2—油泵；3—滤清器；4—单向阀；5—蓄能器；6—控制阀；7—回油管；8—油管；8a、8b—支管；9—副节流阀；10—选择阀；11—蓄能器；12—主节流孔；13—油压腔；14—液压执行器；15—车轮；16—悬架弹簧

置了一个低阀值 U_1。另外，当车辆通过一个很大的凸起物时，悬架系统的阻尼系数若调整得过低，会产生极大的冲击力，形成悬架底部与车桥的刚性碰撞。为此，控制系统中还设定了一个高阀值 U_2。只有在路况预测信号介于 U_1 和 U_2 之间时，ECU 才输出一个打开选择阀的控制信号。

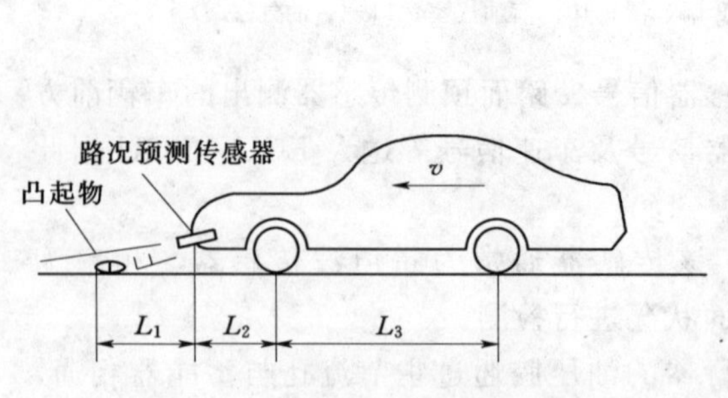

图 6-37　路况预测传感器的设置

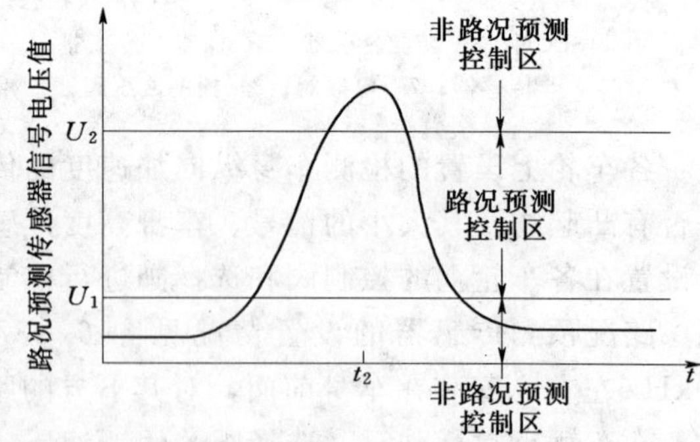

图 6-38　路况预测传感器的输出信号

ECU 根据车速可以估算出测得的凸起物和实际车轮通过凸起物之间的滞后时间，控制选择阀恰好在车轮通过凸起物时打开，使悬架的阻尼系数作短暂变化，车轮通过凸起物后，选择阀再次关闭。

第七章　电控动力转向系统

7.1　电控动力转向系统概述

电控动力转向系统主要包括辅助助力转向系统和四轮电动转向系统。电动式 EPS 是在机械式转向系统的基础上，利用直流电动机作为动力源，ECU 根据转向参数和车速等信号，控制电动机转矩的大小和转动方向。电动机的转矩由电磁离合器通过减速机构减速增矩后，加在汽车的转向机构上，使之得到一个与工况相适应的转向作用力。电动式 EPS 按照其转向助力机构结构与位置的不同，可分为转向轴助力式、转向器齿条助力式和齿轮助力式 3 种形式。四轮转向系统（4WS）是指四个车轮都是转向车轮的汽车或四个车轮都能起转向作用，其控制方式有转向角比例控制、横摆角速度比例控制和车速前馈控制。

7.2　电动式 EPS

7.2.1　转向轴助力式 EPS

转向轴助力式 EPS 见图 7-1，电动机固定在转向轴一侧，通过电磁离合器与转向轴连接，直接驱动转向轴而实现转向助力。汽车转向时，安装在转向轴上的转矩传感器不断检测转向轴输入转矩，并与车速信号一同输入 ECU，ECU 根据这些信号计算出助力转矩的大小和方向，以此确定电动机输入电流的大小和方向。电动机的转矩由电磁离合器通过减速机构增矩后，作用在转向轴上，使转向助力与汽车行驶工况相适应。电子元件发生故障时，ECU 控制电磁离合器分离，解除转向助力，以确保系统安全、可靠。

7.2.2　齿条助力式 EPS

齿条助力式 EPS 见图 7-2，转向助力机构安装在转向齿条处，电动机通过减速传动机构直接驱动转向齿条。用于两轮转向系统的齿条助力式 EPS，见图 7-3。

电动机通过两排行星齿轮机构直接驱动转向齿条，其工作原理见图 7-4。驱动力的传递路线：电动机小齿轮→太阳齿轮 1→行星齿轮 1→太阳齿轮 2→行星齿轮 2→小齿轮→齿条。通常，齿圈 1、2 固定，系统中不设置电磁离合器，当外部输入的转矩过大时，齿圈 1 打滑，以防损坏行星齿轮。

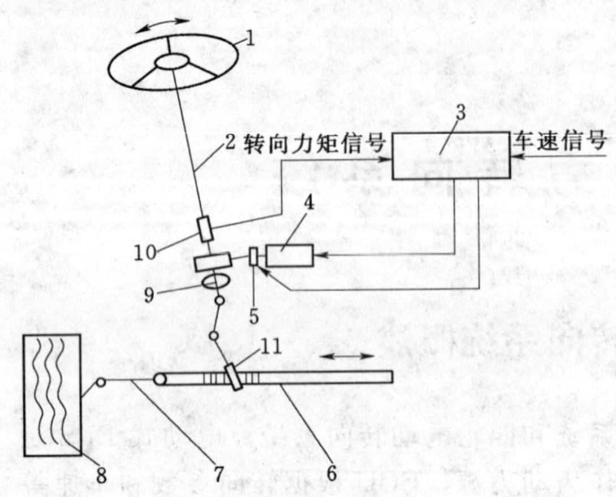

图 7-1　转向轴助力式 EPS
1—转向盘；2—转向轴；3—EPS ECU；4—电动机；5—电磁离合器；6—转向齿条；7—横拉杆；8—转向轮；9—输出轴；10—转矩传感器；11—转向小齿轮

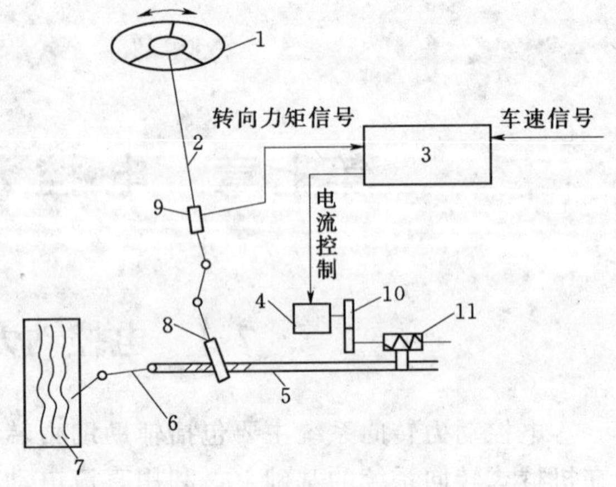

图 7-2　齿条助力式 EPS
1—转向盘；2—转向轴；3—EPS ECU；4—电动机；5—齿条；6—横拉杆；7—转向轮；8—转向小齿轮；9—转矩传感器；10—斜齿轮；11—蜗轮、蜗杆

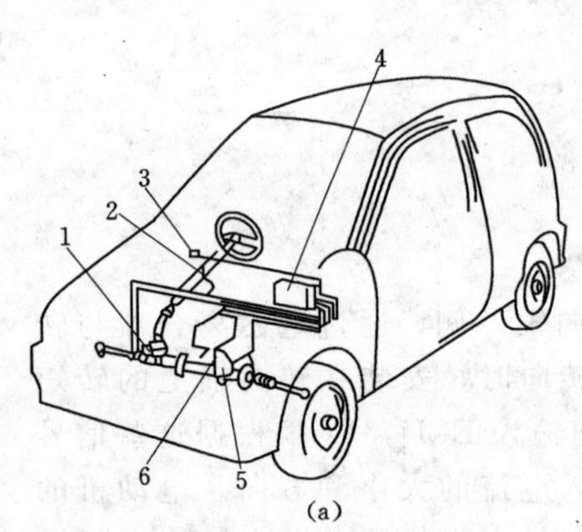

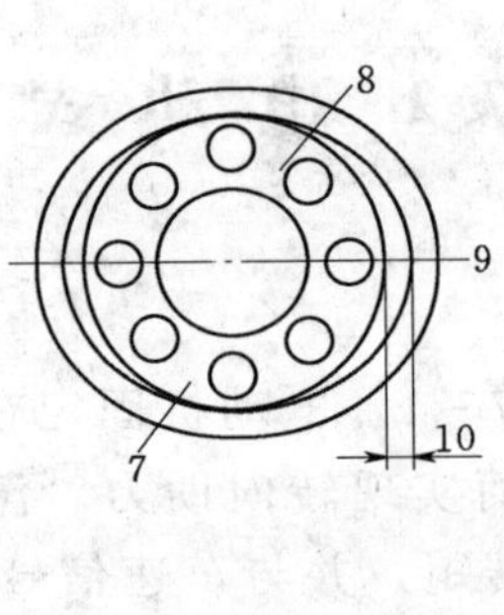

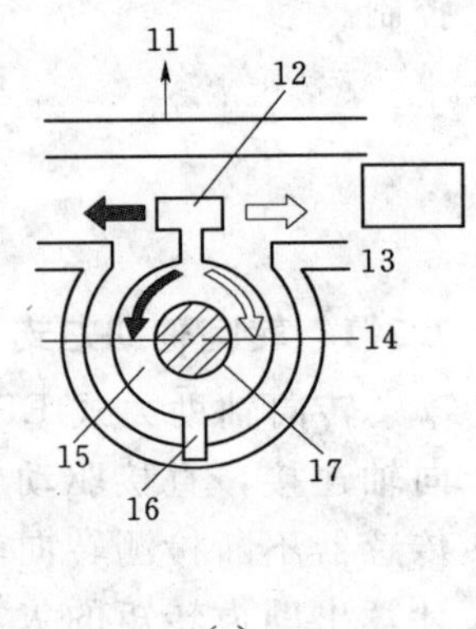

图 7-3　齿条助力式 EPS
(a) 元件布置；(b) 结构；(c) 原理
1—转矩传感器；2—发动机转速信号；3—速度表传感器（置于速度表内）；4—ECU；5—减速机构；6—电动机；7—轴承；8—转向小齿轮；9—齿条轴心；10—间隙（1 mm）；11—前方向；12—拨杆 B 部（左右最大各摆动 3 mm）；13—滑动电阻部分（主、副传感器置于同一罩壳内）；14—齿条心轴；15—拨杆；16—支点 A；17—小齿轮 C

当转向盘处于中间位置时，转矩传感器输出电压为 2.5V；当转向盘向右转时，输出电压低于 2.5V；当转向盘向左转时，输出电压高于 2.5V。ECU 根据转矩传感器输出的电压值，即可判定转向盘的转动方向与转动角度。

7.2.3　齿轮助力式 EPS

齿轮助力式 EPS 见图 7-5，电动机通过电磁离合器与转向小齿轮相连，直接驱动转向小齿轮实现转向助力。

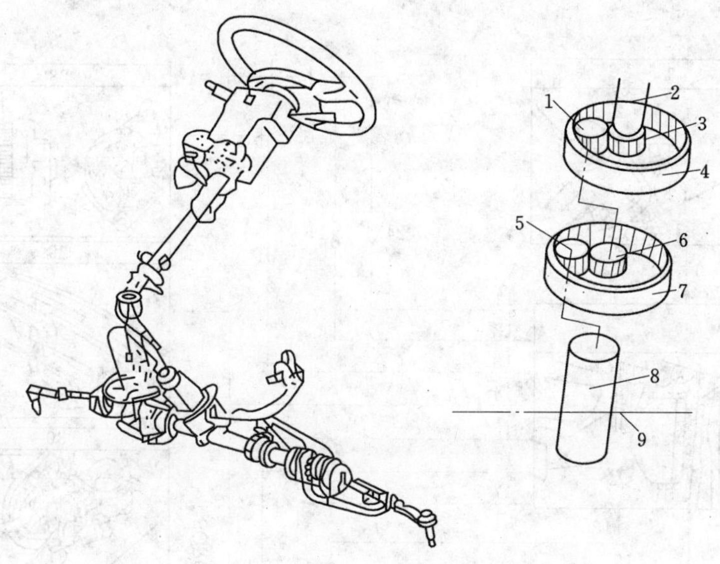

图 7-4　电动机与减速齿轮总成

1—行星齿轮 1；2—电动机小齿轮；3—太阳齿轮 1；4—齿圈 1；5—行星齿轮 2；6—太阳齿轮 2；7—齿圈 2；8—小齿轮；9—齿条

传感器三菱微型汽车齿轮助力式 EPS 见图 7-6，ECU 根据车速和转向盘上的操纵力，控制转向助力机构内的电动机，实现转向助力控制。

(1) 转矩传感器通过扭杆将转动转向盘时的转矩变为转角信号送给 ECU，一般扭杆的扭转角度设定为 46°左右。

(2) VSS 安装在变速器上，根据车速的变化，把两个系统（主、副）的脉冲信号输送给 ECU。当 VSS 有故障时，由于没有车速信号送给 ECU，故系统处于安全状态，系统恢复普通转向系统。

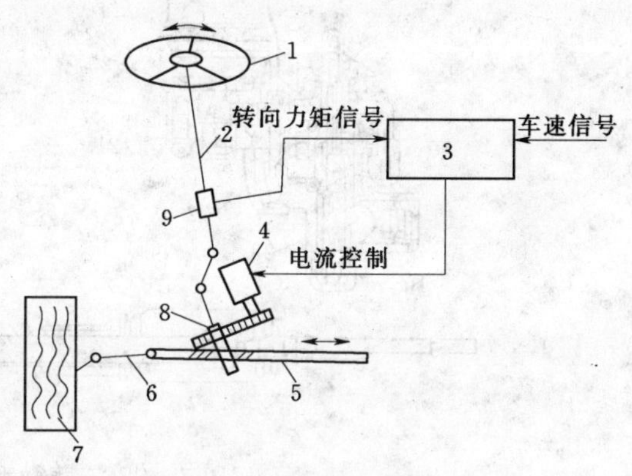

图 7-5　齿轮助力式 EPS

1—转向盘；2—转向轴；3—EPS ECU；4—电动机；5—齿条；6—横拉杆；7—转向轮；8—转向小齿轮；9—转矩

(3) 交流发电机 L 端子电压输送给 ECU，用于判断发动机是否开始转动。

(4) 电动机、离合器和减速机构均安装在转向器内，接收 ECU 指令，电动机的旋转力矩经减速机构传给转向小齿轮，实现转向助力。

(5) ECU 控制原理见图 7-7。

1) IGN 接通时，ECU 由蓄电池提供电压，电动转向系统开始工作。

2) 在发动机启动的同时，交流发动机 L 端子电压输送给 ECU 检测发动机的启动状态，使电动转向系统变为工作状态。

3) 汽车在行驶过程中，ECU 根据 VSS 和转矩传感器信号，经过对比运算后，向电

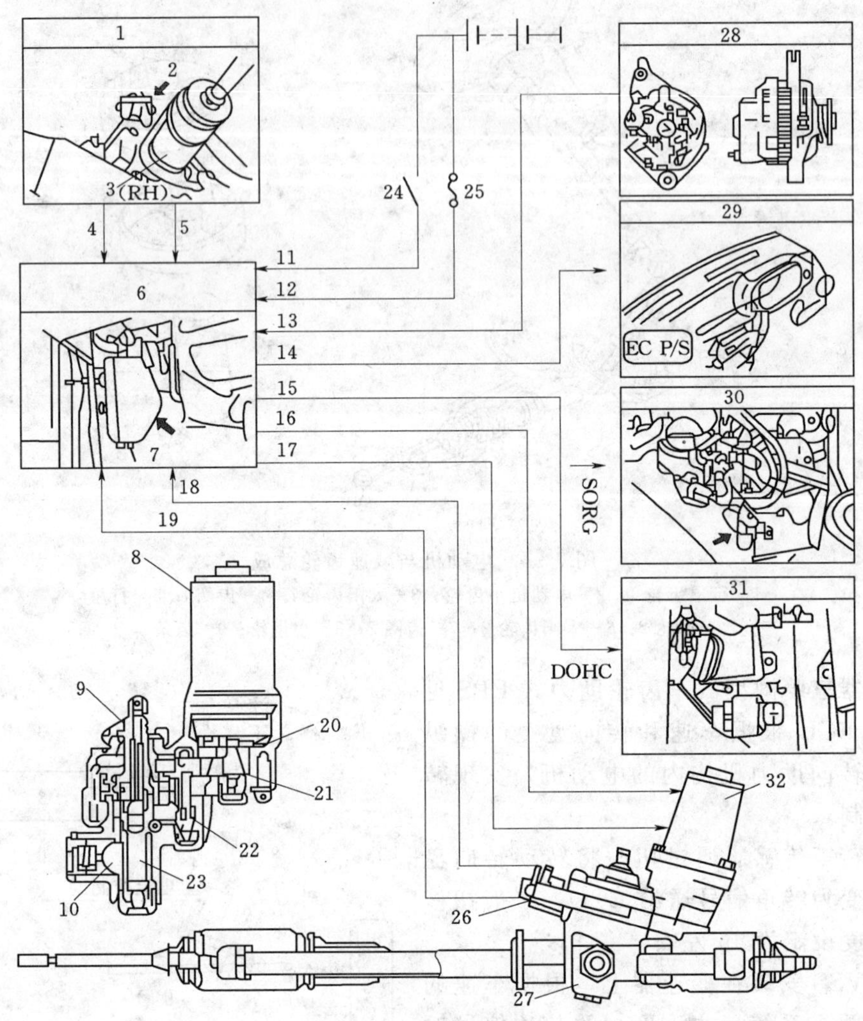

图 7-6　三菱微型汽车齿轮助力式 EPS

1—VSS；2—速度表引出电缆部位；3—传动轴；4—车速信号（主）；5—车速信号（副）；6—ECU；7—副驾驶员脚下部位；8—电动机；9—扭杆；10—齿条；11—点火电源；12—蓄电池；13—发电机信号；14—指示电流；15—提高怠速电流；16—电动机电流；17—离合器电流；18—转矩信号（主）；19—转矩信号（副）；20—离合器；21—电动机齿轮；22—传动齿轮；23—小齿轮；24—IGN；25—熔丝；26—转矩传感器；27—转向器齿轮总成；28—交流发电机；29—警告灯；30—怠速提高电磁阀；31—发动机 ECU；32—电动机与离合器

动机和电磁离合器发出控制指令，电动机输出轴经减速机构对转向小齿轮助力。

电动机控制电流值分为 6 种，见图 7-8。车速在 30km/h 以上时，ECU 切断离合器和电动机电流，使离合器分离，电动机停止工作，电动转向系统变为普通转向系统；车速在 27km/h 以下时，ECU 使离合器通电接合，电动机通电运转，系统实现电动动力转向。

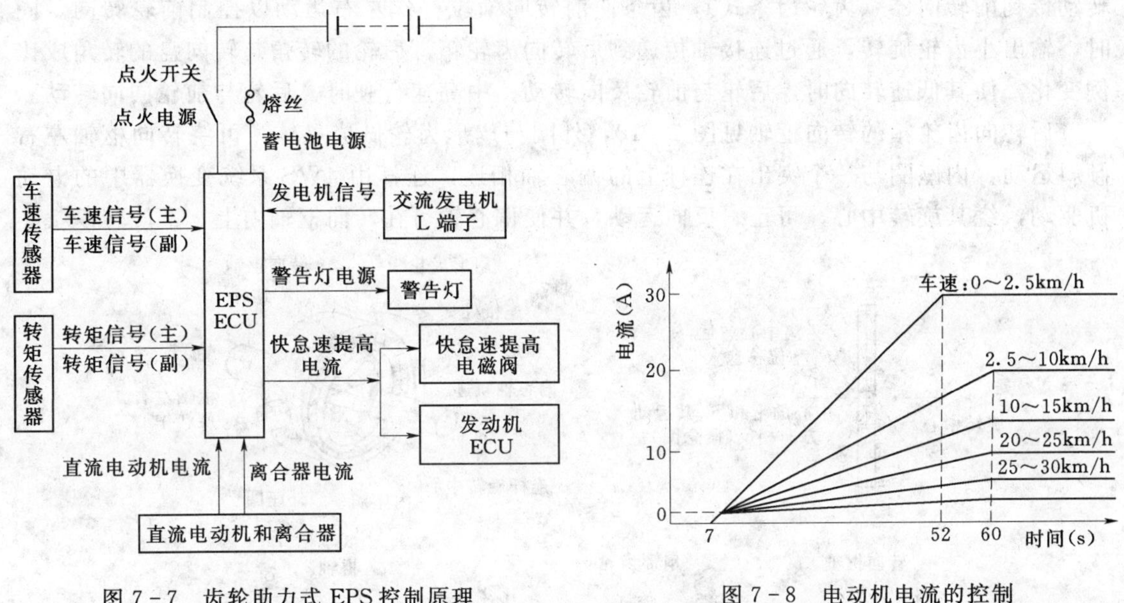

图 7-7　齿轮助力式 EPS 控制原理　　　　图 7-8　电动机电流的控制

7.3　四轮转向系统

7.3.1　转向角比例控制 4WS 系统

转向角比例控制是指后轮转角与前轮转角成比例。中高速区的转向操纵，应使前后轮平衡稳定并处于恒定转向状态，汽车前进方向与车体朝向一致，能得到稳定的转向性能。

1. 系统组成

转向角比例控制 4WS 系统见图 7-9，系统前、后轮的转向机构机械连接，转向盘的

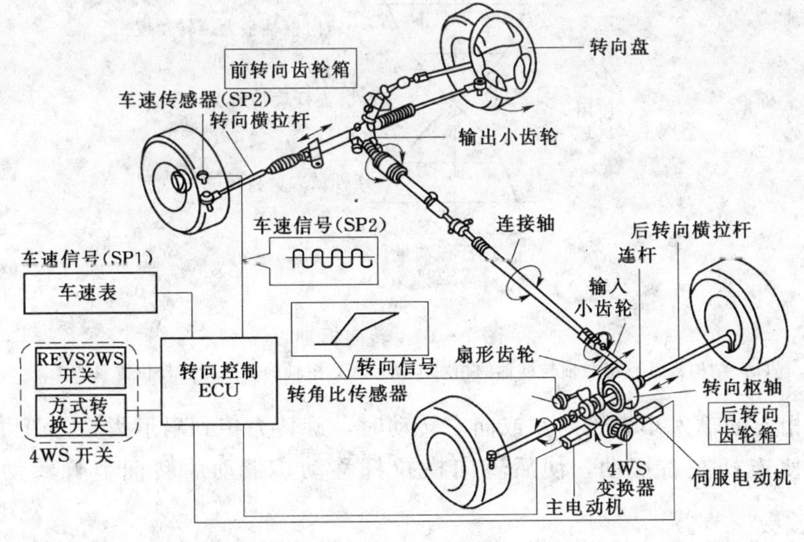

图 7-9　转向角比例控制四轮转向系统

转动传到前转向器（齿轮齿条式），齿条使前转向横拉杆作左右运动以控制前轮转向。同时，输出小齿轮旋转，通过连接轴传递到后转向齿轮箱，后轮的转角与转向盘的转角成比例变化，使其低速转向时，后轮与前轮反向转动；中高速行驶时，后轮与前轮同向转动。

后转向齿轮箱的转向枢轴见图 7－10，外圈与扇形齿轮做成一体，可绕转向枢轴左右倾斜运动，内座圈与一个突出在连杆上的偏心轴相连，连杆由 4WS 系统变换器中的电动机驱动，绕其旋转中心，可正、反向运动，并使偏心轴可在转向枢轴内上、下旋转 55°。

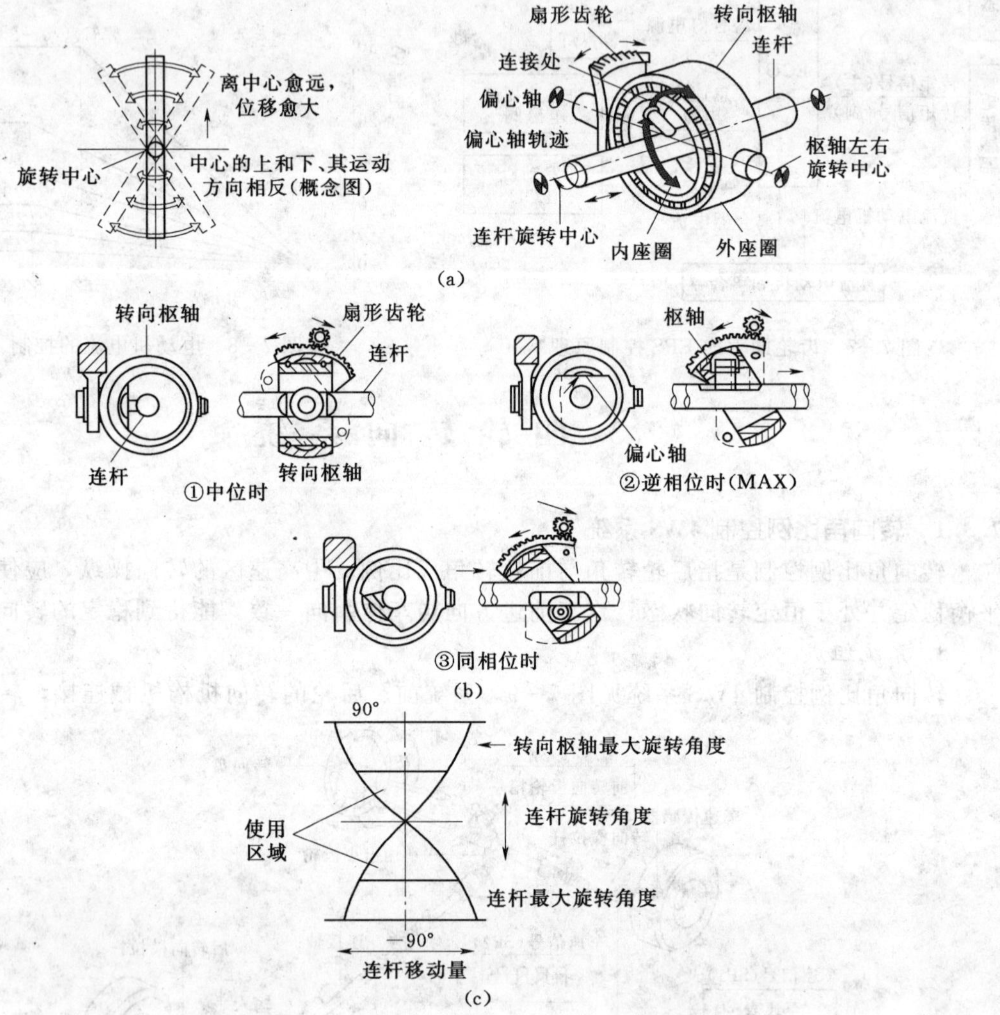

图 7－10　转向枢轴

(a) 结构；(b) 偏心轴与枢轴的相对运动；(c) 枢轴的转角与连杆位置量的关系

与连杆相连的输入小齿轮向左或向右转动时，旋转力传到扇形齿轮，带动转向枢轴并通过偏心轴使连杆左右摆动，使后转向横拉杆移动，带动后转向节臂转动，实现后轮转向。

4WS 系统变换器由主电动机与辅助电动机组成的驱动部分、行星齿轮组成的减速部分和使变换杆转动的蜗杆构成，见图 7－11。通常，主电动机工作，辅助电动机不工作。

辅助电动机的输出轴与行星齿轮机构中的太阳轮相连，主电动机输出轴与行星齿轮相连，而行星齿轮机构中的齿圈成为变换器的输出轴。太阳轮固定，与主电动机相连的行星齿轮轴转动，即行星齿轮边围绕太阳轮公转边自转，同时带动4WS变换器输出轴的齿圈转动。当主电动机不工作时，行星齿轮相当于惰轮（只自转，不公转），直接将辅助电动机的转动传给齿圈，从而带动变换杆同向转动。

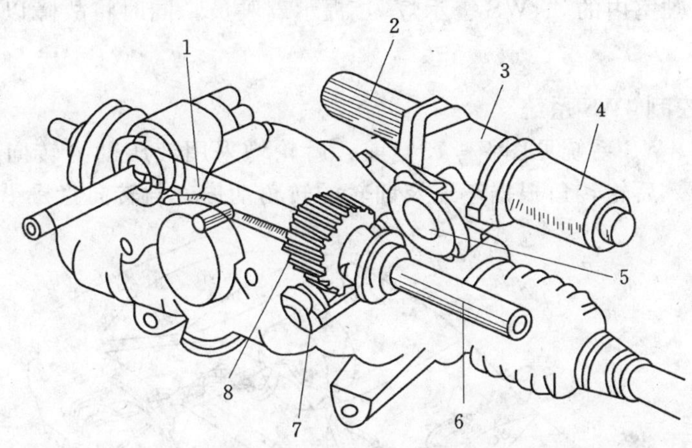

图7－11　4WS系统变换器

1—偏心轴；2—辅助电动机；3—4WS变换器；4—主电动机；
5—4WS变换器输出轴；6—连接杆；7—蜗轮；
8—转角比检测用齿轮

转角比传感器安装在执行器上，为一只可变电阻。通过检测转角比传感器输出的电压值，可判断执行器的状态和转向情况、转向比例以及根据前轮转向情况所得到的后轮最大偏转量。

2. 转向角比例控制4WS系统控制原理

转向角比例控制4WS系统控制原理，见图7－12。

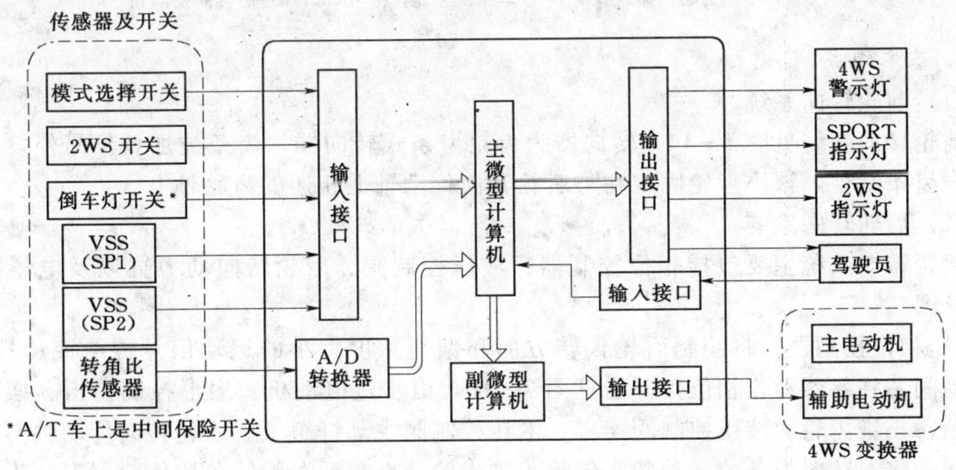

图7－12　转向角比例控制4WS系统控制原理

（1）转角比控制。按图 7-12 进行转角比控制，再根据车速控制主电动机，实现对转角的控制。驾驶员可使用 4WS 模式选择开关，选择“NORMAL”或“SPORT”模式。

（2）两轮转向选择功能。当两轮转向选择开关设定在 ON，且变速器被挂人倒挡位置时，后轮转向量被设置为零。

（3）故障诊断控制。当主电动机、VSS、转角比传感器和 ECU 出现异常情况时，防误操作控制点亮驾驶室内的“4WS 警示灯”，提示驾驶员，同时将故障以代码的形式存储到故障存储器。

7.3.2　车速前馈控制 4WS 系统

车速前馈控制 4WS 系统见图 7-13，前、后轮均采用液压助力转向，后轮转向为机一液一电联合控制。后轮转角根据车速及前轮的转角动作，与转向盘操纵力的大小无关。

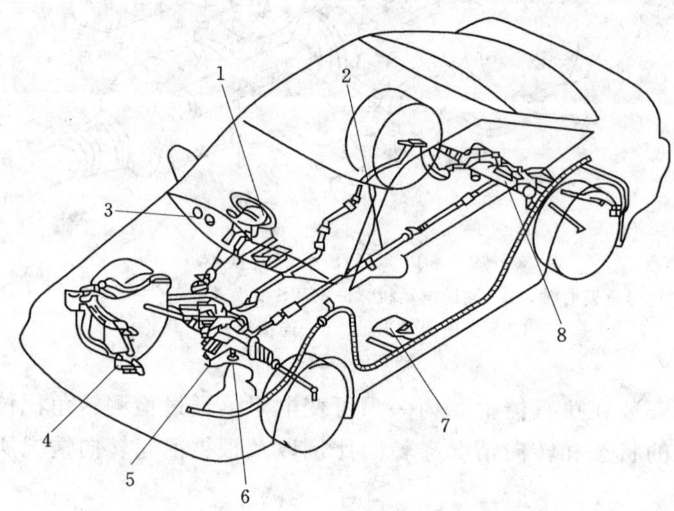

图 7-13　车速前馈控制 4WS 系统

1—四轮转向继电器与定时器；2—后转向轴；3—2 号车速传感器；4—风门式泵；5—H1J 动力转向系统；6—1 号车速传感器；7—ECU；8—后转向控制箱

1. 基本组成

（1）前轮转向系统。

前轮转向系统见图 7-14，转向器为齿轮齿条式转向器，齿条被加长，另外设置一小齿轮与齿条啮合，该小齿轮固定在与后轮转向传动轴上相连的齿轮轴上。

（2）后轮转向系统

后轮转向系统主要包括相位控制器、液压控制阀、后轮转向动力缸以及电子控制系统，见图 7-15。

1）相位控制器。将控制后轮偏转方向和偏转角度大小的运动信号传给液压控制阀，以驱动阀芯柱塞移动。相位控制器见图 7-16，由步进电动机、扇形控制齿板、摆臂、大锥齿轮、小锥齿轮、液压控制阀连杆、液压控制阀主动杆组成。后轮转向传动轴与小锥齿轮连接，将前转向齿条的运动状态传给小锥齿轮，前、后车轮转角比传感器安装于扇形控制齿板旋转轴上。

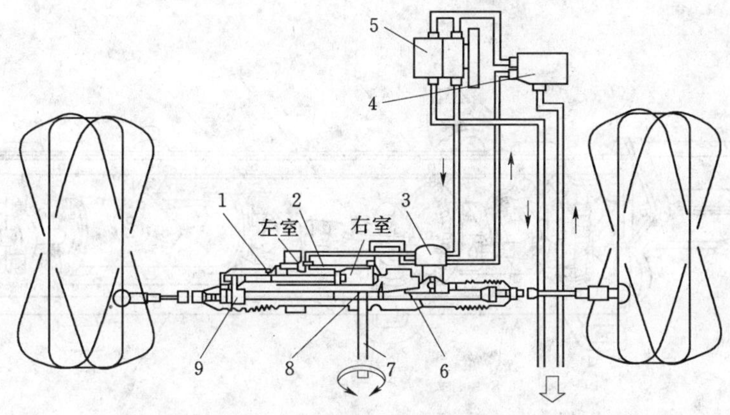

图 7-14　前轮转向系统

1—转向动力缸活塞杆；2—转向动力缸；3—转向控制阀；4—转向油泵；5—储液器；6—齿条；7—后轮转向传动轴；8—小齿轮；9—连接板

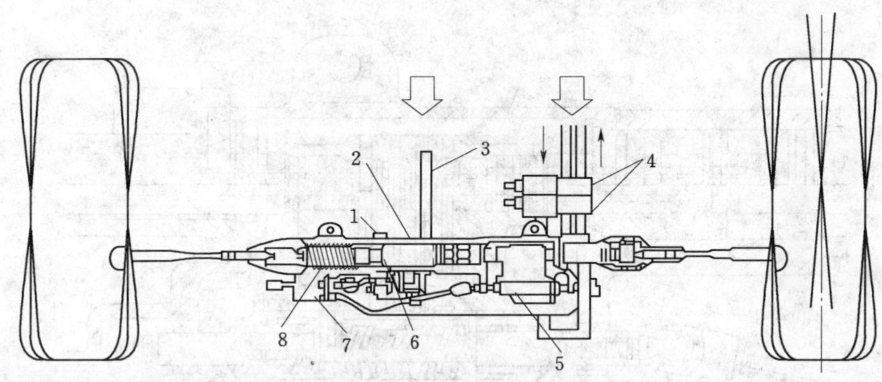

图 7-15　后轮转向系统

1—转向比传感器；2—后轮转向动力缸；3—后轮转向传动轴；4—电控油阀；5—液压控制阀；6—动力输出杆；7—步进电动机；8—回位弹簧

2）液压控制阀。按照相位控制器给定的信号，控制由转向油泵输送给后轮转向动力缸的油量和供油方位，从而控制后轮的转角人小和偏转的方向。

液压控制阀见图 7-17，图示滑阀移到左侧，此时油泵送来的油液通过液压控制阀进入动力缸右腔，同时动力缸左腔通过液压控制阀与储液器相通。在动力缸左右腔压力差作用下，输出杆左移，使后轮向右偏转。因为阀套与输出杆固定在一起，所以当输出杆左移时将带动阀套左移，从而改变油路通道大小，当油压与回位弹簧及转向力的合力达到平衡时，输出杆（连同阀套）停止移动。

当滑阀右移时使后轮向左偏转，其工作过程与上述情况相反。

3）后轮转向动力缸接受来自液压控制阀的高压油，使之转化为水平推力，从而移动横拉杆的位置，使后轮做转向运动。

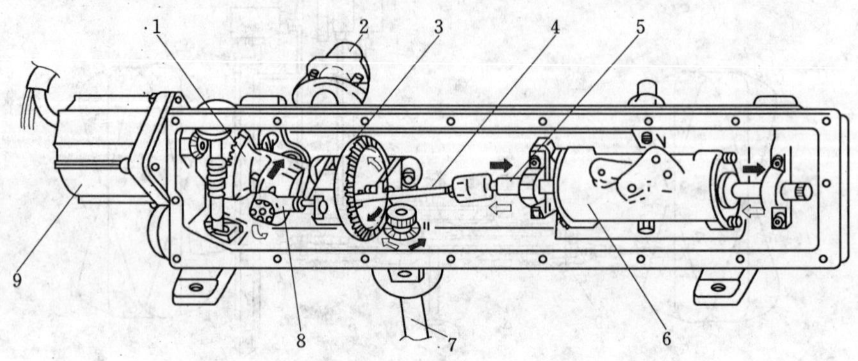

图 7－16　相位控制器

1—扇形控制齿板；2—转角比传感器；3—大锥齿轮；4—液压控制阀连杆；5—液压控制阀主动杆；6—液压控制阀；7—后轮转向传动轴；8—摆臂；9—步进电动机

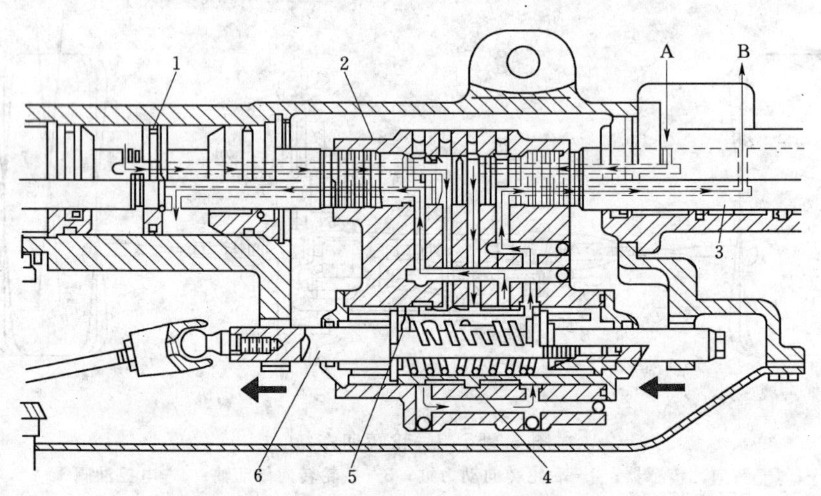

图 7－17　液压控制阀

1—动力缸活塞；2—阀套；3—动力输出杆；4—滑阀；5—回油道；6—液压控制阀主动杆；A—进油口；B—回油口

4）电子控制系统。

a. 转角比传感器。检测相位控制器中扇形控制齿板的转角位置，并将信号反馈给四轮转向控制器，作为监督、控制信号。

b. 4WS ECU。根据 VSS 信号计算车速，再根据车速的高低计算汽车转向时前后轮偏转的转角比；比较前后轮理论转角比与当时的前后轮实际转角比，并向步进电动机发出正转或反转及转角大小的指令，另外还监视、控制 4WS 的电子线路工作是否正常；发现 4WS 机构工作出现异常时，接通 4WS 警示灯，并断开电控油阀的电源，使步进电动机处

于两轮转向状态。

c. 电控油阀。控制由转向油泵输向后轮转向动力缸的油路通断。当液压回路或电子控制线路出现故障时，电控油阀切断由转向油泵通向液压控制阀的油液通道，使4WS装置处于两轮转向工作状态，起失效保护作用。

2. 工作原理

车速前馈控制4WS工作原理见图7-18。ECU根据VSS信号，将对应于车速的信号传送到后转向控制箱的步进电动机，使控制叉转动；通过操纵转向盘，只在与此相对应的方向与角度上，利用后转向轴使后转向控制箱内的扇形齿轮旋转，控制叉的转动与扇形齿轮旋转在相位控制机构内叠加，以决定控制阀杆的行程方向和大小。因此，控制阀内油路被切换，动力杆控制后轮转向。

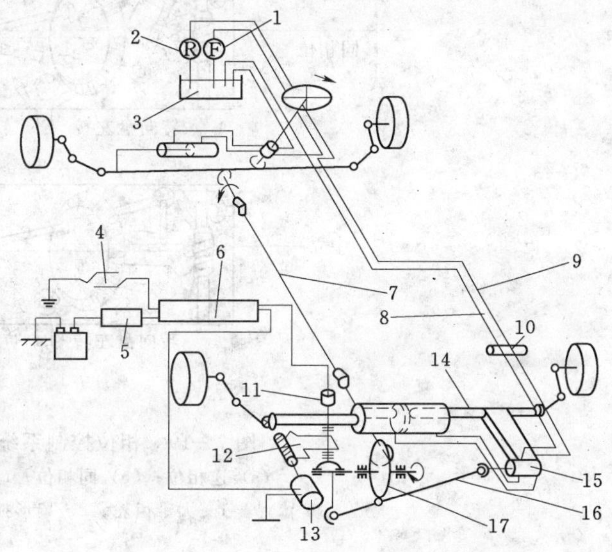

图7-18　车速前馈控制4WS工作原理

1—F前动力转向系统油压；2—R后转向控制箱油压；3—风门式泵；4—车速传感器；5—四轮转向继电器；6—ECU；7—后转向轴；8—回流管；9—压力管；10—电磁螺线管；11—后转向传感器；12—控制拨叉；13—步进电动机；14—动力杆；15—控制阀；16—控制阀杆；17—扇形齿轮

当车速低于35km/h时，见图7-19（a），扇形控制齿板在步进电动机的控制下向图中负方向偏转，车速越低其偏转角度越大。当液压控制阀的输入杆向右移动时，由转向油泵输送的高压油液进入后轮转向动力缸的左腔，使后轮向左偏转，即后轮相对于前轮反向偏转。

当车速等于35km/h时，相位控制器中的扇形控制齿板处于图7-19（c）的中间位置，摇臂处于与大锥齿轮轴线垂直的位置，控制杆和液压控制阀输入杆（柱塞）均不产生轴向位移。后轮转向动力缸左、右油腔均没有高压油液输入，后轮保持与汽车纵向轴线平行的直线行驶状态。

当车速高于35km/h时，见图7-19（b），相位控制器中扇形控制齿板向图中正方向转动，若转向盘仍向右转动（前轮向右偏转），则摆臂向左上方摆动，将控制杆向左拉动，使后轮向右偏转，即后轮相对于前轮同向偏转。

7.3.3　横摆角速度比例控制4WS系统

横摆角速度比例控制4WS，附加横向摆动率反馈控制，利用横向摆动率传感器检测车辆转向，抵消该转向力以控制后轮转向，使汽车能主动适应行驶中横向摆动率的变化，确保车辆行驶的稳定性。

1. 系统组成

横摆角速度比例控制4WS系统主要由机械转向控制模块（改善低速下的操纵性）和电子转向控制模块（改善中、高速时的操纵性和稳定性，提高抗干扰能力）组成，见图7-20。

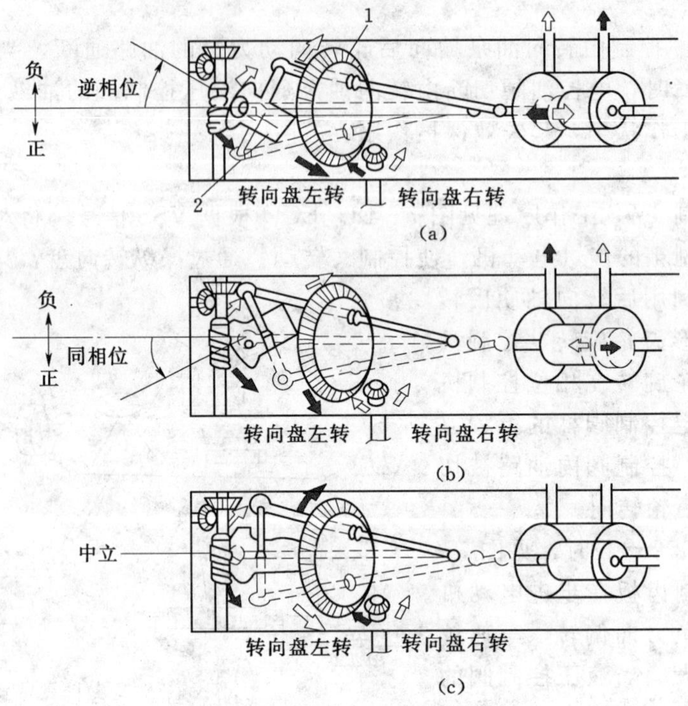

图 7-19 相位控制系统工作原理

(a) 逆相位；(b) 同相位；(c) 中间位置

1—大锥齿轮；2—扇形控制齿板

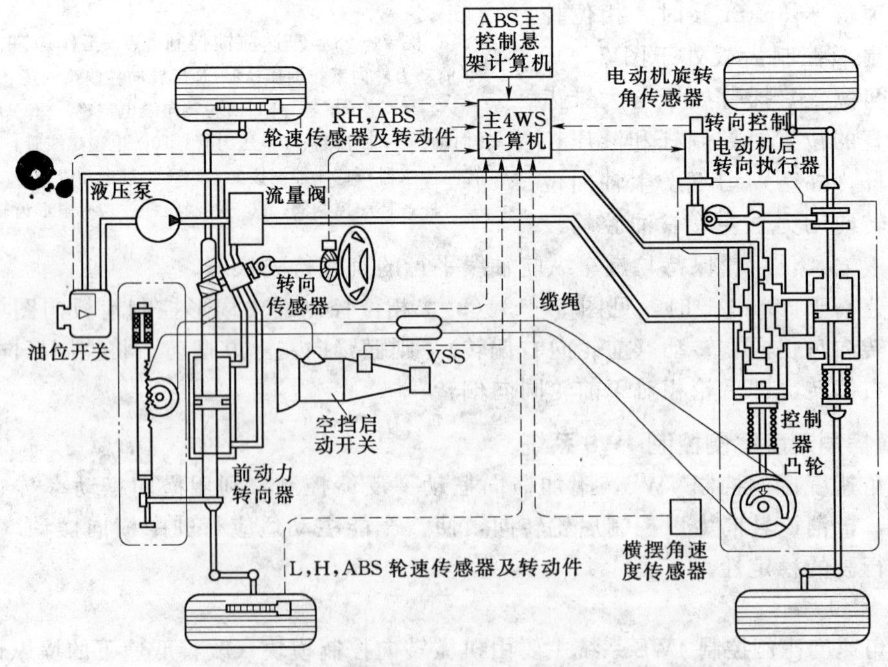

图 7-20 横摆角速度比例控制 4WS 系统

（1）前轮转向机构。

转向盘的转动传到转向器的齿轮齿条上，使齿条移动，带动小齿轮转动，使与小齿轮做成一体的前滑轮转动，通过转角传动钢丝绳传递到后轮转向机构中的滑轮上，见图 7-21。

（2）后轮转向机构。

转向时，钢丝绳传到后滑轮，带动控制凸轮转动，使阀管左右移动，见图 7-22。

2. 控制原理

与前轮的转向量相对应，后轮转角控制可分为小转角控制与大转角控制两种。

（1）小转角控制（电动式转角控制）。

脉动电动机的旋转由蜗轮传送至被动齿轮，再通过曲轴使阀控制杆摆动。被动齿轮左转时，阀控制杆的上端支点 A 以被

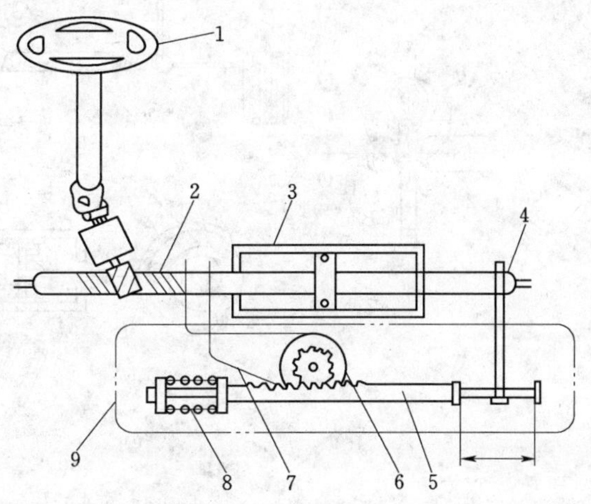

图 7-21　前轮转向机构

1—转向盘；2—齿轮齿条；3—转向齿轮油缸；4—齿条端部；5—控制器齿条；6—前滑轮；7—钢丝绳；8—复位弹簧；9—滑轮驱动

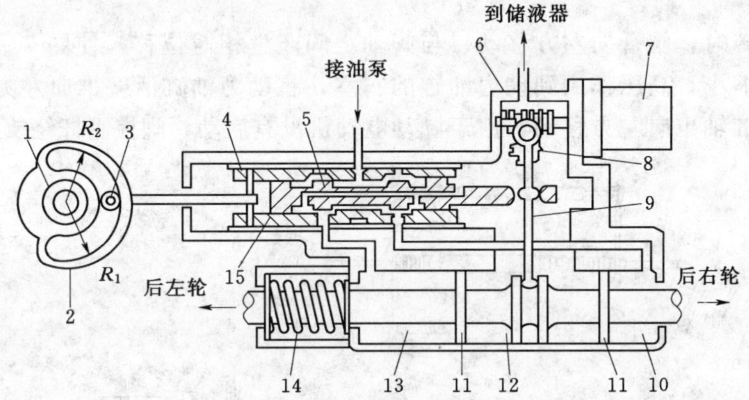

图 7-22　后轮转向机构

1—后滑轮；2—控制器凸轮；3—凸轮随动件；4—阀管衬套；5—阀轴；6—驱动齿轮；7—脉动电动机；8—从动齿轮；9—阀控制杆；10—右室；11—活塞；12—油缸轴；13—左室；14—回位弹簧；15—阀管

动齿轮的中心点 O 为转动中心向 A′点摆动。在脉动电动机启动瞬间，后转向轴没有移动，因此阀控制杆以 C 点为中心向左摆动，使杠杆的中间点 B 移到 B′点，带动阀轴向左移动。在钢丝绳没动作时，阀管固定不动，因此阀轴的移动使阀管、阀轴之间产生相对位移，引起图 7-23 中 a 部和 b 部的节流通道收缩，使高压作用到油缸左室。

当油缸轴向右移动时，反馈杆以支点 A′为中心转动，带动阀轴向右移动到 B″，使 a 部和 b 部的节流通道打开，使油压降低，达到与机械转向时同样的平衡状态。

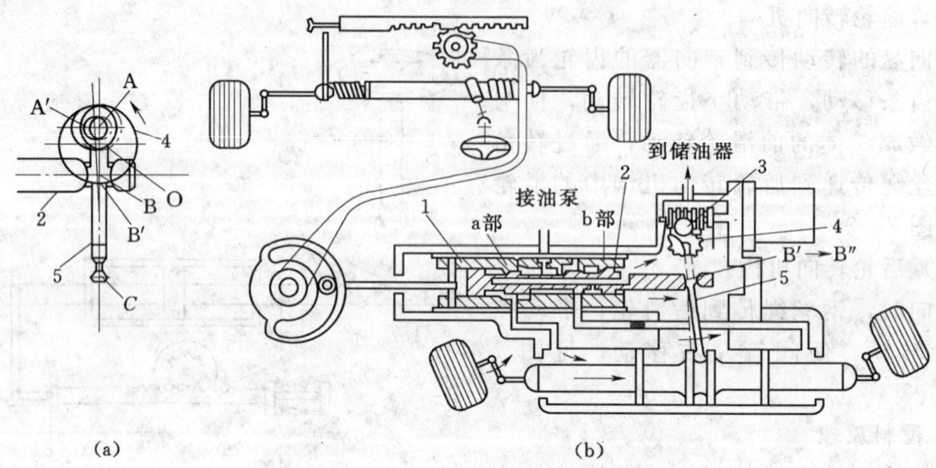

图 7-23　小转角控制（同向转向）

1—阀管；2—阀轴；3—支点 A；4—被动齿轮；5—阀控制杆（反馈杆）

（2）大转角控制（机械式转角控制）。

当前轮转角处在不敏感范围内时，阀轴与阀管的相对位置处于中间状态。来自油泵的油液流回储油器，动力油缸中的左、右室油压较低，油缸轴在回位弹簧的作用下处于中间位置。

当前轮左转时，阀管向左方移动，与阀轴之间产生相对位移，使图 7-24 中 a 部与 b 部的节流面积缩小，高压作用到动力油缸的右室，将动力油缸活塞推向左方，使后轮向右转向。此时油缸轴也向左方移动，由于脉动电动机没有启动，阀控制杆绕支点 A 转动，带

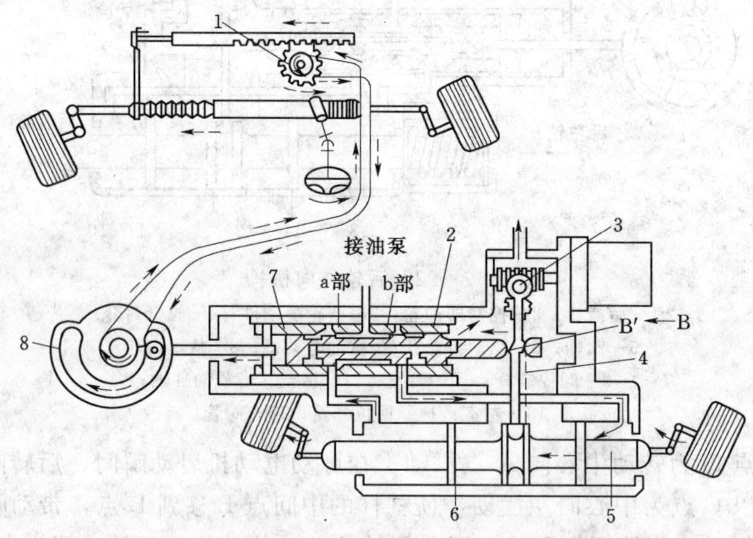

图 7-24　大转角控制（反向转向）

1—齿轮；2—滑轴；3—支点 A；4—阀控制杆；5—油缸轴；
6—活塞；7—阀管；8—控制器凸轮

动阀轴移动到比 B 点更左边的 B′点。已缩小的 a 部与 b 部的节流面积又增大，使动力油缸右室。

内的压力下降。当油缸轴一移动到目标位置后，a 部与 b 部的节流面积正好达到与由车轮产生的外力相平衡的位置，使后轮不产生过大的转向。

在外力发生变化时，油缸轴也产生微量的移动变化，立刻引起阀控制杆对阀轴产生一个相应的反馈量，变化到与外力相平衡所需的活塞压力的节流面积，使其始终保持平衡。

第三篇　智能驾驶与车联网总线部分

第八章　汽车巡航控制与无人驾驶

8.1　汽车巡航控制与无人驾驶概述

随着现代汽车技术和高速公路的发展，在发达国家，无论是运输业还是个人，汽车成为长距离运输的主要交通工具。在高速公路上长时间高速行驶时，驾驶员长时间操纵加板得不到活动，容易造成疲劳。自 20 世纪 60 年代开始，一些先进国家将巡航控制系统［又称恒速、稳速或 CCS（Cruise Control System)］装在轿车和长途运输车上。当该系统工作时，汽车可按驾驶员选定的速度巡航行驶，控制无须再操纵加速踏板，减轻了疲劳。由于减少了不必要的人为因素引起的车速的变化，还可以节省燃料的消耗。

无人驾驶汽车是一个集环境感知、规划决策、多等级辅助驾驶等功能于一体的综合系统，它集中运用了计算机、现代传感、信息融合、通信、人工智能及自动控制等技术，是典型的高新技术综合体。目前对无人驾驶汽车的研究主要致力于提高汽车的安全性、舒适性，以及提供优良的人车交互界面。近年来，无人驾驶汽车已经成为世界车辆工程领域研究的热点和汽车工业增长的新动力，很多发达国家都将其纳入到各自重点发展的智能交通系统当中。

无人驾驶汽车主要采用信息融合技术将各种信息融合在一起综合处理。信息融合又称数据融合，它与信号处理、计算机技术、概率统计、图像处理、人工智能和自动控制等学科密切相关，是一门新发展起来的多学科交叉的前沿学科，同时具有巨大的应用潜能。

信息融合技术给无人驾驶汽车带来了更加光明的前景，使得车辆能够利用多传感器集成技术以及融合技术，结合环境信息、交通状况信息作出一个最优决策，实现车辆自动感知前方的障碍物，及时采取措施进行避让；通过对前方信号的识别，自动停车或继续运行；通过对路标的自动识别，避免违章行为等，从而可以大大降低车辆事故的发生，同时减轻司机驾驶的负担，尽量减少司机疲劳驾驶。

尽管车载信息技术的发展前景非常广阔，但要将它们彼此无缝地链接还有一些技术问题有待解决，如软件和硬件技术方面还需实现技术的飞跃，多媒体的接口问题，电子设备的物理连接，改进无线电通信系统，解决无线电通信的带宽问题，以及开发价格相对合理的软件技术等。另外，为了实现彼此设备的兼容，还要制定统一的工业标准。

8.2 汽车巡航控制系统

8.2.1 巡航控制系统的优点

(1) 提高汽车行驶时的舒适性。这种优越性在郊外或高速公路上尤为显著，大大减轻了驾驶员的负担，使驾驶更为轻松。

(2) 提高经济性和环保性。启动这一系统后，可使汽车燃料的供给与发动机功率之间处于最佳的配合状态，并减少废气的排放。

(3) 保持汽车车速的稳定。汽车无论在上坡、下坡、平路上行驶，或是在风速变化的情况下行驶，只要在发动机功率允许的范围内，汽车的行驶速度都保持不变。

8.2.2 巡航控制系统的组成

汽车巡航控制系统（图8-1）主要由包括主控制（MAIN或ON-OFF）开关、巡航设定/减速（SET/COAST）开关、恢复/加速（RES/ACC）开关、解除（CANCEL）开关，以及车速传感器、制动开关和节气门位置传感器等在内的输入装置、电子控制单元和控制执行器三部分组成。其中电子控制单元负责数据存储、车速运算、比较、记忆、决策和诊断等工作。通常，当车速高于40km/h以后，驾驶员可以利用巡航设定开关维持稳定的行驶车速，也可以操纵减速开关让加速踏板恢复原位置，使车辆减速：一旦断开减速开关，车辆将记忆新的车速，并让汽车以新的车速巡航行驶。如若在巡航行驶过程中操纵加速开关，并踩下加速踏板，车辆将被加速；再若断开加速开关，电脑会记忆此时的车速，并按此巡航行驶。为了停止巡航行驶，专门设置了巡航解除开关。按下此开关，则车辆退出巡航行驶状态。其后再按动恢复开关，车辆将以解除开关动作前所记忆的车速巡航行驶。

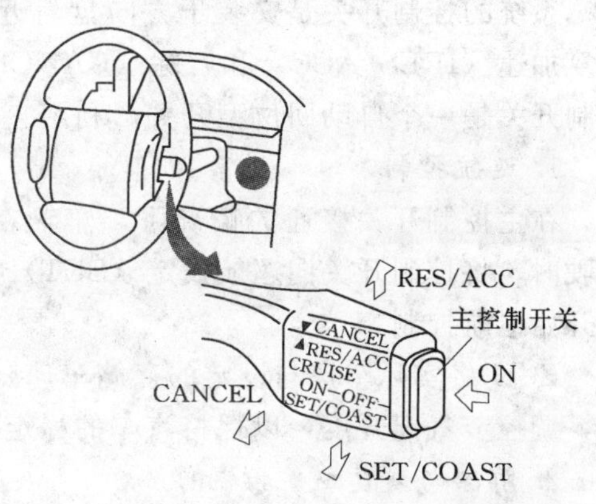

图8-1　巡航控制系统操纵开关

许多巡航控制系统中主开关与汽车点火开关实现了联动，点火开关切断时巡航控制系统的电源也被切断，而当点火开关接通时，巡航控制系统则由其主开关控制电源的通断。

8.2.3 巡航控制系统的工作原理

巡航控制系统工作流程如图8-2所示，驾驶员可以利用控制开关将巡航保持、减速、恢复原速和加速等命令信号传送给电子控制单元（CCS ECU）。当驾驶员操纵巡航保持开关时，电脑会记忆调节后的车速，进行巡航控制。所记忆车速与实际行驶车速都被送到计算机的比较电路中，比较电路的输出信号通过补偿电路和CCS执行器借助发动机和变速器实现对驱动力的调节，最终使汽车以设定的车速稳定行驶。

巡航系统各种功能的实现均依赖于专用开关控制。作为系统电源控制的主控制开关安装在仪表板或控制开关手柄上（图8-1），按下此开关后汽车电源给巡航控制系统供电，

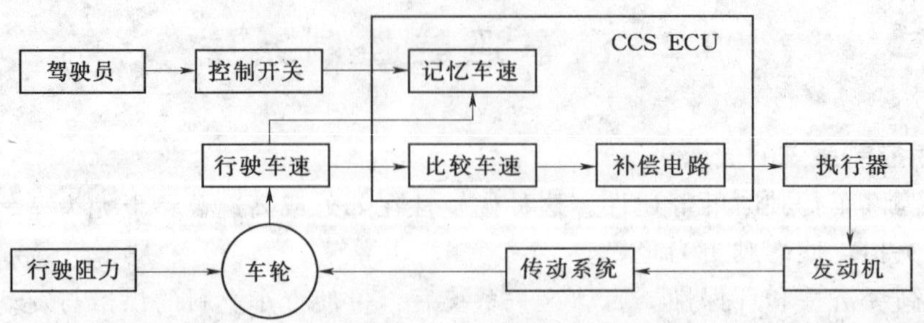

图 8-2　CCS 工作流程图

同时 Power 指示灯点亮。按下巡航设定开关时，Memory 指示灯点亮，车速被存储在电脑中。

系统的控制开关是安装于方向盘附近的手柄，具有巡航设定/减速（SET/COAST）、恢复加速（IRES/ACC）和解除（CANCEL）等功能，操控方式如图 8-1 所示，通常该控制开关是一个自动回位型开关。利用它可以实现如下控制：

1. 巡航控制

在主控制开关接通的情况下，车辆在巡航控制车速范围内（通常为 40～200km/h）行驶时，将控制开关向巡航设定（SET）方向扳动一次，CCS ECU 记忆此时的行车速度，并开始巡航控制。

ECU 将实际车速与设定的存储车速随时进行比较，指挥发动机节气门控制执行器工作，调控节气门开度，以保持汽车的稳定行驶速度。此过程驾驶员无需踩踏加速踏板。

2. 解除与恢复巡航控制

当将控制手柄向解除（CANCEL）方向扳动一次，或者对车辆实施制动（包括行车和驻车制动）、分离离合器、接合空挡启动开关等操作时，巡航控制会自动解除。如若解除瞬时的车速不低于 40km/h，则 ECU 记录该瞬时速度，并可以通过手柄向恢复（RES）方向扳动一次 。恢复巡航控制；如若车速低于 40km/h，则巡航将自动解除，ECU 中原存储车速也随之自动取消，不可再恢复。

3. 减速与加速控制

当车辆在巡航状态下行驶时，若将控制手柄向 SET/COAST 方向扳动并保持，则发动机节气门将以一定步长逐渐减小开度，使车辆减速行驶，ECU 会存储松开开关瞬时的车速，作为后续巡航的恒速依据；若将控制手柄朝 RES/ACC 方向扳动并保持，则发动机节气门又会以一定步长逐渐增大开度，使车辆加速，ECU 也记录下松开开关瞬时的车速，作为后续巡航的恒速依据。

8.2.4　巡航控制系统的 ECU

巡航控制系统 ECU 由电子处理芯片、数/模和模/数转换电路、带可擦写功能的重置电路和失效保护电路等模块组成。它接收来自传感器和控制开关的各种信号，按照存储在电脑中的程序进行处理，当车速偏离所设定的巡航车速时，调节控制执行器，使实际车速与设定车速趋于一致。同时还具有保护和自诊断功能。

1. 自动取消功能

车辆在巡航状态下行驶，若伺服调速电动机或安全电磁阀驱动电流过大，导致伺服电动机持续朝节气门开度增大方向转动时，ECU 将取消所存储的设定车速，断开安全电磁阀离合器电源，关闭主控制开关，自动解除巡航控制。若出现巡航控制系统电源中断时间超过 5ms 的情况，巡航控制功能也将被取消。

2. 自诊断功能

当 ECU 确定巡航控制系统发生故障时，将使仪表板上的电源指示灯闪烁报警，同时记录下故障代码，退出巡航操作。

8.2.5 巡航控制系统的传感器

巡航控制系统的传感器主要有车速传感器和节气门位置传感器。前者向 ECU 提供车速信号，一般与发动机电子控制系统共用；后者则向 ECU 提供一个与节气门开度成正比的电子信号，以确定节气门瞬时位置，一般也可与发动机电子控制系统共用。

8.2.6 巡航控制系统的执行器

巡航控制系统执行器有真窄式、电机式和智能型三种。真空式已淘汰，下面主要介绍电机式和智能型。

1. 电机式巡航执行器

电机式巡航执行器的结构如图 8-3 所示。它利用减速齿轮机构降低直流电机的转速，使控制臂动作，利用蜗轮、蜗杆减速机构进行减速，并通过电磁离合器调节控制臂的位置，以最终实现对节气门的控制。电机通电后向正反两个方向旋转，始终以脉冲电流通电。如果控制臂到达规定位置就停止通电，利用减速齿轮机构的保持力仍能确保此位置不变。此外，装有用于检测节气门开度的电位计，通过对控制臂的位置检测来提高控制性能。采用这种方式后，在解除巡航功能时，电磁离合器脱开后又可恢复节气门的位置。

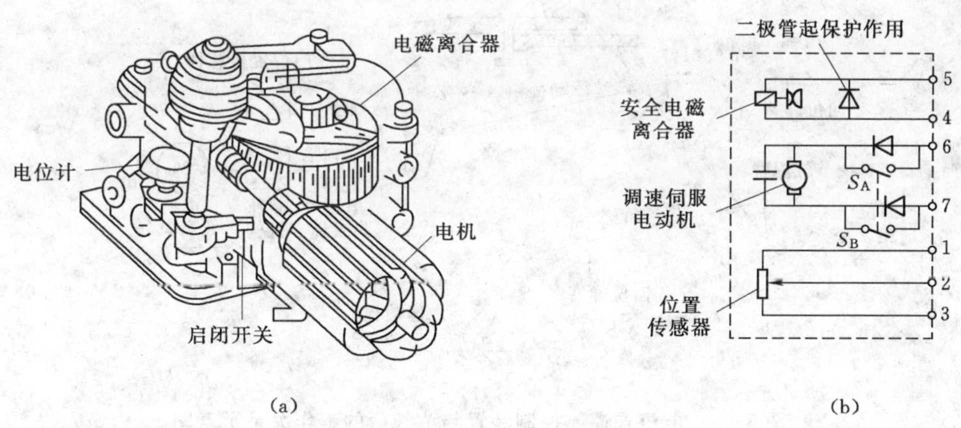

图 8-3 电机式巡航执行器的结构

(a) 结构图；(b) 电路图

电机式巡航控制执行器通常包括安全电磁离合器、调速伺服电动机和位置传感器三个部分。

(1) 安全电磁离合器。安全电磁离合器起锁住或释放节气门控制拉线的作用。当汽车在平直道路上以超过 40km/h 的车速行驶，且驾驶员启动巡航按钮 SET 时，安全电磁离合器则锁住拉索使节气门保持一定的开度，汽车也就基本稳定在这个速度上行驶。这样，省去了驾驶员脚踩加速踏板控制车速的重复、单调动作，提高了行车安全性，并使汽车以经济车速行驶。若进行踩制动踏板、踩离合器踏板（手动变速器）、从 D 挡挂至 N 挡（自动变速器）、手制动（驻车制动）、巡航操纵杆至取消（CANCEL）位置任一操作时，安全电磁离合器则释放节气门拉索，巡航装置与节气门分离开，巡航系统停止工作，防止汽车失控飞驰而造成危险。

(2) 调速伺服电动机。一般使用永磁可逆式电动机。其作用是保持汽车的动态巡航，动态巡航是指汽车在行驶时，会不可避免地遇到各种情况，诸如道路不平坦、上坡、下坡、转弯及各种阻力而造成车速上下波动，为保证车速稳定在某一恒定值，必须对节气门开度进行小范围的调整，调速伺服电动机即随时驱动节气门开度的变化，达到汽车动态巡航的目的。同时调速伺服电动机还用于加速（ACC）和减速下坡滑行的调整。伺服电动机的运转是受巡航行驶 ECU 控制的。

(3) 位置传感器。检测调速伺服电动机控制节气门的位置，即动态反映了节气门的开度情况。它的输出信号作为反馈信号输入巡航 ECU。

如图 8-4 所示是电机式巡航控制装置与发动机节气门的关系。通常情况下，加速踏板（油门）与节气门利用拉索进行机械连接，与加速踏板的动作相配合，节气门轴臂的转动，控制节气门的开与闭。

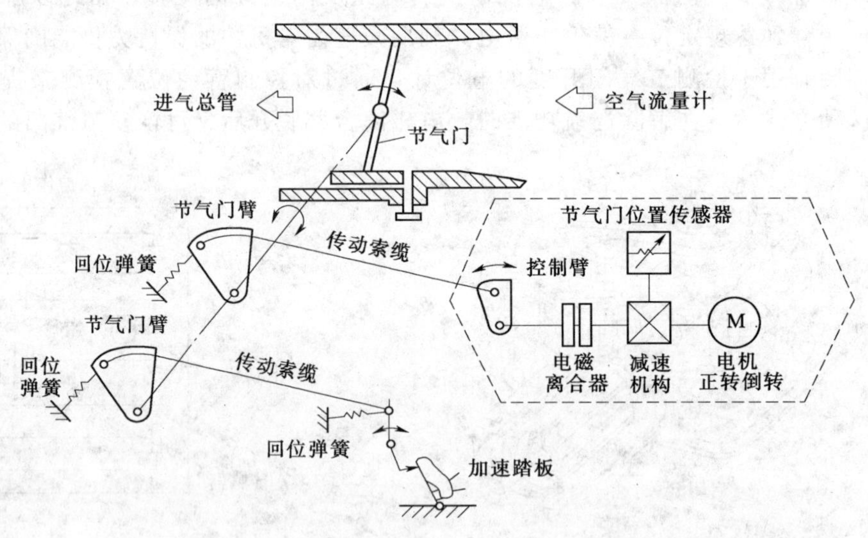

图 8-4　电机式巡航控制装置与节气门的工作关系示意图

在执行器的控制臂中，电机的旋转运动变换为摇摆运动并传送出去。在电机与控制臂之间装有电磁离合器，只是在进行巡航控制时离合器才接合，将电机的力矩传送给节气门；当解除巡航控制后，若发生某种异常情况，离合器首先松开，同时电机旋转使节气门关闭。

如图 8-5 所示，为巡航控制系统电路图。

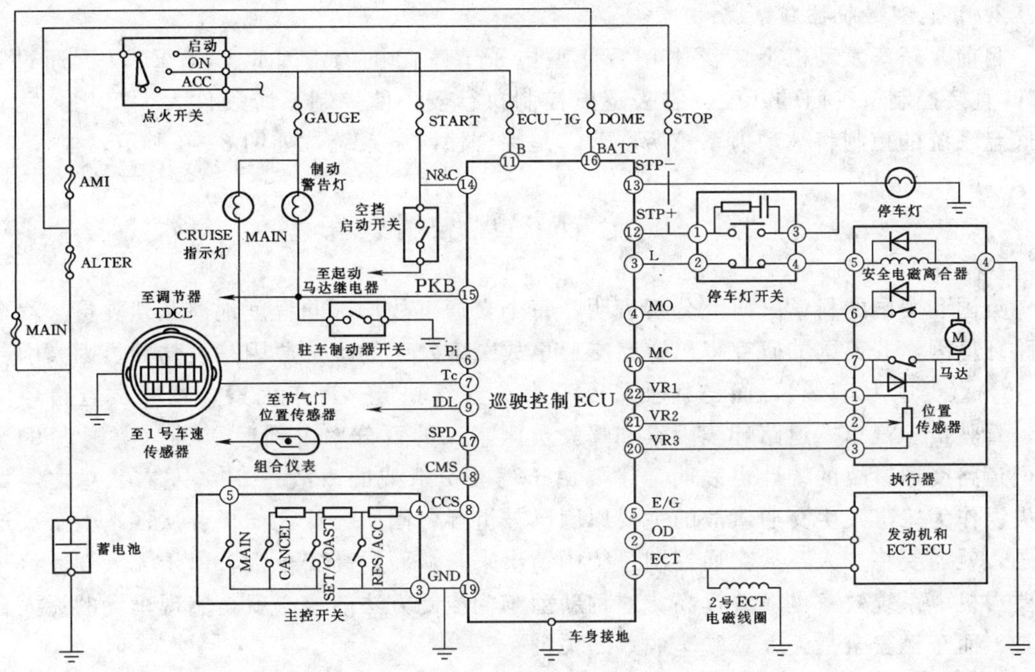

图 8-5 巡航控制系统电路图

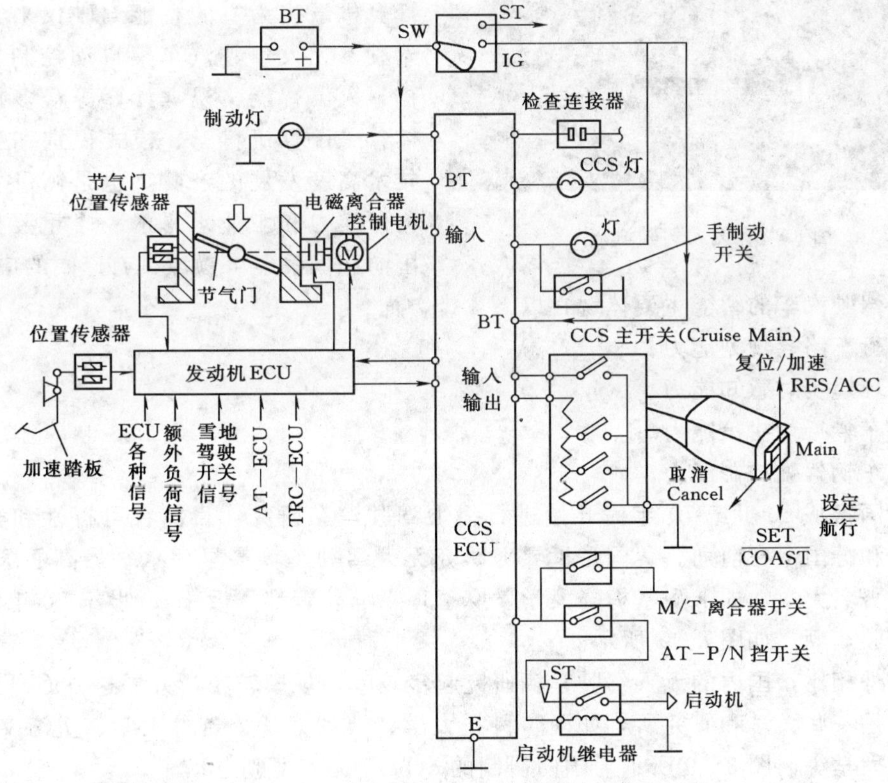

图 8-6 智能型巡航控制系统

2. 智能型巡航控制系统

目前，轿车发动机上广泛采用智能型电子节气门机构，因此 CCS ECU 可通过 EFI ECU 直接控制节气门的开度，省去巡航控制执行器，使控制系统硬件大大简化。发动机与底盘系统的控制将被动力系统所取代，是综合性网络系统，如图 8-6 所示。

8.3 无人驾驶汽车

英国和美国的科学家研究分析表明，每个交通事故均不同程度地涉及驾驶员、汽车和道路环境因素。英国的研究得出道路交通事故肇事发生的唯一原因是由驾驶员因素引起的占 65%（美国为 57%），而与驾驶员因素有关（驾驶员—汽车因素、驾驶员道路环境因素、驾驶员—汽车—道路环境因素和驾驶员因素）的百分率占到近 95%（美国占 94%）。我国道路交通事故的统计也表明，主要由于驾驶员造成的事故占 90%左右。总之，驾驶员失误作为肇事发生交通事故的主要原因已被世界各国所公认。如果要从根本上解决这一问题，就需要将“人”从交通控制系统中请出来，从而提高安全性。由于无人驾驶汽车不需要司机，系统效率也随着提高。这种新型车辆控制方法的核心就是实现车辆的无人自动驾驶。而车辆安全是无人驾驶车成败的关键。

图 8-7　无人驾驶汽车

如图 8-7 所示，无人驾驶汽车也可以称之为轮式移动机器人，主要依靠车内的计算机系统为主的智能驾驶仪来实现无人驾驶。无人驾驶汽车集自动控制、体系结构、人工智能、视觉计算等众多技术于一体，是计算机科学、模式识别和智能控制技术高度发展的产物，也是衡量一个国家科研实力和工业水平的一个重要标志，在国防和国民经济领域具有广阔的应用前景。

无人驾驶汽车的智能主要体现在以下 4 个方面：

（1）行车路径规划能力。

（2）环境实时感知能力。

（3）车辆行为决策能力。

（4）车辆驾驶控制能力。

发达国家从 20 世纪 70 年代开始进行无人驾驶汽车研究，目前在可行性和实用性方面，美国和德国走在前列。美国是世界上研究无人驾驶车辆最早、水平最高的国家之一。美国一些著名大学，如卡耐基梅隆大学、麻省理工学院等都先后于 20 世纪 80 年代开始研究无人驾驶车辆，如图 8-8 所示。

与国外相比，国内的无人驾驶车辆研究起步较晚，规模较小，开展这方面研究工作的单位主要是一些大学和研究所，如国防科技大学、清华大学、吉林大学、上海交通大学、华南理工大学等，图 8-9 所示为国内研制的 cyber3 无人驾驶电动车。

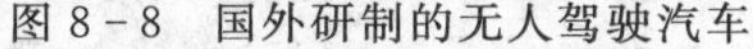

图 8-8　国外研制的无人驾驶汽车

图 8-9　国内研制的 cyber3 无人驾驶电动车

图 8-10 所示为由国防科技大学自主研制的红旗 HQ3 无人车，2011 年 7 月 14 日首次完成了从长沙到武汉 286 公里的高速全程无人驾驶试验，创造了我国自主研制的无人驾驶汽车在复杂交通状况下自主驾驶的新纪录，标志着我国无人驾驶汽车在复杂环境识别、智能行为决策和控制等方面实现了新的技术突破，达到世界先进水平。

图 8-10　红旗 HQ3 无人车行驶在京珠高速公路上

8.3.1　无人驾驶汽车的发展现状

20 世纪 90 年代以来，随着汽车市场竞争激烈程度的日益加剧和智能运输系统（ITS）研究的兴起，国际上对于无人驾驶汽车及其相关技术的研究成为热门，一批有实力、有远见的汽车行业大公司、研究院所和高等院校也正展开无人驾驶汽车的研究。

美国交通部已开始一项五年计划，投入 3500 万美元，与通用汽车公司合作开发一种前后防撞系统。此外，美国还将无人驾驶汽车的研究用于军事上，美国国防部采用无人车去执行危险地带的巡逻任务，目前正在进行第 3 代军用无人驾驶汽车的研究，称为 Demo Ⅲ，能满足有路和无路条件下的车辆自动驾驶。

日本智能公路（SmartWay）计划中提出车辆上采用诸如车道保持、十字路口防撞、行人避让和车距保持等无人驾驶汽车技术。2003 年日本开始实施一个示范计划，到 2015 年将在日本全国范围内实施 SmartWay 计划。

世界各国著名大学也参与到无人驾驶汽车的开发中，如麻省理工学院、斯坦福大学、卡耐基—梅隆大学、剑桥大学、东京大学等。他们在人工智能、机器人视觉、自动驾驶和汽车自动导航等领域都有深入的研究。

我国的相关研究也已展开。清华大学汽车研究所是国内最早成立的主要从事无人驾驶汽车及智能交通的研究单位之一，国防科技大学成功试验了第 4 代无人驾驶汽车，它的最高时速达到了 75.6km，创国内最高纪录。西北工业大学空管所、吉林大学、华南理工大学、重庆大学等都在展开相关研究。这一新兴学科吸引着越来越多的研究机构、学者加入到智能车相关技术开发研究中来。

无人驾驶汽车是多学科的融合，现在各国以及汽车行业都在致力于无人驾驶汽车的研发，在节能、环保以及安全 3 个方面，无人驾驶汽车目前更偏向于安全方面的设计。无人驾驶汽车的各个子系统都将朝着更加安全与人性化的方向发展。

1. 危险警告系统

能够防止由于车辆偏离相应的行驶路线引起的碰撞或交通事故。该系统能够通过路侧和车载传感器装置快速收集有关车辆临近区域的车辆位置和移动信息，以及车辆前方影响行驶的障碍物。当系统检测到可能发生危险时，包括车辆偏离行驶车道、两车的距离或行驶速度不合理、车辆行驶前方有障碍物等，该系统发出警告，以帮助驾驶者正确地驾驶汽车。图 8-11 所示为车道偏离警告系统示意图。

2. 辅助驾驶系统

能够防止由于车辆偏离相应的行驶路线引起的碰撞或交通事故。该系统通过在前述的危险警告系统中加入自动控制功能来帮助驾驶者对汽车的操控。当系统认为检测到的情况危险时，包括本车或临近区域车辆出现问题以及有障碍物等，该系统应用自动车速和转向控制装置以及刹车装置，同时还可以帮助驾驶者自动泊车。该系统与危险警告系统的区别是可以对车辆进行干预操作。图 8-12 所示为自动泊车系统的工作过程。

图 8-11　车道偏离警告系统

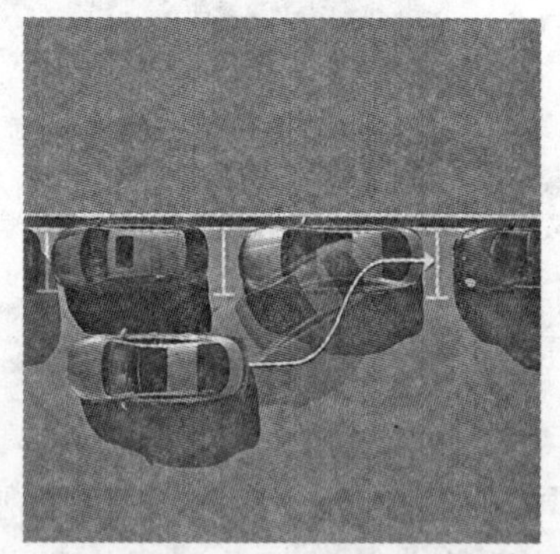

图 8-12　自动泊车系统

3. 汽车防撞警示系统

利用装备在车辆上的探测装置，如超声波传感器、红外探测器等对车辆的临近区域进行探测，当遇到危险时向驾驶者提供警示或自动采取相应措施。严格地说它是上述两个系统的进一步发展，它包括防撞警示系统、侧向防撞警示系统、道路交叉口防撞警示系统、视觉强化防止碰撞系统。图 8-13 所示为汽车利用超声波信号检测前方车辆。

4. 司机驾驶疲劳监测系统

车载设备将以不易察觉的方式监测驾驶者状态，在驾驶者困乏或其他身体不适情况下提出警示。另外，该系统也能对车辆关键部件进行监测，当可能发生功能障碍时，向驾驶者发出警报。车载设备还能探测不安全的道路状况，如桥面结冰、路面积水，并向驾驶者发出警示。图 8－14 所示为司机疲劳驾驶监测系统检测效果示意图。

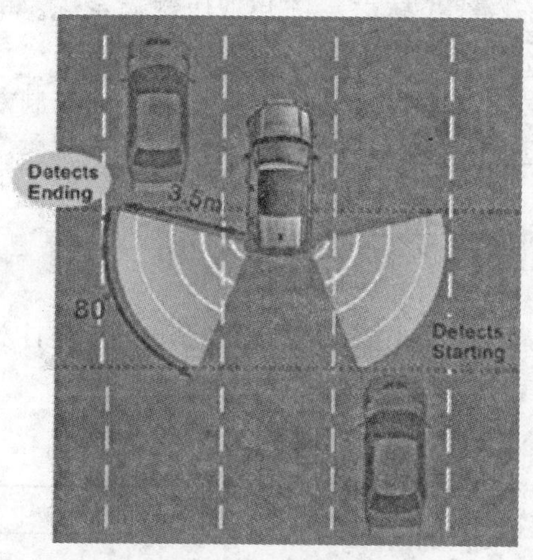

图 8－13　汽车防撞警示系统

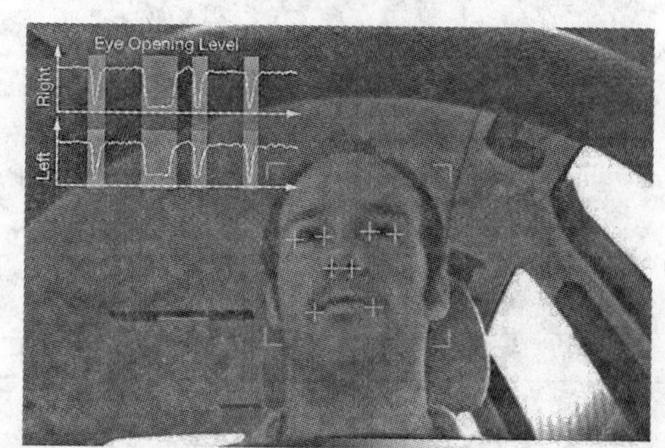

图 8－14　疲劳驾驶检测系统

8.3.2　无人驾驶汽车的原理

无人驾驶汽车系统主要由传感器系统、控制系统和执行机构等组成。现在无人驾驶汽车设计的主要技术有采用磁传感器来检测路径，但这需要在地面下预埋磁钉，需要对路面重新改造，对路面有破坏性。另一种是采用 CCD 摄像头作为传感器来检测路径，然而 CCD 摄像头的价格一般较高，并且需要对采集到的网像进行实时处理，对系统的硬件和软件都要求较高。

在此介绍一种基于光电传感器基础的自动导航系统，其根据光电传感器测得的反射光强的信号来自动辨识行驶路径，实现车辆的无人自动寻迹行驶。与其他导航方案相比，该方案导航系统具有结构简单、安装方便、对道路无损坏和价格低廉等特点。图 8－15 所示为无人驾驶汽车自动循迹系统组成。

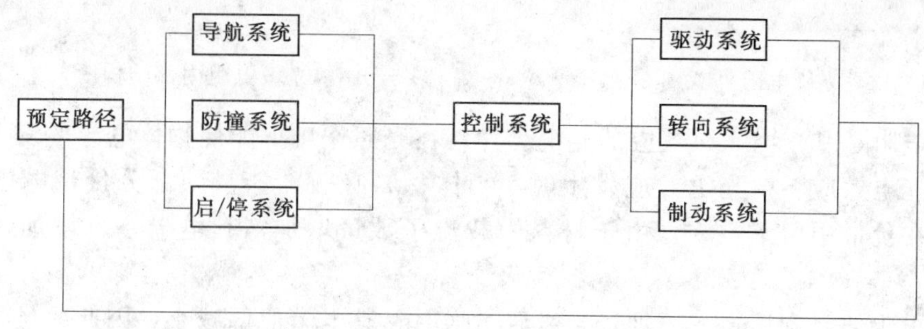

图 8－15　无人驾驶汽车自动循迹系统组成

无人驾驶汽车系统主要由传感器系统、控制系统和执行机构等组成。传感器系统主要由导航系统、防撞传感器和启停系统等组成；控制系统可以选择 dSPACE 公司的 MicroAutoBox 控制器；执行机构主要由轮毂电机、线控转向和液压制动等系统组成。

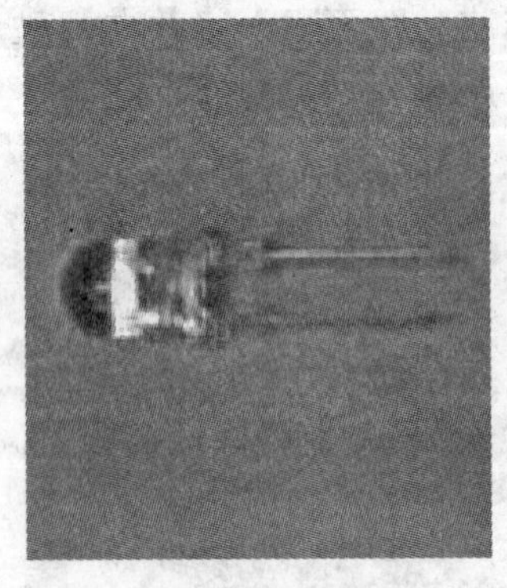

图 8-16 白光 LED 外观

导航系统自动检测车辆相对于预定路径的横向偏差，控制系统根据横向偏差来计算转向系统所需的转角，并输出指令控制电机驱动系统、线控转向系统和液压制动系统。电机驱动系统根据控制器的速度指令进行速度闭环控制，线控转向系统根据控制器转角指令进行转角闭环控制，液压制动系统根据控制器的制动指令进行开环控制。

1. 导航系统

无人驾驶电动汽车导航系统主要由光源、光电传感器、遮光附件、信号采集和电源等 5 部分组成。

光源部分采用高亮白光 LED，共 48 个。白光 LED 外观如图 8-16 所示，其性能参数见表 8-1。

表 8-1　　白光 LED 性能参数

直径（mm）	电流（mA）	导通电压（V）	亮度/（勒克斯 Lx）
5	20	3	720

光电传感器部分采用 2%精度硫化镉 cds5562 的光敏电阻（直径 5mm，工作温度范围 30～70℃），共 40 个，等距 7.68mm 排列。光敏电阻外观如图 8-17 所示，内部结构如图 8-18 所示。

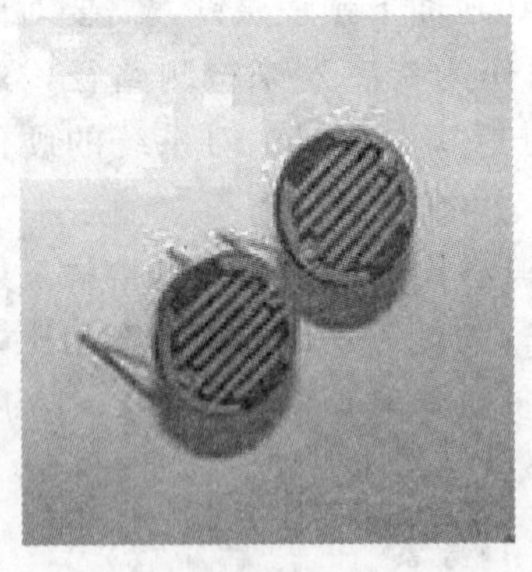

图 8-17 光敏电阻外观

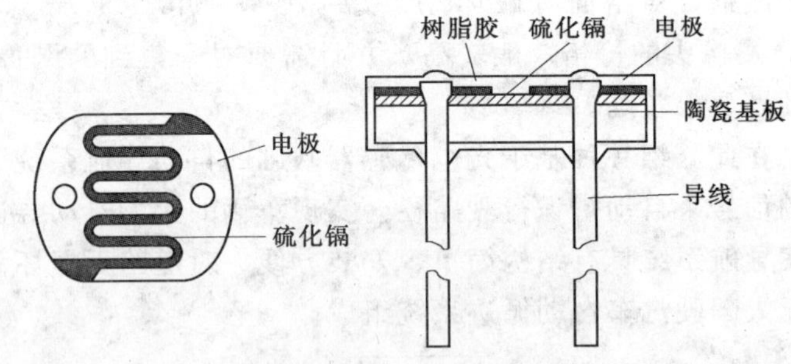

图 8-18 光敏电阻内部结构图

光敏电阻是基于内光电效应的光电元件，在光照作用下能使物体电导率发生变化的现象称为内光电效应。内光电效应发生时，固体材料吸收的能量使部分价带电子迁移到导带，同时在价带中留下空穴，由于材料中载流子数量增加，其电导率也增加，使电阻值减小。

光敏电阻便是利用这一原理，当光照增强时，其电阻值便减小，因此通过半桥分压测量光敏电阻两端的电压变化便可以反映光照的强弱，从而能够反应光强的变化。光敏电阻

的测量电路如图 8－19 所示。

由于系统采用了可见光源，故户外阳光及相邻光源均会对系统的信号产生干扰，需对路径传感器系统进行遮光处理。本系统采用在每个光敏电阻上加装黑色塑胶套管来避免相邻光源干扰，车辆的车身可防止阳光对系统的干扰。

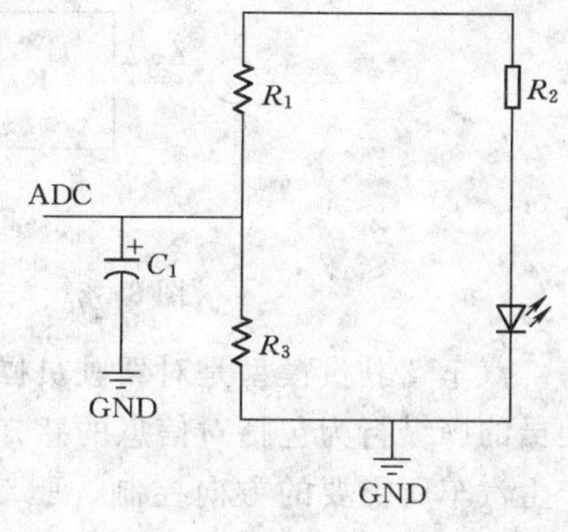

图 8－19　光敏电阻的电压测量电路

系统采用的是两块飞思卡尔 MC68HC908G260 八位单片机，每块 G260 单片机拥有 24 路 A/D 转换通道，工作在 4M 总线频率下时，每路 A/D 最小转换时间为 17μs，总转换时间小于 600μs。在系统的实际设计中，每块 PCB 负责 20 个通道的数据采集和发送。单片机系统将所有通道的采集结果通过 3 个 8 字节 CAN 标准数据帧发送给 MicroAutoBox。根据计算，采用 500kbps 速率的 CAN 总线可将总线负荷率维持在不大于 50%，此方案通过 CANoe 在线测试表现稳定。

电源部分由 STL7805 稳压器和两个 2000μF 的电容组成，其输入电压为 DC12V，输出电压 DC5V 为光源和传感器供电，其原理图如图 8－20 所示。

光源的灯光照射到白纸和地面上后，由于白纸和地面对光的反射程度不同，因此光电传感器测得的反射光强度就不同，对应位置处传感器部分的输出电压也不同，不同的电压值经单片机采样转换后通过 CAN 总线发送给 MicroAutoBox 控制器，从而也就可以根据传感器的输出电压来判断车辆与白线的相对位置。系统的原理图如图 8－21 所示。

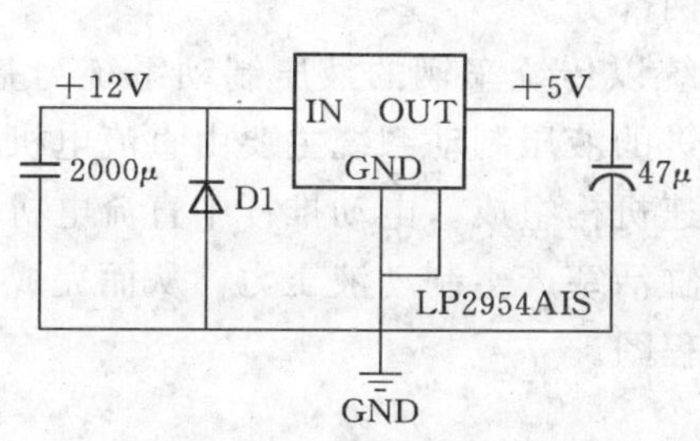

图 8－20　路径传感器电源原理图

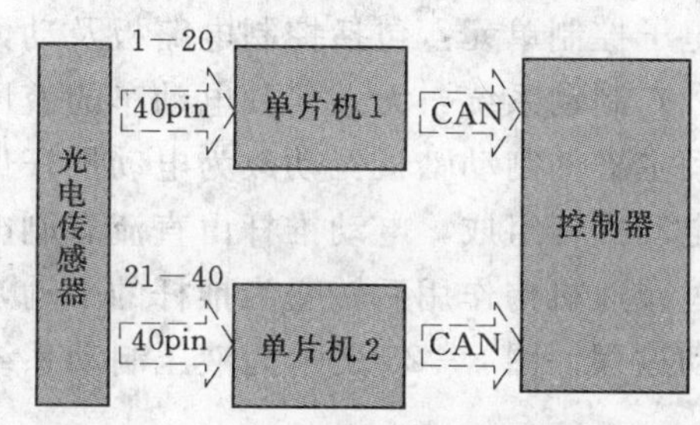

图 8－21　路径传感器系统原理图

光电传感器测得的白纸和背景的电压值范围为 0～5V，为便于路径（白线）的辨识，单片机系统将测得的电压值线性放大为 0～255V 后再传给控制器。控制器在收到数据后，根据设定的阈值来判断白线的位置。

2. 控制系统

车辆自动寻迹行驶的控制原理如图 8－22 所示，控制系统根据预瞄点 P 的预瞄信息来控制车辆的转向。

控制器系统的功能：将光电传感器的测试结果转换为横向偏差 Δy，获取车辆行驶的预瞄信息；加入“驾驶员”模型，对车辆的状态进行自动控制；进行程序设计，控制车辆按预定工况行驶。

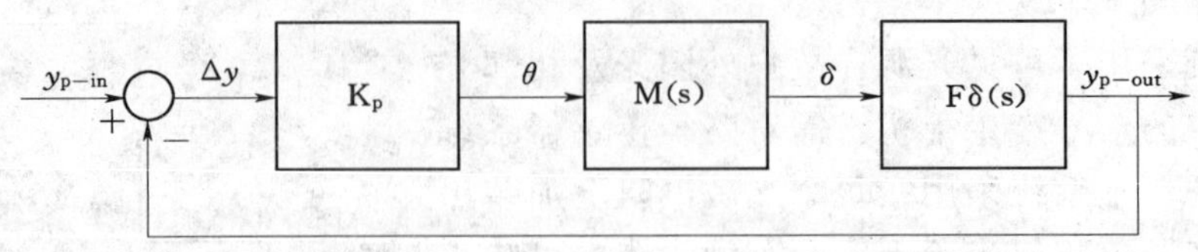

图 8-22　自动寻迹行驶时控制系统的控制原理图

汽车驾驶员模型是对驾驶员操纵汽车的行为的数学表达，是一个复杂的控制系统。驾驶员的操纵行为包括对信息的感知、综合、判断、推理、决断，最后通过神经肌肉的反应产生汽车所需要的方向控制、驱动控制、制动控制等操纵力。操纵行为具有很强的随机性、自适应性、离散性和时变性。因此，要用数学模型来精确描述驾驶员的操纵行为是比较困难的。随着驾驶员监控技术、通信技术、计算机技术、人工智能以及控制理论的不断发展，驾驶员模型的研究已取得不少成果，并且已成为当前国内外学者研究的一个热点问题。

3. 执行装置

无人驾驶汽车的执行装置主要可以分为 3 部分，分别是驱动系统、转向系统以及制动系统。

(1) 驱动系统：采用轮毂式纯电动汽车，其驱动装置为 4 个电机。

(2) 转向系统：采用线控转向。

机械转向机构：包括转向盘、转向柱、转向电机、电磁的转向器、转向拉杆。

传感器：包括转向盘转角传感器、转矩传感器、拉杆位移传感臂上的侧向加速度传感器。电子控制单元：包括控制电路板及动力电路板两部分。

(3) 制动系统：无人驾驶电动车的液压制动系统以传统车辆的液压制动系统为基础，将制动主缸的制动踏板促动改为电动推杆促动。改进的液压制动系统主要由直流电机驱动器和电动推杆组成，电动推杆由直流有刷电机和减速机构组成。电动推杆中直流电机的转动经过减速机构作用后转变为推杆的平动，推动主缸活塞产生制动液压力，从而完成整车的制动过程。图 8-23 所示为液压制动系统控制过程图。

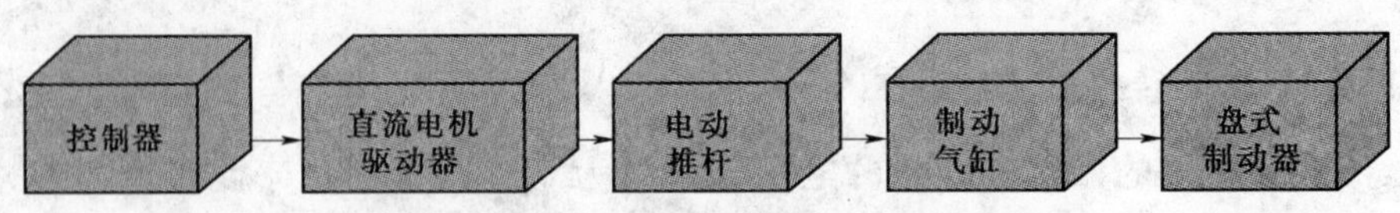

图 8-23　液压制动系统原理图

8.3.3　无人驾驶汽车的发展方向

无人驾驶汽车的研究可以归纳为 3 个方面：高速公路环境、城市环境和特殊环境下的无人驾驶系统。就具体研究内容而言，3 个方面相互重叠，只是技术的侧重点不同。

1. 高速公路环境下的无人驾驶系统

这类系统将使用在环境限定为具有良好标志的结构化高速公路上，主要完成道路标志

线跟踪、车辆识别等功能。这些研究把精力集中在简单结构化环境下的高速自动驾驶上，其目标是实现进入高速公路之后的全自动驾驶。尽管这样的应用定位有一定的局限性，但它的确解决了现代社会中最为常见、危险、也是最为枯燥的驾驶环节的驾驶任务。

2. 城市环境下的无人驾驶系统

与高速环境研究相比，城市环境下的无人驾驶由于速度较慢，因此更安全可靠，应用前景更好。短期内可作为城市大容量公共交通（如地铁等）的一种补充，解决城市区域交通问题，例如大型活动场所、公园、校园、工业园、机场等。但是城市环境也更为复杂，对感知和控制算法提出了更高的要求。城市环境中的无人自动驾驶将成为下一阶段研究重点。例如美国国防部“大挑战”比赛 2007 年将采用城市环境。目前这类环境的应用已经进入到小范围推广阶段，但其大范围应用目前仍存在一定困难，例如可靠性问题、多车调度和协调问题、与其他交通参与者的交互问题、成本问题、商业模型等。

3. 特殊环境下的无人驾驶系统

无人驾驶汽车研究走在前列的国家，一直都很重视其在军事和其他一些特殊条件下的应用。但其关键技术和基于高速公路和城市环境的车辆是一致的，只是在性能要求上的侧重点不一样。例如车辆的可靠性、对恶劣环境的适应性是在特殊环境下考虑的首要问题，也是在未来推广应用中要重点解决的问题。

无人驾驶汽车是未来汽车发展的方向，人类在不久的将来会用上智能型无人驾驶汽车。那是一种将探测、识别、判断、决策、优化、优选、执行、反馈、纠控功能融为一体，会学习、会总结、会提高技能，集微电脑、微电机、绿色环保动力系统、新型结构材料等顶尖科技成果为一体的智慧型汽车。需要指出的是，研发无人驾驶汽车并非要完全替代驾驶员，只是在需要替代的领域和场合作替代。无人驾驶汽车尤其适合从事旅游、应急救援、长途高速客货运输、军事用途，以发挥可靠、安全、便利及高效的性能优势，减少事故，弥补有人驾驶汽车的不足。无人驾驶汽车在交通领域的应用，从根本上改变了传统车辆的控制方式，可大大提高交通系统的效率和安全性。随着高科技的发展，我国无人驾驶车辆技术将会不断发展，其功能也将更完善，学科内容将会更丰富，产业化前景更美好。

第九章 车联网及汽车导航定位系统

9.1 车联网及汽车导航定位系统概论

车联网是指装载在车辆上的电子标签通过无线射频等识别技术，实现在信息网络平台上对所有车辆的属性信息和静、动态信息进行提取和有效利用，并根据不同的功能需求对所有车辆的运行状态进行有效的监管和提供综合服务。车联网将缓解城市交通堵塞、减少车辆尾气污染以及减小车辆安全隐患。应用“车联网”技术的车辆能与城市道路系统保持实时通信。这些功能可优化车主的行使路线，缩短旅途时间，让旅途更具可预测性。车主在驾驶汽车的同时还能保持与社交网络的无缝连接。车联网将彻底改变人类出行模式，重新定义汽车的概念。实现车联网技术的未来城市交通将告别红绿灯、拥堵、交通事故、停车难等一系列问题，并实现自动驾驶。

汽车导航定位系统是汽车导航仪接收卫星信号，结合储存在车载导航仪内的电子地图，通过GPS卫星信号确定的位置坐标与此相匹配，进行确定汽车在电子地图中的准确位置。对飞机和轮船来说，由于周围无参照物，故需具备确定本身在地图上的位置的手段，这些手段称为定位系统。汽车的情况虽有不同，但当汽车在生疏地带行驶，特别是在难以看清道路标志和周围景色的夜间行车时，有时同样会迷失方向，也需要各种定位行驶系统（又称定位系统）来确定其本身位置，这种技术就是汽车自动定位技术。目前，提供汽车现在位置和运动轨迹的信息主要是采用电波导航中的全球定位系统GPS：在路网数字化地图的基础上，利用导航卫星进行测时和测距，以构成全球定位系统。确定最优行驶路线，为出行者提供静态的或实时的最优出行路线信息，并在出行过程中对驾驶员适时地作出路线指引。

9.2 汽车全球定位系统

9.2.1 汽车全球定位系统的功能

(1) 实现实时位置测定。由于导航系统采用检测精度高、工作稳定性较好的角速度传感器（陀螺传感器），能实现实时位置测定。

(2) 具有自动检索、图像放大等功能。装备只读光盘存储器（CD－ROM），采用声控进行导航，使系统具有自动检索、图像放大等功能。

(3) 自动修正车辆位置。采用全球定位系统（GPS）及先进的检测手段和传播技术，在导航系统中引入了具有自动修正车辆位置的地图匹配技术，并开发出与之相匹配的高精度位置检测软件。

(4) 交通行业控制管理的重要组成部分。目前导航系统正在实现与地面交通管理网络的联机，推广发展为汽车—道路—人—环境—交通管理大系统中的重要分支，促进未来交通的智能化。

9.2.2　汽车全球定位系统的组成与技术

全球定位系统（GPS）是由美国空军装备的，利用导航卫星检测位置的位置检测系统。它由三部分组成，分别为导航卫星（空间部分）、地面控制（监控部分）和车载部分（用户接收设备）。我国已在20个世纪末，发射和建立了专为交通运输应用的北斗导航定位系统，已在北京、天津、上海、广州、深圳等大城市中使用。

1. 导航卫星（空间部分）

GPS由24颗工作卫星和4颗备用卫星组成。它们分布在6个等间距的轨道平面上，轨道面相对赤道的夹角为55°，每个轨道面上有4颗工作卫星，卫星的轨道接近圆形，轨道高度为同期约12h，如图9-1所示。它可不间断地向地面发送自身星历参数和时间参数，在地球任何地方只要接收到3颗以上卫星的信号，通过GPS接收机就可算出该点的赤道经度和赤道纬度坐标。GPS能覆盖全球，用户数量不受限制。其所发射的信号编码有精码与粗码。精码保密，主要提供给军事用户使用。GPS能够连续、实时、隐蔽地定位，一次定位时间仅几秒到十几秒，用户不发射任何电磁信号，只要接收卫星导航信号即可定位，所以可全天候昼夜作业，隐蔽性好。

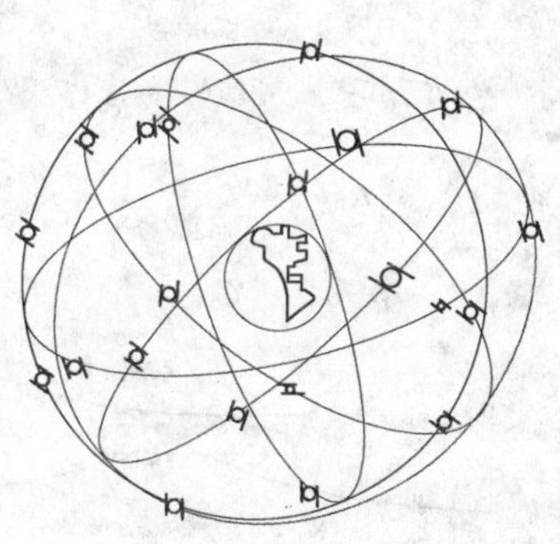

图9-1　卫星轨道

2. 地面控制（监控部分）

地面控制由1个主控站、3个注入站和5个监测站组成。5个监测站是一种无人值守的数据采集中心，其任务是对每颗卫星进行连续不断的观测，并在主控站的控制下定时将观测数据送往主控站。5个监测站所提供的观测数据形成了GPS卫星实时发布的广播星历。主控站的任务是提供GPS的时间基准，控制地面部分和卫星的正常工作，包括处理由各监测站送来的数据、编制各卫星星历、计算各卫星钟的钟差和电离层校正等参数，并将这些导航信息送给注入站；此外，还用来控制卫星运行轨道、启用备用卫星等。注入站的任务是在卫星通过其上空时，把导航信息注入卫星，并负责监测信息的正确性。

3. 车载部分（用户接收设备）

车载部分由GPS接收机、调制解调器及电台组成，有的还包括自律导航装置、车速传感器、陀螺传感器、CD-ROM驱动器、LCD显示器等。GPS接收机用于接收GPS发射的信号。调制解调器用来控制GPS接收机的数据采集工作并将数据信息转换成模拟信号后再通过电台发往主控中心。

其工作原理是：导航卫星在围绕圆形轨道运动时，发出事先确定的图像信息。GPS接收机根据卫星发出信号至接收到其反射信号的滞后时间，算出接收侧与卫星的距离R，以这个距离为半径，以卫星为圆心，就形成了一个球面。当接收机同时知道3颗导航卫星的距离时，就可形成3个球面的交点，这就是接收机的位置，也就是汽车的位置，如图9-2所示。

当汽车行驶到地下隧道、高层楼群等遮掩物而捕获不到 GPS 卫星信号时，系统可自动进入自律导航系统。此时由车速传感器检测出汽车的行进速度，通过微处理器的数据处理，由速度和时间算出前进的距离，由陀螺传感器直接检测出前进的方向，陀螺仪还能自动存储各种数据。装在汽车上的主动响应天线接收导航卫星传来的时间信号。汽车行驶时主动响应天线不断调整天线角度，使之处于最佳接收状态。系统将时间信号与车载信息数据进行综合处理，为人们提供最佳路线和车辆的精确位置，驾驶员可通过 LCD 显示器屏幕看到所在地区的地图、车辆行驶路线、位置和最佳路线等，如图 9－3 所示。配有导航电视和激光视盘的车辆上，人们还可以查看行车指南、道路交通、天气情况等。

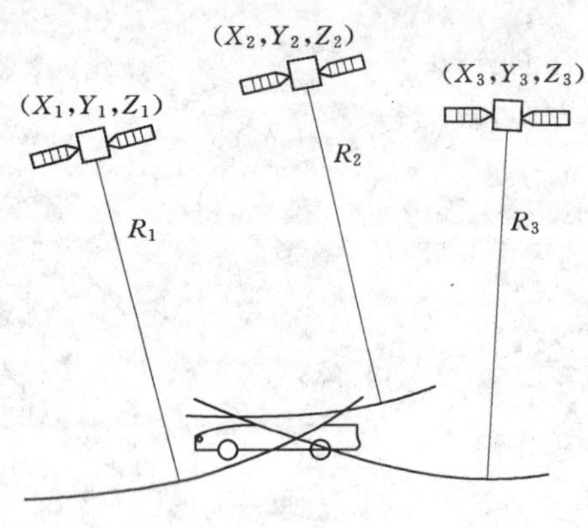

图 9－2　测定原理

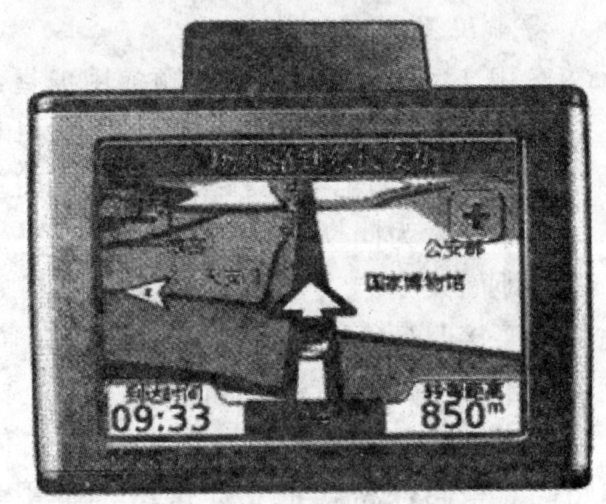

图 9－3　GPS 车内显示装置

由 GPS 卫星导航和自律导航装置所测到的汽车位置坐标数据、前进的方向都与实际行驶的路线轨迹存在一定误差。为修正这两者的误差，与地图上的路线统一，需采用地图匹配技术，对汽车行驶的路线与电子地图上的道路误差进行实时相关匹配和自动修正。此时地图匹配电路是通过微处理单元的整理程序进行快速处理，得到汽车在电子地图上的正确位置，以指示出正确行驶路线。CD－ROM 用于存储道路数据等信息，LCD 显示器用于显示导航的相关信息。

导航系统构成部件在车辆上布置如图 9－4 所示。

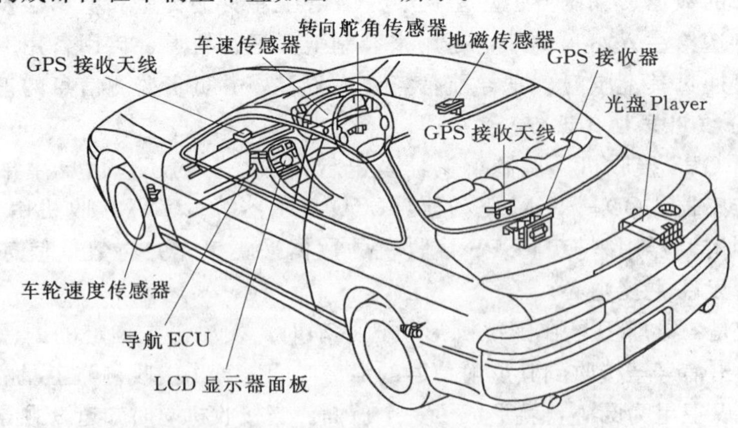

图 9－4　导航系统构成部件在车辆上布置

行车前，驾驶员把要去的城市、街道地名等从键盘输入，导航 ECU 就会借助卫星系统的信号，并根据车速传感器、方向传感器等实测的数据，确定所去地点的方位，标明所去地点的最佳行车路线。驾驶员在行驶过程中可利用车内的显示装置，随时在屏幕上观察到汽车所在地区的地图和汽车在地图上任意时刻的精确位置。显示屏上还不断显示出到达目的地所剩的距离。

4. GPS 技术

GPS（Global Positioning System）是通过接收和解译人造卫星所发射的电波信号来确定测站点位置的测量定位系统。具有定位时间短、定位精度高、野外观测时不受天气条件以及作业时间的限制、无需考虑观测点之间的通视情况、应用范围广等特点。主要由卫星星座（空间部分）、地面监测系统（地面部分）和 GPS 接收机（用户设备部分）等 3 部分组成。其工作原理如图 9－5 所示。

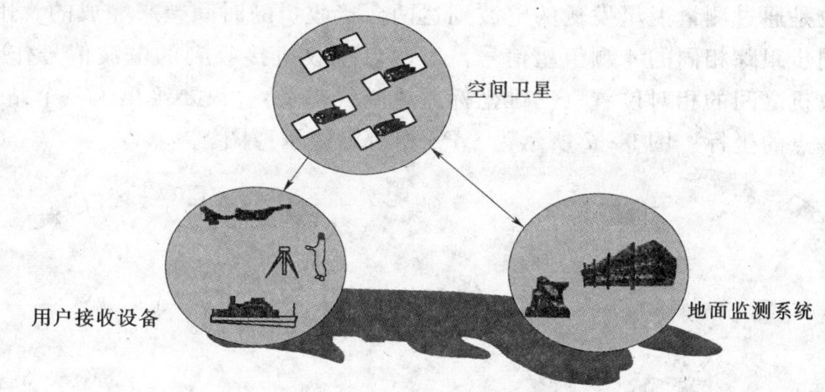

图 9－5　GPS 工作原理图

GPS 定位系统的基本观测量是距离（其实质是时间延迟），基本定位原理是空间后方交会。在特定点上安置好 GPS 接收机，开机后即可接收到某颗卫星所发送的信号（随机码），经解译后可以获得卫星发送信号的时刻（以卫星钟为标准）以及发送信号时卫星的空间位置（即坐标）等有用信息。与此同时，在测站上需测定 GPS 信号的接收时刻（以用户钟即普通、石英钟为标准）。设 GPS 信号的发射时刻为 t_1，接收时刻为 t_2，并设卫星钟与用户钟同步，则 GPS 信号在空中传播的时间为：$T=t_2-t_1$，设电波在大气中的传播速度为 C，则从卫星发送信号时的空中位置到接收机之间的空间距离为：$D=CT$。

用 GPS 进行定位测量的目的是求出测站点的三维坐标（x，y，z）。由传统的测量原理可知，欲求得 3 个未知数至少需要 3 个观测量，即必要观测数为 3。因此，必须同时测定 3 颗卫星的导航信号，即需测量接收机至 3 颗卫星的距离 D_1、D_2 和 D_3。设这 3 颗卫星发送信号时所处位置的坐标分别为（x_1，y_1，z_1）、（x_2，y_2，z_2）和（x_3，y_3，z_3），则有：

$$\begin{cases}(x_1-x)^2+(y_1-y)^2+(z_1-z)^2=D_1^2\\(x_2-x)^2+(y_2-y)^2+(z_2-z)^2=D_2^2\\(x_3-x)^2+(y_3-y)^2+(z_3-z)^2=D_3^2\end{cases}$$

解此方程组，即可求出测站的坐标（x，y，z）。

GPS 定位方法根据模式的不同可以分成单点定位、相对定位和差分定位。

（1）单点定位。

单点定位又称绝对定位。在一个待测点上，用一台接收机独立跟踪 GPS 卫星，测定待测点（天线位置）的绝对坐标（地心坐标），其原理与方法跟上段介绍的完全相同。由于普通用户只知 C/A 码（粗码）而不知 P 码（精确码），导航电文所提供的卫星星历（卫星位置）存在误差，加上电波在空中传播时受到大气延迟误差影响等原因，因此绝对定位的精度较低，一般为 30m 左右，最高为 3～5m。这样的定位精度显然不能满足一般工程测量的要求，但在船舶、飞机导航以及海洋勘探等领域却有着极为广泛的应用。城市中的车载 GPS 就是采用单点定位方法。图 9－6 所示为 GPS 单点定位原理图，其精度可达 10～30m。

（2）相对定位。

相对定位是通过测量卫星发送的电波到达两台接收机的时间差来完成的，用两台同类型的接收机同步跟踪相同的 4 颗卫星信号，对两台接收机接收到的电波信号作合成处理，即可求出接收机之间的相对位置（三维坐标差或基线向量），只要给出了一个站点的坐标，便能求得另一点的坐标。图 9－7 所示为 GPS 相对定位示意图。

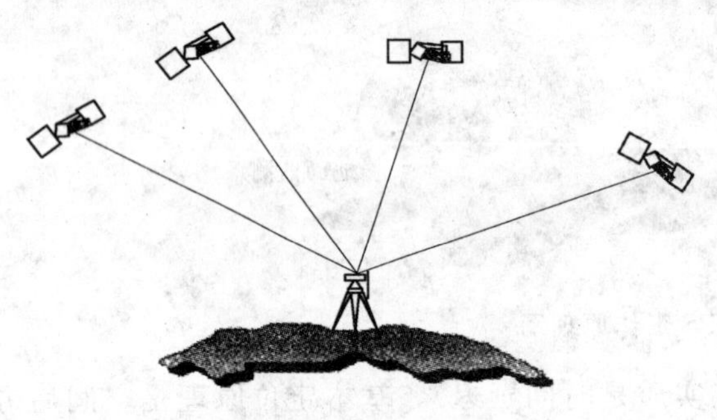

图 9－6　GPS 单点定位

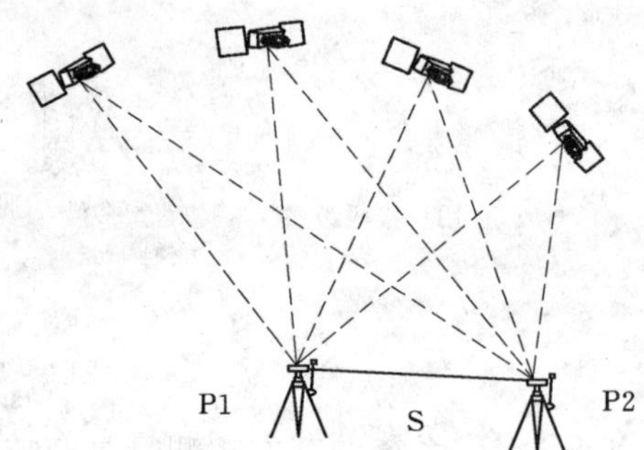

图 9－7　GPS 相对定位

（3）差分定位。

定位时采用两台以上的 GPS 接收机。将一台接收机安置在地面已知点上作为基准，其余接收机分别安置在其他待测点上。各接收机同时进行单点定位，根据基准站的测定坐标和已知坐标即可求出定位结果的改正数（位置差分）或伪距观测值改正数（伪距差分）。通过基准站与用户站间的数据链（由调制解调器和电台组成）将基准站的改正值实时传送给用户站，对用户接收机的定位结果进行改正，从而大大提高了定位精度。

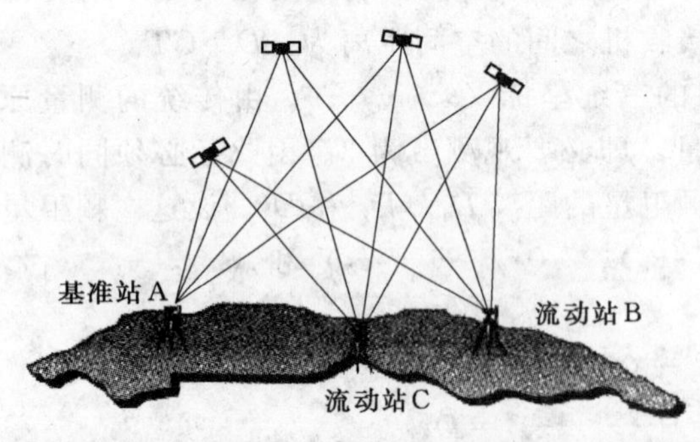

图 9－8　GPS 差分定位

差分定位方法兼容了单点定位和相对定位的优点，同时克服了二者的缺点。必须指出，采用差分定位时，各接收机的型号必须相同（其中一台配有电台作为基准站），而

且须同时观测相同的 4 颗卫星。作为差分定位技术的典型代表，载波相位实时差分技术（RTK）。目前正得到越来越广泛的应用。图 9－8 所示为 GPS 差分定位示意图。

9.2.3　事故自动报警系统

1. 事故自动报警系统简介

由于交通部门对信息的掌控和查处交通违法行为的手段较为落后，如果驾驶人员在路上发生交通事故，多数都是靠群众打电话报警，这就产生了报警的信息不准确或不齐全的问题，造成交警部门和拯救单位处理延误。而现在当高速公路上发生交通事故时，在你急急忙忙打电话报警的同时，已有“电子交警”自动报警，该系统功能十分强大，一遇有交通事故会在最短时间内就近通知交警出警处理，这就是事故自动报警系统。所谓事故自动报警系统，就是在交通事故发生之后，将求救信号和车辆位置等信息传回服务中心，有利于及时开展伤员的救治以及交通事故调查的一种车载装置。图 9－9 所示为具有事故自动报警功能的 ARS 装置。

此系统的主要组成部分是 GPS 卫星定位导航系统和车载 GSM 无线通信系统，另外还需要有车速传感器、加速度传感器以及微控制器（MCU）。系统车载部分的工作原理如图 9－10 所示。首先汽车上的传感器测出汽车的速度与加速度，再由微控制器判断是否进行进一步的操作。这里作出判断的条件可同安全气囊打开的条件相同，但因为有二次报警的功能，条件完全可以放宽，比如加速度不用大于汽车的最大制动加速度就可激发报警。被激发后，系统发出报警声，且仍由 MCU 根据 GPS 系统给出的车辆所处的位置结合所存储的电子地图，查找出最近的医院和交警部门的电话号码，并自动通过 GSM 无线通信网与其建立数据传输的连接。在第一次的数据传输中将车辆的牌号、所处位置（经度、纬度和高度）、紧急制动前的速度与制动时的加速度传到交警部门，而只将车辆的牌号和位置传给医院。这些数据以及相应的时间由专门的计算机记录并存储下来，以便下一步的处理以及有助于以后对事故的调查。警报可设置为响若干分钟，在这若干分钟内可切断数据传输的连接。

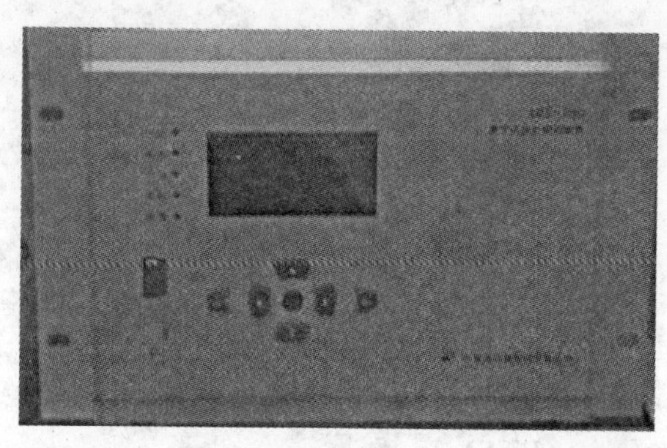

图 9－9　具有事故自动报警功能的 ARS 装置

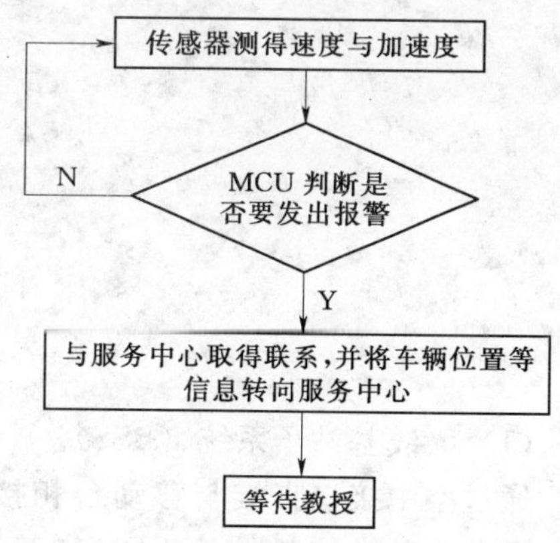

图 9－10　事故自动报警系统流程图

若制动及时并未发生严重后果，司机可自行取消报警，此时系统不再动作，只是上述数据仍将在交警部门有所记录，如果司机交通肇事后取消报警并逃跑，这些数据在事后的调查中就会起到很大的作用。另一方面如果发生了严重的事故，司机已受伤不能自主求救，系统会在若干分钟后自动通过 GSM 无线通信网，先后与医院和交警部门再次取得连接并发出特定的求救信号。根据收到的关于车辆位置和牌号的数据，有关人员可迅速准确地赶到出事现场进行相应的处理。另外在相应的接收信息的部门必须有专门的控制系统和人员对接收到的求救或报警信号进行及时的处理。

2. 事故自动报警系统的设计

汽车事故自动报警系统的关键技术是 GPS 技术和 GSM 技术。

GSM 技术简介：GSM 全球移动通信系统是目前国内覆盖最广、系统可靠性最高、话机保有量最大的数字移动通信系统。GSM 以统一的方式向各地用户提供具有所有电信业务的国内和国际漫游。用户身份鉴别可保护网络避免无权用户使用。GSM 系统除提供话音业务外，还提供数据业务、短消息（SMS）业务等多项功能。在本系统中主要运用的是 GSM 的数据业务。图 9－11 所示为 GSM 网络系统构架组成图。GSM 系统主要是由交换网路子系统（NSS）、无线基站子系统（BSS）和移动台（MS）三大部分组成。其中 NSS 与 BSS 之间的接口为“A”接口，BSS 与 MS 之间的接口为“Um”接口。

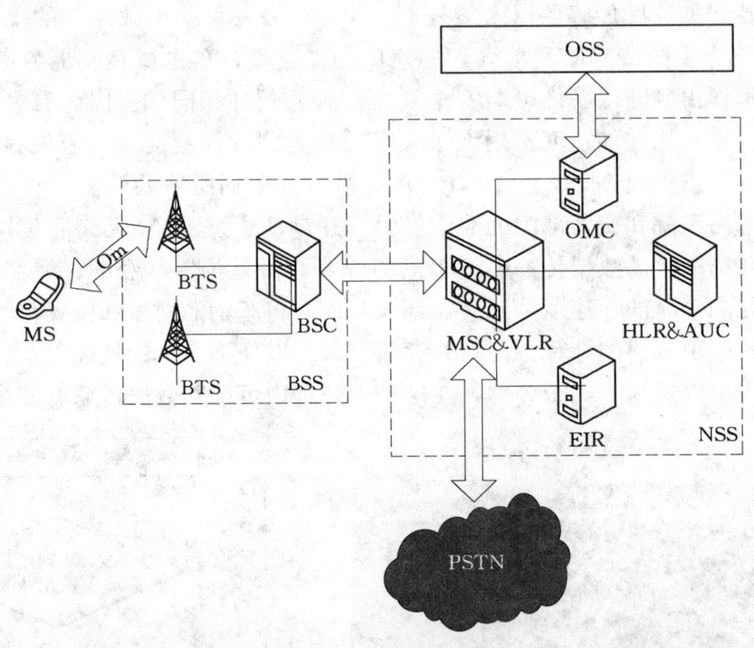

图 9－11　GSM 网络系统构架

(1) 无线基站子系统（BSS）。

通过空中接口直接与移动台相接，负责无线发送接收和无线资源管理，由 MSC 控制。可分为基站控制器（BSC）和基站收发信台（BTS）。

基站控制器（BSC）：具有对一个或多个 BTS 进行控制的功能，它主要负责无线网路资源的管理、小区配置数据管理、功率控制、定位和切换等，是个很强的业务控制点。基站收发信台（BTS）：无线接口设备，它完全由 BSC 控制，主要负责无线传输，完成无线与有线的转换、无线分集、无线信道加密、跳频等功能。

(2) 交换网路子系统 (NSS)。

主要完成交换功能和客户数据与移动性管理、安全性管理。NSS由一系列功能实体所构成，各功能实体介绍如下。

移动业务交换中心 (MSC)：是GSM系统的核心，是对位于它所覆盖区域中的移动台 (MS) 进行控制和完成话路交换的功能实体，也是移动通信系统与其他公用通信网之间的接口。

访问用户位置寄存器 (VLR)：是一个数据库，存储MSC为了处理所管辖区域中MS的来话、去话呼叫所需检索的信息，例如客户的号码，所处位置区域的识别，向客户提供的服务等参数。

归属用户位置寄存器 (HLR)：是一个数据库，存储管理部门用于移动客户管理的数据。每个移动客户都应在其归属位置寄存器 (HLR) 注册登记，它主要存储两类信息：一是有关客户的参数；二是有关客户目前所处位置的信息，以便建立至移动台的呼叫路由，例如MSC、VLR地址等。

鉴权中心 (AUC)：用于产生为确定移动客户的身份和对呼叫保密所需鉴权、加密的参数的功能实体。

移动设备识别寄存器 (EIR)：是一个数据库，存储有关移动台设备参数。主要完成对移动设备的识别、监视、闭锁等功能，以防止非法移动台的使用。

(3) 操作维护子系统 (OSS)。

主要是对整个GSM网路进行管理和监控。通过它实现对GSM网内各种部件功能的监视、状态报告、故障诊断等功能。

目前GSM的最小计费时间是1min，GPS每次定位数据不到20字节，采用效率为50%的编码方式也不到40个字节，若按9600bps的速率，传输一次GPS位置数据的时间大约0.04s。虽然用此功能在此传输数据不是很经济，但考虑到其实时性较好，还是把它选为此时联系的第一选择。当然其他两种服务也可同时配置，比如通过人工拨号，医院和司机之间也可利用此系统对话或当医院电话占线时，利用短信服务将有关求救信息传送出去，这些都可以通过软件灵活实现。最佳的设计方案是把此系统建立在GPS/GSM移动定位多功能服务系统上。在平常情况下为用户提供所需服务，而在类似上述危急关头可自动发挥作用。考虑到用户有时不想让监控中心得知自己的行动，从而会关闭整个系统或一时忘记打开开关，所以微控制器还必须有在特定情况下自动启动系统并按规定程序运行的功能。

9.3　车联网与智能交通

9.3.1　车联网与智能交通的发展状况

车联网在国际上，美国的IVHS、日本的VICS等系统通过车辆和道路之间建立有效的信息通信，已经实现了智能交通的管理和信息服务。而Wi－Fi、RFID等无线技术近年来也在交通运输领域智能化管理中得到了应用，如在智能公交定位管理和信号优先、智能停车场管理、车辆类型及流量信息采集、路桥电子不停车收费及车辆速度计算分析等方面取得了一定的应用成效。

未来车联网将主要通过无线通信技术、GPS技术及传感技术的相互配合实现。在未来的车联网时代，无线通信技术和传感技术之间会是一种互补的关系，当汽车处在转角等传感器的盲区时，无线通信技术就会发挥作用；而当无线通信的信号丢失时，传感器又可以派上用场。图9-12所示为车联网的应用系统示意图。

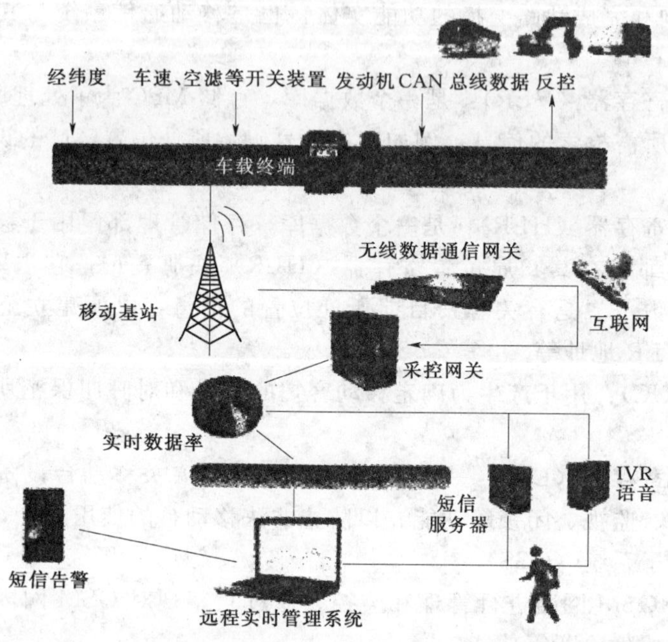

图9-12　车联网的应用系统

智能交通系统是利用现代计算机、信息、通信、控制技术把车辆、道路、使用者紧密结合起来，以解决汽车交通事故、堵塞、环境污染及能源消耗等问题为目的，基于智能化、信息化的汽车交通系统。智能交通系统的目标就是建立一个高效、便捷、安全、环保、舒适的综合交通运输体系。

根据日本2007年智能交通技术发展年鉴可以看到，目前日本ITS体系框架将日本ITS应用分为9个技术领域。

(1) 先进的导航系统（Advances In Navigation Systems）。

(2) 电子收费（Electronic Toll Collection Systems）。

(3) 安全驾驶辅助（Assistance For Safe Driving）。

(4) 交通管理优化（Optimization Of Traffic Management）。

(5) 道路管理的效率化（Increasing Efficiency In Road Management）。

(6) 公交交通支援（Support For Public Transport）。

(7) 商用车运营的效率化（Increasing Efficiency In Commercial Vehicle Operations）。

(8) 步行者支援（Support For Pedestrians）。

(9) 车辆紧急救援支持（Support For Emergency Vehicle Operations）。

在这9大技术领域的基础上，日本又将ITS应用细化为56个子应用领域，并进一步

细化为 172 项技术和应用。

欧洲在 ITS 领域的研究先后开展了多个跨国的合作项目，提出了 ITS 和服务的概念，在各个国家设定各自的解决方案的同时，欧盟也制定了统一的目标和体系框架，为 ITS 的应用制定了 9 大应用开发领域。

2001 年中国正式推出 ITS 发展的纲领性技术文件《中国智能运输系统体系框架》，并在“十五”期间进一步修订完善，第二版于 2005 年完成。中国 ITS 系统框架在参考国外相关研究的基础上，划分为 8 个服务领域。

(1) 交通管理与规划（ATMS)。

(2) 电子收费（ETC)。

(3) 出行者信息（ATIS/APT)。

(4) 车辆安全与辅助驾驶（AVCSS)。

(5) 紧急事件和安全（Emergency and Security)。

(6) 运营管理（CVO/APTS)。

(7) 综合运输（lnlermodal Transport)。

(8) 自动公路（AHS)。

在该 8 个服务领域范围内；又进一步细分为 34 项研究内容，138 项子服务。

纵观美日欧以及中国的 ITS 体系框架，可以看到不同的体系框架下，智能交通系统的内容都有所不同，但可以看到在不同的体系框架中，车作为智能交通系统的调控目标，与车相关的智能交通相关技术都是非常重要的，技术内容和发展也是相对比较一致的。本书中所涉及的智能交通技术主要是指在智能交通系统中与车辆相关的共性的一些技术，如车载导航、动态交通信息、车载通信、智能车、ETC 等。

ITS 概念的正式形成是在 20 世纪 90 年代，发达国家在总结了电子信息技术和通信技术在交通领域开发和应用经验的基础上正式提出了智能交通系统的概念，并于 1994 年在巴黎召开了第一届 ITS 世界大会，从此掀起了 ITS 在世界范围内研究和开发的热潮。

从国外 ITS 发展的历史来看，10 多年来，ITS 不但在交通方面取得了很大的成功，而且对社会和经济的发展也起到了很大的作用。ITS 在各国将进一步得到持续发展，政府部门和研究机构以及企业单位将更多地投入 ITS 相关领域的研究和开发，预计在未来 10 年内，ITS 发展将出现一些新的特征和趋势，相对于交通拥堵问题而言，智能交通技术的环保和节能使命、安全使命将被赋予更多的关注。图 9-13 所示为 ITS 示意图。

总结智能交通技术在中国近 10 年的发展经历，可以看到智能交通技术在中国已经从概念引入发展到初级应用阶段，智能交通相关的基础建设取得了一定的进步，在基础理论研究、关键技术攻关、应用系统建设、相关产品研发等方面取得了一系列的成果。在卫星导航应用、先进的物流系统、先进的交通管理系统、先进的公共交通、电子收费等技术已经开始在一些大中城市得到广泛应用。预计在未来的 10 年里，中国 ITS 的应用将得到进一步的发展，中国智能交通系统将开始进入大规模的建设和推广应用阶段。

9.3.2　车联网通信系统的设计

车联网是分为感知层、网络层和应用层的 3 层工作体系。工作步骤为：首先通过 RFID、传感器、二维码，甚至其他的各种机器，实现全面感知；然后感知的信息通过网

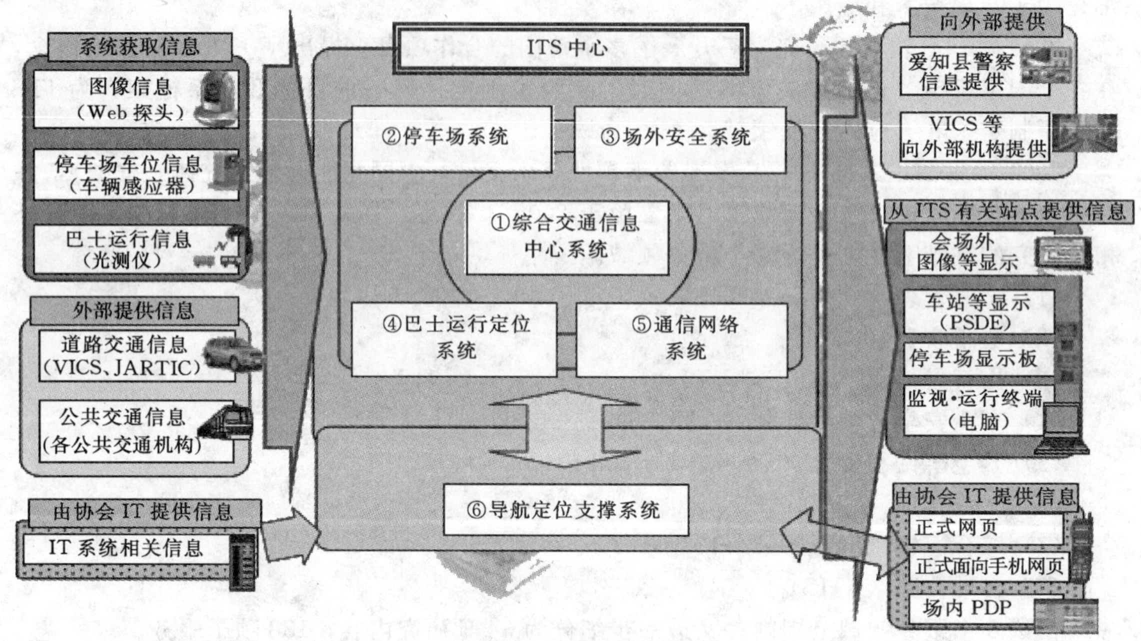

图 9－13　智能交通系统（ITS）示意图

络进行实时传送；传递后，利用云计算等技术及时对海量信息进行处理，真正达到了人与人的沟通和物与物的沟通，从而实现了信息的智能处理。

在车联网体系中感知层就是车载终端，但这里所说的车载终端并非传统的车载计算机或车载通信系统，而是一种车辆管理工具，具备身份识别以及感知能力。具体构成在后面章节将有详细介绍。网络层主要用到两种无线通信方式，一为 3G 无线网络，另一种是 RFID 无线射频识别。应用层范围比较广，包括为车联网提供海量数据分析处理的云计算平台，为交通调控部门提供的车辆统一管理平台，以及为用户提供的各种定位、导航、呼救、娱乐服务。图 9－14 所示为车联网系统的组成。

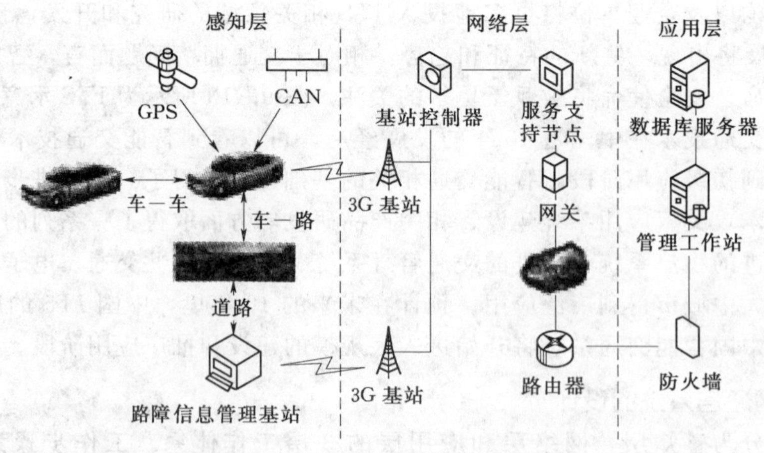

图 9－14　车联网系统的组成

1. 车载终端的设计

车载终端作为车联网的感知层，是整个系统的数据采集部分，它的主要功能是当用户在线状态下，实时地将GPS接收机收到的卫星定位信息通过串口传输到接收缓冲区中，车载终端解析所收到的GPS数据，并通过CDMA将GPS信息、RFID标签信息、汽车的CAN网络状态信息上传到远程监控中心；远程监控中心会不定时下发查询或控制命令，要求车载终端上传指定的数据或控制车载终端的系统设置，例如设置信息上传的时间间隔等。通过CAN网络可以实时监控汽车运行的状态，包括车灯的状态、水箱的水温等状态信息。现在随着新技术的发展，汽车将不再是孤立的单元，而是成为活动的网络节点。新型车载终端既可在车内可以构成独立的网络，同时它也是世界网络的一个节点，因此可以提供许多相应的服务。它是运用计算机、卫星定位、通信、控制等技术来提供安全、环保及舒适性功能和服务的汽车电子设备，是无人驾驶汽车的重要组成部分。

系统选择基于ARM9处理器和嵌入式Linux操作系统的开发平台。图9－15所示为硬件平台的结构示意图。

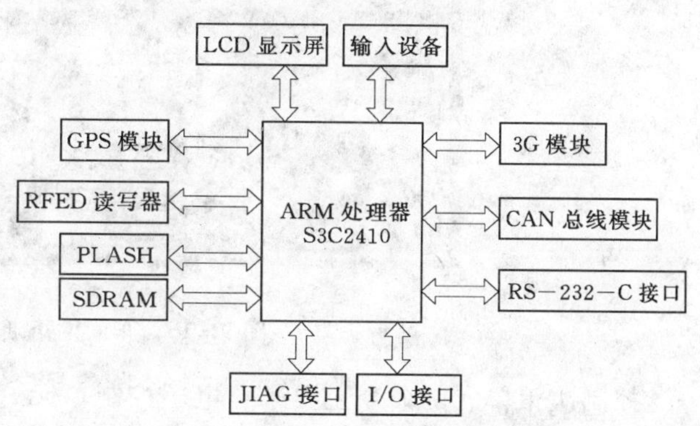

图9－15 车载终端硬件结构图

系统主要由以下模块组成。

主控模块：包括CPU、FLASH、SDRAM、RS232收发器、SPI接口、电源和复位电路等；组合信息模块：包括GPS定位模块、RFID读写器模块、车载CAN网络模块、3G通信模块组成；人机交互模块：包括LCD液晶显示屏、按键。这些模块是车载终端最基础、键的模块，仅能实现车联网基本功能。在车联网的应用中，许多应用可能还需在车载终端中添加其他的模块。因此需要车联网标准部门制定车载终端模块接口，以便日后进行硬件扩展。

微处理器系统采用三星的S3C2410微处理器。这是一款高性价比、低功耗、高集成的CPU，基于ARM920T内核，主频最高为203MHz，专为手持设备和网络应用而设计，能满足嵌入式系统中的低成本、低功耗、高性能、小体积的要求。

GPS系统由三大部分组成，即空间星座、地面监控和用户设备，前面已经详细讲述过。

本系统的射频识别模块包括读写器和电子标签。电子标签与读写器之间通过耦合元件实现射频信号的空间耦合；在耦合通道内，根据时序关系，实现能量的传递和数据的交换。

车载终端必须具备无线通信的能力。无线通信的方式有多种方式（如GSM、GPRS、3G及专网等），系统现采用3G（第三代移动通信技术）来实现数据的双向传输，是指支持高速数据传输的蜂窝移动通信技术。3G与2G的主要区别是在传输声音和数据的速度上的提升，它能够在全球范围内更好地实现无线漫游，并处理图像、音乐、视频流等多种媒体形式，提供包括网页浏览、电话会议、电子商务等多种信息服务。

2. 信息交换协议模型设计

车辆内部的动态数据包括车辆本身的参数（例如车辆的位置、车速、车距、温度和油费等），引擎的操作参数（例如气缸压力、机械和电控空气、燃料的摄入量和各种工艺参数）和轮胎参数（主要包括轮胎气压、温度等）。而数据库的数据通过车辆中的嵌入式数据库来组织信息。数据库本身是动态变化的，主要目的是保持车辆和主机站点间的频繁通信。由于数据库内容的不断更新，需要和远处数据库等数据源保持同步。图 9－16 所示为车与车之间、车与站点之间网络通信示意图。

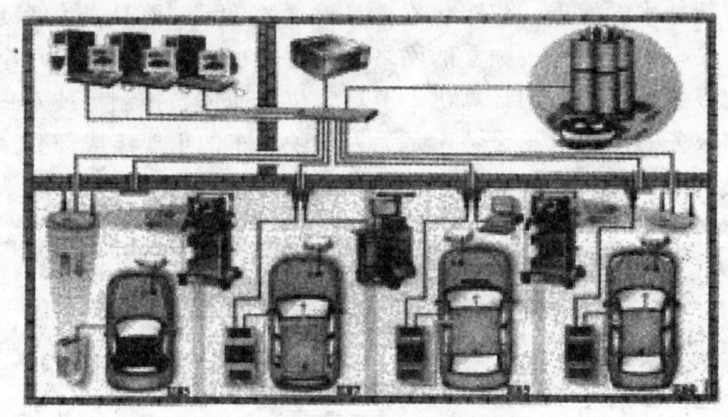

图 9－16　车间网络通信示意图

控制决策单元的命令主要来自电子控制单元（ECU），因此车辆系统具有简单的状态监测和故障诊断功能。例如，设置警示灯是为了防止车速超过一定限制，避免碰撞系统可以防止汽车之间因距离过小而造成汽车碰撞。这些功能的实现不会和车辆驾驶员造成冲突，驾驶员和系统数据的交换可以绕开数据库。但是，当电子控制单元并不忙碌的时候，车辆运行中的关键控制历史需要随后记录车辆数据，在这个意义上，数据库整合了车辆"黑匣子"的功能。

高层决策信号来源于汽车驾驶员，而驾驶员的决定依赖于车辆的状况和远程信号（例如交通拥塞报告、调度指挥站协调员）。除此之外，高层决策信号还来自不断发生变化的 GPS、数据库和监控模块等。

由于数据交换方式的多样性以及协议标准的不确定性，使得通信方式难度变大，新的协议目的是简化数据交换方式和标准化协议内容。实现此目标的关键是理解和控制有关车辆信息流或其载体形式：数据流。

从车辆特点来看，车辆的信息流有几个明显的特点：流动、分布、动态和不确定性。车辆数据存在于许多不同的形式。所有这些使得车辆数据传输、处理、存储和最终开发成为一项复杂的任务。如图 9－17 所示，车辆的通信系统可以被认为是一个有 5 个层次的协议栈，分别处理信号、数据、传输、信息和车辆知识。图 9－17 下面 2 个协议层是 OSI 协议体系结构中的最下面 2 层（物理层和数据连接层）。物理层的任务是透明地传送比特流，在物理层上所传输的数据单位是比特，物理层之间涉及物理信号和比特流之间的转换；而数据链路层的任务是在 2 个相邻节点间的线路上，无差错地传送以帧为单位的数据，每一

个帧包括数据和必要的控制信息。在传输数据时若接收节点检测到所收到的数据有差错，就要通知发送方重新发送这一帧，直到这一帧正确无误地到达接收节点为止。在每一帧所包括的控制信息中，有同步信息、地址信息、差错信息以及流量控制信息等。

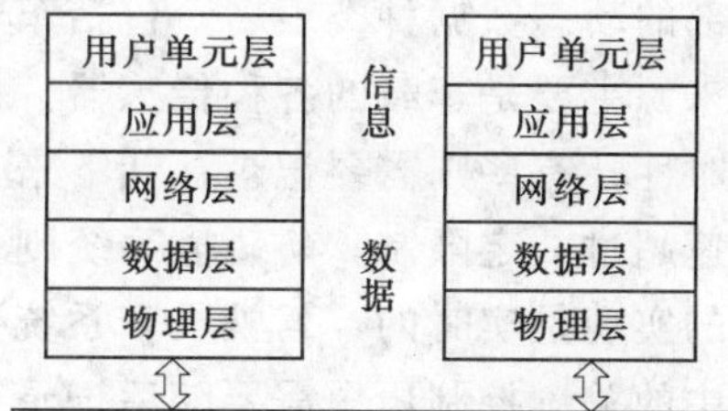

图 9-17　车辆信息交换/传输模型

在网络层要实现统一数据包的网络间传输，而应用层则根据协议进行消息的收发、消息内容和含义的解析及网络管理等操作。作为用户单元的控制功能模块则实现具体功能，相当于车辆的知识处理与智能控制。

3. 网络系统设计

为实现总线网络中数据流畅通，需解决如下几个问题。

（1）实现满足 CAN2.0B 协议的 CAN 总线物理层与数据链路层。

（2）编写 CAN 总线驱动程序，实现 CAN 节点微处理器操作 CAN 控制器完成数据收发、波特率设置功能。

（3）设计网络层协议和统一的数据包格式。

（4）编写应用层相关协议代码，解析各节点收到数据的含义，实现节点命名、节点地址声明、地址声明冲突检测与处理、多包传输协议、数据请求、命令与应答功能。

（5）用户功能设计，基本功能块设计，实现车辆的检测与智能控制。

SAE J1939 协议规定了详细的针对汽车的应用层，但 J1939 协议在实际应用中版本差异巨大，很多车辆制造商和设备制造商都实行自己的应用层协议标准。因此需要参考 J1939 协议，设计自己的应用层协议标准以实现消息的收发、消息内容的解析及网络管理等操作，并保证和现有 ECU 应用层协议的兼容。在车载网络中，CAN 总线协议只规定了物理层和数据链路层的协议，其应用层的协议需要用户自己定义。不同的车型对汽车应用层各部件和控制命令的定义存在一定的差异，并且具体协议内容也是保密的，因此，需要根据设计的网络，独立定义汽车部件控制和故障代码的含义，确定总线传输的优先级和节点容量等技术问题，开发自主知识产权的独立的应用层接口协议。总线节点根据任务和负载，可以采用微控制器（如 P87C591）。中央控制模块则采用 32 位高性能、低功耗 ARM 微处理器，以有足够资源完成多包传输、地址声明响应、地址声明请求、数据请求、命令等功能。图 9-18 所示为完整的 CAN 总线系统组成图。

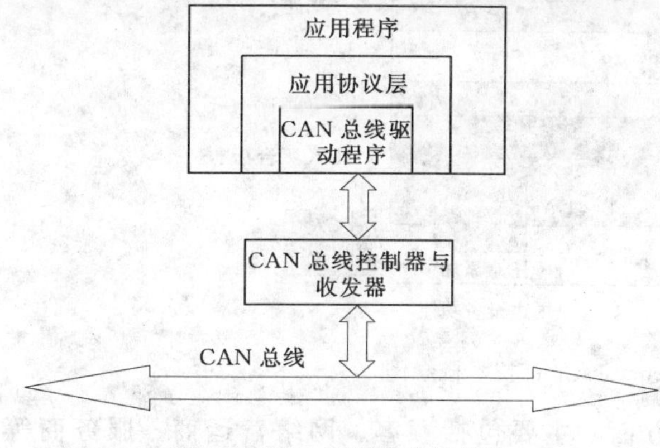

图 9-18　主要模块软件架构

在整个汽车总线网络中有着大量的信息，包括车身控制低速网络接口、安全行驶装置控制器、智能仪表、相关的传感器接口以收集车辆运行参数（位置、车速、车距、温度和油耗等）。车辆内部的动态数据种类很多，包括车辆本身的参数、发动机工况参数和轮胎参数。这些信息的来源主要是车载的各种传感器。传感器来的数据有些可以直接进入ECU处理，以提高实时性；有些则需要记录存储下来，进入车载的数据库。例如，设置车速警示是为了防止车速超过一定限制，防碰撞系统则可以防止汽车之间因距离过小而造成汽车碰撞。这些功能的实现是实时的，驾驶员和系统数据的交换也是实时的，可以绕开数据库。但是车辆运行中的关键控制历史需要随后记录进入数据库。在这个意义上，数据库整合了车辆“黑匣子”的功能。

9.3.3　车联网应用系统

车联网应用系统（Telematics）是远距离通信的电信（Telecommunications）与信息科学（Informatics）的合成词，按字面可定义为通过内置在汽车、航空、船舶、火车等运输工具上的计算机系统、无线通信技术、卫星导航装置、交换文字、语音等信息的互联网技术而提供信息的服务系统。也就是说通过无线网络，随时给行车中的人们提供驾驶、生活所必需的各种信息。

Telematics的特点在于大部分的应用系统位于网路上如通信网路、卫星与广播等，而非汽车内。驾驶者可运用无线传输的方式，联结网路传输与接收资讯与服务，以及下载应用系统或更新软件等，所耗的成本较低，主要功能仍以行车安全与车辆保全为主。

Telematics终端机平台需要具有普通嵌入式系统的互动性、兼容性、灵活性及扩展性等特点的同时，也需要具有与普通系统不同的特点。Telematics终端机应具有模块化的结构。这里的模块不仅限于软件，因为新的服务也会需要相应的硬件。通过采用模块化结构，使Telematics终端机实现从低档到高档汽车所需的多种价格标准，扩大用户的选择范围。实现模块化最有效的方法是AMI－C标准所追求的，通过车内网络实现。这种结构可以通过添加与网络互动的硬件模块和软件模块，实现新的服务。软件可以非常方便地加载在Telematics终端机平台上得到运行。

图9－19所示为Telematics平台技术概念图。

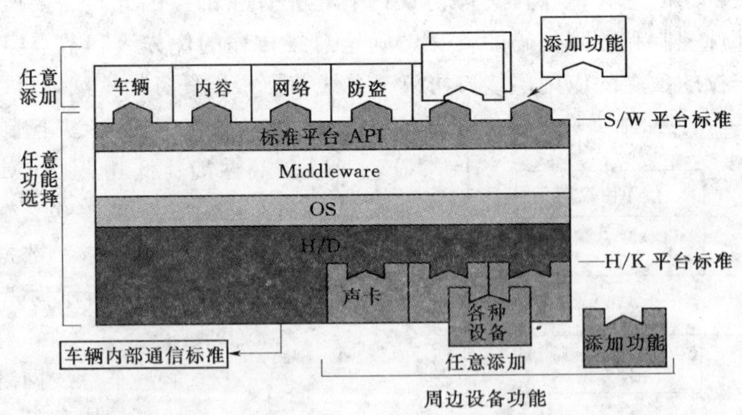

图9－19　Telematics平台技术概念图

Telematics系统的运作涉及许多的方面，主要包括顾客、网络营运商、服务商等。Telematics系统的运作模式如图9－20所示。

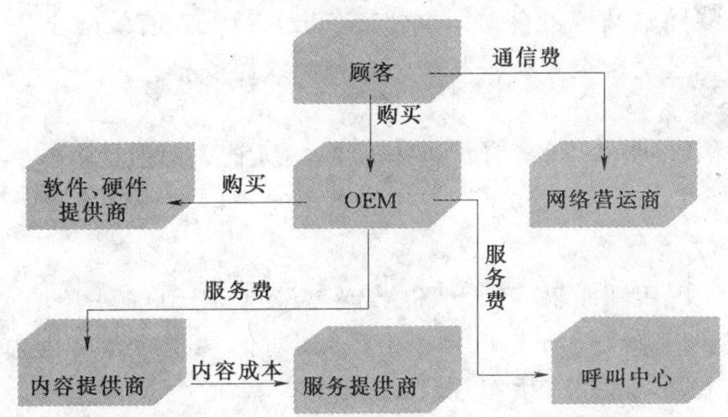

图 9－20　Telematics 系统运行模式图

9.3.4　车联网在智能交通的应用展望

图 9－21 所示为车联网在智能交通中的应用示意，主要可以应用于以下 11 个方面。

1. 停车引导系统

实时反映停车场内车位情况，将结果反馈到交通干道醒目位置，引导用户方便、快捷地找到停车位，顺利停车，如图 9－22 所示。

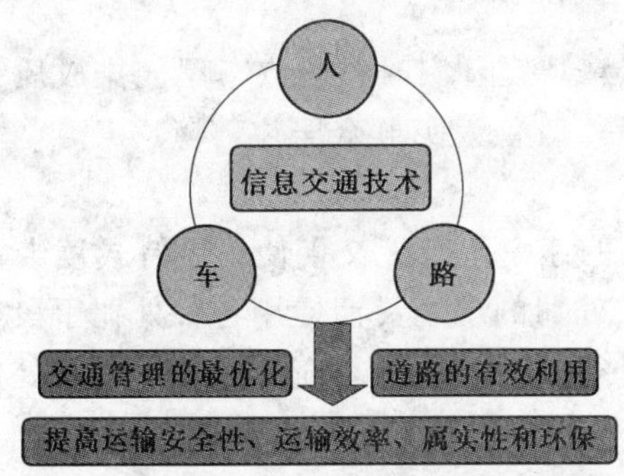

图 9－21　车联网在智能交通中的应用

图 9－22　停车引导系统

2. 交通实时指挥系统

给汽车安装 RFID 芯片，给交通灯安装对应的读卡器。根据绿灯通过车辆数得到拥挤程度，和车内 GPS 系统联网，实时修改出行线路，避免交通拥堵；交警部门可根据实际情况（拥堵或车祸），手动设置拥堵路段，和 GPS 系统联网，实时指挥路上车辆，让用户车辆在未到拥堵处时提前分流，如图 9－23 所示。

图 9－23　交通实时指挥系统

3. 公交线路管理系统

给公交车辆安装 RFID 芯片，在站牌安装读卡器。读卡器之间相互联网，站牌可根据车辆到站的情况显示公交车到达本站的时间，方便

乘客提前选择公交线路。站牌可自动记录公交车出入情况，有效防止公车不停站的情况出现，公交公司可追踪公交车全程行驶状况，合理化线路安排。

4. 车辆年检核查系统

给车牌增加 RFID 芯片，年检时在芯片中记录信息，则可以用手持式读卡器核查用户车辆是否已交年费，且可以随时缴纳（单个核查人员也可收缴）年费。

5. 车辆健康状况追踪系统

让车辆的健康状况跟随车辆一同上路。给车辆装上 RFID 芯片，在汽车每次保养、修理时都在芯片上记录信息，任何人可以使用读卡器对信息进行读取，随时掌握车辆的健康状况。防止超龄车上路，促进二手车规范交易。

6. 车辆追踪与告警系统

对于交警部门重点监控的车辆，以及违章、黑车等违法车辆，在经过交通灯时，在交警部门进行报警，交警部门可根据车辆的位置，监控车辆的行踪，以及对车辆进行拦截。

7. 手持式抄牌系统

在车牌中装入 RFID 芯片，遇到违章车辆时，使用手持式读写器即可对违章车辆进行处罚，处罚信息实时进入交警管理系统，有效降低交警部门处理违章车辆的成本，同时减少车主幕后操作，撤销罚单的行为。

8. 汽车尾气监控系统

在汽车尾气排放装置安装 RFID 芯片及传感装置，实时监测汽车尾气排放质量，促进汽车尾气排放标准的执行，提高城市空气质量，改善人民群众居住环境。

9. 电子驾照系统

在车主驾照中安装 RFID 芯片，记录车主的违章记录。交警使用手持式读卡器处理车主违章时，能够马上知道车主的违章历史，在处罚的现场灵活使用各种处罚手段，有效防止车主多次违章的情况出现，在违章时及时进行教育和提醒，充分体现了违章处罚以教育为目的的精神。

10. 电子牌照系统

给车辆的牌照安装 RFID 芯片，给牌照建立电子档案，能有效地防止车牌的仿冒、套牌等现象的出现。发现牌照的违规使用，能马上在交通监管部门发出报警，令交警部门及时处理。

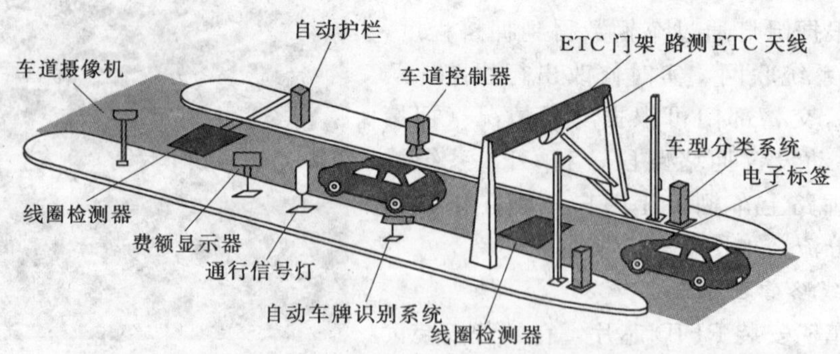

图 9-24 不停车收费系统结构示意图

11. 不停车收费系统

不停车收费系统（Electronic Toll Collection，ETC）是目前世界上最先进的路桥收费方式，如图 9－24 所示。通过安装在车辆风窗玻璃上的车载电子标签与在收费站 ETC 车道上的微波天线之间的微波专用短程通信，利用计算机联网技术与银行进行后台结算处理，从而达到车辆通过路桥收费站不需停车而能交纳路桥费的目的。ETC 是国际上正在努力开发并推广的一种用于公路、大桥和隧道的电子自动收费系统。该技术在国外已有较长的发展历史，美国、欧洲等许多国家和地区的电子收费系统已经局部联网并逐步形成规模效益。我国以 IC 卡、磁卡为介质，采用人工收费方式为主的公路联网收费方式无疑也受到了这一潮流的影响。

第十章 汽车总线系统

10.1 汽车总线系统概述

随着21世纪汽车电子技术的发展，车用电子设备的不断增加对汽车的综合布线和信息的交互共享提出了更高的要求。由于汽车内部电子控制单元大量引入，为了提高信号的利用率，要求大批的数据信息可以在不同的电子单元中共享，汽车综合控制系统中大量的控制信号需要实时交换。传统的点对点通信方式已远远不能满足需求，因此必须采用先进的总线技术。汽车总线是指汽车内部导线采用总线控制的一种技术，通常叫汽车总线或汽车总线技术。随着电子技术的迅速发展和在汽车上的广泛应用，汽车电子化程度越来越高。从发动机控制到传动系控制，从行驶、制动、转向系控制到安全保证系统以及仪表报警系统渐渐形成了一个复杂的大系统。为此必须制订出一套统一的解决方案。德国BOSCH（博世）公司作为汽车电子控制器制造商的领军者承担了这一任务。BOSCH公司CAN总线规程的引入后，又用ISO 11898和SAE J1939对其进行了标准化。自1990年以来，在车辆内部控制器之间的在线通信方面，一个数据网络（总线系统）时代开始了。随着电子技术在现代车辆中的成功应用，系统变得更加复杂，出现的数据更加多，导致今天的新型车辆要使用多个互联的总线系统（图10-1）。

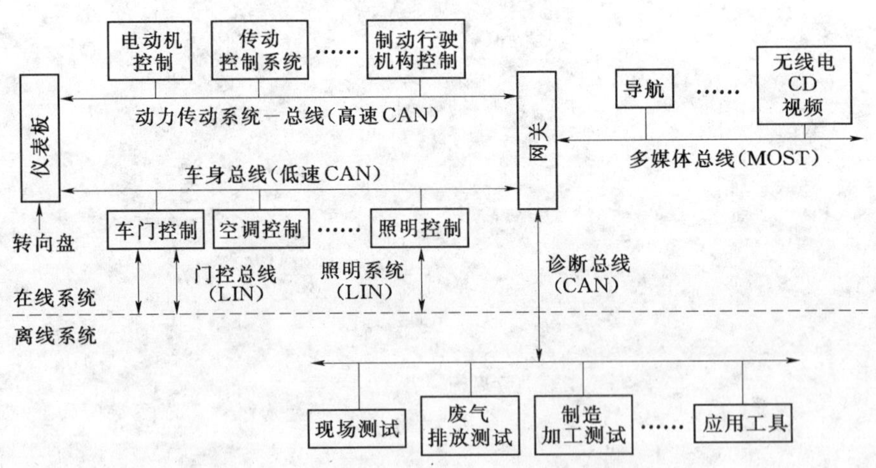

图10-1 现代中型车辆总线系统全装备图

为了控制这种复杂的互联网、降低成本，全球性地供应汽车以及法规制订者制定了规章，最终迫使车辆制造商寻找对总线系统和对数据交换所采用的协议标准化的解决方案。本章主要对当前车上最普及的CAN总线和将来最有可能被推广的FlexRay总线进行详细

说明。

10.1.1　总线系统和协议的应用划分

可以把总线系统和协议的应用划分成下列领域（表 10－1）。

目前，绝大多数车用总线都被 SAE（美国汽车工程师协会）下属的汽车网络委员会按照协议特性分为 A、B、C、D 四类如表 10－1 所示。

表 10－1　美国汽车协会总线分类表

类别	总线名称	对象	传输速度（kb/s）	应用范围
A	LIN/K	面向传感器/执行器控制的低速网络	＜10	灯光照明、电动门窗、座椅调节等系统
B	CAN	面向独立模块间数据共享的中速网络	10～125	车辆电子信息中心、安全气囊、故障诊断、仪表显示等系统
C	FlexRay	面向高速、实时闭环控制的高速传输网	125～1000	牵引控制、先进发动机控制、悬架控制、ABS 控制等系统
D	MOST/1394	面向多媒体设备、高速数据流传输的高性能网络	＞2000	多媒体设备 如视频、音频等

1. A 类总线

面向传感器或执行器管理的低速网络，它的位传输速率通常小于 20kb/s。A 类总线以 LIN（Local Interconnect Network 本地互联网）规范最有前途。其由摩托罗拉（Motorola）与奥迪（Audi）等知名企业联手推出的一种新型低成本的开放式串行通信协议，主要用于车内分布式电控系统，尤其是面向智能传感器或执行器的数字化通信场合。

2. B 类总线

面向独立控制模块间信息共享的中速网络，位速一般在 10～125kB/s 之间。B 类总线以 CAN（Controller Area Network 控制器局域网络）最为著名。CAN 网络最初是 BOSCH 公司为欧洲汽车市场所开发的，只用于汽车内部测量和执行部件间的数据通信，逐渐的发展完善技术和功能，1993 年 ISO 正式颁布了道路交通运输工具—数字信息交换—高速通信控制器局域网（CAN）国际标准（ISO11898－1），近几年低速容错 CAN 的标准 ISO 11519－2 也开始在欧洲的一些车型中得到广泛的应用。B 类总线主要应用于车身电子的舒适型模块和显示仪表等设备中。

3. C 类总线

面向闭环实时控制的多路传输高速网络，位速率多在 125kB/s～1MB/s 之间。C 类总线主要用于车上动力系统中对通信的实时性要求比较高的场合，主要服务于动力传递系统。在欧洲，汽车厂商大多使用“高速 CAN”作为 C 类总线，它实际上就是 ISO 11898－1 中位速率高于 125kB/s 的那部分标准。美国则在卡车极其拖车、课程、建筑机械和农业动力设备中大量使用专门的通信协议 SAEJ1939。

4. D 类总线

面向多媒体设备、高速数据流传输的高性能网络，位速率一般在 2MB/s 以上，主要用于 CD 等播放机和液晶显示设备。D 类总线近期才被采纳入 SAE 对总线的分类范畴之中。其带宽范畴相当大，用到的传输介质也有好几种。其又被分为低速（IDB-C为代表）、高速（IDB-M为代表）和无线（Bluetooth蓝牙为代表）三大范畴，这里不再详细介绍。编辑本段新型专用总线在汽车电子系统的网络化进程中，许多总线新近被研发出来。其由于各种原因未被SAE收录，但是其重要性不言而喻，姑且称为专用总线。

10.1.2 车辆总线系统协议和标准

当讨论到车辆总线系统时，一般是指CAN、LIN、FlexRay等。过去人们只是把这些名词视为带插13、电缆线的通信接13中可视的物理部分和用于通信的主要电子电路。在有关的出版物中，主要是对传输比特层如信号电平、数据访问方法和在总线传输线中每一比特位的顺序和含义，以及它们之间的内在关系作了详细的描述。由于软件研发者必须编写传输软件，因此他首先应熟悉指定的总线控制器的程序接口。他关注的重点是数据格式、缓冲存储器以及传输错误的处理。而对于用户来说。主要关心的是传输真正的有效数据及其格式。对于这些在典型的总线（如CAN、LIN或FlexRay）规程中没有作详细的说明，而本书对这些内容将作详细的介绍。

为了在数据通信时，把不同的任务相互分开，采用ISO标准充当开放系统一内部连接—（OSI）—分层模型（表10-2）。它表明了通信的分层结构，其中表示层6、会话层5和网络层3在车辆应用中是不需要采用的。

表10-2 针对总线系统和协议的OSI分层模型

层			任　务
7	Application	应用层	对于用户来说总的可应用的服务（如错误存储器的阅读等）
6	Presentation	表示层	
5	Session	会话层	
4	Transport	数据传输层	多个报文数据的分组和重组
3	Network	网络层	常规程序、地址的分配、成员识别和监视
2	Data Link	数据链路层	数据帧结构、总线数据访问、错误安全、流量控制
1	Physical	物理层	电气信号电平、比特编码
0	Mechanical	机械层	插座连接和电缆

与实际总线标准相比，ISO模型只能作为纯理论来研究。虽然它有助于人们对网络的理解，但实际的车辆总线标准只采用了理论模型的部分层面。多层面任务可以被组合成一层，或一个层面的任务可以分解成多个任务，因此，对于同一任务，经常有相互不同的标准或反之，同一个技术解决方案按不同的标准描述。还有混乱的情况是不同的标准，本身来自于同一个标准领域，不同的概念或不同的设备却采用相同的命名。

人们所熟悉的车辆总线如CAN、LIN或FlexRay，一般只确定了0～4层，大多数甚至只对很小部分作了精确的说明。由BOSCH公司颁布的基本规程CAN2.0A/B，批准通过了对总线机械方面的要求（如插座、电缆），这些都属外部元件。有关总线的连接电路和产生信号电平电路只有例子而没有精确的说明。后来ISO 11898承担了对上述BOSCH规程的层2作了进一步的确定，并对层1补交了附录规程说明。而诊断接口基本标准ISO

9141先对0、1层作了说明并允许一系列制约性的兼容变量，只是后来补充说明了层2部分。

对于较高层，只有存在较短时间的标准如层7（表10-3），它是针对车辆诊断废气排放的，由法规制定者用ISO 15031进行定义（表10-4）。

表10-3　应用协议（层7）

协　议	应　用	欧洲标准	美国标准
ISO 9141—CARB	诊断 US OBD	ISO 9141—2 过时的US—诊断接口	SAE J1979，J2190
KWP 2000	诊断 （总则和OBD）	ISO 14230 关于K线的KWP 2000诊断	
UDS联合 诊断服务	诊断 （总则和OBD）	ISO 14229 UDB联合诊断服务 ISO 15765 关于CAN的UDS诊断	
OBD	诊断 美国OBD 欧洲OBD	ISO 15031 （与美国标准一样）	SAE J1930，J1962，J1978 J1979，J2012，J2186
CCP CAN标定协议	应用	ASAM AE MCD 1 ASAM一联合组织，汽车电子测量，标定和诊断	

表10-4　带总线的系统应用的标准

标　准	应　用	欧洲标准
OSEK/VDS	操作系统 通信网络管理	ISO 17356 OSEK OS ISO 17356 OSEK COM ISO 17356 OSEK NIVl
ASAM AE MCD	测量、标定、诊断应用	带重要子标准的测量、标定、诊断工具 关于诊断数据的ODX数据格式 关于总线通信描述的FIBEX数据格式
HIS	Flash硬件驱动器	制造商首创软件HIS
AUTOSAR	软件结构	未来控制器的软件结构

10.2　基于ISO 11898的控制器局域网CAN

CAN控制器局域网总线是目前应用最为广泛的车辆总线系统，不仅适合于低速系统，而且也适合于高速系统。

10.2.1　CAN的发展历程

CAN（Controller Area Network）是由BOSCH公司在20世纪80年代后期研发的。自1991年以来作为C级网被用于车辆中。不久带29位的标识符规程被重新修订。在公开的出版物中，如由 BOSCH 公司颁布的 CAN2. OA 和 CAN2. OB 直到今天还一直是所有现存可执行的 CAN 的基础。用 ISO 系列 ISO 11898 标准（表 10－5）和 SAE 系列 SAE J2284 标准，对应用在 PKW（轿车）的协议和采用 SAE 系列的 SAE J1939 标准，对应用在 NKW（商用车）中的协议，进行国际性的标准化。在欧洲 PKW 制造商和所有的 NKW 制造商，全球性快速地执行这些标准期间，美国 PKW 制造商，却在本国市场长期停留在 B 级总线 SAE J1850 标准上，但这些制造商，后来也慢慢地完全转换到 CAN 上。在新型车辆中，自 2008 年以来，CAN 就一直是唯一允许采用的接口，它主要用于重要排放组件 OBD 的诊断测试仪。

最初执行的 CAN 总线是由 BOSCH 和 Intel 公司一起研发的，但 BOSCH 较早地推行了开放的许可证政策，所以当时实际上每一个微控制器制造商都提供了 CAN 模块，甚至把 CAN—VHDL 集成在专用集成电路 ASIC 和 FPGA 中。在批准许可证方面，BOSCH 使用了标准的 OS1 参考模型和测试程序，这样确保了所有的 CAN 控制器相互之间是兼容且进行通信的。

由于在汽车领域形成批量生产，所以 CAN 控制器的价格比大多数在自动化技术领域广为使用的现场总线（如 Profibus）便宜得多，因此 CAN 也被应用在工业领域。

表 10－5　　重要的 CAN 标准

ISO 11898—1	数据链路层，相对应的是 BOSCH 规程 CAN2. OA 和 CAN2. 0B
ISO 11898—2. 5 ISO 11898—3	物理层，有高速 CAN 和低速 CAN
ISO 11898—4	对于时间控制通信，数据链路层的扩展（时间触发 CAN）

最初 BOSCH 公司的 CAN 控制器最大的缺点是基本上只对数据链路层作详细的规定。对于比特率，和物理层一样，只作了很少的提示性说明。其目的是实现不同的执行方案。至于前面谈到过的应用层，在规程中根本就没有作规定。这样就不必去期待会有其他的可能。但这种自由度却导致了不同的解决方案。不同的物理层，首先是由于期望的总线长度和必要的比特率之间要作一定的折中，而关于应用层的解决方案，很大程度上相互是不兼容的。

10. 2. 2　总线拓扑和物理层

CAN 是一种面向比特流的线性总线，确定最大的比特率为 1 Mbit/s。CAN 采用 CS-MA/CA 总线访问方法以及错误识别。所有的控制器要求在比特时间内作出反应，因此总线长度越小，比特率就越高。约定的条件是：

$$\text{总线长度} \leqslant (40\sim50)\text{m} \times \frac{1\text{Mbit/s}}{\text{比特率}}$$

但这个范围只是一个经验值，因为在较高的比特率时，总线的收发器有时间上的延迟，在自动化技术中，需要很长的总线长度。偶尔采用中继器，允许总线长度变短和降低比特率。所有的总线控制器必须工作在同一个比特率下。

CAN—ISO 标准附加 ISO 11898—2 和 ISO 11898—5 标准，对于比特率≥250kbit（高速 CAN，即 C 级网）的数据传输，规定了采用绞合双绝缘导线。作为实际的线形总

线，用最长 30cm 的分支线接到每个控制器上。总线的两末端用波阻抗接到双绝缘导线传输线上，典型的值约为 120Ω，见图 10-2。差分电压信号的偏移约为 2V（图 10-3）。当双绝缘导线传输线中断或线心短路时，总线就断开。在比特传输率为 500kbit/s 的 PKW 的传动系统中和具有 250kbit/s 比特率商用车中，都采用高速 CAN 总线（即 C 级网）。这种比特率也能用 SAE 标准对 PKW 中的 CAN（SAE J2284）和 LKW 中的 CAN（SAE J1939）进行标准化。

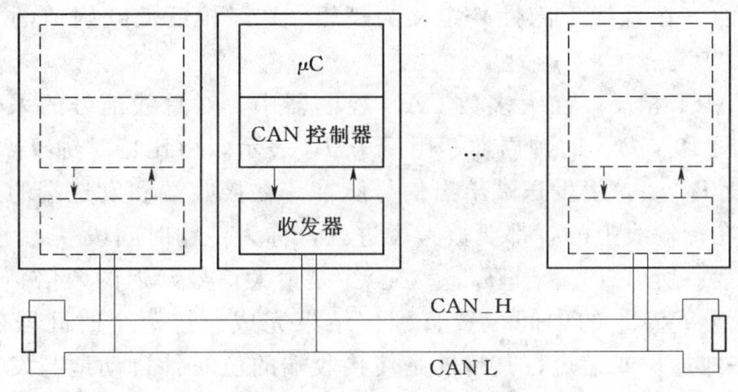

图 10-2　高速 CAN 总线

在附加的 ISO 118983 中，针对比特率不大于 125kbit/s 的应用，如车身技术，要采用低速 CAN，即 8 级网，同样规定传输线使用双绝缘导线。由于比特率较低，允许相应的总线可以长一些，总线两末端电阻和短分支线的限制可以去掉。差分电压信号的偏移，明显比高速 CAN 大（图 10-2）。在电缆中断或短路时，总线仍能工作。在欧洲的车辆中，在车身技术方面一般采用 100～125kbit/s 的低速 CAN。

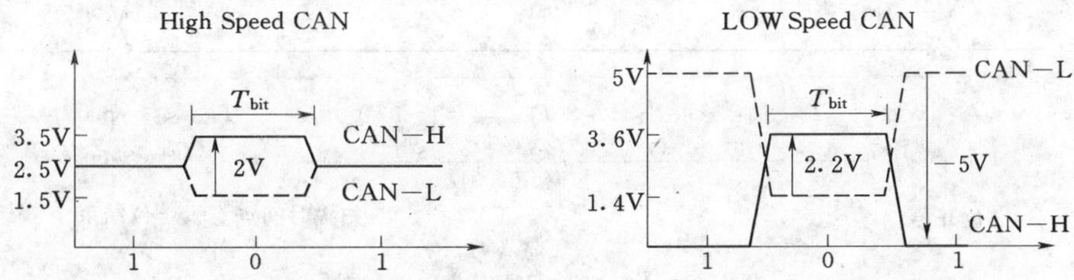

图 10-3　基于 ISO 11898—2 和 ISO 11898—3 的高速和低速 CAN 信号电平

在 SΛE J2411 中，规定采用 33kbit/s 的比特率（在 GM 中应用），83kbit/s（在 Chryster 中）的单绝缘导线，信号偏移为 5V（单绝缘导线 CAN）。

牵引车和挂车的连接，按 ISO 11992 规定采用 125kbit/s 的比特率的点对点双绝缘导线，信号电平规定采用电池电压数量级。

对于商用车中的应用，SAE J1939/11 规定了固定比特率为 250kbit/s 的总线连接系统。它与基于 ISO 11898—2 的高速 CAN 规程，很大程度上是一致的。但是屏蔽的双绝缘导线传输线要求总线长度最大为 40m，最多可连接 30 个控制器。

在 SAE J1939/12 中规定了不带屏蔽电缆的变量。标准 SAE J1939/21 规定数据链路层对应随后要描述的 CAN2. OB。

CAN 总线到车辆的连接一般是通过标准的控制器插座来完成的。对于自动化技术 CAN（CiA），按推荐 CiA DS 102 规定了物理层的比特率为 10kbit/s～1Mbit/s。这一点与 ISO 11898—2 相类似。DevieeNet 采用 125～500kbit/s。在自动化技术中，CAN 总线的连接是 9 针 Sub-Miniatur-D 插座或不同的其他插座类型。

对于所有 CAN 总线，在市场上都有适合的收发器构件。物理层上不同的变量，相互之间是不兼容的，因为信号电平相互间是不同的（图 10－4）。在所有的情况下，信号电平产生高欧姆值的（在总线上隐性）定义为逻辑“1”，相反低欧姆值的（在总线上是显性）定义为逻辑“0”。

和简单的 UART 相反，在大多数 CAN 控制器中，对总线信号的采样点，能够也必须由用户调整（图 10－4）。时钟周期，用量子 T_Q 表示。由比特时钟 T_{bit} 导出，在第一个 T_Q 内，即同步段 $T_{Syneseg}$，由发送端给出信号脉冲。在接收端和发送端的两个收发器上的信号延迟，包括在传输线上的，都要被考虑进去，称为传输时间段 $T_{PropSeg}$。因为 CAN 总线是一种按位仲裁，所以 $T_{SyneSeg}+T_{PropSeg}$，至少是最大信号延迟的两倍。位扫描大约在剩余的时间 $T_{PropSeg1}+T_{PropSeg2}$ 的中间位置直到位结束完成。这两个时间段的长短，可以由 CAN 控制器动态地加长或缩短，其目的是使接收端的位时钟自动地与发送端的位时钟相同步。整个适应过程，按 T_Q 的倍数来完成，最大的同步跳跃宽度 $T_Q=1\sim\min(4T_Q, T_{PropSeg1})$。因为总线信号对软件研发人员来说是看不清楚的，所以 ISO 15765—4 对有关的 CAN 诊断废气系统有不同的推荐。在 500kbit/s 比特率时，误差为±0.15%。这一点和诊断测试仪的要求是一样的，量子 $T_Q=125$ns 产生 $T_{bit}=16\%$。因此推荐 $T_{Seg1}=T_{PropSeg}+T_{PropSeg1}=12T_Q$ 和 $T_{Seg2}=T_{PropSeg2}=3T_Q$，可用强 $T_{SJW}=3T_Q$ 进行调整。

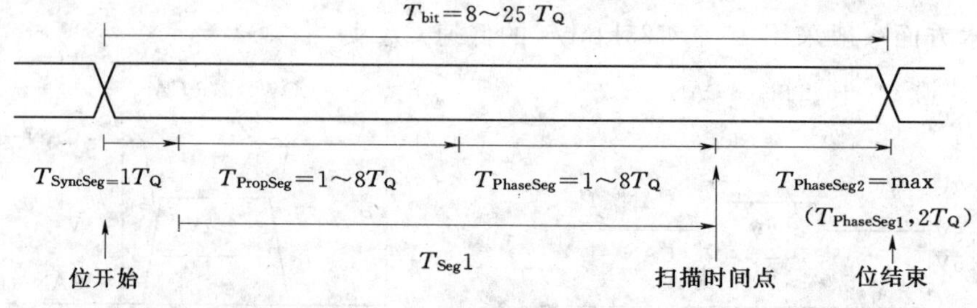

图 10－4 按时间段分割 CAN 位

10.2.3 CAN 数据链路层

在面向比特流的 CAN 协议中，总的数据传输是由 CAN 控制器的通信组成部分来完成的。因此位传输的细节只是对 CAN 控制器的研发者有意义，而对于 CAN 用户来说，只要求对它的数据信息格式和传输流程有一个粗略的了解，见图 10－5。

CAN 是一种广播系统，每个发送器发送它们的数据信息时，都是不带目标地址和原地址的，而是通过清楚的名称，即报文标识符表示出来的。连接结构并不重要。在总线上，每个控制器接受数据信息，并根据报文标识符来决定是否对数据信息作进一步的处理或不理会。报文标识符的长度，最初是 11 位（CAN2.OA）。而第二代 CAN 总线系统附加了向前兼容的 29 位标识符(CAN2.OB)。除了标识符以外，在标识区还有 1～3 位的控

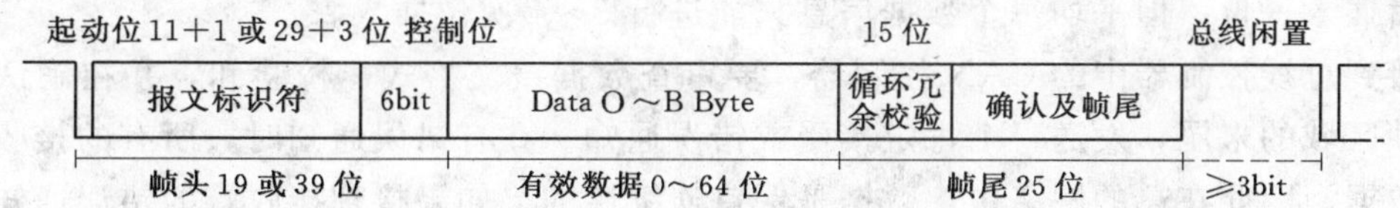

图 10-5　数据帧格式（不带位插入的固定长度，每个数据信息附加典型的 3～4 位插入）

制位，见表 10-6。

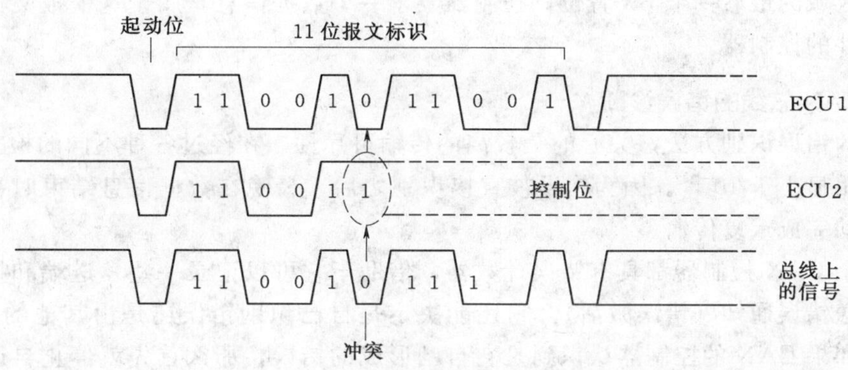

图 10-6　CAN 数据访问的冲突

表 10-6　　在 500kbit/s 比特率时 CAN 传输数据

项　　目	11 位标识符	29 位标识符
数据信息的最大传输时间（在 8 个数据字节时）=最坏情况下对于每一个具有最高优先权的数据信息等待时间	225μs	260μs
最大有效数据率	34kB/s	30kB/s

在总线访问方面，CAN 采用了 CSMA/CA 的方法。只要总线在 3 位时间内是空闲的，每个控制器都可以向总线发送信息。报文标识除了能识别数据信息的内容以外，还可以识别它们的优先权，低位数有高的优先权。如果出现冲突的话，带较高优先权的数据帧获胜，即在发送端，它的报文标识有较小的值。例如，根据图 10-6 可知，控制器 ECU1 的数据报文标识为 110 0101 1001B=659H，控制器 ECU2 的数据报文为 110 0111 0000B=670H，它们要同时向总线发送数据，但在数据报文的第 6 位出现了冲突。因为 ECU2 要发送 1 信号，而 ECU1 要发送 0 信号。因为 0 信号与 1 信号相比，欧姆值较低，如前面所描述的，在总线上显 0 信号。因为控制器在发送数据信息时，每次要不断地审查自己要发送的位与实际的数据是否一致。如果一旦 ECU2 识别出会在总线上出现冲突，发送端就作调整，并转换到接收模式。冲突的识别和删除被称为按位仲裁。控制器 ECU1 的数据信号的传输将没有延时地向前发送。如果在这个数据信号结束之后，总线重新空闲时，ECU2 最早重新发送。

一个数据帧格式（图 10-5）可以传送 0～8 个有效数据字节。其字节长度设置在控制位内部的数据长度码区域（DLC）中。为了识别错误，要同时发送 15 位的校验和 CRC（循环冗余校验），接收端通过启动位与自己的位时钟发生器及附加的插入，与发送端同步，即所谓的位插入。插入位的数目与传输的数据有关。理论上在最不利的情况下，每 5

位之后插入一位，但平均每个数据信息只能进行 3～4 次位插入。

接到总线控制器中的 CAN 控制器，要审查数据报文格式、校验和，并在确认内部和数据帧区域的末尾，发送一个肯定接受或错误通知。在有错误通知时，所有的接收端忽略接收数据，因此在总的网络中，数据是保持连续性的。如果接到接收端的错误通知，那么发送端就自动地作新的发送试验。

一种特殊的数据帧格式是远程数据帧，它有普通的报文标识，但没有有效数据。其中在标识符区域的最后一个 Bit 置位，控制器要求一个数据信息，属于这个报文标识的数据来自于另外的控制器。

10.2.4　CAN 总线的错误诊断

诸多的错误识别方法，关心的是较高的传输可靠性。在经过各种不同的检查之后，剩余的误差明显小于 10^{-11}。因为错误被直接识别之后，最晚在数据信息结束时被通知，并快速地自动完成重复传输。

每一个 CAN 控制器都具有错误计数器，借助于它可以记录一些发送端和接收端的错误，并发送错误通知（错误激活）。它还能决定是自己识别错误还是由其他的 CAN 控制器确定。如果 CAN 的控制器认识到是它自己形成的错误，那么首先就停止自己发送错误通知的企图（错误认可），并在结束错误时，完全关闭总线。当这些问题消失之后（如受电磁干扰的影响），CAN 控制器就重新被激活。

10.2.5　时间触发 CAN（TTCAN）

根据 CSMA/CA 载波监听多路访问/冲突避免的总线访问，只针对具有最高优选权的数据信息。但对于其他的数据信息，要有一定的先决条件，如对于这种数据信息已知最大重复数据率，保证最大延时时间，在最坏的情况下，在数据信息内部，也能确定传输。但在每种情况下，会出现明显的波动延时，即出现大的抖动，如果在对总线进行数据访问时，控制器在时间上完全不同步的话，那么在总线上会出现短时间的负载峰值，这是因为所有控制器要同时发送。借助于计算和模拟，最大的时间延时和抖动，一般是可以确定的。但是在实践中具有许多控制器和数据信息的复杂网络，不是对所有的边界条件是已知的。有些边界条件很大程度上取决于在控制器内部的执行细节以及实际的配置。这些因素，在项目研发期间或多年的批量生产中，通过车辆的内饰变量，以很难观察到的形式发生可能的变化。因此从严格的意义上来说，即使在实践中，一般是被认为工作得足够好的 CAN，也不能被视为具有确定性工作的总线系统。因此对于安全性能要求极高的应用如线控系统（线控转向系统和线控制动系统），经典的 CAN 总线系统只能被视为是有条件限制的比较适合的系统来看待。

为了保证严格时间确定的传输，必须进行总线系统的同步访问，并规定哪个控制器在哪个时窗允许对总线访问（TDMA，时分多址）。为此用 ISO 11898—4 提出了几个关于 CAN 的方案：

作为时间主控制器，周期性地发送周期性的参考数据报文（图 10－7）。因此开始研发了 TFCAN 基本周期。所有其他的控制器通过这些信息与基本周期同步。

基本周期的随后几步是可选时窗数，它可以是自由可选的，长度也可以不同，一般有

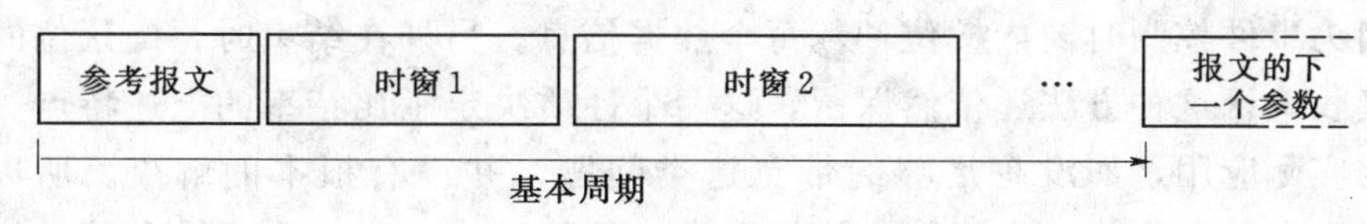

图 10-7　TTCAN 基本周期

三种类型的时窗：

(1) 除了在预定的时窗内，每个控制器发送它们的数据信息，即这个时窗对于时间同步，通信是预先规定的。在这个时窗内，总线上不会出现冲突。

(2) 在任意的时窗内，允许多个控制器发送它们的数据信息，这里采用普通的 CSMA/CA 总线数据访问方法，即事件控制通信。如果时窗足够长，多个设备可以前后传输它们的信息。但每个发送器必须检查自己的数据信息在时窗结束之前能否被完全传输完毕。

(3) 自由时窗规定为以后的拓展，这样能补充进一步的数据信息，而不必改变通信模式。

如果一个数据信息要经常地传输或控制器要传输许多的数据信息时，那么在基本周期内控制器可以被指定多个时窗。因为许多数据信息不必在每个基本周期内传输，多个基本周期能组成所谓的系统周期（或矩阵周期），但它是按单一的基本周期，总的数据信息传输流程只是系统周期的重复。

总的系统是静态的配置，即控制器的时窗分配是在研发阶段而不是在运行中确定的。每一个控制器不只是能识别通信模式，而且还知道在哪个时窗，它能发送本身的信息。为了监视错误，控制器还必须知道在哪个时窗会出现要接收的数据信息。

为了避免在时间主控制器脱落时，总的线路断开，系统必须有 8 个主控制器，它们的参考数据信息，通过选择 CAN 标识符，规定不同的标识符。所以主站不断用当前最高的优先权给出基本周期。

时间流程控制可以用普通的 CAN 控制器，完全用软件来实现。如果时窗定义窗足够大，那么时间抖动是可以被接受的。抖动是由于时间流程控制和在软件准备发送时形成的。但问题是传输错误时，自动重复发送和自动重复数据信息，在任意时窗内，它们已经丢失了总线数据。如果重复传输不是在时窗内完成，那么自动重复必须断开。在新的 CAN 控制器，这一点一般是办得到的。

为了避免在采用软件的方法作时间流程转换时，给微控制器增加负载，直接使用相应的 CAN 控制器，它用硬件的方法实施 TICAN 协议，软件只是必要的配置。

时间同步通信，特别在针对测量、调节任务时，必须周期性进行传输，为了避免重大的时间延迟，在控制器的测量和调节任务中，在时间上应与 TTCAN 的基本周期同步。对于事件控制的数据信息，特别是这种具有较高优先权的数据信息，一般在 TFCAN 中比普通的 CAN 中的时间延时要长。这是因为只有基本周期的一部分为这种数据信息保留。

在上面提到的系统同步方面的问题，TTCAN 也定义了一种方法，即传输一个全局性的系统时间，在基本周期内部能完成时间漂移修整。

TTCAN 虽然保证了数据信息的确定性传输，但其比特率却比普通的 CAN 总线要小。这是因为事件控制时窗内按位仲裁每个数据信息。另外在结束时，确认位的内部的肯定和否定接收确认这种方法还依然保留，这两个性质决定了比特率的上述特点。因此对于苛刻要求的实际应用，如没有足够的带宽这类问题，并没有根本的解决。所以 TTCAN 直到今天也没有贯彻实施。出于这个原因，在应用领域中，如行走机构和传动机构电子学方面，到了中期 CAN 将被 FlexRay 代替。

10.3 FlexRay 总线

10.3.1 FlexRay 简介

FlexRay 是一种比较新型的总线系统，是以未来的线控系统（X-by-Wire 应用）为背景，而研发出来的（其中 X＝Break，Steer，…）。尽管许多要求和 CAN 是一样的，许多专业人士还是认为有继续研发的必要性和意义。研发的主要驱动力首先在于 CAN 是按位进行仲裁的，所以在较高比特率时，有效数据率最大为 1Mbit/s 和带较短分支线的线性总线拓扑使按位仲裁的积极意义受到限制。从制造者的角度来说，由于上述原因，迫使在车辆制造中采用不合理的电缆分布，其结果虽然保证了较高的传输安全性，但在安全性要求极高的情况下，还是达不到要求。其原因首先在于，CAN 是一个单信道系统，所以如果系统出现故障，那么总线系统就不起作用。如果采用两个信道自然是可以提高系统的安全性。可是两个信道之间，缺少同步和可靠性实验。因此必须由软件来进行后处理。另一方面，CAN 的异步概念使系统在时间上不是严格的确定。因此导致了在时间延时方面，只能保证优先权较高的数据信息安全地传输，而对于次级优先权的数据信息，虽然在某些先决条件下，能确保最大的延时，可是在最坏的条件下，如经常不允许有较大的值（特别是在较高的总线负载时），就难以检测并保证数据信息的安全传输。在学术界首先讨论了这个问题。结果研发出了向前兼容的扩展性时间触发的 CAN（TTCAN），但对于位和有效数据率的限制问题，并没有得到解决。因此学术界对时间触发协议/结构总线 TTP/TTA 和对特殊应用领域的解决方案如 Bytef light，形成了一系列的概念。它们由各自不同组的车辆制造商和供应商分头研究。最后德国主要制造商和供应商对此取得一致，并对不同小组的意见进行收集，得出了最好的设计理念，即对 FlexRay 进行新的研发。它是一种开放的、类似于以前的 CAN 总线标准，并实现了快速的市场化和价格的下降。在 FlexRay 的合作组制订规程过程中，同时用 ISO 进行标准化，并制定了 ISO 1068，以及研发出相应的通信控制器－ASIC，但是研发时间太长，延迟了 FlexRay 的发展，然而最后 FlexRay 还是进入了市场。

10.3.2 总线拓扑和物理层

FlexRay 允许一个和两个信道的系统，不仅可以是线形也可以是星形结构，见图 10－8 和图 10－9。目前所有可使用的通信控制器都是双信道的。在线性总线和带无源的星形连接中，两个总线成员之间的最大距离在 24m。

带无源的星形连接星点，其电气特性很差。因此只是在很短的连接和/或较低的比特率时，才有意义。在星形连接时，一般是采用有源连接。采用双向的收发器和中继器，它

们在电气上是分开的。但接收到的数据信息可进一步地分配到所有的控制器中，这称为逻辑性工作方式。有源星形连接允许离星点最大 24m。两个星点之间组合电路，它们之间的距离，同样最大为 24m。那么两个最远的控制器之间的距离，可以达到 72m。在有源星点的传输线的两个末端，规定要接上端电阻。

FlexRay 允许的最大比特率，目前是 10Mbit/s。但这只有在有源星点结构时才能达到。在线形结构和无源星点中，传输线长度和成员数是主要问题。FlexRay 规程提及比特率 2.5Mbit/s 和 5Mbit/s，但对于这个比特率的时间关系还不完全确定。

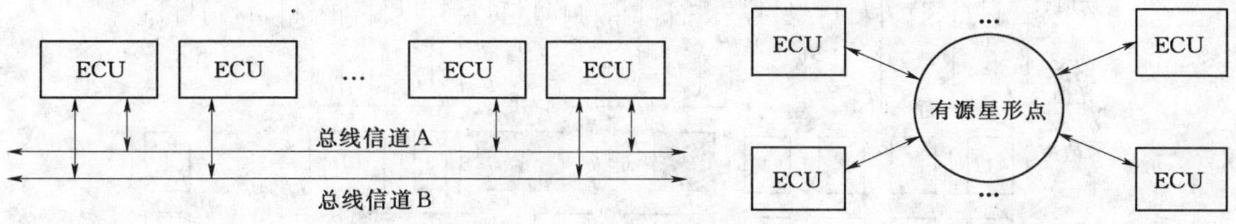

图 10-8 两信道线性结构的 FlexRay 总线例子

图 10-9 单信道星形结构的 FlexRay 总线例子

如果系统采用双信道，即两条并行总线，每个控制器或是接在两信道或只是接在两信道之一（图 10-8）。但通信只能在同一条总线上的控制器中进行，即控制器接在信道 A 上，就不能与接在 B 信道上的控制器通信。第二条信道，对于安全性要求很高的数据信息来说，不仅采用冗余的方法（控制器要向两个信道发送同一个数据信息），而且可提高带宽（在两个信道上发送不同的数据信息）。

理论上双信道系统也可能是混合拓扑，即信道 A 是星形，而信道 B 是线形结构。传输线采用的是屏蔽的双绞线，并带 80～110Ω 的电阻。在线形总线传输线的末端以及在控制器和有源星点之间的连接末端，有必要接端电阻，这和高速 CAN 是一样的。在无源星形连接时，端电阻被接到彼此两个最远的设备上。和 CAN 不同的是，不仅 0 位数而且 1 位数要用低欧姆值的差分信号来传输（显性），见图 10-10。在静止状态，两条总线传输线为高欧姆值，约为 2.5V。

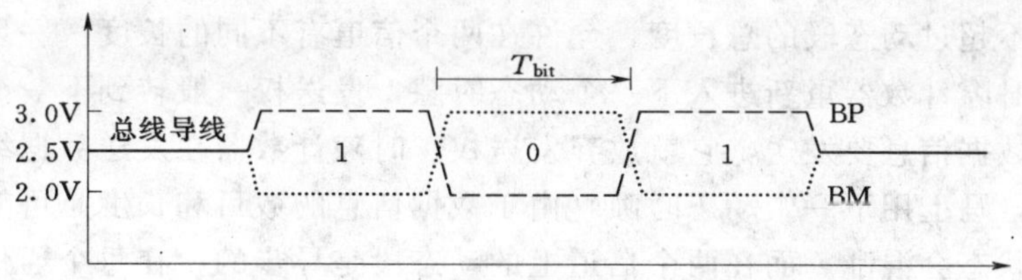

图 10-10 FlexRay 导线 BP 和 BM 的信号电平

10.3.3 数据链路层

在数据访问方面，为了避免冲突，FlexRay 采用了和 TTCAN 一样的方法。周期性的重复通信周期，被分成静态和可选的动态区间。FlexRay 通信周期 X，一般有静态段和动态段（图 10-11）。在动态段之后是一个较短的时窗，称为符号窗，之后网络处在静态(NIT)，它们处在下一个通信周期 $X+1$ 之前。每一个总线成员的周期计数器对通信周期从 0 开始计数。所有的时间段都是总网络时间的整数倍。两个信道采用相同的虚拟时基，即所谓的宏计时时钟，它们的时间间隔为 1～6μs。静态段规定传输周期性数据信息，动态段首先是传输事件控制。

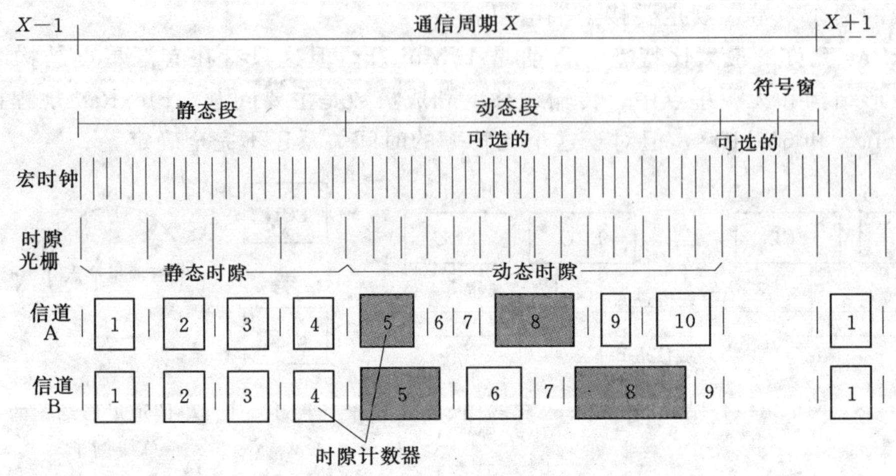

图 10－11　FlexRay 的通信流程

静态段由固定的时隙数组成，时隙的长度应该是能传输完整的 FlexRay 数据信息。静态段的数据信息和时隙，有固定的长度，可在两个信道上同步进行。在时隙内的发送权，对于每一个信道来说是分离的，被规定给唯一的控制器即 TD－MA 时分多址，这样在有错误的总线成员时就不会出现冲突。为了冗余数据传输或提高带宽，控制器可以在同一个时隙内，同时在两个信道，或同一个通信周期内多个时隙内获得发送权。每一个控制器，对于每个分离的信道，用时隙计数器 Slot Counter，从 1 开始对通信周期的第一个时隙进行计算。因此时隙计数器的状态表示了当前在静态段哪个设备有发送权。静态端必须至少有 2 个或最多 1023 个时隙。

动态段的内部同样有时隙，即动态时隙（Minislot），但其长度比静态段的要小。在动态时隙期间（两个信道相互是独立的），允许控制器重复发送。但现在发送的数据信息，只要它的末段不超过动态段的总长度，允许在两个信道有不同的长度。一旦数据信息完全地传输，那么时隙计数器重新进入下一个动态时隙，发送权一般转到下一个动态时隙。如果控制器没有数据信息要发送，它就放弃发送权。时隙计数器在发送数据结束之后，或没有数据要发送，马上用下一个动态时隙，由于数据信息的数目和长度是可变的，所以时隙计数器的计数状态会混乱。而在两个信道上的动态段是异步的，在每个通信周期能接收不同的值（FTD－MA，柔性时分多址）。因此在动态段的内部，时隙计数器不仅通知哪个控制器有发送权，而且还直接通知相关数据信息的优选权。具有较高 Slot Counter 值的数据信息，在当前通信周期的动态部分是不能被传输的。因为具有较低 Slot Counter 值的数据信息已经用完了动态段，它必须等待到下一个通信周期才能被传输。对于静态和动态的总时隙，一起被限制为最多 2047 个。所有的时隙是扩展网络、虚拟宏时钟一节拍信号的整数倍。

符号窗用于传输冲突避免（CAS）和介质访问测试符号（MTS），至少 30bit 长的底

位数序列，用它可以对总线监视器进行测试。在网络闲置时间 NIT 中，通信控制器完成时钟发生器的重新同步。

图 10 - 12 是单个 FlexRay 数据帧的结构。每一帧以帧的首部开始，在几个控制位之后，在 Frame ID—Feld 中是时隙号码，数据信息可以向该时隙内发送，数据的长度也可以发送到这里。尽管数据能按字节任意划分，但还是用 16bit 数据字指明数据的数目，并只允许发送偶数有效数据字节，即 0、2、4 等。在首部最后的区域，当前通信周期号码，即周期计数器在网络启动时，用 0 初始化，并随着通信周期往上增加。不仅数据帧首部，而且总的数据帧，各自都是通过循环—冗余—检查（CRC）校验和防止传输错误。

如图 10 - 12 所示，首部 5 个控制位的 4 个可以指明特殊的数据信息。有效数据的开端指示位指明了通信周期的静态部分，0～12 数据字节状态信息是针对网络管理的。动态部分只有两个字节是报文地址 ID，即数据名称，能识别数据信息中的数据。在接收端与 CAN 的报文标识符相类似，能采用接收过滤。通过 0 帧指示位，发送端能指明数据信息没有合理的有效数据。这一点首先对通信周期的静态部分是很有意义的，如发送端在当前时间点没有合理的有效数据，因为有时会出现超时。但尽管如此，在该时隙还是发送了数据信息。在通信周期的动态部分，发送端此时只是简单地发送不带有效数据的数据帧。在静态部分这是不可能的。因为所有的数据信息一定是由有效数据字的同一个数目来表示的，不取决于数据是否有效。对于启动帧指示位和同步帧指示位，在网络启动和运行工况时，可以完成与网络成员的同步。

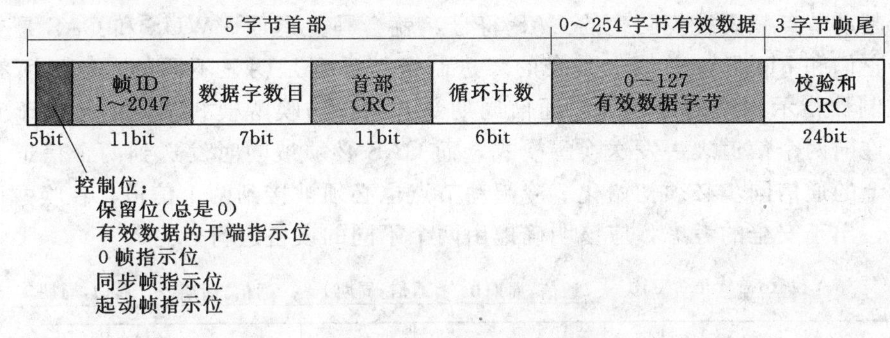

图 10 - 12　FlexRay 数据帧格式逻辑图

图 10 - 12 表示了 FlexRay 数据信息的逻辑结构。比特传输层与 CAN 类似。为了在通信控制器中使位扫描同步，在数据流中可以插入少量的位。但与 CAN 不同的是，CAN 中都是与数据信息长度有关的不确定的位插入，并与数据内容有关。在 FlexRay 中的位插入，根据图 10 - 12 所示，在其数据信息的逻辑格式的前 8bit-Datenfeld，附加传输 1 - 0 位序列，即所谓的字节启动序列 BSS，有效数据率就下降 20%。总的数据帧由 3 - 15 位被称为传输启动序列 TSS 的 0 位序列和数据帧启动序列 FSS 开始。TSS 的长度分配是这样的，对于有源星形连接的收发器，要有足够的时间来完成发送和接收方向之间的转换。因此在接收端的 TSS 部分，应该动态地缩短。用数据帧结束序列 FESO—I 序列来结束数据帧。在动态段还有一种动态帧尾序列 DTS，它至少由一个 0 位和一个 1 位组成，持续的时间直到下一个动态时隙开始。

因为数据信息的长度在通信同期的静态部分，所有的时隙必须相等，因此人们宁肯定义较短的数据信息。在 CAN 数据帧中，人们发送最大 8 个数据字节，所以在 10Mbit/s 的比特率下，对于总线系统，产生最大有效数据率为 500kB/s。因为在实际中，时隙总是必须比数据信息的长度要长，在动态段几乎是完全够用的，此外偶尔必须为符号窗和网络闲置时间留出空间，实际所达到的值可能明显低一些。因此比 500kbit/sCANBus 及 10Mbit/sFlexray 总线系统的带宽提高了 10 倍。

10.3.4　网络启动和时钟同步

在每个时间同步总线系统中，关键问题是总线成员的时间同步和网络的指定启动。在具有异步数据访问的系统中，每个总线成员的位时钟必须同步。在 CAN 总线中，是通过位插入的方法，而 FlexRay 是通过字节启动系列 BSS 实现同步的。TDMA 总线访问要求与宏时钟和时隙同步。因此出于可靠性的原因，每一个控制器不仅承担时间主控功能，而且分布式同步也是必要的。

为了网络启动，在网络研发时就至少确定两个理想的方案，其中之一是采用 3 个控制器作为启动节点。它们对网络的启动负主要的责任。启动的开始或是通过接通电源，或是通过任意的总线节点，向两个总线信道发送唤醒模式。它由两个或多个唤醒符号（WUS）组成，后一种方法适合总线处于静止状态时。

然后一个或多个冷起动节点开始向两个总线信道发送冲突避免符号（CAS）（图 10-13）。在这之前或之后，节点检查总线是否确实空闲，一般情况下，只发送 CAS 符号。因为其他冷起动节点只要发现陌生的 CAS 符号，就会马上退回。WUS 和 CAS 是二进制字符系列。它们和 FlexRay 总线上其余的二进制字符系列是明显不同的，这样所有被接到总线的控制器指示网络的冷起动以通信周期 0 开始。与唤醒模式不同的是出于安全的角度，只允许向两个信道之一发送唤醒模式，而 CAS 必须被同时发送到两个信道上。因为两个信道上的通信同步必须初始化。冷起动节点也必须被接到两个信道，在唤醒两个总线信道期间，出于安全的考虑，应该明确地由两个不同的设备进行。

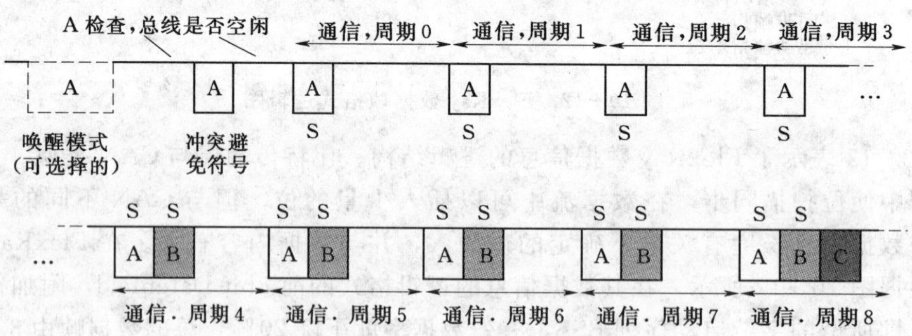

图 10-13　FlexRay 网络的启动

A—导入冷启动节点；B—随后的冷启动节点；C—普通控制器；S—启动和同步帧

网络的启动将继续进行，用它的 CAS 符号，节点冷启动，成功地使通信周期以 0 开始，即导入冷启动节点，从通信周期 0 开始，并在预先规定的时隙内，有规律地发送数据信息。在其首部，使启动帧指示位和同步帧指示位置位（图 10-13），其余的冷启动节点

开始工作。在它们接收到至少4个这种数据信息之后，和时间扫描同步；同样在为它们预留的时隙内部，冷启动节点发送它们的数据信息。其中启动帧指示位和同步帧指示位置位。这样其余的控制器，只要它们接收到来自于两个不同的冷启动节点的至少4个相互连续的这样的数据信息，控制器就可以开始工作了。同样可以发送这种数据信息。因此网络的启动在最好的情况下，在完成了最初的8个完整的通信周期之后，就结束了。只要发送至少两个冷启动节点，其他的控制器在任何时间都可以重新进入连续的通信。

在总的通信期间，所有的总线成员不断地使自己的局域时钟与全局时钟即宏时钟同步。因此每个控制器在等待冷启动节点的同时，一样也要等待接收到的数据信息与置位的同步帧指示位的偏差，并不断地修正它们自己时基的频率和相位。相位偏差由同步帧的启动位置相对各时隙的起始位置来确定。频率偏差来自于相互连续的通信周期中相位偏差时间上的变化。在通信控制器的内部，存储了许多的测量值。在每两个通信周期，由于要测量中值，所以要重新计算修正值。其中测量偏差值可以忽略（容差中值法）。计算过程是在通信控制器中每隔一个通信周期、网络空闲时间开始，并自动进行的。为了修正相位，每隔相应的局部时钟，网络空闲时间要延长或缩短。而频率的修正是通过适当地改变宏时钟，均匀地分配到整个通信周期上。用这种方法，时钟频率的偏差最大能被修正到0.15%即达到石英发生器允许的数量级。如果系统没有启动，多个节点要同时适应它们的时钟周期，修正方法的灵敏度，必须被小心地分配（群漂移阻尼）。通信控制器的测量数据和修正值被起控制作用的微控制器读出，并受其影响。这样微控制器可以按软件的方法，使总线系统同外部时钟源同步（外部漂移和频率修正）。

在网络内部，应该有至少2个、最多15个控制器的同步节点。在通信周期的静态部分，发送这种同步帧数据。这样在某个控制器脱落时，同步还能继续。因为双信道的FlexRay系统的两个信道必须同步工作。控制器应该用置位的同步帧指示位不断地向两个信道发送数据信息。

在静态段的时隙中，发送同步帧和启动帧，它也被称为关键时隙。通信控制器的配置是这样的，在网络启动之后，它直接工作在单时隙模式。在这种模式中，每个周期在它的时隙发送数据信息，并在所有其他时隙处于被动状态。根据这个原理，在系统启动时，能降低网络流量，直到所有的控制器做好准备，进入正常的工作状态。

在网络错误启动时，会出现群形成，即多个控制器形成组，在各组内是同步的，但组与组之间却是异步的。这种情况的出现，一般是两个FlexRay的线形总线通过有源星点相互连接，在有源星点刚接通时，在两条线形总线上的控制器已经彼此同步。群形成和其他通信问题，可以通过网络管理矢量来识别。如果在静态段，有效数据的开端指示位处于置位状态，那么这个数据信息的最多12个字节可作为网络管理矢量并被解释。这些数据字节由通信控制器存储在专门的寄存器中。因此与其他的这种数据信息实现逻辑或的操作。如果每一个控制器，在它的网络管理矢量内置位，而其他的保留在0，那么在网络管理寄存器中，每个控制器可以确定它接收的数据信息来自于哪个控制器，还可以确定不接收哪个控制器。为了消除群，必须结束通信并重新启动。如果在一个网络中，为了时间同步，一般配置不超过3个控制器，那么基本上就能消除群形成。

参 考 文 献

［1］ 冯崇毅，鲁植雄，何丹娅．汽车电子控制技术［M］．北京：人民交通出版社，2005.
［2］ 付百学，马彪，潘旭峰．现代汽车电子技术［M］．北京：北京理工大学出版社，2008.
［3］ 王林超，张竹林．汽车电控技术［M］．北京：中国水利水电出版社，2010.
［4］ 邓萍．汽车总线系统［M］．北京：机械工业出版社，2011.
［5］ 姜立标．现代汽车新技术［M］．北京：北京大学出版社，2012.
［6］ 史文库．汽车新技术［M］．北京：人民交通出版社，2010.
［7］ 王德平，郭孔辉，高振海．汽车驱动防滑控制系统［J］．汽车技术，1997（4）.
［8］ 肖永清，杨敏忠．汽车的发展与未来［M］．北京：化学工业出版，2004.
［9］ 陈勇，黄席樾．汽车防爆预警系统的研究与发展［J］．计算机仿真，2006.
［10］ 祝刘洪．汽油机缸内直喷技术的研究现状及发展方向［J］．现代机械，2009（4）：90-93.
［11］ 葛安林．自动变速器［J］．汽车技术，2002（3）.
［12］ 余志生．汽车理论［M］．2版．北京：机械工业出版社．1999.
［13］ 陈家瑞．汽车构造（下册）［M］．北京：机械工业出版社，2008.
［14］ 李朝晖，杨新桦．汽车新技术［M］．重庆：重庆大学出版社，2004.
［15］ 宋健．汽车安全技术的研究现状和展望［J］．汽车安全与节能学报，2010，1（2）：98-106.
［16］ 刘峥．汽车发动机原理教程［M］．北京：清华大学出版社，2001.
［17］ 简晓春．现代汽车技术及应用［M］．北京：机械工业出版社，2003.